SAGESSES MÉDIÉVALES

Collection dirigée

par

Aymon de Lestrange

LA CHASSE DE LA SAGESSE

DANS LA MÊME COLLECTION

Thomas d'Aquin, *Commentaire du* Traité de l'interprétation *d'Aristote*, par Bruno et Maylis Couillaud.

Théologie et cosmologie au XIIe siècle. L'École de Chartres (Bernard de Chartres, Guillaume de Conches, Thierry de Chartres, Guillaume de Saint-Thierry), par Michel Lemoine.

De la théologie aux mathématiques. L'Infini au XIVe siècle. Textes choisis sous la direction de Joël Biard et Jean Celeyrette.

Être-Essence-Contingence (Henri de Gand, Gilles de Rome, Godefroid de Fontaines), par Catherine König-Pralon.

Thomas d'Aquin, *L'Astrologie – Les Opérations cachées de la nature – Les Sorts*, par Bruno Couillaud.

Jean Duns Scot, *La Cause du vouloir* suivi de *L'Objet de la jouissance*, par François Loiret.

Thomas Bradwardine, *Traité des rapports entre les rapidités et les mouvements,* suivi de Nicole Oresme, *Sur les rapports de rapports*, par Sabine Rommevaux.

Aristote, *Les Métaphysiques,* traduction analytique par André de Muralt.

Gilles de Rome, *Théorèmes sur l'être et l'essence,* par Stéphane Mercier.

Abū Naṣr Al-Fārābī, *Épître sur l'intellect (Risāla fī l-'aql)*, par Philippe Vallat.

Abū Naṣr Al-Fārābī, *Le Livre du régime politique,* par Philippe Vallat.

Albert le Grand, *Le traité du flux. Tractatus de fluxu causatorum a causa prima et causarum ordine*, par Sébastien Milazzo.

Guillaume d'Ockham, *Traité sur la quantité et traité sur le corps du christ*, par Magali Roques.

Al-Mawardi, *De l'éthique du Prince et du gouvernement de l'État*, par Makram Abbès.

Maître Eckhart, *Commentaire du Livre de la Sagesse*, par Jean-Claude Lagarrigue, Jean Devriendt et Marie-Anne Vannier.

Maître Eckhart, *Livre des Paraboles de la Genèse*, par Jean-Claude Lagarrigue, Marie-Anne Vannier et Maxime Mauriège.

NICOLAS DE CUES

LA CHASSE DE LA SAGESSE
et autres œuvres de philosophie tardive

Introduction,
traduction et annotations
de Jocelyne Sfez

PARIS

LES BELLES LETTRES

2017

www.lesbelleslettres.com
Retrouvez Les Belles Lettres sur Facebook et Twitter.

ISBN : 978-2-251-44662-2

ABRÉVIATIONS UTILISÉES

Œuvres de Nicolas de Cues

Aeq.	*De aequalitate. L'Égalité.*
Ap. DI	*Apologia doctae ignorantiae. Apologie de la docte ignorance.*
AT	*De apice theoriae. La Cime de la contemplation.*
Ber.	*De beryllo. Le Béryl.*
CC	*De concordantia catholica. La Concordance catholique.*
Comp.	*Compendium. Le Compendium.*
Conj.	*De coniecturis. Les Conjectures.*
Crib. A	*Critabio Alkorani. Examen critique du Coran.*
CT	*Complementum theologicum. Le Complément théologique.*
DA	*De deo abscondito. Le Dieu caché.*
DI	*De docta ignorantia. La Docte ignorance.*
M	*Idiota de mente. La Pensée.*
DPL	*De dato Pater. Du don du Père des Lumières.*
FD	*De filiatione Dei. La Filiation de Dieu.*
DG	*De genesi. La Genèse.*
LG	*De ludo globi. Le Jeu de la boule.*
MP	*De mathematica perfectione. La perfection mathématique.*
NA	*De non-aliud. Le Non-autre.*
PF	*De pace fidei. La Paix de la foi.*
Poss.	*Trialogus de possest. Dialogue à trois sur le pouvoir-est.*
Princ.	*De principio. Le Principe.*
QD	*De quaerendo Deum. La Recherche de Dieu.*
Sap.	*Idiota de sapienta. La Sagesse*
SE	*De staticis experimentis. Expériences avec la balance.*
VD	*De visione Dei. La Vision de Dieu.*
VS	*De venatione sapientae. La Chasse de la sagesse.*

Autres œuvres

ACNC *Jocelyne Sfez, L'Art des conjectures de Nicolas de Cues*

CCCM *Corpus christianorum. Continuatio mediaevalis*, collectum a monachis OSB abbatiae S. Petri in Steenbrugge, Brepols, Turnhout, 1969- ?

CSEL *Corpus scriptorum ecclesiasticorum latinorum*, editum consilio et impensis Academiae scientiarum Austriacae, Hoelder-Pichler-Tempsky, Vienne, 1866- ?

DW Meister Eckhart, *Die deutsche und lateinischen Werke*, herausgegeben im Auftrage der DFG, Kolhammer, Stuttgart, 1934 sq. (œuvres allemandes).

LW Meister Eckhart, *Die deutsche und lateinischen Werke*, herausgegeben im Auftrage der DFG, Kolhammer, Stuttgart, 1934 sq. (œuvres latines).

MFCG *Mitteilungen und Forschungsbeiträge der Cusanus-Gesellschaft.*

p *Parisiana* (éd. des œuvres de Nicolas de Cues par Jacques Lefèvre d'Étaple) : *Haec accurata recognitio trium voluminum operum clariss. P. Nicolai Cusae cardinalis, ex officina Ascensiana recenter emissa est, cujus universalem indicem proxime sequens pagina monstrat. (Curante Jacobo Fabro.)*, 3 vol., Josse Bade, Paris, 1514.

PG *Patrologiae cursus completus omnium SS. Patrum, doctorum scriptorumque ecclesiasticorum sive Latinorum, sive Graecorum. Patrologia Graeca*, accurante J.-P. Migne, Brepols, Turnhout, Brepols, [197- ?]- Reproduction en fac-similé de l'édition de Paris : Migne, 1844-1864.

PL *Patrologiae cursus completus omnium SS. Patrum, doctorum scriptorumque ecclesiasticorum sive Latinorum, sive Graecorum. Patrologia Latina*, accurante J.-P. Migne, Brepols, Turnhout, Brepols, [197- ?]- Reproduction en fac-similé de l'édition de Paris : Migne, 1844-1864.

SG Thomas d'Aquin, *Somme contre les Gentils.*

S. Th. *Thomas d'Aquin, Somme Théologique.*

TOB *La Bible, Traduction œcuménique*, Bibli'O/Société biblique française/Les éditions du Cerf, 2010.

NOTE CONCERNANT LA TRADUCTION

Les traductions ont été effectuées sur le texte de l'édition critique et scientifique de Heidelberg :

Nicolas de Cusa opera omnia iussu et auctoritate Academiae Litterarum Heidelbergensis ad codicum fidem edita, Leipzig-Hamburg, Meiner-Verlag, 1932-2011.

Le texte latin est accessible sur
http://www.cusanus-portal.de

La numérotation des paragraphes suit celle qui a été adoptée par l'édition scientifique et critique des *Opera omnia* (numéro en caractère gras dans la présente traduction).

Les éditeurs des *Opera omnia* se sont parfois sentis obligés, à juste titre, d'ajouter quelques mots au texte latin, tel qu'il nous est livré dans les manuscrits et les premières éditions, pour palier des difficultés de compréhension. Lorsque c'est le cas, j'ai adopté la même notation qu'eux pour la traduction française : le texte inséré est placé entre crochets < >.

Pour des raisons analogues, et sous la contrainte du sens, il nous est arrivé d'ajouter aussi quelques mots dans la traduction qui ne figuraient pas dans le texte latin, en particulier lorsqu'était utilisé un pronom ou un relatif dont l'antécédent supposait une interprétation ou pouvait prêter à confusion en français. Dans ce cas, si cela a nécessité une interprétation de notre part, ce qui est donc discutable, le texte inséré est placé entre crochets [ ].

C'est tout particulièrement le cas dans *La Chasse de la sagesse*, pour lequel nous ne disposons que d'un manuscrit, non autographe, qui multiplie les anacoluthes et présente une grammaire parfois très fantaisiste, des lacunes ou des imprécisions, comme l'ont relevé, d'une part, Raymond Klibansky et Hans-Gerhard Senger, les éditeurs de *La Chasse de la sagesse*, dans les *Opera omnia* (p. XXI-XXII), d'autre part, Jasper Hopkins, le traducteur américain[1]. La difficulté de la traduction est encore redoublée par la multiplication parfois foisonnante de néologismes. C'est là encore le cas pour *La Chasse de la sagesse* et pour *Le Compendium*. Je me suis efforcée de rendre compte de cette inventivité autant que faire se peut. En effet, je gage que celle-ci n'est jamais gratuite et que Nicolas cherche par-là à inscrire dans la langue sa recherche conceptuelle. C'est la même raison qui m'incline à traduire au plus près du texte d'origine, malgré la rugosité qui en résulte pour le lecteur français. En 1433, Nicolas de Cues, dès l'aube de son œuvre, dans la *Concordance catholique*, soulignait la rudesse de son latin, en comparaison de la langue de ses contemporains italiens, déjà animés d'un esprit de Renaissance :

> « Chez tous les hommes de talent, même ceux qui se consacrent avec le plus de zèle aux arts libéraux et mécaniques, nous constatons un retour à ce qui est ancien, et certes avec une très grande avidité, comme si l'on observait le cycle des âges tout près d'accomplir sa pleine révolution : non seulement nous découvrons à nouveau des auteurs sérieux et riches de pensée, mais aussi au langage, au style, à la beauté antique des Lettres que, nous le voyons, tous prennent plaisir – et, plus que tous les autres, les Italiens, auxquels ne suffit pas, Latins qu'ils sont, la littérature si riche de ce peuple et qui, suivant les traces de leurs ancêtres, s'attachent avec le plus grand zèle aux Lettres grecques. Quant à nous, Allemands, encore qu'aucune conjonction maléfique des astres ne nous ait départi un talent fort inférieur à celui des autres, quand il s'agit néanmoins de manier le plus agréablement ce langage lui-même, le plus souvent, et sans qu'il

1. Cf. Notes du *De venatione sapientiae*, p. 1357, in : Nicholas of Cusa, *Metaphysical Speculations. Six Latin Texts Translated in English by Jasper Hopkins*, Minneapolis (Minnesota), The Arthur J. Banning Press, 1998, p. 1277-1379.

y ait défaut de notre part, nous le cédons à d'autres, car ce n'est point sans un extrême labeur que, faisant en quelque sorte violence aux résistances de notre nature, nous réussissons à parler correctement latin. [...] Que personne, de grâce, ne soit détourné de nous lire par un style sans apprêts. Dans un langage plus terre à terre, le sens, en effet, est manifeste et, sans aucun fard, tout à fait clair ; s'il attire moins, il se saisit pourtant avec plus de facilité[2]. »

Pour moi, je souhaiterais pouvoir manier la langue latine comme Nicolas le fit, ce qui n'est pas le cas ; j'espère ne pas avoir trahi ses intentions dans ma traduction.

2. Nicolas de Cues, *La Concordance catholique*, I, Préface, 2 (trad. Roland Galibois, révisée par Maurice de Gandillac), Sherbrooke, Centre d'Études de la Renaissance, 1977, p. 27-28.

REMERCIEMENTS

Je tiens à remercier tout particulièrement Fabien Sfez pour sa relecture exigeante et ses hypothèses de lecture très vivifiantes. Ma reconnaissance va également à Daniel Frydman et Gérald Sfez, toujours mes premiers lecteurs.

J'ai aussi une pensée reconnaissante pour les étudiants de l'Université de Rouen et de l'Université Lyon 3-Jean Moulin qui, par leurs remarques et leurs questions souvent sagaces, m'ont obligée bien des fois à aiguiser mon interprétation du texte cusain et à remettre sur le métier mon ouvrage. Cette traduction ne serait pas sans eux, elle est beaucoup pour eux.

Enfin, je souhaite adresser mes plus vifs remerciements à Aymon de Lestrange, qui a chaleureusement suggéré et accueilli cette traduction dans sa belle collection.

INTRODUCTION GÉNÉRALE

Le spécialiste de la Renaissance italienne, Eugenio Garin, prétendait que Nicolas de Cues (1401-1464) était le plus grand penseur du xve siècle.

Son immense œuvre philosophique et théologique, aux multiples intérêts scientifiques, et son action politique en faveur de la position conciliaire contre la prétention de toute puissance du Pape, ou en vue de la réforme de l'Église et de l'Empire, ont, en effet, marqué durablement l'Histoire européenne des idées et des hommes[1]. C'est à l'occasion de son éloge que semble apparaître, pour la première fois, le terme de « Moyen Âge[2] ». Son destin, tout à la fois d'in-

1. Ecclésiastique et homme d'État important, sa vie est assez bien documentée. La biographie rédigée par Edmond Vansteenberghe est toujours inégalée : *Le Cardinal Nicolas de Cues. L'action – la pensée.* Paris, 1920 (Slatkine Reprints, Genève, 1974). Erich Meuthen a également poursuivi de façon considérable ce travail historique : *Nikolaus von Kues 1401-1464. Skizze einer Biographie.* Münster, Aschendorff, 1992[7] (1964) et *Die letzten Jahre des Nikolaus von Kues. Biographische Untersuchungen nach neuen Quellen.* Cologne/Opladen, Westdeutscher Verlag, 1958. Les *Acta Cusana*, publiés sous la direction d'Erich Meuthen, sont évidemment incontournables.

2. Sous l'impulsion de Nicolas de Cues, l'évêque d'Accia puis d'Aléria, Jean André de Bussi (1417-1475), qui fut aussi le secrétaire de Nicolas de Cues et qui est l'un des interlocuteur du *Dialogue à trois sur le pouvoir-est* ici traduit, introduisit l'imprimerie au Vatican dès 1465. Il fut ainsi l'éditeur des plus anciennes œuvres imprimées en Italie. En 1469, dans l'édition qu'il fit d'Apulée, il rédigea un panégyrique de Nicolas de Cues, mort le 11 août 1464. C'est dans cet éloge qu'il qualifia Nicolas de grand connaisseur des ouvrages du « temps intermédiaire », c'est-à-dire du Moyen Âge. C'est la première occurrence attestée de cette expression [texte reproduit dans *Der Nicht-Andere* (trad. Paul Wilpert). Hambourg, Meiner, « Philosophische Bibliothek », 1987, p. 100-102.]. Cf. aussi Massimo Miglio (éd.),

tellectuel, d'homme d'Église et de prince de l'Empire, est en tous points exceptionnel et peut bien se lire comme un véritable roman.

Encore peu connu en France, Nicolas de Cues a en effet été lu par le public érudit français des XVIe et XVIIe siècles (Lefèvre d'Étaples, Bovelles, Beatus Rhenanus[3], Rabelais, Montaigne, Descartes[4], Pascal, Malebranche...) et plus loin, en Europe, par des penseurs aussi divers que Léonard de Vinci, Albrecht Dürer, Marsile Ficin, Giordano Bruno, Érasme, les Van Helmont, Leibniz, Spinoza, Locke, les idéalistes allemands[5]... Il suscite actuellement un vif regain d'intérêt et l'ensemble de son œuvre est enfin en passe d'être traduite en français[6], après avoir été intégralement publiée dans l'édition scientifique et critique de l'Académie des sciences de l'Université de Heidelberg (1932-2011).

Nicolas Krebs naquit en 1401 à Kues, dans le diocèse de Trèves (Allemagne). Étudiant à Heidelberg, puis à Padoue, il obtint en 1423 le titre de docteur en droit canon. En 1425, il poursuit ses études en théologie à Cologne avec Heymeric de Campo. En 1432, il rejoint le Concile de Bâle.

D'abord défenseur des partisans du Concile de Bâle, il se rallia ensuite à la thèse de la primauté du Pape[7].

Giovanni Andrea Bussi, *Prefazioni alle edizioni di Sweynheym e Pannartz prototipografi romani*, Milan, Il Polifilo, « Documenti sulle arti de libro, 12 », 1978 [le livre comprend également le texte sur le Cusain].

3. Cf. Emmanuel Faye, « Nicolas de Cues et Charles de Bovelles dans le manuscrit Exigua pluuia de Beatus Rhenanus », in : *Archives d'Histoire Doctrinale et Littéraire du Moyen Âge*, t. 65, 1998, p. 415-450 ; Jocelyne Sfez, « Charles de Bovelles, lecteur de Nicolas de Cues », in : *Charles de Bovelles, philosophe et pédagogue* (éd. Anne-Hélène Klinger-Dollé *et al.*). Paris, Beauchesne, « Le grenier à sel », 2017.

4. Cf. René Descartes, Lettre à Chanut du 6 juin 1647 (AT V, 51).

5. Sur la réception du Cusain en Europe, voir notamment Stephan Meier-Oeser, *Die Präsenz des Vergessenen. Zur Rezeption der Philosophie des Nicolaus Cusanus vom 15. bis zum 18. Jahrhundert*. Münster, Aschendorff, « Buchreihe der Cusanus-Gesellschaft, 10 », 1989. Sur la réception de Nicolas par l'idéalisme allemand, cf. en particulier *Nicolaus Cusanus und der deutsche Idealismus* (éd. Klaus Reinhardt, Harald Schwaetzer), Regensburg, Roderer, « Philosophie interdisziplinär », 2007.

6. Sur l'état actuel des traductions, cf. Jocelyne Sfez, « Actualité de Nicolas de Cues. Publications francophones récentes », *Les Études philosophiques*, 2013/4, n°107, p. 575-599.

7. Cf. Hubert Vallet, « Introduction », in : *Nicolas de Cues, Unité et réforme. Dix opuscules ecclésiologiques* (trad. Hubert Vallet). Paris, Beauchesne, « Le grenier à

Diplomate et réformateur infatigable, légat du Pape à Constantinople et dans les pays allemands, évêque de Bressanone, cardinal de Saint-Pierre-en-liens, Nicolas de Cues fut l'ami intime des papes humanistes Nicolas V et Pie II, un « théologien et [un] philosophe d'une profondeur inégalée[8] ». Juriste de formation, lecteur assidu de la Bible, des Pères de l'Église et de toute la tradition philosophique disponible, de l'Antiquité grecque et romaine jusqu'au Moyen Âge tardif, grand amateur de Platon et des néo-platoniciens, de Denys l'Aréopagite, de Boèce, de Jean Scot Érigène, des Victorins, des Chartrains, d'Albert le Grand, de Raymond Lulle et de Maître Eckhart…

Lisant ainsi tout ce qu'il pouvait trouver des temps immédiats ou plus anciens (on lui doit ainsi la transmission de l'unique manuscrit d'une œuvre de Maître Eckhart…), collectionneur et découvreur humaniste de manuscrits antiques (dont six comédies de Plaute) dans les bibliothèques italiennes et allemandes, curieux de science, de médecine et des arts, écrivant de nuit son œuvre prolifique lors de ses continuelles missions diplomatiques au service de l'Église de Rome, le jour parcourant à cheval tous les confins de l'Europe, Nicolas de Cues milita activement pour la réunion des Églises romaine et byzantine, pour la paix recouvrée avec les Hussites et, dans le temps même de la Chute de Byzance, avec les Sarrasins et les Turcs.

Nicolas rédigea ainsi près de trois cents sermons et plus de quarante œuvres théologiques, philosophiques et mathématiques, dont les plus importantes sont le *De docta ignorantia* (1440) le *De coniecturis* (1441-1443), le *De idiota* (1450), le *De possest* (1460) et le *De venatione sapientiae* (1463).

***

Nous proposons ici à la lecture un ensemble cohérent de textes de la philosophie tardive du Cusain : *Le Dialogue à trois sur le Pouvoir-est* (1460), *La Chasse de la sagesse* (1462), *Le Compendium* (1463-1464) et *La Cime de la contemplation* (1464).

sel », 2015, p. 13-29. Le volume présente notamment les textes ecclésiologiques de Nicolas de Cues portant sur le conflit entre le concile et le pape.

8. Alain de Libera, *La philosophie médiévale*, Paris, PUF, 2009³.

En effet, depuis Koch, l'éditeur scientifique du *De coniecturis*, il est impossible de penser la philosophie cusaine tout entière comprise dans sa première œuvre, *La Docte ignorance*. Dans son dernier texte, *La Cime de la contemplation*, Nicolas écrit (n. 5, 9-13) :

> « Plus la vérité est claire, plus elle est facile [à comprendre]. Je pensais auparavant qu'elle se laissait davantage trouver dans l'obscurité. La vérité, dans laquelle le *pouvoir-même* brille intensément, est d'une grande puissance. [...] Elle crie en effet sur les places publiques, comme tu l'as lu dans le livre du *De idiota*. Assurément, elle se montre partout facile à découvrir[9]. »

Le Cusain marque ainsi clairement l'évolution de sa pensée quant à la recherche de la vérité. Une première rupture est repérée ici entre la doctrine de la *Docte ignorance*, où la vérité est à saisir, selon un oxymore dionysien, dans les Ténèbres, et celle des *Dialogues avec le Laïc*[10]. Cette rupture s'était amorcée dans *Les Conjectures* qui inauguraient une nouvelle orientation philosophique, à la suite de la redéfinition cusaine des rapports de la raison et de l'intellect.

Mais, en 1449, devenu Cardinal, Nicolas de Cues prend le temps de répondre, dans son seul ouvrage franchement polémique, *L'Apologie de la docte ignorance*, au pamphlet extrêmement critique que Jean Wenck de Herrenberg, alors recteur de l'Université de Heidelberg, avait rédigé vers 1443, le *De ignota litteratura*. Celui-ci reprochait à Nicolas un panthéisme mêlé d'eckhartisme, une piètre connaissance et une absence totale de compréhension de l'œuvre d'Aristote au fondement même pourtant de toute la philosophie. Il faut entendre la violence de telles accusions. Pour mémoire, les thèses de Maître Eckhart avaient été condamnées par l'Église, et la situation n'était pas sans danger réel pour le Cusain. Dans sa réponse à Jean Wenck, Nicolas se défend du panthéisme, reconnaît sa dette à Maître Eckhart en suggérant qu'il ne faut pas placer son œuvre entre toutes les mains et oppose à l'aristotélisme

9. *AT*, 5.

10. Sur la notion de *laïc*, traduisant le terme d'*idiota*, cf. le livre particulièrement éclairant de Ruedi Imbach, Catherine König-Pralong, *Le défi laïque*, Paris, Vrin, « Conférences Pierre Abélard, HS », 2013.

étroit de son adversaire l'œuvre de Denys l'Aréopagite, autorité plus incontestable encore qu'Aristote, si l'on croit, comme c'était le cas à l'époque, que Denys est le disciple de l'apôtre Paul...

Autorité contre autorité, théologie contre philosophie ? Dans les années qui suivirent, Jean Wenck lut ou relut à coup sûr l'œuvre du Pseudo-Denys : il en fit un commentaire suivi à l'université, dont nous avons gardé la trace. Et Nicolas... relut assidûment l'œuvre d'Aristote : la bibliothèque du Sankt-Nikolaus-Hospital conserve encore aujourd'hui de nombreux *codices* dans lesquels sont présentes les œuvres d'Aristote, parfois en plusieurs exemplaires, correspondant à plusieurs traductions, comme c'est notamment le cas de la *Métaphysique* (*cod. cus.* 182, 183 et 184), très largement annotées de la main de Nicolas.

C'est ainsi, pensons-nous, que le Cusain opère ensuite une deuxième rupture au moment où, répondant à ses détracteurs et à ses partisans, et à l'occasion de la réception de la nouvelle traduction de la *Métaphysique* d'Aristote par Bessarion, il retravaille l'ensemble de la philosophie aristotélicienne à partir de 1453. Cette confrontation avec le texte d'Aristote est particulièrement sensible dans le *Béryl* de 1458 où Nicolas critique de manière approfondie la notion aristotélicienne de substance.

À partir du *De possest* (1460), Nicolas de Cues développe ainsi une véritable philosophie de la puissance et du pouvoir : il cherche à résoudre les difficultés nées de ses thèses infinitistes antérieures, l'ayant conduit à relativiser le principe aristotélicien de non-contradiction, à promouvoir un principe de coïncidence des opposés et à remettre ainsi en cause, implicitement d'abord, puis explicitement, toute la doctrine aristotélicienne de la substance. La dispute avec Jean Wenck a sans doute été fructueuse. Nicolas récuse en particulier la conception aristotélicienne d'un premier moteur immobile en acte, antérieur à toute puissance, reprise par Thomas d'Aquin qui concevait Dieu comme acte pur. Nicolas pense au contraire la puissance divine comme auto-affirmation. Avec l'invention du néologisme *« possest »*, Nicolas de Cues entend désigner en Dieu l'unité originelle de la possibilité et de l'actualité. La puissance divine se révèle et s'exprime alors successivement *comme pouvoir-est (Le Dialogue à trois sur le pouvoir-est), pouvoir-faire (La Chasse de la sagesse) et pouvoir-même (Le Compendium* et *La Cime de la contemplation).*

La philosophie du *posse* se déploie d'abord d'un point de vue ontologique, et à cet égard, le *Dialogue sur le pouvoir-est* est fondateur. *La Chasse de la sagesse*, *Le Compendium* et *La Cime de la contemplation* constituent des prolongements de cette pensée arrivée à maturité. *Le Non-autre* (1462) et *Le Jeu de la boule* (1463) auraient pu s'inscrire dans ce mouvement. Nous les avons écartés, pour des raisons de taille de volume évidemment, mais aussi, pour une raison de cohérence, parce qu'ils reprenaient l'interrogation d'un tout autre bord, essentiellement gnoséologique pour ce qui concerne le *Non-autre*, qui porte une théorie de la définition, et éthique pour ce qui concerne *Le Jeu de la boule*.

Les textes retenus dans ce volume portent tous directement et explicitement sur le déploiement de la philosophie de la puissance qui constitue le cœur de la philosophie tardive du Cusain. *Le Compendium* et *La Cime de la contemplation* en présentent le stade ultime de développement. Ultime et définitif par la force des choses, puisque Nicolas s'éteint le 11 août 1464 à Todi, sur le chemin de la croisade contre les Turcs. Mais, vu l'inventivité philosophique à l'œuvre dans ces derniers opuscules, il n'est pas sûr que l'on puisse conclure et saisir là la vérité de la philosophie du Cusain.

Dans cet ensemble, *La Chasse de la sagesse* revêt en outre un caractère exceptionnel, car Nicolas y fait le point sur le cheminement philosophique de toute sa vie : l'écriture de ce texte est suscitée, d'une part, par la conscience aigüe de son grand âge et l'urgence d'un regard rétrospectif et d'une mise en ordre de sa réflexion et de ses acquis en vue de les transmettre aux générations futures et, d'autre part, par sa lecture des *Vies des philosophes* de Diogène Laërce dans la nouvelle traduction d'Ambrogio Traversari (1433). Le Cusain y reprécise toutes ses intentions philosophiques et ses doctrines : sa conception, très augustinienne, de la philosophie comme recherche et théorie de l'unité, sa théorie de la participation à l'Un, le dernier développement de sa théorie de la coïncidence des opposés, un dernier infléchissement de sa théorie de l'intellect, et sa théorie de la nomination. L'œuvre présente donc en quelque sorte une récapitulation du chemin parcouru par Nicolas et permet de ressaisir l'ensemble de ses principaux concepts philosophiques.

Fondamentaux pour la compréhension du Cusain, ces textes revêtent aussi une importance particulière pour l'histoire de la philosophie : d'une part, *La Chasse de la sagesse* va acquérir à la Renaissance une signification exceptionnelle et contribuer à former une théorie conjecturaliste et inductiviste de la connaissance ; d'autre part, la philosophie du *posse*, reçue notamment par Giordano Bruno, va initier une métaphysique de l'expression qui trouvera son plein développement chez Spinoza et Leibniz[11].

11. Cf. Jocelyne Sfez, *Nicolas de Cues, puissance et expression*. Paris, Démopolis, « Philosophie en cours », à paraître 2017.

Le Pouvoir-est (1460)

Introduction
UN NOUVEAU NOM DE DIEU

Ce dialogue à trois, comme l'édition parisienne de 1514 des œuvres du Cusain par Lefèbvre d'Étaples le nomme[1], est difficilement datable. Dans les deux manuscrits que nous possédons, le *cod. cus.* 219 et le *cod. monac. lat.* 7338, ne figure aucun *explicit*, aucune date. Le contenu du dialogue et ce qu'en dit le reste de l'œuvre permettent cependant d'approcher une date de composition : après 1458, parce que l'ouvrage ne fait pas partie des œuvres que Nicolas a alors rédigées et fait envoyer aux Moines de Tegernsee, ses interlocuteurs, et avant fin 1462, puisqu'il est cité dans *La Chasse de la sagesse*, écrite à l'automne de cette année-là. Le dialogue lui-même apporte des précisions : il fait un froid d'hiver rigoureux et autour du feu, des amis, Bernard Kramer de Kraybourg[2], Jean André de Vigevano[3] et Nicolas discutent. L'éditrice du *De possest* dans les *Opera omnia*, suit Edmond Vansteenberghe[4] et Erich Meuthen[5] qui suggèrent sur ces indices que Nicolas aurait écrit l'opuscule mi-février 1460, à Andraz, où, accompagné de son secrétaire Jean, il aurait retrouvé Bernard qui venait de le représenter à Trente. Mais c'était alors la guerre ouverte entre le Cardinal et Sigismond du Tyrol, et Andraz était assiégé. Il est difficile de concevoir que

1. P I, fol. 174^{v} : « *Dialogus trilocutoris* ».

2. Voir, ci-dessous, note 2, p. 37.

3. Voir, ci-dessous, note 3, p. 37.

4. Cf. Edmond Vansteenberghe, *Le Cardinal Nicolas de Cues, op. cit.*, p. 194-195 et 273.

5. Cf. Erich Meuthen, *Nikolaus von Kues 1401-1464, op. cit.*

Nicolas s'occupât à écrire ce texte si important qui allait constituer un nouveau point de départ pour sa réflexion philosophique jusqu'à sa mort, quatre ans plus tard, à Todi, le 11 août 1464 sur le chemin de la croisade contre les Turcs. Difficile mais pas impossible[6]. Encore faudrait-il que la scène fût réelle, et le dialogue non imaginaire. C'est une hypothèse que soulève Harald Schwaetzer[7], bien qu'il apporte lui-même de nouveaux indices intertextuels pour dater le texte de cet hiver 1460 : la proximité entre le *Principe*, 2 et le *Pouvoir-est*, 7 en même temps que l'absence de la mention du « pouvoir-est » dans le *Principe* daté du 9 juin 1469 laissent penser que, si *le Pouvoir-est* fut effectivement rédigé en hiver, ce fut l'hiver 1460/61[8].

Réelle ou non, la scène présente donc un dialogue entre trois amis intimes. Bernard et Jean profitent d'un moment de répit pour interroger Nicolas. Contrairement à ce qu'affirme Hervé Pasqua dans sa préface à sa traduction du texte[9], il ne s'agit pas d'abord pour eux de l'interroger sur un nouveau nom qu'il aurait trouvé pour Dieu : ce nom étrange de *pouvoir-est* surgit plutôt dans la réflexion entre eux, et Nicolas ne le propose qu'au § 14. Il s'agit pour eux de l'entendre expliquer, à partir de l'étude du verset 20

6. D'autant plus difficile qu'il n'est fait nulle mention à cette situation dans le dialogue, à moins de considérer que la référence faite par Bernard au « temps qui nous accable » (*Poss.* 1) ne renvoie pas au climat épouvantable qui sévit dehors mais aux événements dramatiques qui se trament (le coup de force de Sigismond contre Nicolas et la prise violente du château de Buchenstein où celui-ci s'était retiré par précaution) et qui contraignent les trois amis à prolonger de force leur séjour à Andraz… Sur le contexte, cf. Edmond Vansteenberghe, *Le Cardinal Nicolas de Cues…*, *op. cit.*, p. 194-195.

7. Cf. Harald Schwaetzer, *Aequalitas. Erkenntnistheoretische und soziale Implikationen eines christologischen Bregriffs bei Nikolaus von Kues. Eine Studie zu seiner Schrift* De aequalitate. Hildesheim, Olms, « Studien und Materialen zur Geschichte der Philosophie », 2000, p. 136-137.

8. Alors même qu'inversement, on trouve, en *Princ.* 22, deux importantes occurrences du *pouvoir-être-fait (posse fieri)*. Par ailleurs, Kurt Flasch montre que, dans le *Principe* (1459), l'unité première n'est pas encore pensée comme l'être unique, mais seulement comme l'infinité, soit sur le mode d'une *infinita finiens*, soit sur le mode d'une *infinita finibilis*. Cf. Kurt Flasch, *Nikolaus von Kues. Geschichte einer Entwicklung. Vorlesungen zur Einführung in seine Philosophie*. Francfort, Klostermann, 1998, p. 525.

9. Cf. Hervé Pasqua « Introduction », in : Nicolas de Cues, *Le « pouvoir-est »* (trad. Hervé Pasqua), Paris, PUF, « Epiméthée », 2014, p. 8.

de l'épître de Paul aux Romains 1, « comment Dieu manifeste aux hommes ce que l'on connaît de lui[10] ».

Le texte de l'épître tel que le rapporte Bernard est le suivant :

> « En effet, ses [perfections] invisibles, aussi bien sa force *(virtus)* et sa divinité éternelles, sont perçues en partant de la création du monde, dans l'intellection des choses qui ont été faites. »

Ce texte, d'une rare complexité, était considéré au Moyen Âge comme un point fondamental de la doctrine chrétienne et en tant que tel il avait été l'objet de très nombreux commentaires, bien connus au XVe siècle, de la part des Pères de l'Église (Jean Chrysostome, Augustin...) de l'Ambrosiaster, d'Haymon d'Auxerre, d'Anselme de Laon, d'Hugues de Saint-Victor, de Gilbert de la Porrée, puis encore de Pierre Lombard, enfin de Thomas d'Aquin et de l'ensemble de la scolastique depuis lors. Nicolas de Cues connaissait parfaitement ces divers commentaires dont il possédait de nombreuses copies encore conservées aujourd'hui dans sa bibliothèque au Sankt-Nikolaus-Hopital de Bernkastel-Kues et des débats qu'ils occasionnèrent[11]. Nicolas s'inscrit donc alors dans la lignée de ces commentaires et le *De possest* pourrait être, somme toute, un exercice quasiment scolaire auquel il se plierait, comme autorité ecclésiastique sollicitée par ses amis moins élevés dans la hiérarchie de l'Église. Or, il n'en est rien et Nicolas va se servir de l'occasion offerte par les questions de ses amis pour produire une réflexion novatrice sur Dieu au point de fonder une nouvelle métaphysique, multipliant les métaphores et les énigmes pour les donner à entendre et à voir à ses amis.

La question initiale de Bernard porte sur ce qui est affirmé dans le texte paulinien : comment peut-on voir l'invisible (Dieu) dans les choses visibles ? N'y a-t-il pas là tout simplement contradiction ? En effet, si l'invisible devient visible, alors il n'est plus invisible, et s'il est invisible, c'est qu'il n'est pas visible. Le pluriel des *invisibilia* qui seraient vus dans le visible pose également problème mais renvoie en l'occurrence à la même question : comment peut-on

10. *Poss.* 2.

11. Portant notamment sur l'utilité de la loi au sein de l'économie du salut et du rapport entre la grâce et les œuvres, ces débats vont renaître à l'approche de la Réforme protestante au XVIe s.

voir un pluriel, c'est-à-dire une multiplicité dénombrable, dans une unité absolument simple telle que le monothéisme chrétien la pense sous le nom de Dieu ?

Les métaphores et les énigmes successivement déployées par Nicolas (la saisie des lettres dans la lecture[12], le mouvement du jeu de la toupie[13], le mot IN[14]) sont autant de guides pour passer d'une compréhension confuse, parce que sensible, à une appréhension plus exacte, intelligible, de la réalité interrogée. Chacune de ces énigmes nous donne à voir en acte la coïncidence des opposés comme la solution du problème : voir, c'est être aveugle, ne pas voir, entrer dans l'obscurité, comme le disait Denys, lui que Nicolas croit encore être le disciple de l'apôtre Paul, celui-là même qui rédigea cette lettre aux Romains. Dieu se donne dans la coïncidence des contraires ou par-delà la coïncidence des contraires. Il se donne comme coïncidence de l'actualité absolue et de la possibilité absolue, à partir de la visibilité du visible. C'est cette coïncidence de l'acte et de la puissance en Dieu que vient nommer le nouveau nom qu'essaie ici Nicolas : affirmation simultanée de *posse* et *est*, qui donne ce nom lié, *possest*, *pouvoir-est*. Mais qu'est-ce que cela veut dire et comment peut-on le voir ?

Il faut d'abord relever que ce n'est pas par autorité que Nicolas va affirmer la vérité de la parole paulinienne, mais par une analyse philosophique. Il est tout à fait remarquable à ce titre, comme le fait remarquer Kurt Flasch[15], que Dieu n'est nommé qu'assez tardivement dans le texte (*Poss.* 7), même si l'analyse philosophique s'effectue sur la base d'un donné qui est la parole paulinienne. Que dit celle-ci ?

Qu'il y a révélation de Dieu. Que la raison humaine doit la reconnaître dans la visibilité du visible, c'est-à-dire que la création est théophanie, ce qui est perçu par la lumière de l'intellect : l'invisibilité de Dieu brille dans la visibilité de la création, qui est témoignage de la force sempiternelle de Dieu. Rien de cela n'est mis en cause : cela est donné comme fait, mais la reconnaissance de la

12. *Poss.* 2.
13. *Poss.* 18 *sq.*
14. *Poss.* 54 *sq.*
15. Kurt Flasch, *Nikolaus von Kues. Geschichte einer Entwicklung…*, *op. cit.*, p. 522-523.

force et de la puissance passe par la compréhension de la manière dont cette force et puissance s'articule et se donne au monde. Cela signifie aussi que la connaissance de Dieu est bien la thématique du Dialogue à trois, et que la question est ici d'emblée clairement ontologique et non pas gnoséologique.

L'analyse philosophique part donc de ce qui est affirmé dans la phrase paulinienne – il y a un réel sensible, visible –, et elle s'élève progressivement à la condition de ce visible en travaillant la distinction aristotélicienne puissance/acte appliquée à cette réalité sensible : partant du fait que ce qui ne peut être n'est pas[16], Nicolas affirme par conséquent que toute réalité actuellement existante peut être. Un certain pouvoir, un pouvoir-être, est présupposé dans tout être.

Cette analyse initiale doit amener trois remarques. L'une sur la base aristotélicienne de l'analyse. Une autre sur le champ lexical du pouvoir utilisé par le Cusain. Une autre, enfin, sur la visée philosophique de celui-ci.

Il importe de souligner que Nicolas fonde son analyse en reprenant et en interrogeant un vocabulaire aristotélicien. Si Nicolas entend ici fonder une métaphysique nouvelle et autre que la métaphysique aristotélicienne, ce n'est pas dans l'ignorance de celle-ci, mais au contraire dans sa pleine connaissance et dans la connaissance de ce qu'il considère comme des insuffisances. Au mieux, l'analyse aristotélicienne de la réalité en termes de puissance et d'acte ne peut avoir de sens qu'à l'intérieur d'une nature pensée comme perpétuelle[17] et ne saurait résoudre la question du surgissement du monde, elle ne saurait donc rendre compte de l'existence d'un dieu créateur. Cette difficulté est récurrente pour les penseurs chrétiens[18] qui ont cherché à la résoudre de différentes manières avant que Nicolas ne s'en empare[19].

16. Aristote, *Physique* VIII, 9, 265a 19 (« ce qu'il est impossible qu'il arrive n'arrive pas »).

17. Perpétuelle si l'on se place d'un point de vue chrétien pour lequel il y a un commencement nécessaire et une fin non nécessaire (mais possible) du monde ; éternelle si l'on se place du point de vue aristotélicien.

18. Un état des lieux assez exhaustif du traitement antérieur de la question de la puissance et de la possibilité a été établi par August Faust, *Der Möglichkeitsgedanke. Systemgeschichtliche Untersuchungen, 1. und 2. Teile.* Heidelberg, Carl Winters Universitätsbuchhandlungen, 1931-1932.

19. Cf. à ce sujet, Jocelyne Sfez, *Nicolas de Cues, puissance et expression, op. cit.*

De nombreux auteurs[20] ont souligné par ailleurs le foisonnement du vocabulaire concernant le pouvoir dans le texte. Effectivement, Nicolas utilise de façon très extensive les termes de *potentia activa, potestas, potentia passiva, possibilitas*, ou encore les expressions verbales *capax esse/potis esse/posse aliquid-esse* selon une multiplicité de sens, et sans toujours clairement distinguer *a priori* entre possibilité et potentialité, entre possibilité logique et possibilité réelle[21]. En même temps, d'une part la possibilité logique conditionne la possibilité réelle, d'autre part cette multiplicité de sens est mobilisée pour rendre compréhensible l'existence du fini et son rapport à l'infini ; elle est aussi inhérente à la dynamisation par Nicolas de ce rapport.

Cette dernière remarque permet de cerner le projet cusain dans le *Pouvoir-est* : comme il s'agit de comprendre comment s'effectue l'articulation du fini et de l'infini, la question ici n'est pas d'abord logique mais ontologique, il s'agit de rendre compte de la possibilité de l'être, c'est-à-dire de son pouvoir à être, tel qu'il est, spécifié, et la réponse cusaine est la suivante : l'être du fini se trouve dans le pouvoir.

L'analyse[22] de ce pouvoir à l'œuvre dans tout être fini se décline selon trois affirmations nécessaires caractérisant tout fini :

- ce qui est donc peut être ;
- ce qui est est pour autant qu'il peut être ;
- ce qui est n'est pas tout ce qu'il peut être.

Nicolas mène cette analyse très concrètement sur les exemples du blanc et du soleil. Il met alors en évidence, sur ces exemples, le *chorismos* entre le pouvoir absolu (ce que l'on pense sous le nom de Dieu) et la simple possibilité d'être du fini.

20. On trouvera les analyses les plus poussées de la notion dans les ouvrages suivants : Siegfried Dangelmayr, *Gotteserkenntnis und Gottesbegriff in den philosophischen Schriften des Nikolaus von Kues*, Meisenheim/Glan Verlag Anton Hain, « Monographien zur philosophischen Forschung, 54 », 1969 ; Alfons Brüntrup, *Können und Sein. Der Zusammenhang der Spätschriften des Nikolaus von Kues*, Munich, Putet, « Epimeleia, 23 », 1973.

21. Cf. en particulier Stephan Meier-Oeser, « *Potentia* vs *Possibilitas ? Posse !* Zur cusanischen Konzeption der Möglichkeit », in : *Potentitalität und Possibilität. Modalaussagen in der Geschichte der Metaphysik* (éd. Thomas Buchheim *et al.*), Stuttgart-Bad Cannstatt, fromman-holzboog, 2001.

22. Nous suivons ici Alfons Brüntrup, *op. cit.*, p. 15-50, dont l'analyse reste fondamentale et indépassée.

L'un et l'autre sont pensés en opposition : la réalité absolue (si elle existe) suppose une possibilité absolue et une puissance absolue, et éternelle ; au contraire, le *pouvoir-être* du fini n'est pas indéterminé. Le fini, puisqu'il existe – c'est en cela que le témoignage de nos sens est important –, n'est pas un être dont la possibilité est purement logique. Il suppose une possibilité strictement déterminée *(possibilitas determinata)*[23], une contraction *(contractio)*[24] qui le fait être. Ainsi se révèle déjà la structure trinitaire de tout être fini : en lui acte et puissance sont identiques et liés. Mais cette actualisation de la puissance n'est pas complète, elle relève de la règle de la docte ignorance du plus ou du moins[25]. La rose, pour reprendre l'exemple du Cusain, est, de la meilleure façon qu'elle soit, mais elle n'est pas tout ce qu'elle peut être. Il en est de la même façon du soleil et de toutes choses : chacune réalise parfaitement, dans son existence même, son être singulier, mais non en tant que tel[26]. Aucune chose n'est la réalisation parfaite de son espèce.

Au terme de cette analyse, c'est la finitude du fini qui rejaillit plus clairement. En effet, dans le fini, alors même qu'il n'y a de réalité que s'il y a une certaine coïncidence, une certaine unité liée entre l'acte et sa puissance, il n'y a pourtant pas identité entre l'être en acte et ce qui peut être : le fini peut être ce qu'il n'est pas, il n'est pas ce qu'il peut être. La puissance du pouvoir lui manque d'une certaine façon.

Cette analyse n'a pour l'instant creusé que davantage la différence entre le fini et l'infini, la disproportion entre le fini et l'infini, de sorte que la question initiale de Bernard ne peut que se maintenir et presser davantage. Or, c'est l'analyse continuée de l'infini, au regard du fini, qui permet de renverser cette situation et de parvenir à la compréhension claire et entière de la phrase paulinienne.

En effet, à la différence du fini, l'infini est actualité absolue, et pouvoir absolu. S'il n'était pas actualité absolue, il ne serait pas infini. S'il n'était pas pouvoir absolu, il ne serait pas infini. L'actualité absolue embrasse tout ce qui est en acte, la possibilité absolue embrasse tout pouvoir. Or, ni l'actualité, ni la possibilité ne peuvent être antérieures l'une vis-à-vis de l'autre : car comment

23. Cf. *DI* II, 7, 83.
24. Cf. *DI* II, 8, 88.
25. Pour rappel, cf. ici *VS* 26, 79.
26. Cf. *VS* 15, 44.

quelque chose pourrait-il être en acte sans le pouvoir ? et comment quelque chose pourrait-il passer de la puissance à l'acte sans un acte ? L'absolue actualité et l'absolue possibilité sont donc également premières et éternelles, également une. Cette éternité infinie apparaît aussi dès lors trine : possibilité, actualité et unité entre les deux. C'est cette unité de la possibilité (ou de la puissance) et de l'acte que prétend désigner le néologisme *possest* : *pouvoir-est*. En lui, l'opposition entre puissance et acte n'a pas de sens, et c'est d'ailleurs pourquoi la philosophie aristotélicienne est impropre pour accéder à la connaissance de ce Premier.

Mais il faut encore pousser jusqu'à son terme l'analyse. Ce *possest* – nous pouvons l'appeler par son nouveau nom – est : puisqu'il est actualité absolue, que l'actualité absolue embrasse tout ce qui est, et qu'il y a du fini, le *possest* est. Il ne peut pas ne pas être, puisque quelque chose est. Il est même le maximum (de l'être et de ce qui peut être), et on retrouve ici le premier nom que le Cusain avait donné au divin dans la *Docte ignorance*, I, 4. Et comme il est coïncidence de l'actualité absolue et de la possibilité absolue, le *possest* est non seulement tout ce qu'il peut être – contrairement au fini qui n'est *que* ce qu'il peut être –, mais il est aussi tout ce qui peut être : *« omne id quod esse potest »*. Curieusement, les traducteurs français[27] du *De possest* n'ont jamais jusqu'à présent traduit l'expression dans toute son extension, ou ne serait-ce que relevé son ambiguïté[28]. Le *possest* est, dit le Cusain, *complicatio omnium,* enveloppement de tout[29]. Cela ne veut pas dire que Nicolas professe un panthéisme : les choses dans le monde ne sont pas comme en Dieu. En tout cas, Dieu n'est pas vide[30], il est au contraire gros de

27. Cf. Nicolas de Cues, *Le « pouvoir-est »* (trad. Hervé Pasqua), *op. cit.*, et Nicolas de Cues, *Dialogue à trois sur le pouvoir-est. Trialogus de possest* (trad. Pierre Caye, David Larre, Pierre Magnard et Frédéric Vengeon). Paris, Vrin, « Philologie et Mercure », 2006.

28. Sur la question, cf. Kurt Flasch, *Nikolaus von Kues. Geschichte einer Entwicklung*, *op. cit.,* p. 523-524 et surtout Jasper Hopkins, « Cusanus und die sieben Paradoxa von *posse* », in : *Nikolaus von Kues. De venatione sapientiae.* Akten des Symposions in Trier vom 23. bis 25. Oktober 2008, *MFCG*, 32, 2010, p. 67-82.

29. Ce n'est pas nouveau : cf. par exemple *DI*, III, 3, 105 : *« Unitas infinita est omnium complicatio »*.

30. Contrairement à ce qu'affirme Pasqua dans l'entretien récent donné à *Actu philosophia* (http://www.actu-philosophia.com/spip.php?article710#nh11, http://www.actu-philosophia.com/spip.php?article711, http://www.actu-philosophia.com/

tout, mais il l'est comme « le principe vivant dans lequel les choses sont plus vraies que dans leur apparition sensible[31] », comme le Verbe pensant et par-là créant. « *Deus est omnia* (c'est un pluriel !), *ut non possit esse aliud* » « Dieu est toutes choses de sorte qu'il ne peut être autre[32]. » Dieu embrasse même le non-être. En effet, dans l'infini éternel, le pouvoir est pensé dans toute sa généralité, au-delà de tout *pouvoir-faire* et de tout *pouvoir-être-fait*[33] : faire et être fait sont aussi pouvoir, or cela suppose évidemment que ce qui ne soit pas ou ce qui n'est plus soit (sans quoi rien ne peut être fait). Le *possest* affirme donc encore, sous la forme d'une coïncidence des opposés, que *« non-esse est essendi necessitas »* « le non-être est la nécessité d'être[34] ».

« Dieu est toutes choses de sorte qu'il ne peut être autre[35]. » Il est donc aussi l'absolue nécessité elle-même, l'être même, *esse ipsum*[36]. Ici, Nicolas va très loin, au risque de toutes les mécompréhensions possibles : l'être de tout ce qui peut être apparaît comme une seule substance, Dieu. Le *possest* est aussi le nom de cela. La réalité est

spip.php?article712). Pour les choix de mes traductions, que je maintiens ici, le lecteur pourra se reporter à mon article, « Actualité de Nicolas de Cues. Publications francophones récentes », in : *Études philosophiques, oct. 2013, n° 4, p. 575-599.* Je souhaite seulement attirer l'attention du lecteur sur la tradition *philologique* et le fait que la traduction de *complicatio/explicatio* par *enveloppement/développement* est « canonique », et vaut pour des auteurs, comme Jean Scot Érigène, que Nicolas a beaucoup fréquentés, et jusqu'à des auteurs comme Leibniz, dont la philosophie est étonnamment proche du Cusain et qui, bilingue en français et en latin, a expressément utilisé cette traduction *complicatio/enveloppement* et *explicatio/développement.* Contrairement à ce que laisse supposer l'interview mentionnée ci-dessus, mes choix de traduction ne s'appuient sur aucune considération kantienne, quelle qu'elle soit, ni, contrairement à H. Pasqua, sur un quelconque « oubli de l'être », bien heideggérien, tout simplement anachronique et défiant toute philologie un peu sérieuse. Il est alors savoureux de voir convoquer *Le Pli* de Deleuze (dont le directeur de thèse n'était autre que Maurice de Gandillac, spécialiste incontestable de Nicolas de Cues, qui traduisait *complicatio* et *explicatio*, lui aussi, par *enveloppement* et *développement*) et le rapprochement Leibniz-Cues pour évacuer ma traduction, conforme à la tradition leibnizienne.

31. Kurt Flasch, *Nikolaus von Kues. Geschischte einer Entwicklung, op. cit.*, p. 524.

32. *Poss.* 13. Cf. également *Poss.* 10 et 12.

33. *Poss.* 27.

34. *Poss.* 27.

35. *Poss.* 13. Cf. également *Poss.* 10 et 12.

36. *Poss.* 12 et 49.

une et infinie et elle se donne une fois sur le mode de la *complicatio* (enveloppement), c'est Dieu, une fois sur le mode de *l'explicatio* (développement), c'est l'univers. Décidément, on n'est pas loin de la conception spinoziste, *Deus sive natura*… La singularité de Nicolas de Cues est pourtant de concevoir cette relation dans une philosophie de la Création.

LE DIALOGUE À TROIS SUR LE POUVOIR-EST[1]

Bernard[2] : Puisque nous est accordée l'occasion longtemps désirée de nous entretenir avec le cardinal et sachant qu'il ne lui sera pas pénible de dévoiler une pensée longuement murie, voudrais-tu, je te prie, mon cher abbé Jean[3], lui proposer quelques-unes de tes

1. Le *cod. cus.* 219 présente un *incipit* : « Ici commence le dialogue sur le pouvoir-est du très révérend Père dans le Christ, Nicolas de Cues, Cardinal de Saint-Pierre-en-Liens. Il y a trois interlocuteurs. » (*fol.* 170r-180v). Un deuxième *codex* (Bibliothèque régionale de Bavière, *cod. monac. lat.* 7338) reprend partiellement le texte, jusqu'au paragraphe 34, *fol.* 126r-133r. Le texte du *cod. cus.* 219 est imprimé dans les quatre éditions historiques (Strasbourg, 1488 ; Milan/Cortemagggiore, 1502 ; Paris, 1514 ; Bâle, 1565).

2. Il s'agit de Bernard Kramer de Kraybourg (± 1415-1477), qui étudia le droit canon à Vienne et devint, comme le Cusain, docteur en décrets. D'abord protonotaire à Salzbourg, il était en 1460, au moment de l'écriture du *De possest*, chancelier de l'archevêché de Salzbourg. En tant qu'humaniste, il était l'ami de Nicolas au moins depuis le synode provincial de Salzbourg de 1451, dirigé par Nicolas, alors légat du pape pour les pays allemands. Son activité diplomatique lui valut d'être nommé nonce en Allemagne par le pape Pie II. Il fut encore nommé archevêque de Chiemsee en 1467, ainsi que vicaire général et évêque auxiliaire de Salzbourg. Il écrivit notamment une *Deploratio miseriarum sui saeculi* adressée à l'évêque de Chiemsee, Silvester Pflieger, à la chute de Constantinople en 1453. Nicolas qui le compte au nombre de « ses plus chers amis » (lettre de Nicolas à Bernard du 11 août 1460 à Sienne), aurait souhaité qu'en son absence forcée, Bernard soit l'administrateur de l'évêché de Bressanone ; conscient du danger, celui-ci refusa. Cf. notamment Paul Joachimsohn, *Bernhard von Krayburg*, Nuremberg, Bieling-Dietz, 1901.

3. Il s'agit de Jean André de Vigevano, connu sous le nom de Jean André de Bussi (1417-1475), alors abbé du Monastère de Sainte-Justine à Sezze dans le Latium. Ami et, à partir de 1448, secrétaire de Nicolas de Cues, il sera également un des interlocuteurs dans le *Non-autre* (1462). À partir de 1463, il fut évêque d'Accia puis d'Aléria. Inspiré par Nicolas de Cues, il introduisit l'imprimerie au Vatican dès 1465 et fut ainsi l'éditeur des plus anciennes œuvres imprimées en Italie. Cf. n. 2

réflexions pour l'encourager avec bienveillance. Nul doute qu'ainsi interpellé, il nous accueillera favorablement.

Jean : Il m'a déjà entendu très souvent auparavant. Si tu proposais quelque chose, il viendrait bien entendu plus rapidement à ta rencontre, car il te regarde avec bonté et il t'estime. Et je ne manquerai pas de t'assister, si tu veux. Approchons-nous donc plus près du feu. Le voici sur son siège, prêt à répondre à tes désirs.

Le Cardinal : Approchez ! Le froid plus intense que d'habitude nous presse et nous invite à nous asseoir auprès du feu.

Bernard : Avec ce temps qui nous accable, nous sommes disposés à obéir à ta demande.

Le Cardinal : Quelque doute vous tourmente-t-il par hasard, pour que vous soyez ainsi préoccupés ? Associez-moi à vos recherches.

Jean : Nous avons assurément des doutes que nous espérons te voir dissiper. Si tu en es d'accord, Bernard commencera.

Le Cardinal : D'accord.

2 Bernard[4] : Je suis tombé dans l'étude de l'épître de l'Apôtre Paul aux Romains sur le passage où j'ai lu comment Dieu manifeste aux hommes ce que l'on connaît de lui. Or, il dit que cela se passe ainsi : « En effet, ses [perfections] invisibles[5], aussi bien sa force

de l'introduction générale. Cf. également *Dizionario biografico degli Italiani*, XV, Rome, 1972, p. 565-572.

4. Le *cod. cus.* 219, pourtant revu par le Cusain, mentionne ici le nom de Jean. Mais ce n'est pas cohérent avec ce qui précède, puisque c'est Bernard qui doit maintenant commencer. Le *cod. monacensis latinus* 7338 mentionne d'ailleurs, de manière plus cohérente, le nom de Bernard.

5. Mot à mot : *ses choses invisibles*. Il n'y a aucune ambiguïté ici : il s'agit d'un pluriel, il ne s'agit donc pas de l'invisible, indéterminé ou infini, en Dieu, mais bien, d'ailleurs en toute conformité avec la traduction retenue par la TOB, *des invisibles en Dieu*. Cela pose évidemment problème, car comment pourrait-il y avoir une pluralité déterminée dans le Dieu un ? Mais ces choses invisibles en Dieu, ou de Dieu, sont précisées quelques lignes suivantes : il s'agit de l'éternité, de la force et de la divinité, toutes choses habituellement désignées encore comme ses perfections. Le commentaire que fait Thomas de ce verset de Rom 1, 20 dans sa *Lectio* 6 est à cet égard pleinement éclairant : « < l'Apôtre > dit au pluriel : les < perfections > invisibles, parce que l'essence de Dieu ne nous est pas connue selon ce qu'elle est, c'est-à-dire en tant qu'elle est unique en elle-même. Elle nous sera connue de cette manière dans la Patrie. "En ce jour-là il sera le Seigneur unique, et son nom sera unique." Cependant elle nous est manifestée par quelques similitudes prises dans les créatures, qui participent de multiples manières à ce qui est un en Dieu, et par cette participation notre intelligence considère l'unité

(virtus) et sa divinité éternelles, sont perçues en partant de la création du monde, dans l'intellection des choses qui ont été faites[6]. » Nous souhaitons vivement t'entendre éclaircir cette manière.

de la divine essence sous le rapport de la bonté, de la sagesse, de la puissance, et autres < perfections > du même genre qui sont un en Dieu. < L'Apôtre > a donc dit : ces < perfections > invisibles < de Dieu >, parce que cette unité qui répond en Dieu à ces noms ou à ces rapports ne nous est pas visible : "C'est par la foi que nous comprenons que les siècles ont été formés par la Parole de Dieu, en sorte que les choses devenues visibles proviennent des invisibles." » Thomas d'Aquin, *Commentaire de l'épitre aux Romains* suivi de *Lettre à Bernard Ayglier, abbé de Mont-Cassin* (trad. Jean-Eric Stroobant de Saint Eloy), Paris, Cerf, 1999, chap. 1 *Lectio* 6 [117-3], p. 108 *sq*.

6. Ce texte de Rom 1, 20 était l'objet de nombreux commentaires bien connus au XVe siècle, comme celui de Thomas évoqué à la note précédente. Commentée abondamment par les Pères de l'Église, Jean Chrysostome, Augustin (*Epistulae ad Romanos inchoata expositio* et *Expositio quarundam propositionum ex epistula Apostoli ad Romanos, PL 35, 2064)*, Ambroise (*De Iacob et uita beata),* l'*Épître de l'apôtre Paul aux Romains* est ensuite l'objet d'une attention particulière de la part, entre autres, de l'Ambrosiaster, d'Haymon d'Auxerre, d'Anselme de Laon, d'Hugues de Saint-Victor, de Gilbert de la Porrée... dont les commentaires servent à nouveau à l'exégèse de Pierre Lombard *(Glosa in Romanos*, PL 191, 1297-1696 et PL 192, 9-520, plus particulièrement *Glosa in Romanos*, PL 191, 1301 CD-1 534A), dont use à son tour abondamment Thomas d'Aquin dans sa *Lectura super epistulam ad Romanos*. Sur le commentaire-charnière, rapidement et largement diffusé, de Pierre Lombard, cf. par exemple, Ignatius Brady, dans son éditions des Sentences : *Sententia*, I, 1971, p. 65-68 ; sur ses sources, cf. Jean Chatillon, « La Bible dans les écoles du XIIe siècle », in : *Le Moyen Âge et la Bible* (éd. Pierre Riché, Guy Lobrichon), Paris, Beauchesne, 1984, pp. 163-197, p. 192 *sq*., ou encore Marcia L. Colish, « Peter Lombard as an Exeget of St Paul », dans *Ad litteram. Authoritative Texts and Their Medieval Readers* (éd. Mark D. Jordan et Kent Emery, Jr), Notre Dame (Indiana), University of Notre Dame Press, « Notre Dame Conferences in Medieval Studies, 3 », p. 71-92. Nicolas de Cues est parfaitement au fait de ces divers commentaires dont il possède de nombreuses copies encore conservées aujourd'hui dans sa bibliothèque au Sankt-Nikolaus-Hospital de Bernkastel-Kues et des débats qu'ils occasionnent. Portant notamment sur l'utilité de la loi au sein de l'économie du salut et du rapport entre la grâce et les œuvres, question centrale entre Pélage et Augustin au Ve s, ces débats renaissent à l'approche de la Réforme protestante au XVIe s.

À raison, le traducteur américain du *De possest*, Jasper Hopkins, insiste sur les difficultés de cette phrase latine : « Invisibilia enim ipsius a creatura mundi per ea quae facta sunt intellecta conspiciuntur, sempiterna quoque eius virtus et divinitas » (Paul, Rom 1, 20). D'une part, en effet, l'antécédent de *intellecta* reste incertain. Ici, Nicolas rapporte *intellecta* à *ea*, alors que plus tard il le rapportera à *creatura*. D'autre part, *a creatura mundi* pourrait être entendu temporellement. Mais Nicolas

Le Cardinal : Qui mieux que Paul exprimerait le sentiment de Paul ? À un autre endroit[7], il dit que les choses invisibles sont éternelles. Les choses temporelles sont des images des choses éternelles. C'est pourquoi, si l'on intellige[8] les choses qui sont faites, on perçoit les [perfections] invisibles de Dieu, comme sont son éternité, sa force[9] *(virtus)* et sa divinité. Ainsi la manifestation de Dieu se réalise-t-elle depuis la création du monde.

construit toujours « a creatura mundi » de façon non temporelle. Cf., par exemple, plus loin, *Poss.* 3, 4, 15, 51, 73.

7. Cf. Paul, 2 Cor 4, 18 : « Notre objectif n'est pas ce qui se voit, mais ce qui ne se voit pas ; ce qui se voit est provisoire, mais ce qui ne se voit pas est éternel. » Cf. également Thomas d'Aquin, *Commentaire de la Deuxième Épître aux Corinthiens* (trad. Jean-Eric Stroobant de Saint Eloy, intr. Gilbert Dahan), Paris, Cerf, 2005. La référence paulinienne est incontournable chez le Cusain et, loin d'être exceptionnelle, elle s'inscrit dans une longue tradition de commentaires depuis le IVe s : comme le souligne Gilbert Dahan dans son introduction au commentaire thomasien, les commentaires pauliniens sont l'un des lieux principaux d'expression de la pensée théologique chez les maîtres des principales écoles du XIIe s., particulièrement prisés par le Cusain, ainsi que dans l'exégèse scolastique au XIIIe s.

8. À la suite de nombreux médiévistes (Michel Corbin, Ruedi Imbach, Jean-Baptiste Brenet...), nous traduisons *« intelligere »* par « intelliger » lorsque le verbe renvoie à l'acte propre de l'intellect. Nous avons parfaitement conscience d'introduire par là un néologisme en français, là où *« intelligere »* est en latin tout à fait usuel et peut habituellement se traduire par « entendre », « connaître » ou « reconnaître » ou encore « comprendre ». Mais aucune de ces traductions ne convient à l'usage que fait Nicolas de ce terme. En effet, « comprendre », qui est la traduction la plus neutre, suppose d'embrasser complètement l'objet qui est appréhendé ou saisi par l'intellect, ce qui n'a pas de sens lorsqu'il s'agit de désigner la façon dont l'intellect humain se rapporte à Dieu. Nous choisissons donc de renforcer le caractère technique du terme, exactement comme Michel Corbin, dans sa traduction d'Anselme de Cantorbéry, *Monologion. Proslogion.* Paris, Cerf, 1986, ou Jean-Baptiste Brenet pour sa traduction d'un texte aussi canonique que l'appendice du livre III de la *Somme contre les Gentils* de Thomas d'Aquin (dans *Les possibilités de jonction : Averroès-Thomas Wylton.* Berlin, De Gruyter, 2013, p. 136). C'est d'ailleurs devenu l'usage dans les traductions de Thomas d'Aquin. Dans de rares occasions, par exemple dans l'interlocution des protagonistes du dialogue, il faut cependant prendre *« intelligere »* au sens usuel de « comprendre ». On le traduira alors ainsi. Cf. encore l'article d'Emmanuel Faye, « Intellect, intelliger », *in : Le Vocabulaire européen des philosophies* (dir. Barbara Cassin). Paris, Seuil-Le Robert, 2004, p. 598-600.

9. Nous choisissons de traduire *virtus* par *force*, alors qu'il est souvent également traduit par *puissance.* Cf. l'article « Force » de Françoise Balibar dans *Le Vocabulaire européen des philosophies* (dir. Barbara Cassin), Paris, Seuil-Robert,

Bernard : Nous nous étonnons, l'abbé et moi, que l'on puisse percevoir les choses invisibles.

Le Cardinal : Elles sont perçues sans être visibles, de même que l'intellect, quand il intellige ce qu'il lit, voit invisiblement la vérité invisible qui se cache sous la lettre. Je dis invisiblement, c'est-à-dire mentalement[10], puisque la vérité invisible, qui est l'objet de l'intellect[11], ne peut être vue autrement[12].

2004, p. 457-464, ainsi que l'encart « *"Dunamis", "energeia", "entelekheia"* et la définition aristotélicienne du mouvement » de Barbara Cassin, *ibidem*, p. 458-459. C'est qu'ici la force vient traduire la puissance de la puissance, ou encore la positivité de la puissance, l'énergie de la puissance qui permet l'actualité. Elle désigne donc l'action par laquelle quelque chose passe de la pure possibilité jusqu'à sa réalisation pleine et entière, et elle se rapproche davantage de *potestas* que de *potentia*. Il s'agit d'un pouvoir ou d'une faculté de faire, au sens où le *pouvoir-est (possest)* cusain, c'est-à-dire Dieu, l'est éminemment, et non d'une simple virtualité que ne saurait tout simplement être la toute-puissance divine. Sur ce point crucial, Pierre Caye *et al.* ne sont pas toujours conséquents et traduisent tantôt par *force*, tantôt par *faculté*, tantôt par *puissance*. Hervé Pasqua traduit presque toujours *virtus* par puissance, ce qui pose aussi problème puisqu'il y a plus loin le concept de *potentia* dans le texte, et la distinction *virtus/potentia* disparaît donc du texte français. La question de cette distinction doit *a minima* être posée, quelle que soit la réponse qu'on lui donne. La variabilité de la traduction pose évidemment problème puisqu'elle efface la communauté conceptuelle des occurrences. Nous avons cherché à la réduire, réservant donc à *virtus* la traduction de *force*, sauf dans quelques occurrences où cela sonnait vraiment par trop étrangement, et nous avons alors choisi de traduire par *faculté*, suivant en cela la traduction allemande par Renate Steiger du texte cusain (*virtus* est traduit ou par *Kraft* ou par *Vermögen*, ce qui nous semble aussi *a contrario* bien trop moderne). Compte tenu de l'objet du texte, ce sont des concepts évidemment cruciaux, il importe donc de ne pas gommer la différence de nomination lorsqu'elle existe dans le texte cusain, même s'il n'est pas plus sûr que Nicolas fasse lui-même une claire distinction dans l'usage des termes. La difficulté existe pour d'autres termes, par exemple pour *phantasia* et *imaginatio*. Or, il est enfin un dernier argument qui justifie qu'on s'en tienne à la plus grande littéralité de la traduction de ces concepts : c'est aussi qu'ils sont réélaborés dans le temps même où Nicolas écrit.

10. Cf. *M* 5, 84. Il s'agit de la métaphore classique de la lecture. On la trouve par exemple chez Thomas d'Aquin : « On l'appelle "intellect" du fait qu'il lit à l'intérieur en intuitionnant l'essence de la chose ; intellect et raison diffèrent quant au mode de la connaissance, car l'intellect connaît d'un acte de simple intuition, tandis que la raison passe discursivement d'une chose à une autre. » (Thomas d'Aquin, *S. Th.* I, q. 59, a. 1, ad. 1m).

11. Cf. *Ap. DI* 16.

12. Pseudo-Denys l'Aréopagite, *Les Noms divins*, V, 7 (éd. Beate Regina Suchla, trad. Ysabel de Andia), Paris, « Sources chrétiennes », 2016.

3 Bernard : Mais comment cette vision est-elle suscitée par la création visible du monde[13] ?

Le Cardinal : Ce que je vois de façon sensible, je sais que cela n'est pas par soi. En effet, de même que les sens ne discernent rien par eux-mêmes, mais tiennent leur discernement d'une force supérieure, de même aussi le sensible n'est pas par lui-même, mais par une force plus élevée[14]. C'est pourquoi l'Apôtre disait « en partant de la création du monde », de sorte que nous nous élevons depuis le monde visible, en tant que créature, jusqu'au Créateur[15]. Puisque, en voyant le sensible, j'intellige qu'il est par une force plus élevée car, étant fini, il ne peut pas être par soi – en effet, comment un fini pourrait s'être posé à soi-même une limite[16] ? –, alors la force par laquelle il est, je ne peux la percevoir si ce n'est comme invisible et éternelle. En effet, la force créatrice ne peut être intelligée si ce n'est comme éternelle. Car comment serait-elle en vertu d'une autre force, à moins d'avoir été créée ? Éternelle est donc la force par laquelle surgit la création du monde – et elle est par suite [aussi] invisible. « Les choses que l'on voit, en effet, sont temporelles[17]. » Et cette force est la divinité même, invisible à toute créature.

4 Bernard : Il se peut qu'il en soit comme tu le montres clairement. Pourtant il semble que Paul dévoile par-là bien peu de choses de la connaissance tant désirée de Dieu.

13. C'est la création en tant qu'elle est visible qui suscite la vision. Sur les différentes théories de la vision (en particulier celles de l'extramission et l'intromission), telles qu'elles sont discutées à l'époque sous l'effet de la transmission des savoirs venus des terres d'Islam, et connues par Nicolas de Cues, cf. mon livre *l'Art des conjectures de Nicolas de Cues* (dorénavant cité *ACNC*), Paris, Beauchesne, « Le grenier à sel », 2012, p. 190-198.

14. Cf. *DI*, III, 6, 215, ainsi que *Conj.* I, 8, 32 : « La raison se sert (…) du sens comme d'un instrument pour distinguer les choses sensibles. » et *Conj.* II, 16, 157 : « Le visible n'est pas atteint par le sens de la vue lorsqu'est absente l'intention de l'énergie intellectuelle (…) la sensation n'est ni formée ni différenciée sans l'intellect qui descend en nous par le moyen de la raison (…) [l'intellect] est en acte dans le monde sensible car il appréhende de manière actuelle le visible dans la vue, l'audible dans l'ouïe. »

15. Cf. Thomas d'Aquin, *Commentaire de l'épitre aux Romains…*, *op. cit.*, *Lectio* 6, p. 120-121.

16. Cf. *DI*, I, 6, 15 : « Le Maximum est en acte le principe et la fin de toutes les choses finies. (…) Comme tout non-maximum est fini, il procède aussi d'un principe ; or, il sera nécessaire qu'il procède d'un autre [que lui] ; autrement, s'il procédait de lui-même, il aurait été avant même d'être. »

17. Cf. Paul, 2 Cor 4,18. Voir ci-dessus note 7.

LE CARDINAL : Bien au contraire : non pas peu de choses, mais de très nombreuses. En effet, il dit : « Les [perfections] invisibles de Dieu même sont perçues à partir de la création intelligée du monde ». Non que les choses invisibles de Dieu soient autre chose que le Dieu invisible, mais parce qu'il existe dans la création du monde un grand nombre de choses visibles, dont chacune est ce qu'elle est selon sa raison adéquate[18] ; c'est pourquoi il enseigne qu'on doit s'élever de n'importe quelle créature visible à son principe invisible.

BERNARD : Nous comprenons[19] bien comment, depuis les créatures, nous sommes poussés à voir leurs raisons éternelles dans le principe. Cela, l'Apôtre aurait pu le dire clairement s'il n'avait pas eu une autre intention.

LE CARDINAL : Je crois que beaucoup de choses très profondes 5
me restent cachées à moi-aussi. Mais voici, maintenant, ce que je conjecture[20] : l'Apôtre a voulu nous enseigner comment nous pourrions saisir invisiblement en Dieu ces choses-là que nous voyons dans la création. En effet, toute créature existant en acte peut assurément être. En effet, ce qui ne peut être n'est pas[21]. Par suite, le non-être n'est pas une créature[22]. En effet, s'il est une créature, assurément il est. Bien plus, puisque créer, c'est amener du non-être à l'être[23], [l'Apôtre] montre clairement que le non-être même n'est en aucune façon une créature. Et ce n'est pas peu de l'avoir compris.

Et je dis par conséquent : puisque tout ce qui existe peut être 6
ce qu'il est en acte, nous percevons de là l'actualité absolue[24]

18. La raison adéquate d'une chose est son essence, ce qui fait donc que cette chose est ce qu'elle est. Elle est aussi l'égalité d'être. Cf. *Poss.* 9.

19. *« Intelligimus ».* Cf., ci-dessus, note 8.

20. Sur le concept de conjecture, cf. *ACNC*, pp. 29-37.

21. Cf. Thomas d'Aquin, *De la puissance*, q. 3 a. 1, ad. 2. Cf. Vs 3, 7.

22. Dans ce passage, Nicolas affirme clairement que le non-être n'existe pas. Pourtant, dans d'autres passages, il affirmera le contraire : cf. en particulier *Poss.* 25, 27, 29, 59, 67 et 73. Il n'y a pas contradiction : en effet, bien qu'il existe du non-être en Dieu, il n'existe pas de non-être comme créature.

23. Cf. Jean Scot Erigène, *De la division de la nature. I, La nature créatrice increéée,* I, 64, 3sqq. (éd. F. Bertin). Paris, PUF, « Épiméthée », 1995 ; Pseudo-Denys l'Aréopagite, *Les Noms divins*, I, 3, *op. cit.* Cf. également *LG* I, 46 et *AT* 4.

24. Cf. *Conj.* II, 6, 98 : « La divinité est l'actualité absolue, qui est participée dans les créatures supérieures avec la puissance suprême, qui est d'intelliger ; dans

par laquelle les choses qui sont en acte sont ce qu'elles sont[25]. Ainsi, lorsque nous voyons de notre œil sensible des choses blanches, nous percevons intellectuellement la blancheur, sans laquelle ce qui est blanc n'est pas blanc[26]. Donc, puisque l'actualité est en acte, elle aussi peut être assurément, puisque ce qui est impossible d'être n'est pas. Et l'absolue possibilité elle-même[27] ne peut venir de rien d'autre que du pouvoir, de même que l'absolue actualité ne peut venir de rien d'autre que de l'acte[28]. Et cette possibilité dont on vient juste de parler ne peut être antérieurement à l'actualité, comme nous disons que quelque puissance précède l'acte. Car comment passerait-elle à l'acte, sinon par l'actualité ? En effet, si le *pouvoir-être-fait*[29] passait de lui-même à l'acte, il serait en acte avant d'être en acte[30]. Donc

les créatures intermédiaires avec une puissance intermédiaire, qui est de vivre ; dans les créatures inférieures avec une puissance infime, qui est d'être. Bien que toute chose créée soit capable d'être ce qu'elle est actuellement, elle n'est pas actuellement tout ce qu'elle peut être, en elle ne coïncide pas puissance et acte, comme Nicolas le montre ci-dessous, *Poss.* 8.

25. Cf. *DI* I, 23, 70 : « Toute existence actuelle tient de Lui tout ce qu'il y a d'actualité, et toute existence existe en acte pour autant qu'elle est en acte dans l'Infini lui-même. »

26. Cf. Sermon CCXIII, 4.

27. Cf. *DI* II, 7, 130, où Nicolas distingue quatre modes d'être (nécessité absolue, nécessité de complexion, possibilité déterminée, et absolue possibilité). L'absolue possibilité y est définie comme « le mode d'être le plus bas », soit « la façon dont les choses peuvent être ». Cf. note ci-dessous pour un sens opposé de possibilité absolue.

28. La possibilité absolue est la possibilité pure et l'actualité absolue est l'actualité pure. Le vocabulaire de Nicolas peut s'avérer flottant, et il ne fait pas toujours la distinction entre *possibilitas*, *potentia*, *potestas*, et *posse*, ni entre *actualitas*, *actus* et *esse*, de sorte que la possibilité pure peut aussi être le pouvoir absolu.

29. L'expression *posse fieri (pouvoir-être-fait)* prend son sens en opposition avec l'expression *posse facere (pouvoir-faire)*, utilisée par exemple en *Poss.* 27 et 29, et l'expression *posse esse (pouvoir-être)*, utilisée par exemple en *Poss.* 8.11.14.16.29. Mais il s'oppose aussi à l'expression *posse creari (pouvoir-être-créé)* (cf. *Poss.* 28). C'est pourquoi on évitera la traduction, parfois donnée en allemand, de *pouvoir devenir* qui effacerait les parallèles, et on gardera systématiquement l'expression *pouvoir-être-fait* dans sa littéralité rugueuse.

30. Cf. *DI* II, 9, 141 : « Le pouvoir-être ne peut être amené à l'être en acte que l'être en acte, puisqu'il ne peut aucunement s'amener lui-même à être en acte, sans quoi il serait de lui-même sa propre cause ; il serait en effet avant qu'il ne soit. » Cette citation de *La Docte ignorance* montre aussi que la notion de « pouvoir-être » est déjà présente dès le début de l'œuvre.

la possibilité absolue, dont nous parlons, par laquelle les choses qui sont en acte peuvent être en acte, ne précède pas l'actualité, ni même la suit. En effet, comment l'actualité pourrait-elle être si la possibilité n'existait pas ? Sont donc coéternels la puissance absolue, l'acte et leur lien[31]. Et ce ne sont pas plusieurs réalités éternelles[32], mais elles sont ainsi éternelles parce qu'elles sont l'éternité même[33]. Ne vous semble-t-il pas qu'il en est ainsi, ou est-ce autrement ?

BERNARD : Assurément, la pensée[34] ne peut être en désaccord.

JEAN : De même que, lorsque je perçois le soleil, je ne peux nier qu'il est suréclatant[35], de même je perçois très clairement ces choses sous ta conduite. Mais je m'attends à ce que, selon ton habitude, tu en tires de grandes choses.

LE CARDINAL : Il me suffit de ne pas m'égarer à vos yeux. Je 7
continuerai donc d'aller par cette voie vers les réalités en vue desquelles je me hâte. J'appellerai alors « Dieu de gloire »[36] cette éternité que nous voyons ainsi. Et je dis que c'est maintenant un fait établi pour nous que Dieu, antérieur à l'actualité qui se distingue de la puissance, et antérieur à la possibilité qui se distingue de l'acte, est le principe simple du monde. Or, dans toutes les choses qui existent après lui, existe la distinction de la puissance et de l'acte, de telle sorte que seul Dieu est cela qui peut être[37] ;

31. Cf. Thierry de Chartres, *Glossa super librum Boethii librum De trinitate* V, 21 (éd. N. M. Häring, p. 321). Cf., ci-dessous, *Poss.* 49 en son ensemble.

32. Cf. Thierry de Chartres, *Tractatus (De sex dierum operibus)* 40 (éd. N. M. Häring, p. 197) ; Traité des œuvres des six jours (trad. Michel Lemoine), in : *Théologie & cosmologie au XIIe siècle*, Paris, Les Belles Lettres, « Sagesses médiévales », 2004, p. 122-147.

33. Cf. *VS*, 23, 68. L'éternité même est Dieu, et la possibilité, l'actualité et l'union des deux sont les membres de cette Trinité.

34. C'est la pensée qui assentit, ou non, ici. La question est de savoir quelle est cette pensée ? Celle d'un individu, ou celle de tout individu ? Une pensée universelle ou une pensée commune en tout un chacun ? Cela n'est pas précisé.

35. Il s'agit d'un néologisme qui vient traduire le néologisme *superlucidus*. Mais Nicolas de Cues est coutumier du fait, puisque conjecturer suppose de former et d'essayer successivement de nouveaux concepts, plus vrais, ce qui implique aussi des créations langagières.

36. Dn 3, 45.52.

37. Cf. ci-dessous *Poss.* 8. Cf. également *DI* I, 4, 11 ; Sermon XXIV, 14 et *Comp*, épilogue, 45. Wilpert, dans « Das Problem der coincidentia oppositorum in der Philosophie des Nikolaus von Kues », *in : Humanismus, Mystik und Kunst*

mais ce n'est le cas d'aucune créature quelle qu'elle soit, puisque la puissance et l'acte ne sont identiques que dans le principe.

8 BERNARD : Arrête-toi un instant, Père, et ôte moi d'un doute. Comment dis-tu que Dieu peut être ce qui peut être ? En effet, il semble que cela peut être dit du soleil, de la lune, de la terre et de toute autre chose semblable.

LE CARDINAL : Je parle en termes absolus et très généraux, comme si je disais : puisque puissance et acte sont la même chose en Dieu[38], alors Dieu est en acte tout ce dont le *pouvoir-être* peut être attesté[39]. En effet, rien ne peut être que Dieu ne soit pas en acte. Cela, quiconque prête attention au fait que la puissance absolue coïncide avec l'acte le voit facilement. Il en va autrement du soleil. Car, bien que le soleil soit en acte ce qu'il est, il n'est cependant pas ce qu'il peut être. En effet, il peut être autrement qu'il est en acte[40].

BERNARD : Poursuis, Père. Car il est certain que nulle créature n'est en acte tout ce qu'elle peut être, puisque la puissance créatrice

in der Welt des Mittelalters (éd. Josef Koch), Leiden/Cologne, 1953, pp. 39-55, traduit *« Deus est omne id quod esse potest »* par *« Dieu est tout ce qu'il peut être »*. Hervé Pasqua, Pierre Caye *et al.* traduisent de même. Je traduis avec la traductrice allemande Reinate Steiger *« Dieu est tout ce qui peut être »*. Aucune de ces deux traductions ne recoupent entièrement le sens de l'expression latine. En effet, la traduction de Wilpert, Pasqua *et al.* peut conduire à une compréhension erronée en considérant Dieu comme un sujet déterminé, mais la nôtre peut conduire à une interprétation panthéiste qui serait également erronée. Cf. encore Klaus Jacobi, *Die Methode der Cusanische Philosophie*, Fribourg/Munich, 1969, p. 56 (n. 45) et Kurt Flasch, *Die Metaphysik des Einen bei Nikolaus von Kues, Leiden*, Brill, 1973, p. 168-171. Parfois Nicolas écrit que Dieu est tout ce qui peut être. C'est notamment le cas, sans aucune ambiguïté, en *Poss.* 73. Parfois Nicolas écrit aussi que Dieu est tout ce qu'il peut être. C'est notamment le cas en *Poss.* 27 et 30. Parfois, il n'y a pas possibilité de lever l'ambiguïté qui existe en latin, c'est le cas ici comme en *Poss.* 12. Nicolas en est parfaitement conscient, car c'est cette ambiguïté qui rend présentement perplexe Bernard et c'est pourquoi il demande alors des précisions. Il faut donc garder à l'esprit l'ambiguïté du texte. Par ailleurs, cf. Mt 19, 26 : « Fixant sur eux son regard, Jésus leur dit : "Aux hommes c'est impossible, mais à Dieu tout est possible." », cf. aussi Mc 10, 27 et 14, 36 ou encore Lc 18, 27 : l'Écriture révèle et répète qu'avec Dieu toutes les choses sont possibles, même celles qui sont impossibles avec l'homme.

38. Cf. *DG* 1, 145.

39. Cf. *DI* I, 2, 5 : « Il est aussi en toutes choses ; et parce qu'il est absolu, il est alors en acte tout être possible, ne subissant de la part des choses aucune contraction, lui de qui tout provient. ». Cf. également *VS* 13, 34.

40. Cf. ci-dessous, *Poss.* 11.27.30 et 52.

de Dieu ne s'est pas épuisée dans sa création[41] au point qu'il ne puisse faire d'une pierre un homme animé[42], ni ajouter ou diminuer la quantité de quoi que ce soit[43], ni généralement transformer toute créature en n'importe quelle autre.

LE CARDINAL : Tu dis bien. Puisque donc les choses sont telles que Dieu est la puissance absolue, l'acte et le lien entre les deux et que, par suite, il est en acte tout être possible, il est évident qu'il est toutes les choses sur le mode de l'enveloppement[44]. En effet, toutes les choses qui sont ou peuvent être d'une quelconque manière sont enveloppées dans leur principe et toutes les choses qui sont ou seront créées sont développées par celui-là même en qui elles sont sous le mode de l'enveloppement[45].

JEAN : Bien que j'ai entendu ces choses de toi plusieurs fois, **9**
elles me sont toujours parues, à moi aussi, importantes et très difficiles. Pour cette raison, ne tarde pas à répondre : veux-tu dire que les créatures que l'on signifie par les dix catégories, à savoir la substance, la quantité, la qualité, et les autres, sont en Dieu[46] ?

LE CARDINAL : Je veux dire qu'en Dieu, sur le mode de l'enveloppement, toutes les choses sont Dieu, comme dans la création du monde, sur le mode du développement, elles sont le monde.

JEAN : Dieu est donc grand[47].

41. Cf. *DI* III, 1, 185 : « L'univers n'épuise pas la Puissance elle-même, infinie, absolument la plus grande, de Dieu (...). »

42. Cf. Lc 3, 8 : « Car, je vous le dis, des pierres que voici, Dieu peut susciter des enfants à Abraham. »

43. Cf. Lc 12, 25 : « Qui d'entre vous peut par son inquiétude rajouter une coudée à son existence ? » (traduction littérale de la TOB, n. *w*, p. 239).

44. Cf. *DI* I, 16, 43 : « Comme il est toutes choses, pareillement aussi il n'est rien de toutes choses. » ; cf. *VS* 3, 8.

45. Cf. Thierry de Chartres, *Lectiones* II, 4 (éd. N. M. Häring, p. 153). Cf. également *Ap.* 42 : « Puisque Dieu seul est l'enveloppement de tout l'être et de chacun des êtres, c'est donc lui qui a développé le ciel et la terre en les créant ; bien davantage, puisque Dieu est tout complicativement sous mode intellectuel et divin, c'est donc lui le développeur, le créateur et le formateur (et tout ce qu'on peut énumérer à ce sujet) de tout. »

46. Cf. Aristote, *Catégories*, 4, 1b 25-27. Cf. également Jean Scot Erigène, *De la Division de la nature, III, La nature créée incréatrice,* III, 168 (éd. F. Bertin). Paris, PUF, « Épiméthée », 1995.

47. Cf. Dt 7, 21 et 10, 17 ; Ps 47, 2 et 88, 8 ; Jn 10, 29.

Le Cardinal : Assurément il est grand ; mais il est grand en tant qu'il est la grandeur qui est tout ce qu'elle peut être[48]. Car il n'est pas grand de la grandeur qui peut être plus grande, ou de la grandeur qui peut être divisée ou diminuée, à la manière de la quantité créée qui n'est pas ce qu'elle peut être[49].

Bernard : Si, donc, Dieu est grand de la grandeur qui est ce qu'elle peut être et qui – comme tu dis – ne peut pas être plus grande et qui ne peut pas être plus petite, alors Dieu est la grandeur à la fois la plus grande et la plus petite.

Le Cardinal : Assurément, il ne se trompe pas, celui qui dit que Dieu est la grandeur à la fois absolument la plus grande et la plus petite[50] ; et ce n'est pas dire autre chose que dire que sa grandeur est infinie et indivisible, elle qui est vérité et mesure[51] de toute grandeur finie. En effet, comment serait-elle plus grande que quoi que ce soit, elle qui est si grande qu'elle est aussi la plus petite ? Ou encore comment serait-elle plus petite que quoi que ce soit, elle qui est si petite qu'elle est aussi la plus grande ? Ou comment n'est-elle pas l'égalité d'être de toute grandeur[52], elle qui est en acte tout ce qu'elle peut être ? Assurément, elle peut être l'égalité d'être [de toute grandeur][53].

Bernard : Cela est précieux. Mais, à ce que je vois, aucun nom, aucune chose, ni rien de tout ce qui convient à une grandeur créée, n'est dit convenablement de Dieu, puisqu'ils en diffèrent infiniment. Et sans doute cela est-il vrai non seulement de la grandeur mais aussi de tout ce qui est attesté des créatures.

48. Cf. Boèce, *La Trinité* 4, 156-157, et Thierry de Chartres, *Lectiones* IV, 58 (éd. N. M. Häring, p. 202). Cf. également *VS* 12, 33.

49. Cf. *VS* 34, 102.

50. Cf. *DI* I, 2, 5 et I, 4, 11 : « Il ne peut être plus grand, ni pour la même raison plus petit, puisqu'il est tout ce qui peut être. »

51. Cf. Platon, *Lois*, IV, 716c : « C'est donc Dieu qui serait pour nous au plus haut degré la mesure de toutes choses. » ; Proclus, *Eléments de théologie*, prop. XCII et CXVII et *Commentaire du Parménide de Platon*, VI ; Cf. également *Sap.* II, 46 : « Ainsi la vérité infinie est-elle l'exactitude de la vérité finie et l'absolument infini est-il l'exactitude de toute chose finie, sa mesure, sa vérité et sa perfection. » ; cf., ci-dessous, *Poss.* 13 et 52.

52. Cf. Thierry de Chartres, *Commentum* II, 31 *sq.* Cf. également *DI* I, 8, 22 et II, 7, 129 ; *Sap.* I, 23.

53. Cf. Thierry de Chartres, *Tractatus* 45 (éd. N. M. Häring, p. 199) ; *Traité des œuvres des six jours* (trad. Michel Lemoine), *op. cit.*, p. 12-147.

Le Cardinal : Tu as bien saisi, Bernard. Et c'est cela même que l'Apôtre insinue, puisqu'il a établi entre ce qui est atteint dans les créatures et ce qui est atteint en Dieu une différence telle que celle qu'il y a entre les choses visibles et les choses invisibles, lesquelles nous affirmons être distantes à l'infini[54].

Jean : Pour autant que je saisisse, il y a assurément beaucoup dans ces quelques propos. De fait, si je dis, à partir de la beauté des créatures, que Dieu est beau, et si je sais que Dieu est si beau qu'il est la beauté qui est tout ce qu'elle peut être, je sais que rien du beau du monde entier ne manque[55] à Dieu et que toute beauté qui peut être créée n'est rien d'autre qu'une certaine similitude sans proportion avec cette beauté qui est en acte toute possibilité d'être de la beauté[56], elle qui ne peut être autrement qu'elle n'est, puisqu'elle est ce qu'elle peut être. Il en va de même du bien, de la vie et du reste, ainsi encore que du mouvement. En effet, aucun mouvement n'atteint sa fin ou n'est ce qu'il peut être, sinon celui qui convient à Dieu, qui est à la fois le mouvement le plus grand et le plus petit, c'est-à-dire le plus au repos[57]. Et voilà ce que tu me sembles dire. Mais je ne sais pas si, de façon semblable, l'on peut dire convenablement que Dieu est soleil, ciel, homme ou quelque autre chose de cette sorte.

Le Cardinal : Il ne faut pas s'en tenir aux mots[58]. De fait, si **11**
l'on dit que Dieu est le soleil[59], et que l'on intellige vraiment cela

54. Cf. *DI* I, 3, 9 : « Il est de soi évident qu'il n'y a pas de proportion de l'infini au fini. » Ce principe d'improportionalité se trouve déjà chez Aristote, dans le *Traité du ciel*, A, 6, 274a 7 et A, 7, 275a 13, ainsi que dans la *Consolation de philosophie* de Boèce (II, pr. 7,17). On en trouvera un commentaire dans Bonaventure, *Commentaire des Sentences* III, dist. 14, a. 2, q. 3 et dans Thomas d'Aquin, *S. Th.* I, q. 2, a. 2.

55. Cf. *VS* 26, 77.

56. Cf. la traduction alternative de Hopkins : *« quae actu est omnis essendi possibilitas pulchritudinis »*, « qui est en acte la possibilité d'être de toute beauté ».

57. Cf. *Conj.* I, 6, 23 : « Le mouvement est rationnellement opposé, [et] de manière inconciliable, au repos. Mais, de même que, dans le Premier, le mouvement infini coïncide avec le repos, de même, dans la similitude la plus proche du Premier, ils ne se détruisent pas, mais se concilient. »

58. Cf. *DI* I, 2, 8 : « Il importe toutefois d'arriver au sens qui veut hisser l'intellect au-dessus de la force des mots plutôt que de s'en tenir à la propriété des termes qui ne peuvent s'ajuster proprement à de si grands mystères intellectuels. », et Sermon I, 11. Cf. également ici *VS* 33.

59. Cf. Platon, *République,* VI, 508a *sq.* et VII, 516a *sq.* ; *Lois*, X, 897d *sq.* Le Cusain possédait les deux œuvres platoniciennes, qui sont annotées de sa main :

du soleil qui est en acte tout ce qu'il peut être, alors il semble clairement que [notre] soleil n'est pas semblable à celui-là [dont nous parlons]. En effet, [notre] soleil sensible, quand il est à l'orient, n'est pas dans n'importe quelle partie du ciel dans laquelle il pourrait être, il n'est pas non plus à la fois le plus grand et le plus petit de sorte qu'il ne peut être ni plus grand ni plus petit, il n'est pas non plus partout et n'importe où de sorte qu'il ne peut être ailleurs que là où il est, il n'est pas non plus toutes choses de sorte qu'il ne peut pas être autre chose que ce qu'il est, et ainsi de suite. Et il en va pareillement de toutes les créatures. Peu importe donc comment tu nommes Dieu, pourvu que, ainsi, tu transposes intellectuellement les termes au *pouvoir-être*[60].

12 BERNARD : Je me rends compte que tu veux dire que Dieu est toutes choses, de sorte qu'il ne pourrait être autre chose que ce qu'il est. Mais comment l'intellect saisit-il cela ?

LE CARDINAL : Il faut assurément affirmer cela de la façon la plus ferme. En effet, à Dieu, rien ne manque de tout ce qui peut être universellement et absolument[61], puisqu'il est l'être même[62], qui est entité de puissance et d'acte[63]. Mais en étant toutes choses en toutes choses[64], il est ainsi toutes choses parce qu'il n'en est

La République dans la traduction de Pier Candido Decembrio (*cod. cus.* 178) et les *Lois* dans la traduction de Georges de Trébizonde (*cod. harl.* 3261).

60. Cf. *DI* I, 10, 29. Il convient ainsi « de s'élever du signe à la vérité, en comprenant les mots par extrapolations analogiques ».

61. Cf. *Ap. DI* 11.

62. Cf. Boèce, *La Trinité* 2 (152, 18-20) et Thierry de Chartres, *Glossa* II, 47 (éd. N. M. Häring, p. 294).

63. L'entité est à la fois l'être même, la forme des formes, la forme d'être, la perfection, l'être de tout, et l'enveloppement de toutes les formes. Cf., entre autres, *Poss.* 14, 61 et 65. Cf. Thierry de Chartres, *Commentum super Boethii Librum de Trinitate* II, 21 (éd. N. M. Häring, p. 75). Comme le Pseudo-Denys l'Aréopagite et Maître Eckhart avant lui, Nicolas considère Dieu comme l'être de tout. Cf. en particulier plus loin *Poss.* 67, et le Sermon CCXVI « Où est-il le nouveau-né ? », 16-19, prononcé le 6 janvier 1456 à Bressanone, in : Nicolas de Cues, *Sermons eckartiens et dionysiens* (trad. Francis Bertin). Paris, Le Cerf, « Sagesses chrétiennes », 1998, pp. 248-256.

64. Nicolas rapporte explicitement cette expression à Denys l'Aréopagite dans le *Non-autre*, 14. Dieu est « tout dans tout » : il est l'être même, présent dans tout être fini. Cf. également *Poss.* 56 et 74. Cf. *DI* I, 16, 43. Dans *l'Apologie de la docte ignorance*, 17, Nicolas affirme également en se référant à Pseudo-Denys l'Aréopagite : « Dieu est l'être de toute chose en ce sens qu'il n'est rien de ces

pas une plus qu'une autre[65], puisqu'il n'est pas ainsi une chose de sorte qu'il n'en soit pas une autre[66].

BERNARD : Prends garde à ne pas te contredire toi-même. Tu disais en effet peu auparavant que Dieu n'est pas le soleil, et maintenant tu affirmes qu'il est toutes choses.

LE CARDINAL : Au contraire, je disais qu'il est le soleil ; mais non pas sur le mode d'être de ce soleil qui n'est pas ce qu'il peut être. En effet, celui qui est ce qui peut être n'est pas dépourvu de l'être solaire ; mais il le possède sur un meilleur mode puisque le plus parfait et divin. De même que l'essence de la main se trouve de manière plus vraie dans l'âme que dans la main, puisque dans l'âme est la vie[67] et qu'une main morte n'est pas une main[68] ([et] il en va de même pour tout le corps et pour chacun de ses membres), de même l'univers se comporte-t-il vis-à-vis de Dieu. Sauf que Dieu n'est pas l'âme du monde[69] de la manière dont l'âme d'un homme est son âme, ni forme de quoi que ce soit de particulier[70], mais forme de toutes choses, parce que cause efficiente, formelle (ou exemplaire), et finale[71].

BERNARD : Jean l'Évangéliste ne veut-il pas dire que tout en Dieu **13**
est vie comme tu l'as dit de la main et de l'âme[72] ?

LE CARDINAL : Je suis d'avis que « vie » signifie ici vérité et vitalité. En effet, puisque les choses ne sont que lorsqu'elles sont formées par une forme[73], alors les formes ont un être plus vrai et

choses… », et dans la proposition 5 de l'appendice du *Non-autre*, il dit encore que Dieu est à la fois l'être de l'être et le non-être du non-être.

65. Cf. Paul, 1 Cor 15, 28 : « Et quand toutes choses lui auront été soumises, alors le Fils lui-même sera soumis à Celui qui lui a tout soumis, pour que Dieu soit tout en tous. Cf. également, ci-dessous, note 314, sur *Poss.* 56.

66. Cf. *VS* 13, 35.

67. Cf. le *Liber de Causis* III, 35, 28-30. Cf. aussi le sermon CCLXXXV (Koch 282), « Alleluia. Viens, Esprit saint… », prononcé le 5 juin 1457, jour de Pentecôte, à Bressanone.

68. Cf. Aristote, *Métaphysique*, Z, 10, 1035 b 24-25.

69. Cf. Platon, *Timée* 34C et *Philèbe* 30AB ; cf. également Aristote, *Physique* II, 7, 198a 24-26 et *De l'âme*, II, 4, 415b 10 *sq.* Cf. *DI* II, 9, 141.

70. Cf. Thierry de Chartres, *Tractatus*, 32 (éd. N. M. Häring, p. 195) ; *Traité des œuvres des six jours* (trad. Michel Lemoine), *op. cit.*, p. 12-147.

71. Cf. *DI* I, 21, 64 et *VS* 39, 115.

72. Jn 1, 3-4 : « Tout fut par lui, et rien de ce qui fut ne fut sans lui. En lui était la vie et la vie était la lumière des hommes. »

73. Cf., ci-dessous, note 361, sur *Poss.* 64.

plus vivant dans la forme des formes[74] que dans la matière[75]. En effet, une chose n'est que si elle est vraie et vivante selon son mode. Que celui-ci disparaisse, elle cesse d'être. C'est pourquoi elle est de manière plus vraie dans la forme des formes qu'en elle-même[76]. Là, en effet, elle est vraie et vivante.

JEAN : Tu nous as instruits d'excellente façon, Père. Il me semble que tu tires toutes les choses d'une seule. Dieu est donc toutes choses, de sorte qu'il ne peut pas être autre chose. Il est ainsi partout, de sorte qu'il ne peut être ailleurs. Il est ainsi la mesure la plus adéquate de toutes choses[77], de sorte qu'il ne peut être plus égal. Il en est de même pour la forme, l'espèce et tout le reste. Par cette voie, il n'est pas non plus difficile de voir que Dieu est libre de toute opposition, ni comment [toutes] les choses qui nous semblent opposées sont identiques en lui, ni comment en lui la négation ne s'oppose pas à l'affirmation[78], et d'autres choses semblables.

14 LE CARDINAL : Tu as saisi, Abbé, la racine du propos et tu vois que cette réflexion, qui n'a pu être développée dans de nombreux discours[79], est enveloppée en une formule très brève. Admettons en effet que quelque expression signifie par un signifiant très simple autant que [ce que signifie] ce complexe « pouvoir est », à savoir que le pouvoir lui-même est[80]. Et parce que ce qui est est en acte, *pouvoir-être* n'est rien moins que *pouvoir-être-en-acte*.

74. Cf. Thierry de Chartres, *Lectiones* II, 43 (éd. N. M. Häring, p. 166). Cf. également *PF* 11, 29 : « Avoir en Dieu coïncide avec être. Celui, en effet, par qui sont toutes choses les embrasse toutes en lui, et il est tout en tout, parce qu'il donne forme à tout ; il est donc la forme des formes. »

75. Cf. Augustin, *De gen ad. litt.* V 15 (CSEL XXVIII, 1, p. 158) et Anselme de Cantorbéry, *Monologion*, c. 36 (I, 55, 4-6).

76. Cf. *VS* 26, 77.

77. Cf. Albert le Grand, *Métaphysique,* X, tr. 1, c. 5 (XVI 2, p. 438, 5-24) et Maître Eckhart, *Sermon* XII 2, 141 (LW IV 132, 12-14). Cf. également *DI* I, 16, 45 : « (...) comment l'Essence maximale elle-même (...) est la Mesure adéquate de toutes les essences. (...) toute chose mesurable tombe entre le Maximum et le Minimum. Donc l'Essence infinie est la Mesure la plus adéquate et la plus précise de toutes les essence. » et *PF* 11, 29 : « Le Verbe, c'est-à-dire la raison, cause et mesure infinie de tout ce qui peut être fait, est Dieu. ».

78. Cf. Proclus, *In Plat. Parmenide* VII (Plat. Lat. III, 70, 9 s.). Cf. aussi l'ensemble de *Conj.* I, 5, 21.

79. Cf. QO 1, 8 : « Tous les mots sont usés, on ne peut plus les dire, l'œil ne se contente de ce qu'il voit, et l'oreille ne se remplit pas de ce qu'elle entend. »

80. Cf. *AT* 4 et 5.

Suppose qu'on l'appelle *pouvoir-est*. Assurément toutes les choses sont enveloppées en lui, et c'est un nom suffisamment approché de Dieu[81], conformément au concept humain [qu'on a] de lui. En effet, il est à la fois le nom de tous les noms et de chacun en particulier, et d'aucun[82]. Par suite, quand Dieu voulut pour la première fois révéler une connaissance de lui-même, il dit[83] : « Je » suis « Dieu tout-puissant », c'est-à-dire « Je suis l'acte de toute puissance ». Et ailleurs[84], il dit : « Je suis celui qui suis. » Car il est lui-même celui qui est. En effet, des choses qui ne sont pas encore ce qu'elles peuvent être ou être intelligées, on ne peut leur attribuer l'être absolu[85]. Or, le grec dit : « Je suis l'entité[86] »[87] quand nous disons : « Je suis celui qui suis. » Il est en effet la forme d'être[88], ou encore la forme de toute forme formable[89]. Or, la créature qui n'est pas ce qu'elle peut être n'est pas au sens simple du terme[90]. Seul Dieu est de manière parfaite et complète.

Ce nom conduit donc celui qui réfléchit au-delà de tout sens, de **15**
toute raison et de tout intellect dans la vision mystique, là où se

81. Concernant la difficulté et l'enjeu théologique de la nomination de Dieu, cf. déjà *DI* I, 24, 74-26, 89.

82. Cf. ci-dessous, *Poss* 26 ; 58 et 69.

83. Gn 17, 1.

84. Ex 3, 14.

85. Cf. Anselme, *Proslogion* 22.

86. La Septante indique ’Εγὼ ἐιμι ὁ ὢν.

87. Cf. Thierry de Chartres, *Commentum* II, 22 (éd. N. M. Häring, p. 97).

88. Cf. Thierry de Chartres, *Commentum* II, 17 (éd. N. M. Häring, p. 96) ; cf. également *DPL* 2, 98 : « Que la forme donne l'être à la chose, voilà ce que cela signifie : la forme est l'être même dans chaque chose qui est, de sorte que l'être donné à la chose est la forme elle-même donnant l'être. Or Dieu est la forme absolue de l'être (…) Mais la forme donne l'être, Dieu est donc la Forme universelle de l'être, parce qu'il donne l'être à tout. »

89. Cf. *DG* 1, 147 : « Et parce que le même absolu est en acte la forme de toute forme formable, la forme ne peut être en dehors du même. En effet, la forme fait que la chose est semblable à elle-même et autre qu'une autre, parce qu'elle n'est pas le même absolu, c'est-à-dire la forme de toute forme. »

90. Nous suivons ici la traduction proposée par Hopkins et par Caye *et al.* Car dire que la créature, parce qu'elle n'est pas ce qu'elle peut être, n'est simplement pas, comme le propose Pasqua, c'est dire qu'elle n'est jamais. En effet, ce qui caractérise la créature, c'est qu'elle n'est pas ce qu'elle peut être, contrairement à Dieu qui non seulement est tout ce qu'il peut être mais aussi tout ce qui peut être. Or, par l'acte de création, Dieu a fait que la créature soit.

trouvent la fin de l'ascension de toute faculté *(virtutis)* cognitive[91] et le début de la révélation du Dieu inconnu[92]. En effet, quand celui qui cherche la vérité, ayant délaissé toutes choses, se sera élevé au-dessus de lui-même et aura découvert qu'il n'a pas davantage accès au Dieu invisible, qui lui demeure invisible puisque Dieu n'est vu par aucune lumière de sa raison, alors, avec un désir plein de dévotion, [cet homme] attendra que ce soleil tout-puissant, en se levant et chassant les ténèbres[93], s'illumine, afin qu'il puisse voir l'invisible autant que celui-ci se sera manifesté[94]. Je comprends ainsi l'Apôtre : « à partir de la création intelligée du monde », c'est-à-dire quand nous intelligeons ce monde comme une création et quand, dépassant le monde[95], nous recherchons son créateur, Dieu se manifeste lui-même comme son créateur à ceux qui le cherchent d'une foi suprêmement formée[96].

JEAN : Vers quoi nous transportes-tu, Père, nous qui sommes de ce monde ? Au-delà du monde !

16 Tu m'accorderas de dialoguer en ta présence avec Bernard. Dis-moi, homme plein de zèle, si tu as saisi ce qui a été dit.

BERNARD : J'espère avoir saisi au moins quelque chose, bien que ce soit peu.

JEAN : Comment conçois-tu que toutes choses soient enveloppées dans le *pouvoir-est* ?

91. Cf. Pseudo-Denys l'Aréopagite, *Les Noms divins* VII, 3 (PG 3, 872 AB) et *La Théologie mystique* I, 1 (PG 3, 997B-1000A) (éd. Beate Regina Suchla, trad. Ysabel de Andia), Paris, Cerf, « Sources chrétiennes », 2016. Cf. également Bonaventure, *In Hexameron* coll. II, 29 (V 341) et Jean Gerson, *La Théologie mystique*, tr. 1, cons. 43, 14-22. Cf. enfin *Lettre V à l'abbé et aux moines de Tegernsee* (éd. Vansteenberghe, p. 114 *sq.*).

92. Ac 17, 23 : « Quand je parcours vos rues, mon regard se porte en effet souvent sur vos monuments sacrés et j'ai découvert entre autres un autel qui portait cette inscription : "Au dieu inconnu". Ce que vous vénérez ainsi sans le connaître, c'est ce que je viens, moi, vous annoncer. »

93. Cf. Pseudo-Denys l'Aréopagite, *Lettre V à Dorothée* (PG 3, 1073A).

94. Cf. *QD* 3, 39 : « Il est désormais clair pour nous que nous sommes entrainés vers le Dieu inconnu par un mouvement de la lumière de sa grâce, qui ne peut être saisie autrement que s'il se manifeste lui-même. Il veut être cherché. Et il veut donner à ceux qui le cherchent la lumière sans laquelle ils ne peuvent le chercher. »

95. Cf. Bonaventure, *Itinéraire de l'esprit vers Dieu*, I, 2 (V 297a).

96. Il s'agit de la foi informée par la charité.

BERNARD : Parce que le pouvoir se dit simplement de tout pouvoir[97]. Par suite, si je voyais tout *pouvoir-être* en acte, assurément il ne resterait rien de plus. En effet, s'il restait quelque chose d'autre, assurément celui-là pourrait être ; et ainsi il ne resterait rien qui n'aurait déjà été compris auparavant.

JEAN : Tu dis bien. Car si le *pouvoir-être* n'est pas, rien n'est, et s'il est, toutes choses sont ce qu'elles sont en lui[98] et ne sont rien en dehors de lui[99]. Il est donc nécessaire que toutes les choses qui ont été faites aient été en lui de toute éternité. En effet, ce qui a été fait a toujours été dans le *pouvoir-être*, sans lequel rien n'a été fait. Il est évident que le *pouvoir-est* est [toutes choses][100] et embrasse toutes choses[101], puisque rien n'est ou ne peut être fait qui ne soit pas contenu en lui. En lui donc, toutes choses sont, et sont mues[102], et sont ce qu'elles sont, quelles qu'elles soient.

Mais comment conçois-tu qu'il faille que celui qui s'élève se **17**
soit placé au-delà de lui-même ?

BERNARD : Parce qu'aucun degré de connaissance n'atteint [le *pouvoir-est*]. En effet, les sens n'atteignent rien qui ne soit quantité. Et l'imagination non plus. En effet, ce qui est simple et qui ne peut être ni plus grand ni plus petit ou qui ne peut être ni divisé ni dupliqué n'est atteint ni par les sens ni même par quelque faculté imaginative[103], aussi subtile soit-elle. L'intellect le plus élevé ne

97. Cf. *Comp.*, Épilogue, 45 : « Puisque [le Pouvoir-même] est tout ce qui peut être, il est aussi toutes les choses qui peuvent être, et lui-même est sans variation, sans augmentation ni diminution de lui-même. Puisque toutes les choses ne sont donc que ce qu'elles peuvent être et puisque le pouvoir, en comparaison duquel il n'est rien de plus puissant, est tout le *Pouvoir-être*, il n'est d'autre cause de toutes les choses qui sont que le *Pouvoir-être* même. »

98. Cf. *DI* II, 5, 117 et *Conj.* II, 7, 107.

99. Cf. Jean Scot Érigène, *De la division de la nature,* II, La nature créatrice créée (trad. Francis Bertin), Paris PUF, « Epiméthée », 1995, 144, 33 *sq.*

100. La répétition est introduite par la traductrice pour lever toute ambiguïté.

101. Cf. *VD* 14, 58 : « Je vois, Seigneur, grâce à l'infinité de ta miséricorde, que tu embrasses toutes choses, toi qui es l'infinité. Il n'y a donc rien en dehors de toi. Tout ce qui est en toi n'est rien d'autre que toi. »

102. Ac 17, 28 : « Car c'est en lui que nous avons la vie le mouvement et l'être (...) »

103. Nous traduisons *phantasia* par faculté imaginative. En effet, Nicolas vient d'utiliser le terme d'*imaginatio* que nous traduisons par imagination. Il semble a priori qu'il ne fasse pas une claire différence entre les deux, et il peut même

peut pas non plus concevoir l'infini illimité et un, qui est à la fois toutes choses et lui-même, là où il n'y a pas de diversité de l'opposition[104]. En effet, l'intellect n'intellige qu'en s'assimilant à l'intelligible, puisque intelliger, c'est assimiler[105] et mesurer[106] les intelligibles par soi-même, c'est-à-dire intellectuellement. Cela n'est pas possible à ce qui est ce qui peut être, car il est assurément incommensurable puisqu'il ne peut être plus grand. Comment donc peut être intelligé par l'intellect celui qui n'est jamais si grand qu'il ne puisse être encore plus grand ?

JEAN : Tu as pénétré plus profondément que je ne l'aurais cru les propos de notre père. Et ce dernier point m'assure qu'il faut que celui qui s'élève abandonne tout et transcende même son propre intellect[107], puisqu'une force infinie ne peut être saisie par une force limitée[108].

LE CARDINAL : Je me réjouis de votre progrès, et d'avoir parlé avec des personnes qui, du fait de leur compréhension, magnifient ce qui a été dit.

18 BERNARD : Bien qu'il soit évident pour moi que je peux extraire de ces prémisses ma nourriture quotidienne pour la contemplation[109], multiplier les discours et toujours progresser, nous sou-

les identifier (par exemple *Conj.* II, 16, 157), mais par bonne pratique, nous nous efforçons de maintenir les deux termes dans le texte français lorsqu'il y a deux termes en latin. Par ailleurs, la *phantasia* semble se rapporter à la faculté imaginative en tant qu'elle renvoie à son activité d'élaboration des représentations, parfois détachées de toute réception sensorielle (d'où notre traduction par *faculté imaginative*, ou *faculté de représentation imaginative*, insistant sur l'activité autonome de représentation), et non pas simplement à sa capacité de synthétiser les données sensorielles en une image. Sur la distinction entre *phantasia* et *imaginatio*, cf. Hugo Ripelin de Strasbourg, *Compendium Theologicae Veritatis* II, 37 et II, 39.

104. Cf. *DI* I, 4, 12.

105. Cf. Aristote, *De l'âme*, I, 2, 404 b 17 ; I, 5 409 b 26-28 ; I, 410 a 23-25 ; III, 3 427 a 27-29 et b 5. Cf. Maître Eckhart, *In Ioh.* 26 et 123 (LW III 21, 4 s. et 107, 8). Cf. aussi *FD* 6, 86 et *Comp.* 10, 32.

106. Cf. *Bér.* 71.

107. Cf. Maître Eckhart, *Sermon* XXIV 2, 247 (LW IV 225, 13-226, 5).

108. Cf., ci-dessus, *Poss.* 10.

109. Sur la notion de nourriture spirituelle, voir Ernst Robert Curtius, *Europäische Literatur und lateinisches Mittelalter*, Bern, Francke, 1948, p. 144 *sqq.* Cf. aussi la métaphore dans l'ensemble de *La Chasse de la sagesse*.

haitons pourtant être conduits par la main[110] grâce à quelque représentation imaginaire sensible, surtout [pour savoir] comment l'éternel est toutes choses en même temps et, dans l'instant, la totalité de l'éternité, afin que, cette représentation imaginaire laissée de côté, nous nous élevions par un saut au-delà de toutes les choses sensibles.

Le Cardinal : Je m'y efforcerai. Et je prends pour exemple le jeu des enfants, la toupie, que nous connaissons tous, même dans la pratique[111] : l'enfant lance en avant la toupie et, en la lançant, il la ramène en même temps vers soi avec la corde enroulée autour. Et plus puissante est la force du bras, plus la toupie tourne rapidement, à tel point qu'elle semble, quand elle est à son mouvement le plus grand, se tenir immobile et au repos, et les enfants disent ainsi qu'elle se repose. Traçons donc un cercle *bc*, qui tourne autour du point *a* comme la circonférence extérieure de la toupie, et un autre cercle fixe, *de*.

N'est-il pas vrai que plus le cercle mobile tourne vite, moins il semble être en mouvement ?

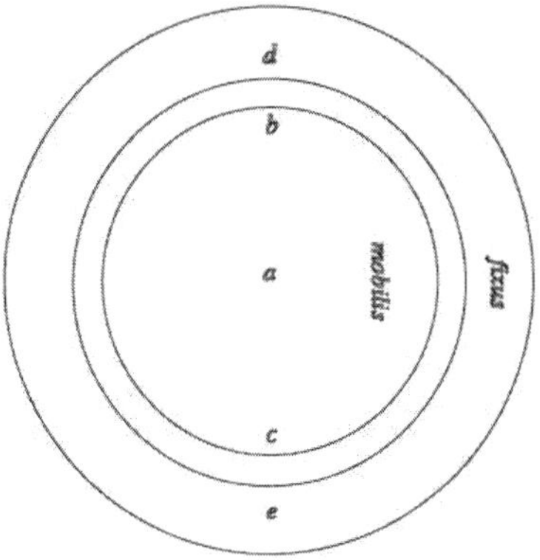

110. Concernant la notion de manuduction *(manuductio, manuducere),* cf. le Pseudo-Denys l'Aréopagite, *Des noms divins*, I, 3 (PG 3, 589C). Cf. *Conj.* I, 9, 41 et *ACNC*, p. 151-153. Voir aussi notre glossaire dans notre traduction des *Conjectures*, Paris, Beauchesne, « Le grenier à sel », 2011, p. 189.

111. Sur le jeu de la toupie, cf. Platon, *République* IV, 436ce. Cf. également le sermon CCLXXXV (Koch 282), « Alleluia. Viens, Esprit saint… », prononcé le 5 juin 1457, jour de Pentecôte, à Bressanone.

BERNARD : Assurément cela se voit, et, enfants, nous l'avons vu.

19 LE CARDINAL : Admettons donc que le *pouvoir-être-mû* soit en lui-même en acte, c'est-à-dire qu'il soit mû en acte autant qu'il est possible : ne serait-il pas alors totalement au repos ?

BERNARD : Aucune succession ne pourrait être observée en raison d'une vitesse instantanée. Et ainsi, en tout cas, la succession cessant, le mouvement ne saurait être appréhendé.

JEAN : Quand le mouvement serait d'une vitesse infinie, les points *b* et *c* se trouveraient au même instant au point *d* du cercle fixe, sans quoi un autre point, à savoir *b*, serait temporellement antérieur à *c* ; autrement, le mouvement ne serait ni le plus grand, ni infini, et cependant il n'y aurait pas de mouvement, mais du repos, parce que, à aucun moment, ces points ne s'éloigneraient du point fixe *d*.

LE CARDINAL : Tu dis bien, Abbé. Le plus grand mouvement serait donc à la fois et [le mouvement] le plus petit et [un mouvement] nul.

BERNARD : Cela semble nécessairement ainsi.

LE CARDINAL : Et de même que les points opposés *b* et *c* se trouveraient en ce cas toujours en *d*, ne seraient-il pas toujours en leur point opposé, à savoir *e* ?

JEAN : Nécessairement.

LE CARDINAL : Et de même, n'est-ce pas, avec tous les points intermédiaires du cercle *bc* ?

JEAN : Pareillement.

LE CARDINAL : Le cercle entier donc, même s'il était le plus grand, serait en même temps, à tout instant, au point *d* – même si le point *d* était le plus petit – ; et non seulement en *d* et *e*, mais en tout point du cercle *de*.

JEAN : Il en serait ainsi.

Le Cardinal : Il donc assez clair que l'on peut, grâce à cette représentation imaginaire, en quelque sorte voir de manière énigmatique comment, si le cercle *bc* vaut pour l'éternité[112] et l'autre cercle, *de*, pour le temps, il n'est pas en soi contradictoire à l'éternité d'être à la fois tout entière en chaque instant[113] et à Dieu, principe et fin, d'être à la fois tout en toutes choses, et n'importe quoi de semblable.

20 BERNARD : Jusqu'à maintenant, je vois une seule chose vraiment grande.

112. Mot-à-mot « est comme l'éternité ».

113. Boèce, *La Consolation de la philosophie* V, pr. 6, 4 (CCSL XCIV 101, 8).

JEAN : Laquelle ?

BERNARD : Les choses distantes ici ne sont nullement distantes en Dieu[114]. Car *d* et *e* sont distants l'un de l'autre par le diamètre du cercle dont ils sont les points opposés ; mais non en Dieu. En effet, *b* venant en *d* est à la fois aussi en *e*. Ainsi, toutes les choses qui dans ce monde sont distantes les unes des autres dans le temps sont, au présent[115], devant Dieu, et celles qui sont distantes de manière opposée sont conjointes là-bas, et celles qui sont ici différentes sont là-bas identiques.

JEAN : Il faut bien relever cela pour que nous intelligions que Dieu est au-delà de toute différence, de toute diversité, de toute altérité, de tout temps, de tout lieu et de toute opposition[116].

LE CARDINAL : Vous intelligerez désormais plus facilement 21
comment vous accorderez entre eux les théologiens. L'un dit que la sagesse qui est Dieu est plus mobile que tout mobile[117], et que son verbe court rapidement, pénètre toutes choses[118], et s'étend d'une extrémité à l'autre[119] et s'avance vers toutes choses. Mais un autre dit que le premier principe, fixe et immobile, demeure au repos, bien qu'il donne à toutes choses de se mouvoir[120]. Certains disent qu'il est à la fois au repos et en progrès, et d'autres encore [vont jusqu'à dire] qu'il n'est ni au repos ni en mouvement[121]. De

114. Cf. *DI* II, 4, 113 : « Dieu est la Maximité et l'Unité absolues, l'Absolu surpassant et unissant les choses différentes et distantes, comme les contradictoires, entre lesquelles il n'y a pas de milieu. »

115. Cf. *DI* II, 3, 106.

116. Cf. Proclus, *In Plat. Parm.* VI (éd. Cousin, 1076, 35-37 ; 1092, 36-1093,1, 1123, 26 s.).

117. Sg. 7, 24 : « Aussi la Sagesse est-elle plus mobile qu'aucun mouvement, à cause de sa pureté, elle passe et pénètre à travers tout. »

118. Ps 147, 15 : « « Il envoie ses ordres à la terre, et aussitôt court sa parole. » ; Hb 4, 12 : « Vivante, en effet, est la parole de Dieu, énergique et plus tranchante qu'aucun glaive à double tranchant. Elle pénètre jusqu'à diviser âme et esprit, articulations et moelles. Elle passe au crible les mouvements et les pensées du cœur. » Cf. aussi Jean Scot Érigène, *De la division de la nature* I, 60, 31 *sq.*, ainsi que les annotations du Cusain dans son exemplaire (*Cod. Brit. Mus. Addit.* 11035) [cf. *MFCG* 3, 1963, p. 88].

119. Sg 8, 1 : « [La Sagesse] s'étend avec force d'une extrémité du monde à l'autre, elle gouverne l'univers avec bonté. »

120. Cf. Aristote, *Physique* III, 1 201a 27 et *Métaphysique* Λ, 6 1072 a 25, ainsi que Boèce, *La Consolation de philosophie*, III m. IX (CCSL XCIV 51, 3).

121. Proclus, *In Plat. Parm.* VI (éd. Cousin 1076, 34 s.) et Pseudo-Denys l'Aréopagite, *La Théologie mystique*, V, (éd. A.M. Ritter, trad. Ysabel de Andia), Paris, Le Cerf, « Sources chrétiennes », 2016 (PG 3, 1048 A).

même, certains disent qu'il est en tout lieu en général ; d'autres qu'il est en chaque chose en particulier[122] ; d'autres qu'il est des deux manières[123], d'autres d'aucune[124]. Ceci et d'autres choses semblables sont plus facilement saisis à l'aide de ce moyen réfléchissant[125], bien que toutes ces choses sont, en Dieu, Dieu même dans sa simplicité, d'une façon infiniment meilleure que ne le saisit le modèle précédemment évoqué, et même au prix pour chacun du plus grand saut[126].

22 BERNARD : Et de même, concernant les raisons éternelles[127] des choses qui dans les choses sont différentes les unes des autres, il

122. Jes 66, 1 et Ps 113, 16.

123. Cf. Jean Scot Érigène, *De la division de la nature*, V, 31 La nature incréative et incréée (trad. Francis Bertin), Paris, PUF, « Épiméthée », 2009 (PL 122, 942 C).

124. Cf. Jean Scot Érigène, *De la division de la nature*, III, 82, 8-20 La nature créée incréative (trad. Francis Bertin), Paris, PUF, « Épiméthée », 1995.

125. Il s'agit d'un miroir ou encore d'une énigme, qui permet de réfléchir et de grossir la réalité, de manière à la rendre visible dans une image, comme c'est le cas du béryl, pierre dont on se sert pour faire des lunettes, et dont Nicolas s'est servi deux ans avant la rédaction du *Pouvoir-est*, dans un texte précisément nommé *le Béryl*, pour expliquer à nouveau aux moines de Tegernsee l'efficacité de son principe de coïncidence des opposés et des contradictoires. Cf. le commentaire qu'en font respectivement Maude Corrieras, *Le traité du béryl*, Tome 2. *Introduction au traité De Beryllo de Nicolas de Cues*, Paris, Ipagine, 2012 et Kurt Flasch, *Nicolaus Cusanus*, Munich, Beck, « Beck'sche Reihe : bsr – Denker », 2001. Il semble ici que ce soit l'exemple de la toupie qui soit élevé au rang d'énigme et de miroir. Ailleurs encore, Nicolas s'essaiera à d'autres énigmes, comme le jeu de la boule par exemple (dans *Le Jeu de la boule*).

126. Il s'agit de la méthode de la transomption ou de la métalepse, ou encore, comme le traduit Jean-Claude Lagarrigue, de « l'extrapolation analogique », telle qu'elle est exposée notamment dans *La Docte ignorance*, I, chap. 10, 11, 19 et 21. Sur la notion de transomption, et la méthode cusaine associée, cf. l'introduction de Jean-Claude Lagarrigue à sa traduction de la *Docte ignorance*, Paris, Le Cerf, « Sagesses chrétiennes », p. 26-28. Il s'agit d'un processus par lequel la pensée humaine s'élève par analogie du fini à l'infini. Il y a essentiellement deux moments : on passe d'abord des figures finies à leur infinitisation dans la pensée, puis de ces figures infinitisées à l'Infini en acte.

127. Cf. Augustin, Lettre CLX (PL 33, 701 s.) et Maître Eckhart, *Commentaire du Livre de la Sagesse*, 32 (trad. Jean-Claude Lagarrigue, Jean Devriendt), Paris, Les Belles Lettres, « Sagesses médiévales », 2015, p. 85 (LW II 352, 10-353-1) : « (…) c'est pour que [les choses] aient l'être extérieurement dans la nature que Dieu les a faites, quoique dans l'éternité elles existent éternellement en Dieu Lui-même, selon ses propres modalités, comme sont l'intelligence et le fait d'être intellectuellement (…) ».

semble aussi pareillement qu'elles ne sont pas diverses en Dieu[128]. Car, même si les points du cercle *bc* sont conçus comme raisons des choses ou Idées[129], ils ne sont cependant pas plusieurs, puisque le cercle entier et le point sont identiques. Quand en effet *b* est en *d*, le cercle entier est en *d*, et tous ses points ne sont qu'un seul point, bien qu'ils semblent être plusieurs quand nous considérons le cercle du temps *de* et ses points.

Le Cardinal : Vous vous approchez beaucoup de cette théologie à la fois très vaste et concise[130]. Nous pourrions encore débusquer dans ce mouvement de la toupie de nombreuses [et] belles choses[131], par exemple comment un enfant voulant rendre vivante sa toupie morte, c'est-à-dire sans mouvement, lui imprime, par le génie inventif de son intellect, la similitude de son concept (de mouvement) et comment, par un mouvement à la fois droit et oblique de ses mains, c'est-à-dire en poussant et en tirant à la fois, il lui imprime un mouvement au-delà de la nature de la toupie, puisque celle-ci n'aurait d'autre mouvement que celui qui la porte vers son centre, comme tout grave[132] : il la fait tourner de façon circulaire comme le ciel. Et cet esprit moteur[133] est présent de façon invisible dans la toupie plus ou moins longtemps selon l'impression de la force communiquée. Lorsque la toupie a cessé **23**

128. Cf. Jean Scot Erigène, *De la division de la nature,* II (204, 10-32), *op. cit.*, et Clarembaud d'Arras, *Tractatulus super librum Genesis,* 47 (LaW 248) ; *Court traité* (trad. Michel Lemoine), in : *Théologie & cosmologie au* XII*e siècle, op. cit.*, p. 152-179. Cf. également *Sap.* II, 38 : « L'exactitude, la correction, la vérité, la justice ou la bonté que l'on peut trouver en ce monde sont des notions participant d'une certaine façon de ces valeurs absolues, et des copies dont ces valeurs sont les modèles. Mais je dis plusieurs modèles, tant que nous faisons référence aux raisons variées des choses variées, mais en fait ils sont un seul modèle, parce qu'ils coïncident dans l'absolu. »

129. Cf. *Bér.* 11.

130. Cf. Pseudo-Denys l'Aréopagite, *La théologie mystique* I, 3, *op. cit.* (cf. aussi PG 3, 1000 B, *Dionysiaca* I 5722 dans la traduction de Jean Sarrazin et d'Ambrosio Traversari).

131. Sur la métaphore de la chasse, cf. *Conj.* II, *Prol.,* 70 et II, 6, 102, ainsi que *VS*, *Prol.*, 1. Pour la compréhension de la métaphore dans l'histoire de la philosophie, cf. l'article de Ruedi Imbach, « Einige vorläufige Bemerkungen zur Jagd als Bild der Philosophie », in : *Der Wald. Beiträge zu einem interdisziplinären Gespräch.* Fribourg/Suisse, SEGES, Nouvelle série, 13, 1993, p. 87-100. Cf. également, dans ce volume, l'introduction à *La Chasse de la sagesse*, p. 118 *sq*.

132. Cf. *LG* I, 5 et *VS* 28, 83.

133. Cf. *DI* II, 10, 153.

de tourner, elle retourne à son mouvement antérieur vers le centre. Ceci n'est-il pas une similitude du créateur voulant donner l'esprit de vie au non-vivant ? Comme il a prédéterminé de l'accorder, les cieux, qui sont les instruments de l'exécution de sa volonté[134], sont ainsi mus par le moyen du mouvement à la fois par un mouvement rectiligne de l'orient à l'occident, et par ce même mouvement de retour de l'occident à l'orient, comme le savent les astrologues[135]. Et l'esprit de vie, insufflé par le zodiaque animal[136], meut vitalement ce qui par sa nature était dépourvu de vie et le vivifie aussi longtemps que perdure l'esprit, puis il revient à sa propre terre. De telles choses, qui ne relèvent pas de la présente spéculation, et de nombreuses autres encore, sont très bien signifiées par ce jeu d'enfants. Elles ont rapidement été remémorées afin que vous considériez comment, même dans le savoir-faire[137] des enfants, la nature resplendit, et en elle Dieu, et comment les savants du monde, qui ont soupesé cela, sont parvenus à des conjectures[138] plus vraies sur ce que l'on peut connaître.

24 Bernard : Je te rends immensément grâce, Père très bon, car beaucoup de choses douteuses et qui semblaient impossibles m'ont été rendues, grâce à cette énigme[139] très appropriée de la toupie, non seulement crédibles mais aussi nécessaires.

Le Cardinal : Celui qui se fait au sujet de Dieu un concept aussi simple que ce qui est signifié par ce mot composé *« possest »,* saisit plus vite nombre de choses qui lui étaient auparavant difficiles [à appréhender]. Car, si quelqu'un considère une ligne et lui applique

134. Cf. Heymeric de Campo, *Ars demonstrativa* (éd. Jean-Daniel Cavigioli), *in* : Heymericus de Campo, *Opera selecta* I. Freiburg i. U., Saint-Paul, 2001, p. 129-167 ainsi que Jean-Daniel Cavigioli, « Les écrits d'Heymericus de Campo (1395-1460) sur les œuvres d'Aristote », in : *Freiburger Zeitschrift für Philosophie und Theologie* 28, 1981, pp. 293-371. Cf. également *Ber.* 36.

135. Cf. Honoré d'Autun, *De imagine mundi*, I 68 (PL172, 142) (édition V. I. Flint), in : *Archives d'histoire doctrinale et littéraire du Moyen Âge*, n° 57, 1982, pp. 1-153.

136. *Ibidem*. L'astrologie est, au Moyen Âge et à la Renaissance, un domaine de la connaissance rationnelle à part entière, qui a vivement intéressé Nicolas de Cues, comme le montre encore ce qui a été conservé de sa bibliothèque personnelle.

137. *Savoir-faire* vient traduire *arte*. Il ne s'agit évidemment pas d'art, mais d'une technique apprise à la pratique du jeu.

138. Cf. *Conj.* I, 11, 57 : « Une conjecture est une assertion positive qui participe dans l'altérité à la vérité, telle qu'en elle-même. » C'est la définition la plus précise que Nicolas donne de la conjecture. Sur ce concept, cf. *ACNC*, pp. 29-37.

139. Cf., ci-dessus, note 126 ainsi que l'introduction au *Pouvoir-est*.

le *pouvoir-est*, de sorte qu'il voie le *pouvoir-est* linéaire, c'est-à-dire de sorte qu'il voie cette ligne être en acte ce qu'elle peut être et être tout ce qu'il intellige qu'elle peut être faite, assurément, pour cette seule raison qu'elle est le *pouvoir-est*, il voit cette même ligne à la fois comme la plus grande et la plus petite[140]. Car, puisqu'elle est ce qu'elle peut être, elle ne peut pas être plus grande, et ainsi elle semble la plus grande ; ni plus petite, et ainsi elle semble la plus petite. Et parce qu'elle est ce qu'une ligne peut être faite, elle est le terme de toutes les surfaces. Ainsi est-elle aussi le terme des figures triangulaires, rectangulaires, de tous les polygones, de tous les cercles et de toutes les figures qui peuvent être faites à partir des lignes ou droites ou courbes ; elle est aussi le modèle simple, très vrai et parfaitement adéquat[141], de toutes les figures et l'égalité qui les possède toutes en elle et qui figure toutes choses en elle[142]. Et ainsi, elle est la figure unique de toutes les choses figurables par des lignes, la raison une ainsi que la cause de toutes les diverses figures, aussi nombreuses soient-elles[143].

Dans cette énigme, tu vois comment, si l'on applique le **25**
pouvoir-est à quelque nom que ce soit, il est une énigme pour s'élever à l'innommable, de même qu'à partir de la ligne, par le *pouvoir-est*, tu es parvenu à la ligne indivisible[144] existant au-delà des opposés, ligne qui est toutes et aucune de toutes les choses capables de délinéation. Et cette ligne n'est pas alors celle que nous nommons ligne ; elle est au-delà de tout nom se rapportant aux délinéations. Puisque, considéré absolument, sans application à quoi que ce soit de nommé, le *pouvoir-est* te conduit de toute façon par énigme au Tout-Puissant, de sorte que tu vois là tout ce que tu intelliges être et pouvoir être fait au-delà de tout nom[145] (par quoi tout ce qui peut être est nommable), il est bien plutôt au-delà de l'être et du non-être[146], de quelque manière qu'on puisse les intel-

140. Cf. *DI* I, 4, 11.

141. Cf. *VD* 9, 34.

142. Cf. *DI* I, 17, 49.

143. Cf. *DI* I, 13, 35-15, 41.

144. Cf. Boèce, *De la consolation de la philosophie* III, pr. 11, 10-13 (CCSL, XCIV 57, 25-26). Cf. également *DI* I, 17, 48.

145. Cf. ci-dessous note 148.

146. Cf. Pseudo-Denys l'Aréopagite, *La Théologie mystique* I, 2 (PG 3, 1000 B). Cf. *VS* 13, 35.

liger. De fait, puisque le non-être peut être par le Tout-Puissant, il est assurément en acte parce que le pouvoir absolu est en acte dans le Tout-Puissant. En effet, si à partir du non-être quelque chose peut être fait par une quelconque puissance, il est assurément enveloppé dans la puissance infinie. Là, ne pas être est donc être toutes choses. Par suite, toute créature qui peut être conduite du non-être à l'être est là où le pouvoir est l'être, et elle est le *pouvoir-est* lui-même.

26 De là tu pourras t'élever jusqu'à voir, au-delà de l'être et du non-être, de façon ineffable mais cependant énigmatique, toutes les choses qui viennent du non-être à l'être par l'être en acte. Et là où tu vois cela, tu ne trouves aucun nom par lequel nous puissions le nommer de façon très vraie et très distincte[147]. En effet, à ce principe ne convient ni le nom d'unité ou de singularité, ni celui de pluralité ou de multiplicité, ni aucun autre nom nommable ou intelligible par nous, puisque, là, l'être et le non-être ne se contredisent pas, ni quelques autres opposés que ce soient, en affirmant une distinction ou en la niant. En effet, son nom est le nom des noms et il n'est pas plus le singulier des singuliers que l'universel qui est à la fois toutes choses et aucune.

27 BERNARD : Je comprends que tu dis comment ce nom composé *pouvoir-est*, né de l'union de *pouvoir* et de *être*, a une signification simple qui, suivant ton concept humain, conduit par énigme le chercheur à une assertion positive sur Dieu. Et tu saisis le pouvoir absolu en tant qu'il enveloppe tout pouvoir, au-delà de l'action et de la passion[148], au-delà du *pouvoir-faire* et du *pouvoir-être-fait*[149]. Et tu conçois que le pouvoir lui-même[150] est en acte. Or, cet être qui est en acte serait, dis-tu, tous les pouvoirs[151], c'est-à-dire le pouvoir absolu. Et ainsi tu veux

147. Cf. Thierry de Chartres, *Lectiones* IV 11 (éd. N. M. Häring, p. 188). Cf. *M* 2, 67-68.

148. Cf. *VD* 12, 49.

149. Cf. *VS* 13, 35.

150. Il n'est pas impossible, compte tenu de ce qui est dit immédiatement précédemment du pouvoir absolu, que ce pouvoir soit déjà le *pouvoir-même*, qui ne sera véritablement théorisé comme nouveau nom de Dieu que dans *Le Compendium* et *La Cime de la contemplation*. Cf. dans ce volume, p. 233.

151. *« Omne posse »* est traduit par *« tous les pouvoirs »*, car *« tout le pouvoir »* est ambigu : il pourrait traduire *« le pouvoir tout entier »*, *« totus posse »*, ce qui n'est pas le texte cusain. En effet, en toute rigueur, *« omne »* est un quantitatif et un extensif, alors que *« totus »* est un intensif. On peut donc voir ici la recherche par Nicolas de l'articulation entre le pouvoir absolu divin et l'ensemble de tous les pouvoirs réels.

dire que là où est en acte le pouvoir tout entier, on parvient au premier principe tout-puissant. Je ne doute pas que toutes les choses soient enveloppées dans ce principe qui contient en lui toutes les choses qui peuvent être d'une manière ou d'une autre. Je ne sais pas si je dis bien.

Le Cardinal : Excellemment. Le principe n'épuise donc sa force toute-puissante en rien de ce qui peut être[152]. Par suite, aucune créature n'est le *pouvoir-est*. C'est pourquoi toute créature peut être ce qu'elle n'est pas. Seul le principe, parce qu'il est lui-même le *pouvoir-est*, ne peut être ce qu'il n'est pas.

Bernard : C'est clair. En effet, si le principe pouvait ne pas être, il ne serait pas, puisqu'il est ce qu'il peut être.

Jean : Il est par conséquent la nécessité absolue[153], puisqu'il ne peut pas ne pas être.

Le Cardinal : Tu dis juste. Car comment [le principe] pourrait-il ne pas être, alors qu'en lui, le non-être est [le principe] lui-même[154] ?

Jean : Dieu admirable[155], en qui le non-être est la nécessité d'être.

Bernard : Puisque le monde a pu être créé, sa possibilité d'être a **28**
donc toujours été. Mais la possibilité d'être dans les choses sensibles est appelée matière[156]. La matière a donc toujours été. Et parce qu'elle n'a jamais été créée, elle est donc incréée. C'est pourquoi le principe est éternel[157].

Jean : Il ne semble pas que cela résulte de ton argument. Car la possibilité incréée est le *pouvoir-est* lui-même. Par suite, si le monde a

152. Cf. *Ber.* 10 : « On voit que le principe est éternel et ne peut être épuisé par tout ce qui a été engendré par lui. »

153. Cf. Thierry de Chartes, *Commentum* II 22 (éd. N. M. Häring, p. 97). Cf. *Conj.* II, 1, 72.

154. Ce n'est pas le principe qui est non-être, mais le non-être est dans le principe, et dans le principe, il est le principe. En effet, le non-être est une condition pour que le principe puisse créer quelque chose. Cette présence du non-être est fondamentale : un siècle plus tard, la kabbale lourianique qui s'affronte à la même difficulté de comprendre comment Dieu peut créer le monde, posera, avec le concept de *tsimtsoum* (צמצום), que Dieu s'invagine et, en se contractant, laisse ou fait de la place à ce qu'il crée et est.

155. Ps 67, 36 : « Dieu, tu es terrifiant depuis tes sanctuaires, C'est le Dieu d'Israël, qui donne force et puissance. Béni soit Dieu ! »

156. Cf. Thierry de Chartres, *Commentum* II 19 (éd. N. M. Häring, p. 97). Cf. *DI* II, 1, 97.

157. Cf. Platon, *Timée*, 28b, ainsi qu'Aristote, *Physique*, VIII, 1, 251 b 28-252 a 1) et *Le ciel et le monde* I, 3, 270a 12-22 et I, 12 283 a 20-24. Cf. également *VS* 9, 23 *sq.* et *DI* II 8, 132 *sq.* (sur la possibilité ou encore la matière de l'univers).

pu être créé de toute éternité, c'est parce que le *pouvoir-est* est l'éternité[158]. Il n'est donc pas vrai que quelque chose d'autre soit requis pour que la possibilité d'être monde soit éternelle, sinon que le *pouvoir-est* soit le *pouvoir-est*, qui est l'unique raison de tous les modes d'être[159].

29 Le Cardinal : L'abbé dit bien. Car si le *pouvoir-être-fait* n'a pas de commencement, c'est parce que le *pouvoir-est* est sans commencement. En effet, le *pouvoir-être-fait* présuppose le pouvoir absolu, qui est convertible avec l'acte, sans lequel il est impossible que quoi que ce soit puisse être fait[160]. Car si le pouvoir absolu manquait d'une autre chose, à savoir d'une matière sans laquelle il ne pourrait rien, il ne serait pas le *pouvoir-est* lui-même. En effet, si le *pouvoir-faire* de l'homme requiert une matière qui puisse être faite, c'est qu'il n'est pas le *pouvoir-est* lui-même, dans lequel faire et être fait sont le *pouvoir-même*. En effet, ce pouvoir qui est attesté dans le faire est le même pouvoir qui est attesté dans l'être fait.

Bernard : Il m'est difficile de saisir cela.

Le Cardinal : Si tu prêtes attention au fait qu'en Dieu le non-être est le *pouvoir-est* lui-même, tu saisiras. Car si le non-être coïncide avec le *pouvoir-faire*, le *pouvoir-être-fait* coïncide assurément aussi avec [le *pouvoir-faire*]. Et si tu étais l'auteur d'un livre que tu écris, dans ton pouvoir actif, c'est-à-dire dans celui-là même d'écrire un livre, serait enveloppé le pouvoir passif du livre, à savoir celui-là même d'être écrit, parce que le non-être du livre aurait l'être dans ton pouvoir[161].

30 Jean : Ce sont de très grandes choses que tu nous dévoiles, Père. Car toutes les choses sont et sont vues dans le *pouvoir-est* comme dans leur cause et raison[162], bien que nul intellect ne puisse saisir celui-ci si ce n'est celui qui est lui-même.

Le Cardinal : Notre intellect, parce qu'il n'est pas le *pouvoir-est* lui-même – il n'est pas en acte ce qu'il peut être ; il peut donc toujours être plus grand et plus parfait – et par suite, bien qu'il voie de

158. Cf. *VS* 27, 82.

159. Sur les modes d'être, et les différences dans leur exposition, cf. Hermann Schnarr, *Modi essendi. Interpretationen zu den Schriften* De docta ignorantia, De coniecturis *und* De venatione sapientiae *von Nikolaus von Kues*. Münster, Aschendorff, « Buchreihe der Cusanus-Gesellschaft, 5 », 1973. Cf. aussi *Comp.* 1, 1 et la note 5 correspondante dans ce volume.

160. Cf. *Princ.* 33 et *VS* 3, 7.

161. Cf. *AT* 21.

162. Cf. *Ber.* 57.

loin le *pouvoir-est* lui-même, il ne le saisit pas. Seul le *pouvoir-est* lui-même s'intellige et intellige toutes choses en lui, puisque toutes les choses sont enveloppées dans le *pouvoir-est*.

JEAN : J'évalue bien comment on nie toutes choses du *pouvoir-est*, puisqu'aucune de toutes celles qui peuvent être nommées n'est celui-ci même, car elle peut être ce qu'elle n'est pas. Il n'est donc pas la quantité. En effet, la quantité, puisqu'elle peut être ce qu'elle n'est pas, n'est pas le *pouvoir-est*. Par exemple, elle peut être plus grande qu'elle n'est, ou autre qu'elle n'est ; il n'en va pas de même du *pouvoir-est*, auquel ne manque rien de ce qui peut être, ni d'être plus grand que lui, ni quoi que ce soit d'autre. En effet, le *pouvoir-même* est en acte le plus parfait[163].

Mais maintenant réponds encore à ma question : comme ce Dieu **31**
admirable par-dessus tout, qui est le nôtre, ne peut être vu naturellement – par aucune ascension, pas même la plus haute –, autrement qu'en énigme, où l'on atteint plutôt le *pouvoir-être-vu* que la vision, et où le chercheur pénètre en d'obscures ténèbres : comment donc enfin celui qui demeure toujours invisible peut-il être vu ?

LE CARDINAL : Il ne sera vu que si le *pouvoir-être-vu* est amené à l'acte par celui-là même qui est, en sa propre manifestation, l'actualité de toute puissance. En effet, Dieu est secret et caché aux yeux de tous les sages, mais il se révèle aux petits[164] et aux humbles[165] auxquels il donne la grâce[166]. Un seul le montre : le maître, à savoir

163. Cf. le sermon I, 2. Ici, il semble évident que Nicolas nomme par *pouvoir-même (posse ipsum)* ce qu'il a nommé depuis *Poss.* 14 comme *pouvoir-est (possest)*. Cf. ci-dessus n. 151.

164. Mt 11, 25 : « Je te loue, Père, Seigneur du ciel et de la terre, d'avoir caché cela aux sages et aux intelligents et de l'avoir révélé aux tout-petits. » ; Lc 10, 21.

165. Mt 18, 3-4 : « En vérité, je vous le déclare, si vous ne changez et ne devenez comme les enfants, non, vous n'entrerez pas dans le Royaume des cieux. Celui-là donc qui se fera petit comme cet enfant, voilà le plus grand dans le Royaume des cieux. ». Cf. également *DI* III, 11, 245 : « Les mystères de Dieu les plus grands et les plus profonds, cachés à ceux qui se promènent dans le monde, quelle que soit leur sagesse, sont révélés aux petits et aux humbles dans la foi en Jésus, parce que Jésus est celui en qui tous les trésors de la sagesse et des sciences sont enfermés, et sans lequel nul ne peut rien. » ; cf. *VD* 5, 13 : « En me voyant tu te donnes à voir à moi, toi qui est le Dieu caché. Personne ne peut te voir tant que tu ne te donnes pas à voir. Et tu n'es vu que lorsque tu vois celui qui te voit. »

166. Cf. *QD* 3, 39.

Jésus-Christ[167]. En lui, il montre le Père, afin que celui qui a mérité de le voir[168], lui qui est le Fils, voie aussi le Père[169].

32 Jean : Peut-être veux-tu dire que le Père est montré à ceux en qui le Christ habite par la foi[170].

Le Cardinal : Le Christ ne peut habiter en quelqu'un par la foi que s'il a l'esprit de vérité[171] qui enseigne toutes choses[172]. En effet, l'esprit du Christ[173] se répand en celui qui a la forme du Christ ; il est l'esprit de charité[174], qui n'est pas de ce monde[175], et que le monde ne peut comprendre[176]. Seul le Christiforme, qui passe au-dessus du monde[177], peut le comprendre[178]. Cet esprit qui rend folle la sagesse

167. Cf. Mt 23, 8 : « Pour vous, ne vous faites pas appeler "Maître" : car vous n'avez qu'un seul maître et vous êtes tous frères. »

168. Cf. Pseudo-Denys l'Aréopagite, *Lettre V à Dorothée*, dans la traduction d'Ambrogio Traversari (*Dionysiaca*, I 620^{4}-621^{1}), et Thierry de Chartres, *Lectiones*, Prol. 10 (éd. N. M. Häring, p. 126). Cf. également *VD* 7, 25 et 21, 93.

169. Mt 11, 27 : « Tout m'as été remis par mon Père. Nul ne connaît le Fils, si ce n'est le Père, et nul ne connaît le Père, si ce n'est le Fils et celui à qui le Fils veut bien le révéler. » ; Jn 14, 9 : « Celui qui m'a vu a vu le Père. Pourquoi dis-tu : "Montre-nous le Père ?" ». Cf. également le sermon CIV (Koch 98), « Gardez-vous de mépriser aucun de ces petits… », prononcé le 29 septembre 1451 à Maastricht.

170. Eph 3, 17 : « Qu'il fasse habiter le Christ en vos cœurs par la foi ; enracinés et fondés dans l'amour. »

171. Jn 14, 17 : « C'est lui l'Esprit de vérité, celui que le monde est incapable d'accueillir parce qu'il ne le voit pas et qu'il ne le connaît pas. Vous, vous le connaissez, car il demeure auprès de vous et il est en vous. »

172. Jn 14, 26 : « Le Paraclet, l'Esprit Saint que le Père enverra en mon nom, vous enseignera toutes choses et vous fera ressouvenir de tout ce que je vous ai dit. »

173. Cf. *DI* III, 9, 238 : « Tous ceux qui aiment la vérité se situent dans le Christ. Et de même que tout être qui aime aime par l'amour, tous ceux qui aiment la vérité l'aiment par le Christ. D'où le fait que personne ne connaît la vérité, si l'Esprit du Christ n'est pas en lui. ».

174. Rom 5, 5 : « (…) l'amour de Dieu a été répandu dans nos cœurs par l'Esprit Saint qui nous a été donné. »

175. Jn 17, 14 : « Je leur ai donné ta parole et le monde les a pris en haine, parce qu'ils ne sont pas du monde, comme je ne suis pas du monde. » et Jn 18, 36 : « Ma royauté n'est pas de ce monde. »

176. Jn 14, 17 : « C'est lui l'Esprit de vérité, celui que le monde est incapable d'accueillir parce qu'il ne le voit pas et qu'il ne le connaît pas. » et 1 Cor 2, 14 : « L'homme laissé à sa seule nature n'accepte pas ce qui vient de l'Esprit de Dieu. C'est une folie pour lui, il ne peut le comprendre, car c'est spirituellement qu'on en juge. »

177. Jn 16, 33 : « Soyez plein d'assurance, j'ai vaincu le monde. » Cf. *VD* 12, 48. Cf. Maître Eckhart, *Sermon allemand* 10 (DW I 164, 16-18).

178. Cf. le sermon CCLXXXII (Koch 279), « Combien plus le Père céleste donnera-t-il l'Esprit saint à ceux qui le lui demandent », prononcé le 23 mai 1457

du monde[179] est celui de son royaume, où « paraît le dieu des dieux à Sion[180] ». En effet, il est la force illuminante de l'aveugle de naissance, qui acquiert la vue par la foi[181]. On ne peut dire comme cela se fait. Qui en effet pourrait le dire ? Pas même celui qui, de non-voyant, a été fait voyant. En effet, l'illuminé fut pressé de nombreuses questions, mais il ne sut, ni ne put dire par quel art le Christ le fit voyant. Mais il dit bien que [le Christ] avait pu le faire [voyant] parce qu'il avait cru qu'il pouvait être fait voyant par Christ, et considérant cette foi, le Christ ne voulut pas qu'elle fût vaine. En effet, quiconque a mis sa confiance en lui n'a jamais été abandonné[182]. En effet, comme l'homme est désespéré de lui-même, au point qu'il est certain d'être comme infirme et totalement impuissant à saisir l'objet de son désir, il se tourne vers son Bien-aimé, s'attachant par une foi indubitable à la promesse du Christ, et supplie d'une prière très fervente[183], en croyant qu'il ne peut pas être abandonné s'il ne cesse de supplier le Christ qui ne refuse rien aux siens. Sans aucun doute il obtiendra ce qu'il demande[184]. En effet, le Christ, Verbe de Dieu, apparaîtra, il se manifestera à lui[185] et avec son Père, il viendra à lui et y fera sa demeure[186] afin qu'on puisse le voir[187].

à Novacella et le sermon CCLXVIII (Koch 265), 1 « Courez donc, de manière à le remporter », prononcé le 13 février 1457 à Bressanone.

179. 1 Cor 1, 20 : « Où est le sage ? Où est le docteur de la loi ? Où est le raisonneur de ce siècle ? Dieu n'a-t-il pas rendue folle la sagesse du monde ? »

180. Ps 83 (84), 8.

181. Mt 9, 27-31 ; Mc 10, 46-52. Cf. Sermon XIX, 2.

182. Ps 9, 11 : « Tu n'abandonnes pas ceux qui te cherchent, Seigneur », et Ps 36, 28 : « Le Seigneur aime le droit, il n'abandonne pas ses fidèles » ; Jes 41, 17.

183. Cf. Jean Scot Érigène, *De la division de la nature* (PL 122, 940 D ; CCCM 161-165) et Bonaventure, *Itinéraire de l'esprit vers Dieu* I, 1, 8. Cf. également le sermon XXII, 42.

184. Cf. Lc 11, 1-13. Cf. *DPL* 5, 119.

185. Jn 14, 21 : « Celui qui s'attache à mes commandements et qui les observe, celui-là m'aime : or, celui qui m'aime sera aimé de mon Père et à mon tour, moi je l'aimerai et je me manifesterai à lui. »

186. Jn 14, 23 : « Si quelqu'un m'aime, il observera ma parole, et mon Père l'aimera ; nous viendrons à lui et nous établirons chez lui notre demeure. ». Cf. le sermon LVII (Koch 52), « Demeurez dans la ville, jusqu'à ce que vous soyez, d'en haut, revêtus de puissance », prononcé le 5 juin 1446 à Mayence et le sermon CLXXII (Koch 165), « Dieu, nous revivons ta fidélité au milieu de ton temple », prononcé le 2 février 1455, peut-être à Bressanone.

187. Cf. *Comp.*, Epil., 47.

33 BERNARD : Je saisis que tu veux dire que la foi vivante, c'est-à-dire formée par la charité[188] qui rend christiforme, comble le défaut de la nature[189] et, d'une certaine façon, lie Dieu[190] de sorte que, quoi que demande celui qui prie avec constance au nom du Christ, il l'obtient[191]. Notre propre esprit est fortifié par l'esprit de foi engendré dans notre esprit, selon la mesure de sa foi[192], de la même façon que l'esprit visuel ténébreux et impuissant de l'œil de l'aveugle de naissance, guéri et fortifié par l'esprit de foi dans le Christ, voit ce qui lui était auparavant invisible.

LE CARDINAL : Cela est la doctrine suprême de notre unique sauveur, le Christ : Lui qui est le Verbe de dieu, par qui Dieu a fait aussi les siècles[193], en celui qui avec une foi inébranlable le reçoit comme le Verbe de Dieu, Il accomplit toutes les choses[194] que la nature refuse, de sorte que le croyant de cette foi dans laquelle est le Christ est capable *(potens)* de toutes choses[195] grâce au Verbe qui par la foi habite en lui.

34 De même que nous voyons en ce monde certaines choses faites au moyen d'un art humain par ceux qui possèdent dans leur âme un art acquis par l'étude[196], de même que l'art est reçu et demeure en eux, et que le verbe enseigne et commande ces choses qui relèvent de l'art[197], de même aussi, l'art divin, acquis en notre esprit par une foi très ferme, est le Verbe de Dieu qui enseigne et commande les choses qui résultent de l'art créateur et tout-puissant[198]. Et de même que l'artiste impréparé ne peut produire les choses qui relèvent de

188. Cf. *DI* III, 11, 250.

189. Cf. *DI* III, 6, 219 et le Sermon LVII (Koch 52), « Demeurez dans la ville, jusqu'à ce que vous soyez, d'en haut, revêtus de puissance », prononcé le 5 juin 1446 à Mayence (AC 688).

190. Cf. Maître Eckhart, *Sermon allemand* 22 (DW I 385, 4).

191. Cf. Jn 14, 13 ; 15, 16 ; 16, 23. Cf. aussi le Sermon CCLXXI (Koch 268) « Tout cela je te le donnerai... », prononcé le 6 mars 1457 à Bressanone.

192. Rom 12, 3.

193. Hb 1, 2 ; Jn 1,3 et Ps 32,6.

194. Ep 1, 23.

195. Mc 9, 23.

196. Cf. Avicenne, *Métaphysique* IV 2 (85[raF]).

197. Cf. Maître Eckhart, *Commentaire de Jean*, 9 (LW III 10, 5s).

198. Cf. Jean Scot Érigène, *De la division de la nature* II, 120, 22-25, *op. cit.* Cf. aussi *Sap.* I, 23 et *M* 2,59 ; cf. également Sermon CCLI (Koch 248), « Et nous tous qui, le visage dévoilé... », prononcé le 1er novembre 1456 à Bressanone.

l'art, le fidèle impréparé ne le peut. Or, la disposition nécessairement requise du fidèle qui veut voir Dieu est la pureté du cœur[199]. En effet, ceux-là sont heureux et verront Dieu[200], comme l'enseigne la parole de foi de notre [Seigneur] Christ.

BERNARD : J'aimerais, si possible, être plus clairement instruit sur ce que tu as dit précédemment. 35

LE CARDINAL : Je juge nécessaire que celui qui souhaite voir Dieu le désire autant qu'il le peut[201]. En effet, il faut que son *pouvoir-désirer* s'accomplisse au point que son désir s'enflamme en acte autant qu'il peut désirer. Ce désir-ci est assurément l'amour vivant, grâce auquel celui qui cherche Dieu l'aime de tout son cœur, de toute son âme, c'est-à-dire de toutes ses forces[202], à savoir autant qu'il peut. Et ce désir, personne ne le possède si ce n'est celui qui aime le Christ en tant que fils de Dieu, comme le Christ l'aime, en qui assurément le Christ habite par la foi, de sorte qu'il peut dire qu'il possède l'esprit du Christ[203].

JEAN : J'intellige que la foi dépasse la nature et que Dieu n'est visible par aucune autre foi que la foi du Christ[204]. Le Christ, puisqu'il est le Verbe de Dieu tout-puissant et son art créateur, pendant qu'il pénètre dans notre esprit qui le reçoit par la foi, élève, au-dessus de la nature, dans sa communauté[205], notre esprit qui n'hésite pas, en raison de l'esprit du Christ qui habite en lui et en sa vertu, à se porter comme le Verbe souverain[206]. 36

BERNARD : Assurément, dans le Verbe impératif du Tout-puissant qui dit, et les choses sont faites[207], c'est la toute-puissance elle-même, qui est le Dieu créateur et le Père de toutes

199. Cf. Augustin, *En. In Ps.* 84, 8 N. 9 (CCSL XXXIX 1168, 71-76). Cf. également Sermon CCLVII (Koch 254), *« Et la paix de Dieu qui surpasse toute intelligence »*, prononcé le 19 décembre 1456 à Bressanone (pII 1 fol. 155r-, 32-41).

200. Mt 5, 8.

201. Cf. Jean Scot Erigène, *De la division de la nature* I, 52, *op. cit.*. Concernant le rapport de l'amour et de la connaissance de Dieu, que le Cusain conçoit ici de manière coïncidentielle, cf. encore ses Lettres IV et IX à Gaspard Aindorffer ainsi que la lettre XVI à Bernard de Waging (éd. Vansteenberghe, p. 111s. et 122, et 135).

202. Dt. 6, 5 et Lc 10, 27.

203. Rom 8, 9 ; Gal. 4, 6 et 1 Cor 2, 16.

204. Sur la foi du Christ, cf. Rom 3, 26, Gal 2, 16 et 3, 22.

205. 2 Pr 1, 4.

206. Cf. *LG* I, 35.

207. Ps. 32, 4 et 148, 5.

choses, qui se révèle, et elle ne peut se révéler en rien d'autre que dans son verbe. Celui donc à qui ce Verbe se manifeste, en lui assurément le Père se montre comme dans le Fils. Mais quelle immense stupeur qu'un homme puisse par la foi s'élever au Verbe tout-puissant !

37 LE CARDINAL : Nous lisons que certains ont reçu soudainement par un don de l'Esprit Saint l'art de parler les langues, de sorte qu'ainsi, d'ignorants, ils ont soudain été faits savants dans les différents genres de langues[208]. Et cette faculté n'était rien moins que la participation à l'art divin du Verbe[209]. Ceux-là ne possédèrent cependant qu'une science humaine, mais acquise soudainement par une infusion qui dépasse l'homme. D'autres reçurent non seulement la compétence des langues mais aussi celle d'enseigner[210], d'autres encore la force *(virtus)* d'accomplir des miracles[211]. Et ces choses sont certaines. En effet, dès le commencement, les fidèles reçurent avec une foi vivante un esprit tel qu'ils étaient certains que la foi fût d'une aussi grande force. Et il fallait qu'il en soit ainsi si elle devait prendre racine, et non pas comme [maintenant,] après sa réception, pour qu'elle ne réclame pas des signes mais qu'elle soit pure et simple.

38 Cet esprit, reçu par les fidèles bien qu'avec mesure[212], participe pourtant de l'esprit du Christ[213] en nous rendant certains que, si

208. Cf. Ac. 2, 1-13. Le jour de la Pentecôte, la descente de l'Esprit Saint se traduit en particulier par la communication aux apôtres du don des langues. Un tel don permet en effet une évangélisation universelle.

209. Cf. *LG* II, 102 : « L'art de créer qu'atteindra une âme bienheureuse n'est point cet art par essence qui est Dieu même, mais bien de cet art une communication et participation. »

210. Littéralement, « celle des savants » ou « des doctes », qui peuvent donc transmettre et enseigner.

211. Mc 16, 17 : « Et voici les signes qui accompagneront ceux qui auront cru : en mon nom, ils chasseront les démons, ils parleront des langues nouvelles (...) » ; Lc 10, 19 : « Voici, je vous ai donné le pouvoir de fouler au pied serpents et scorpions, et toute la puissance de l'ennemi, et rien ne pourra vous nuire. » et 1 Cor 12, 10 : « [L'Esprit Saint] donne à un autre le pouvoir de faire des miracles, à un autre le discernement des esprits, à un autre le don de parler en langues, à un autre encore celui de les interpréter. »

212. Eph. 4,7 : « À chacun de nous cependant la grâce a été donnée selon la mesure du don du Christ (...) »

213. Rom 8, 9.

l'esprit du Christ habitait tout entier en nous, nous aurions atteint la félicité ultime, à savoir la puissance du Verbe de Dieu par qui toutes choses sont[214], soit la science de notre création. En effet, la félicité ultime, qui est la vision intellectuelle du Tout-puissant[215], est l'accomplissement de notre désir de Lui, désir par lequel nous désirons tous savoir[216]. Donc, tant que nous ne parviendrons pas à la science de Dieu par laquelle il créa le monde, l'esprit ne trouvera pas de repos[217]. En effet, la science des sciences résistera toujours aussi longtemps qu'il ne l'atteindra pas. Et cette science est la connaissance du Verbe de Dieu parce que le Verbe de Dieu est le concept de lui-même et de l'univers[218]. En effet, qui ne sera pas parvenu à ce concept n'atteindra pas la science de Dieu ni ne se connaîtra lui-même[219]. En effet, il ne peut se connaître comme causé s'il ignore sa cause. Par suite, cet intellect, puisqu'il est ignorant de toutes choses, s'affligera[220] intellectuellement de sa perpétuelle misère dans l'« ombre de la mort[221] ».

JEAN : Il me vient l'idée que voir la foi, c'est voir Dieu. **39**

214. Jn 1, 3 : « Tout fut par lui et rien de ce qui fut ne fut sans lui. ». *Symbolum Constantinopolitanum* (ES 150).

215. Cf. Aristote, *Éthique à Nicomaque,* X, 7, 1177 a 12-18. Cf. *Ber.* 1, 3 : « (...) la vision intellectuelle (...) dépasse la puissance de la raison (...) Si on adapte un béryl intellectuel, qui ait une forme maximale aussi bien que minimale, aux yeux de l'intellect, on atteindra par ce moyen le principe indivisible de toutes choses. », ainsi que Sermon XCIX (Koch 94), *« Tel est Dieu dans sa sainte demeure... »*, prononcé le 29 août 1451 (AC 1666) (p. II 1 fol 75r, 18-20).

216. Cf. Aristote, *Métaphysique* A, 1, 980 a 21 (« Tous les hommes ont par nature le désir de savoir »). Cf. également *PF* 6, 16 : « Je pense qu'en toute vérité tous les hommes désirent naturellement la sagesse, puisque la sagesse est la vie de l'intelligence, qui ne peut se conserver en vie par une autre nourriture que la vérité et le Verbe de vie, c'est-à-dire le pain de son intelligence, lequel est la sagesse. »

217. Cf. *LG* II, 70 : « Tout mouvement vivant de la raison a pour but de voir ce qui est cause de sa propre vie et d'une telle sagesse, il fait son immortelle pâture ; mais s'il n'y parvient, point il ne vit, car de sa vie il ignore la cause. » Cf. Sermon CCXLVI (Koch 243), « Michaël et ses anges combattirent contre le dragon », prononcé le 29 septembre 1456 à Bressanone (p II 1, fol. 147r, 11-18).

218. Cf. *VD* 10, 41.

219. Cf. *Liber de causis* V (VI), 60,35. Cf. *DI* II, *Prol.*, 90. Cf. *LG* II, 70.

220. Cf. *Sap.* I, 13. Cf. également Sermon CCXI (Koch 208), « Voici, j'envoie mon messager en avant de toi », prononcé le 14 décembre 1455 à Bressanone (pII 1 fol ; 123r, 33-37) et Sermon CCLVII (Koch 254), *« Et la paix de Dieu qui surpasse toute intelligence »*, prononcé le 19 décembre 1456 à Bressanone (pII 1 fol 154r, 41.44-46).

221. Ps 87,7 et 106, 14. Jes. 9,2. Mt 4, 16 et Lc 1, 79.

Bernard : Comment ?

Jean : Car la foi se rapporte aux choses invisibles et éternelles[222]. Voir la foi, c'est donc voir l'invisible, l'éternel ou encore notre Dieu.

Le Cardinal : Ce n'est pas un mince propos, mon cher abbé. Dans le vrai chrétien, il n'y a que le Christ : par la foi, dans ce monde ; par la vérité, dans l'autre. Par conséquent, quand le chrétien cherche à voir le Christ face à face[223], il délaisse toutes les choses qui sont de ce monde, afin que, ces choses étant soustraites qui ne permettaient pas de voir tel qu'il est[224] le Christ qui n'est pas de ce monde[225], le fidèle voit en lui dans ce ravissement[226] le Christ sans énigme, parce que celui qui est christiforme se voit délivré du monde. Il ne voit donc que la foi qui lui a été rendue visible par le dépouillement[227] des choses mondaines et par la présentation qu'Il lui fait de Sa face.

40 Bernard : À mon avis, ce sont là certainement de très grandes choses, et que tu as dites avec brièveté et clarté. Je voudrais cependant entendre encore quelque chose de toi, Père, à propos de la Très sainte Trinité afin que, après t'avoir ainsi entendu sur ces sujets les plus grands, je puisse m'accorder quelque pieuse consolation.

Le Cardinal : Ce que j'ai dit précédemment et que tu as lu dans mes divers opuscules montre qu'on peut toujours dire de manière variée, mais très insuffisante, de nombreuses choses. En effet, grâce à de très nombreuses et fréquentes et très profondes méditations en moi-même, des recherches soigneuses et attentives dans les écrits des Anciens, j'ai découvert que l'ultime et la plus haute considéra-

222. Hb 11, 1-3 et 2 Cor 4,18.

223. 1 Cor 13, 12 : « À présent, nous voyons dans un miroir et de façon confuse, mais alors ce sera en face à face. À présent, ma connaissance est limitée, alors je connaîtrai comme je suis connu. »

224. 1 Jn 3, 2 : « Nous savons que lorsqu'il paraîtra, nous lui serons semblable, puisque nous le verrons tel qu'il est. »

225. Jn 8, 23 et 17, 14.

226. 2 Cor 12 2-4 qui relate le ravissement de Paul au troisième ciel. Cf. *Ap. DI.* 16 : « Dieu, qui est la Vérité, laquelle constitue l'objet de la pensée, est intelligible au plus haut degré et pourtant il n'est pas intelligible en raison même de sa transcendante intelligibilité. C'est pourquoi seule la docte ignorance ou incognoscibilité cognoscible reste la voie la plus vraie pour s'élever jusqu'à lui. » « Cela se produit par une vision intuitive dans un ravissement instantané. »

227. Cf. Maître Eckhart, *Sermon latin* XXIV, 2, 246 (LW IV 225), et *Sermons allemands* I (DW I, 11-12) et II (DW II, 25-26, et 40).

tion sur Dieu était sans terme ou encore infinie ou encore dépassant tout concept. En effet, toute chose dont il y a un concept est assurément contenue dans le concept[228]. Mais Dieu dépasse tout cela. Car le concept de Dieu est le concept absolu[229], ou encore le verbe absolu enveloppant en soi tout ce qui est concevable et celui-ci n'est pas concevable en un autre[230]. En effet, tout ce qui est dans un autre y est autrement [qu'en lui-même][231]. En effet, rien n'est conçu en acte par l'intellect tel qu'il pourrait être conçu[232]. En effet, il serait mieux conçu par un intellect supérieur. Seul le concept par soi, ou encore le concept absolu, est le concept en acte de tout ce qui est concevable. Mais notre concept, qui n'est pas le concept par soi ou encore le concept absolu, mais un concept de quelque chose[233], ne conçoit pas par suite un concept par soi, puisque celui-ci n'est pas plus le concept d'une chose que d'une autre, puisqu'il est absolu.

Par suite, nous disons que ce concept de Dieu indéfinissable, **41**
indéterminable ou encore inconcevable, est, en raison de son infinité, aussi nécessairement ineffable[234]. En effet, nous ne pouvons déterminer ou définir un tel verbe par aucun nom ni aucun terme, puisqu'il ne peut être conçu[235]. Ainsi, nous ne le nommons ni un ni trine, ni de quelque autre nom, puisqu'il dépasse tout concept

228. Cf. *CT* 11 et Sermon CCLI (Koch 248), « Et nous tous qui, le visage dévoilé… », prononcé le 1er novembre 1456 à Bressanone.

229. C'est, à notre connaissance et selon Kurt Flasch, la première occurrence de la notion de concept absolu dans l'histoire de la philosophie, et ce, bien avant Hegel. Sur l'occurrence cusaine et ses prémisses, cf. cependant Gerhard Krieger, « "Conceptus absolutus" Zu einer Parallele zwischen Wilhelm von Ockham, Johannes Buridan und Nikolaus von Kues. », in : *Intellectus und imaginatio* : *Aspekte geistiger und sinnlicher Erkenntnis bei Nikolaus von Kues* (éd. João Maria André, Gerhard Krieger, Harald Schwaetzer), Amsterdam, B.R. Grüner, « Bochumer Studien zur Philosophie, 44 », pp. 3-18.

230. Cf. *NA* 20 (XIII, 49)

231. Cf. *Conj.* I, Prol., 3 et I, 11, 54. Cf. *FD* 1, 54 et *Ber.* 4.

232. Cf. *DI* I, 3, 10. Cf. également, ci-dessous, *Poss.* 42. Loin de souligner seulement la vanité du savoir humain, cette assertion, qui fait de toute saisie intellectuelle une saisie partielle et conjecturale, ouvre à l'obligation d'une poursuite indéfinie, mais non infructueuse, de la vérité sur terre : « L'appréhension du vrai s'accroît sans cesse. » (*Conj.* I, Prol., 2). « Nous aspirons par un désir naturel au perfectionnement des sciences. » (*Conj.* I, 1, 5)

233. Cf. *NA* 20 (XIII, 49).

234. Cf. Augustin, *De la doctrine chrétienne* I, 6, 6.

235. Cf. *VS* 14, 39 et *NA* 1 (XIII, 3-4).

de l'un et du trine et de quoi que ce soit de nommable[236], mais nous écartons au contraire de lui tous les noms de toutes les choses concevables[237], puisqu'il les surpasse[238].

JEAN : Il me semble que l'intellect est donc d'autant plus grand qu'il intellige le concept de Dieu comme moins susceptible de prendre forme.

LE CARDINAL : Tu dis bien, abbé. Par suite, quiconque pense l'avoir saisi sait que ceci résulte du défaut et de la petitesse de son intellect.

BERNARD : Plus savant est donc celui qui se sait ne pas pouvoir savoir[239].

LE CARDINAL : Tous les gens les plus éclairés disent aussi nécessairement ceci.

BERNARD : Lorsque je considère que rien ne peut être conçu par nous comme il est concevable, il m'apparaît clairement que Dieu ne peut être conçu, lui qui ne peut assurément être conçu que si l'on conçoit en acte tout ce qui est concevable.

42 LE CARDINAL : Nous savons que toute proportion arithmétique de la diagonale au carré est inatteignable[240], puisqu'on ne peut donner deux nombres qui entrent ainsi dans un rapport précis. Mais quels que soient [les nombres] donnés, leur rapport est soit plus grand, soit plus petit que celui de la diagonale au côté, et quels qu'ils soient donnés, on peut toujours trouver des nombres plus proches de ce rapport. Et ainsi ce rapport semble possible, mais jamais cette possibilité n'est donnée en acte. Or, l'acte serait la précision de telle sorte que les nombres seraient ainsi dans un rapport précis. En voici la raison : à moins que ne soit donné un nombre qui ne soit ni pair ni impair, ce ne sera pas celui qui est recherché. Or, tout nombre que nous concevons est nécessairement pair ou impair[241] et non

236. Cf. Pseudo-Denys l'Aréopagite, *De noms divins* XIII, 3, *op. cit.*, (PG 3, 981 A)

237. Cf. Pseudo-Denys l'Aréopagite, *De la hiérarchie céleste* II, 3 (trad. Maurice de Gandillac), Paris, Le Cerf, 1970² (PG 3, 140 C-141 A).

238. Cf. *Crib. A*, II, 1, 88.

239. Cf. *DI* I, 1, 4 ; « Quelqu'un sera d'autant plus savant qu'il se sera mieux aperçu qu'il était ignorant. ». Cf. *VS* 12, 32.

240. Cf. *Conj.* II, 1, 76, où il est question du carré pour lequel le rapport entre la diagonale et le côté est de $\sqrt{2}/1$. Cet exemple est issu d'Aristote, *Métaphysique*, A, 2, 983 a 15 *sq.*

241. Cf. Aristote, *Métaphysique*, A, 5, 986a 17 *sq.*

les deux à la fois ; c'est pourquoi nous échouons[242]. Nous voyons cependant que la précision existe pour ce concept qui conçoit ce qui pour nous est impossible. Ainsi, nous devons dire que notre concept ne peut atteindre la proportion entre son pouvoir et son être puisque nous n'avons aucun moyen terme commun par lequel nous puissions atteindre ce rapport, étant donné que le pouvoir est infini et indéterminé et l'acte fini et déterminé, et qu'entre les deux il n'y a pas de moyen terme. Mais nous voyons ces choses être indistinctes en Dieu, et par suite cela dépasse notre concept.

BERNARD : Puisque tout ce qui peut être connu par nous n'est pas connu comme il peut être connu – il peut en effet être mieux connu[243] –, seule la science de Dieu où tout pouvoir est en acte est parfaite et précise.

JEAN : N'est-il pas très vrai, Bernard, que deux fois deux font 43
quatre, et que tout triangle a trois angles égaux à deux droits[244] ?

BERNARD : En effet.

JEAN : Il n'est donc pas vrai que notre science n'atteigne pas la vérité précise.

LE CARDINAL : Il faut bien considérer ce qui est dit. Car en mathématiques, les choses qui procèdent de notre raison et que nous expérimentons être en nous comme dans leur principe[245] sont connues par nous de manière précise comme nôtres ou encore comme êtres de raison[246], c'est-à-dire avec la précision de la raison dont elles procèdent, de même que les réalités sont connues précisément avec la précision divine par laquelle elles viennent à l'être. Et ces objets mathématiques ne sont ni des essences *(quid)*, ni des qualités *(quale)*, mais des êtres

242. Le Cusain rapporte ici la fameuse preuve de l'irrationalité de $\sqrt{2}$. Cf. *Conj.* II, 1, 76.

243. Cf. également ci-dessus, *Poss.* 40. Cf. *VS* 12, 31.

244. Cf. Aristote, *Analytiques postérieures*, I, 1, 71 a 19). Cf. également *DI* I, 14, 38.

245. Cf. *M* 3, 70.

246. Concernant la distinction entre *entia realia* et *entia rationis*, cf. *Ber.*7 : « L'homme est créateur des êtres de raison et des formes de l'art qui ne sont rien d'autre que des similitudes de son intellect, de même que les créatures sont les similitudes de l'intellect divin. Pour cette raison, l'homme a un intellect qui est, dans l'acte de créer, la similitude de l'intellect divin. À partir de là, il crée des similitudes des similitudes de l'intellect divin, de même que les formes extrinsèques, artificielles d'une chose sont les similitudes de sa forme naturelle intrinsèque. » (trad. Maude Corrieras)

notionnels tirés de notre raison[247], sans lesquels elle ne pourrait poursuivre son travail, à savoir édifier, mesurer, *etc*[248]. Mais les œuvres divines, qui procèdent de l'intellect divin, restent inconnues de nous telles qu'elles sont précisément[249], et si nous en connaissons quelque chose, ce sera en l'ayant conjecturé par assimilation de la figure à la forme[250]. Il s'ensuit qu'il n'y a aucune connaissance précise de toutes les œuvres de Dieu, si ce n'est chez celui qui les a produites. Et si nous avons quelque connaissance de ces choses, nous tirons de celle-ci de l'énigme et du miroir[251] de la connaissance mathématique, comme [nous tirons] la forme, qui donne l'être[252], de la figure, qui donne l'être en mathématiques. De même que la figure du triangle donne l'être au triangle, la forme ou l'espèce humaine donne l'être à l'homme. Nous connaissons la figure du triangle, puisqu'on peut l'imaginer, mais pas la forme humaine, puisqu'on ne peut ni l'imaginer ni la mesurer ni par une quantité discrète, ni par une quantité continue[253]. Or, tout ce qui ne tombe ni sous la multiplicité ni sous la grandeur ne peut être ni conçu, ni imaginé[254], ni représenté ; et ainsi, il ne peut être intelligé de manière précise. En effet, tout être intelligent doit contempler des représentations imagées *(phantasmata)*[255]. Par suite, de ces choses,

247. Cf. *Ber.* 32 et 56.

248. Cf. *Conj.* I, 2, 7.

249. Cf. Maïmonide, *Le guide des perplexes,* III, 22 (trad. Salomon Munk), Lagrasse, Verdier, « Les dix paroles », 2012.

250. Cf. *Conj.* I, Prol. ; I, 1, 2 ; I, 1, 5. Cf. *Sap.* I, 25.

251. 1 Cor 13, 12 (cf. note 223).

252. Cf. Boèce, *La Trinité*, 2 (152, 20), dans *Opuscula Sacra*, vol. 2 (trad. Alain Galonnier, ed. Claudio Moreschini), Louvain, Peeters, « Philosophes médiévaux, LIII », 2013 : « tout être provient d'une forme ».

253. Cf. Boèce, *Les Catégories d'Aristote* II (PL 64, 201 B), Clarembaud d'Arras, *Tractatus super librum Boetii De Trinitate,* IV, 17 (LaW 152) : « Toute quantité est ou continue ou discrète, c'est-à-dire chaque *quantum* est ou un *continuum*, soit une surface ou un corps, ou une quantité, soit une suite numérique de "pluralités tangibles", ou une grandeur ou une multitude. »

254. Cf. *Ber.* 43 : « Notre intellect ne peut concevoir le simple, car il fabrique les concepts dans l'imagination, qui prend son origine à partir des sens et détermine le sujet de sa propre image ou de la figure. C'est pourquoi il ne peut concevoir l'essence des choses. Cependant, il voit que [l'essence] indivisible existe de façon trinitaire, par-delà son imagination et son propre concept. »

255. Cf. Aristote, *De l'âme,* III, 7, 431 a 14 *sq* : « Pour l'âme discursive, les représentations sont comme des objets sentis. Quand l'objet est bon ou mauvais, elle affirme ou elle nie, et fuit ou poursuit. C'est pourquoi l'âme ne pense jamais

on atteint davantage les raisons de leur existence *(quia est)* que leur essence *(quid est)*[256].

BERNARD : Si nous avons donc bien considéré ces choses, nous ne tenons rien de certain en notre science sinon notre mathématique[257], et celle-ci est une énigme qui nous met en chasse[258] des œuvres de Dieu. Par suite, les grands hommes, s'ils ont dit quelque chose de grand, l'ont fondé sur une similitude mathématique[259] : comme celle-ci, que les espèces se tiennent les unes aux autres comme les nombres[260], et que le sensible est dans le rationnel comme le triangle dans le quadrilatère[261], et beaucoup d'autres choses semblables. 44

sans représentation. » Cf. également *DI* III, 7, 226 : « [L'âme] apparaît en effet plutôt comme sensibilité ou raison que comme intellect tant qu'elle est dans le temps où elle ne saisit rien sans représentations imagées. » Les *phantasmata* sont les images élaborées par la faculté d'imagination, et par suites rendues saisissables en elles-mêmes aux facultés de la raison et de l'intellect, que la chose, dont elles sont les représentations, soit présente ou non pour les sens, existante ou non. La *phantasia* est ainsi, dans l'imagination, ce qui procède plus spécifiquement à cette élaboration des images, même lorsqu'il n'y a pas de données sensorielles. Cf., ci-dessus, note 104.

256. Concernant la distinction de *« quia est »* et de *« quid est »*, cf. Aristote, *Analytiques postérieures*, II, 1, 89b 24 *sq.*). Cf. Jean Scot Érigène, *De la division de la nature* I (138,8 *sq.*), et Albert le Grand, *Commentaire des noms divins*, (*cod. cus.* 96, fol. 79rb et 87rb, avec les *marginalia* du Cusain lui-même (éd. Baur, p. 110 et 167). Cf. *VS* 12, 31 ainsi que *PF* 18, 65, à propos de la transsubstantiation : « (...) la seule pensée a l'intuition de la substance dans son existence, non dans sa quiddité ; car la substance est antérieure à tout accident (...) »

257. Cf. Sermon XXII (éd. Koch 16) « Le jour de la sanctification », prononcé le 25 décembre 1440 à Augsbourg. Cf. *CT* 1 : « (...) ce vrai dont on s'enquiert à travers tout le connaissable se reflète dans le miroir des mathématiques non par une lointaine ressemblance, mais avec une lumineuse proximité. »

258. Sur la métaphore de la chasse, cf., ci-dessus, note 132.

259. Cf. *DI* I, 11, 31. Cf., ci-dessus, note 127.

260. Cf. Aristote, *Métaphysique* VIII, 3 1043b 36-1044a 2 : « Dc même que si on enlève ou ajoute à un nombre quelque chose de ce dont le nombre est formé, ce n'est plus le même nombre, mais un nombre différent, même si l'addition ou la soustraction sont très petites, de même ni la définition, ni l'être ce que c'est ne seront plus les mêmes après soustraction ou addition. » Cf. également *Conj.* I, 5, 17.

261. Cf. Aristote, *De l'âme*, II, 3 414b 29-31 : « Chaque fois, en effet, c'est dans ce qui dérive que se trouve en puissance ce qui est antérieur, aussi bien dans le cas des figures que dans le cas des êtres animés ; par exemple, dans le quadrilatère il y a le triangle, dans la faculté sensitive il y a la nutritive. » Nicolas inverse dans l'exemple le rapport analogique, car ce qui est antérieur n'est pas ce qui est inférieur

Le Cardinal : Tu dis bien. C'est pourquoi je parlerai ici ainsi afin que vous sachiez que si nous voulons voir en énigme cette théologie des Chrétiens que Dieu est un et trine, nous pouvons recourir au principe des mathématiques ; celui-ci est assurément à la fois un et trine[262]. En effet, nous voyons que la quantité, sans laquelle il n'y a pas de mathématiques, est une quantité discrète, dont le principe est un, et une quantité continue, dont le principe est trine. Et il n'y a pas deux principes mathématiques, mais un qui est aussi trine.

Bernard : Je saisis bien qu'en ce qui concerne la quantité discrète, l'un soit principe, mais non qu'en ce qui concerne la quantité continue, le principe soit trine.

Le Cardinal : La première figure de la quantité continue est le triangle, en elle se résolvent les autres figures, ce qui montre qu'elle est la première[263]. Le quadrilatère se résout en triangle. Mais le triangle ne peut pas se résoudre en une figure de deux angles ou d'un seul angle. C'est pourquoi il est évident que le premier principe des mathématiques est unitrine.

45 Bernard : Si donc je voyais le principe des mathématiques dans sa pureté, assurément je le verrais unitrine sans pluralité. En effet, le principe est avant l'altérité et la pluralité[264] et est tel que tous les principiés, quand ils se résolvent dans le simple, trouvent leur terme en lui.

Le Cardinal : Très bien. Mais fais attention : pour voir le principe, il est nécessaire de dégager le simple sans lequel aucun des principiés ne peut être. Si donc le simple, sans lequel ni un nombre ni une figure ne peuvent être, est ce qui n'est pas davantage un que trine, et à ce point un qu'il est trine, et qu'il n'est pas trine à partir du nombre[265]

(la faculté nutritive par rapport à la sensitive chez Aristote), mais c'est Dieu. Cf. également *DI* I, 11, 32 où Nicolas discute précisément ce passage du *De anima*.

262. Cf. Augustin, *Doctrine Chrétienne* I, 5, 5 (CCSL XXXII 9), Thierry de Chartres, *Lectiones* VII 5 (éd. N. M. Häring, p. 222).

263. Cf. *Conj.* I, 8, 35 : « La raison en effet résout tout en termes de multitude et de grandeur ; or, l'unité est le principe de la multitude, et la Trinité celui de la grandeur, comme le triangle pour les figures polygonales. »

264. Cf. Clarembaud d'Arras, *Tractatus super librum Boethii De Trinitate* I, 34 (LaW 98 *sq.*)

265. Cf. *VD* 17, 73 : « Qui donc peut nier que tu es le Dieu trine quand il voit que tu ne serais pas le Dieu généreux, naturel et parfait, que l'esprit de libre arbitre n'existerait pas, et qu'il ne pourrait lui-même parvenir à la jouissance de toi et à sa propre félicité, si tu n'étais pas trine et un ? »

– puisque le nombre est un principié[266] –, mais trine de sorte qu'il est le principe de toutes choses, alors Dieu unitrine est vu en énigme comme étant le principe le plus parfait de toutes choses.

JEAN : Tu dis qu'il est trine sans nombre. Mais les trois Personnes **46**
ne sont-elles pas trois à partir du nombre trois ?

LE CARDINAL : Pas du tout. Parce que le nombre que tu considères quand tu dis cela est mathématique et tiré de notre pensée[267], dont le principe est l'unité[268]. Mais la Trinité en Dieu ne procède pas d'un autre principe : elle est principe.

BERNARD : Assurément la Trinité dans le principe est principe et ne procède pas du nombre qui ne peut être avant le principe. En effet, « l'unité de toute multiplicité est principe[269] ». Si donc la Trinité dans les choses divines était nombre, elle serait principiée par elle-même.

LE CARDINAL : Tu vois donc que le premier principe unitrine est avant tout nombre. Et si tu ne peux concevoir ce qui est avant le nombre, c'est parce que ton intellect ne conçoit rien sans nombre[270]. Cependant, ce qu'il ne peut concevoir, il voit qu'au-delà du concept cela ne peut être nié et il le croit[271]. De même donc que Dieu est grand sans quantité continue, il est trine sans quantité discrète, c'est-à-dire sans nombre. Et de même qu'il croit que Dieu est grand en lui attribuant la grandeur, il croit qu'il est trine en lui attribuant le nombre.

266. Cf. *DPL* 3, 105 : « Le nombre est l'éternité principié et la raison l'éternité absolue. »

267. Cf. *DI* I, 5, 14 : « (…) le nombre, qui est un être de raison fabriqué par notre discernement comparatif, présuppose nécessairement une unité pour principe de tel nombre, puisqu'il serait impossible que le nombre soit sans elle (…) »

268. Cf. Macrobe, *Commentaire au Songe de Scipion* I, 6, 7 (ed. Willis II, 19,24 *sq.*). Cf. Proclus, *Commentaire du Parménide de Platon* (éd. Cousin, 1076, 25-29). Cf. *DI* I, 5, 14.

269. Proclus, *La Théologie platonicienne*, II, 1 (76 ; 81). Cf. Sermon XXIV, 7.

270. Cf. *M.* 6, 95 : « (…) le nombre est le modèle des conceptions de notre pensée. Sans lui, en effet, elle ne peut rien faire ; ni imitation, ni notion, ni distinction, ni mesure ne serait faite si le nombre n'existait pas. En effet, sans le nombre, les choses ne peuvent pas être intelligées comme distinctes et différentes les unes des autres. » et *Ber.* 63, qui en déduit que la substance première, absolument simple, « ne peut donc être conçue par notre intellect, qui est relié au corps ou à la quantité comme un instrument avec lequel il conçoit. Il la voit cependant au-delà de tout concept. »

271. Cf. Sermon CCLXVIII (Koch 265), 1 « Courez donc, de manière à le remporter », prononcé le 13 février 1457 à Bressanone.

47 JEAN : Je comprends[272] que de l'observation que nous faisons des créatures, nous affirmions trine le Créateur[273] qui – comme cela a été précédemment dit – demeure en lui-même ineffable, quel que soit le mode de discours.

LE CARDINAL : Tu dis bien. Car sans puissance, ni acte, ni lien entre les deux, rien n'est ni ne peut être[274]. Si en effet l'un d'eux faisait défaut, rien ne serait. En effet, comment une chose serait si elle ne pouvait être ? Et comment serait-elle si elle n'était pas en acte, puisque l'être est l'*en-acte*[275] ? Et si elle pouvait être et n'était pas, comment serait-elle ? Il faut donc qu'il y ait le lien de l'un à l'autre. Et le *pouvoir-être*, l'être en acte et leur lien ne sont pas choses diverses. Ils sont en effet de la même essence, puisqu'ils ne font qu'une seule et même chose. La rose-en-puissance, la rose-en-acte et la rose-en-puissance-et-en-acte sont la même rose et non une rose chaque fois autre et différente, bien qu'en eux-mêmes pouvoir, acte et lien ne peuvent s'attester l'un de l'autre comme dans la rose.

BERNARD : Je saisis bien qu'on ne peut nier que, tandis que je vois par la pensée la rose, je la vois unitrine. Car je la vois dans le pouvoir. Si, en effet, on lui déniait le pouvoir, assurément elle ne pourrait pas être. Je la vois dans l'être. Si en effet on lui déniait l'être, comment serait-elle ? Et je la vois dans le lien entre les deux. En effet, ce lien nié, elle ne serait pas en acte, puisque rien n'est en acte qui ne puisse être et qui ne soit. De ceux-ci procède en effet l'existence actuelle.

48 Ainsi, je vois la rose unitrine à partir du principe unitrine. Or, je vois ce principe resplendir en toutes choses, puisqu'il n'y a aucun principié qui ne soit unitrine[276]. Mais je vois que tous les principiés ne sont rien du principe, bien que tous soient en lui comme en leur cause et raison. Dieu n'est donc pas comme la rose unitrine. Le

272. *Je comprends* traduit un *Intelligo* non technique.

273. Cf. *Crib. A.* II, 5, 100.

274. Cf. *DI* II, 7, 130.

275. Traduire par « l'être en acte » supposerait une antériorité de l'être, alors que l'être et l'acte sont ici simultanés. L'être est donc l'*en-acte* même.

276. Cf. Augustin, *La Trinité*, VI, 10, 12, *op. cit.* (CCSL L 242, 45-47) : « Oportet igitur ut creatorem per ea quae facta sunt intellecta conspicientes trinitatem intelligamus cuius in creatura quomodo dignum est apparet uestigium ». Cf. *M* 11, 132 et *PF* 7, 21.

principe éternel ne tient en rien du principié, mais est l'unitrinité absolue, à partir de laquelle toutes les choses unitrines sont ce qu'elles sont.

JEAN : Pour ma part, cela me semble comme à toi, Bernard. Il n'y a pas un Dieu par lequel il y a la rose en puissance, un autre par lequel il y a la rose qui est, et un autre par lequel elle est dans le lien entre les deux, parce que ce n'est pas une rose qui est dans le pouvoir, une autre qui est [dans l'être], et une autre qui est dans le lien entre les deux, mais une rose unitrine. Mais quand les Chrétiens disent qu'autre est la personne du pouvoir absolu que nous appelons le Père tout-puissant[277], autre celle de l'être que nous appelons le Fils du Père (parce qu'il relève du pouvoir [du Premier]), et autre celle du lien entre les deux (que nous appelons Esprit, puisque le lien spirituel entre le Père et le Fils est l'amour naturel), je ne saisis pas comment je devrais voir en énigme ces différences de personnes.

LE CARDINAL : Tu dis bien, Abbé, qu'autre est la personne du Père, autre celle du Fils, autre celle de l'Esprit Saint dans le divin en raison de la perfection infinie[278]. Cependant la personne du Père n'est pas autre par quelque altérité, puisque la Sainte Trinité, qui n'est pas ce qu'elle est par un autre mais par soi[279], dépasse toute altérité. Par suite, le Père n'est pas quelque chose d'autre que le Fils[280], en raison de leur identité d'essence et de nature[281], mais il n'est pas le Fils[282]. Ce n'est pas par le non-être que le Père n'est pas le Fils, puisque Dieu unitrine est avant tout non-être, mais parce que l'être présuppose le pouvoir, puisque rien n'est sinon ce qui peut, par quoi il est ; le pouvoir en revanche ne présuppose rien puisque le pouvoir est l'éternité. Par suite, puisque je vois un dieu qui ne présuppose pas son principe, que je vois un dieu présupposant son principe et que je 49

277. Cf. *AT* 15.

278. *Symbolum Quicumque* (ES 75). Cf. Sermon CCLXXXII (Koch 279), « Combien plus le Père céleste donnera-t-il l'Esprit saint à ceux qui le lui demandent », prononcé le 23 mai 1457 à Novacella.

279. Cf. Thierry de Chartres, *Glossa* V, 21 et 27.

280. *Symbolum conc. Tolet.* XI (ES 525) et *Decretales Gregorii* IX lib. I tit. 1 c. 2 *Damnamus* (ed. Friedberg II, 7). Cf. Sermon I, 10.

281. Cf. Thierry de Chartres, *Lectiones* II, 8. Cf. *Princ.* 9.

282. *Symbolum conc. Tolet I* « Libellus in modum symboli » (ES 188).

vois un dieu procédant des deux[283] et que je ne vois pas trois dieux[284] mais l'unité de la déité dans la Trinité, ce que je vois ainsi de manière distincte, je ne doute pas que ce soit plus vrai et plus parfait dans la déité indistincte que, moi, je ne le vois. Par suite, comme je vois le pouvoir absolu lui-même être, dans l'éternité, l'éternité, et que je ne vois l'être même dans l'éternité de ce pouvoir qu'à partir de son pouvoir, je crois : que le pouvoir éternel possède une hypostase[285] et qu'il est par soi[286] ; que de Dieu le Père, qui est par lui-même, est engendré Dieu qui est tout ce qu'il est à partir de la toute-puissance du Père, de sorte qu'il est le Fils de la Toute-puissance, c'est-à-dire qu'il est ce que le Père peut : le Tout-puissant est issu du pouvoir absolu ou encore du Tout-puissant. De ceux-là procédera le lien de la Toute-puissance et du Tout-puissant[287]. Je vois Dieu [qui est] éternellement, et le même Dieu éternellement issu du même Dieu, et le même Dieu procédant éternellement de l'un et de l'autre[288]. Mais parce que les Saints virent cela plus finement que nous[289], qu'il nous suffise de convenir que, de même que la perfection du principe réclame qu'il soit un, de même elle réclame en vérité qu'il soit trine.

50 En effet, l'unité ne serait pas naturelle et très parfaite si elle n'avait pas en elle-même toutes les choses qui sont nécessaires au principe très parfait et qui sont exprimées par la Trinité. Et la Trinité ne serait pas parfaite si elle n'était pas une, c'est-à-dire unité. En effet, l'unité qui est dite de Dieu n'est pas mathématique, mais elle est l'unité vraie et vivante qui enveloppe toutes choses. Et la Trinité n'est pas mathématique mais une corrélation vivante[290]. En effet, unitrine est la vie sans laquelle il n'y a pas de joie éternelle ni de perfection suprême. Il suit de l'essence de la vie très parfaite qu'elle est très parfaitement unitrine, de sorte que le *pouvoir-vivre* est tout

283. *Decretum pro Iacobitis* (ES 1331). Cf. Richard de Saint-Victor, *La Trinité*, IV, 15 (PL 196, 939C).

284. Cf. Boèce, *La Trinité*, I, 3, *op. cit.* (151, 8 *sq.* et 155, 27-29).

285. Cf. *AT* 8 et 15.

286. Cf. Jean Scot Érigène, *De la division de la nature*, II, *op. cit.* (198, 30*sq.*)

287. Cf. Sermon CCXXXIII (Koch 230) « Nous vénérons la Trinité dans l'unité », prononcé le 23 mai 1456 à Bressanone. *DI* I, 8, 22 concernant les concepts d'unité, d'unicité, d'égalité et de lien *(conexio)*.

288. Cf. *Constituo de summa Trinitate et fide catholica (ES 850).*

289. I Cor 13, 12. (cf. note 223).

290. Cf. *Symbolum conc. Tolet.* XI (ES 528). Cf. Sermon I, 6.

puissant au point qu'il engendre de lui-même sa propre vie[291]. D'eux procèdent l'esprit d'amour[292] et la joie éternelle[293].

Jean : Je demande qu'on m'écoute un peu, pour voir si par hasard 51
j'ai perçu quelque chose de ces choses profondes. Et je me tourne vers le *pouvoir-est*. Puisque tout ce qui est n'est rien d'autre que ce qui peut être[294], je vois que le *pouvoir-est* est la forme très vraie et très adéquate de tout ce qui peut recevoir une forme. Mais en toute chose je vois le pouvoir, l'être et le lien entre les deux, sans lesquels il est impossible que la chose soit, et je les vois, en toute chose, être de telle sorte qu'ils peuvent être plus parfaits. Par suite, là où ils sont parfaits au point qu'ils ne peuvent être plus parfaits, comme dans le *pouvoir-est*, là je vois le principe unitrine de toutes les choses existantes. Dans la perfection du premier principe, il y a donc nécessairement la perfection de tout ce qui peut être principié. Et si cette perfection peut être conçue plus grande encore, assurément elle ne serait pas la perfection du principe[295] mais d'un principié.

Le Cardinal : C'est pour cela qu'il faut que l'intellect humain, qui ne peut saisir le premier principe, qui lui reste caché tel qu'il est[296], le voie – comme Paul nous l'enseigne[297] – à partir de l'intelligence des principiés[298]. Il faut donc, si le pouvoir doit être très parfait, qu'il soit en lui-même l'être et le lien entre les deux. De même si l'être doit être très parfait, il faut qu'il soit en lui-même le pouvoir et le lien entre les deux. Et si le lien doit être très parfait, il faut qu'il soit en lui-même le pouvoir et l'acte, ou encore l'être.

291. Cf. *Comp.* 10, 30.

292. Cf. Clarembaud d'Arras, *Tractatus super librum Boethii De Trinitate* II, 40 (LaW 123). Cf. *Crib. A.* II, 5, 100.

293. Cf. Augustin, *La Trinité*, VI, 10, 11, *op. cit.* (CCSL L242, 29-34). Cf. *Ber.* 39 : « L'intellect engendre le verbe dans lequel il est présent substantiellement, et à partir de là vient la joie, dans laquelle se trouve la consubstantialité du géniteur et de l'engendré. »

294. Nicolas a précédemment refusé que le soleil soit tout ce qu'il est capable d'être (*Poss.* 8). Dans ce passage, il affirme que toute chose qui existe, y compris le soleil, est seulement ce qu'il peut être. C'est seulement une des nombreuses choses qu'il est capable d'être bien que toute chose ne soit pas capable d'être.

295. Le principe est sans principe.

296. Cf. *Poss.* 43. Cf. *Conj.* I, 11, 54-55.

297. Rom 1, 20.

298. Cf. *Crib. A.* II, 5, 100.

Nous voyons donc cela[299] de manière nécessaire dans le principe unitrine très parfait, bien que le mode selon lequel ils se rapportent l'un à l'autre dépasse tout intellect.

52 BERNARD : Je demande à être écouté, pour voir si j'ai compris ce que tu as dit. Et je me tourne vers le mouvement. En effet, dans son essence, je vois d'abord le pouvoir, puis je vois l'acte être engendré par lui et, enfin, le mouvoir (qui est le lien du pouvoir lui-même et de l'acte) procéder de l'un et de l'autre. Or, tout mouvement qui peut être conçu n'est pas de la façon dont le mouvement peut être, car il peut être plus lent ou plus rapide, et par suite, dans le pouvoir lui-même, il n'y a ni l'acte, ni le lien entre les deux lorsque l'acte n'est pas mû comme il peut être mû[300]. Mais si le mouvement était ce qu'il peut être, alors dans le pouvoir il y aurait également l'acte et le lien. [Le mouvement] serait en acte dans le pouvoir autant qu'il le pourrait. Et il en serait de même du lien entre les deux. Et il en va de même de l'être et du lien[301]. Mais ce mouvement ne pourrait être intelligé. Car, si le mouvement était ce qu'il peut être, assurément il ne pourrait être ni plus grand, ni plus petit, et il serait ainsi à la fois le plus grand et le plus petit, à la fois le plus rapide et le plus lent, ou encore le plus en repos[302]. Et parce qu'il serait un mouvement qui ne s'oppose pas au repos, par suite, une fois l'opposition supprimée, le nom de mouvement ne lui conviendrait plus, bien au contraire il ne serait pas plus mouvement que non-mouvement, bien qu'il serait le modèle, la forme, la mesure et la vérité de tout mouvement.

53 Or, le mouvement qui est intelligé, auquel s'oppose le repos, celui-là est intelligé parce qu'il a son terme dans le repos qui est son opposé, et il est conçu par un concept fini. Quand on comprend[303] donc que ce concept de mouvement n'est pas un concept du mouvement qui est ce qu'il peut être – bien que ce dernier ne puisse être intelligé tel qu'il est –, la pensée, ayant abandonné le

299. Il y a donc une interrelation entre la possibilité, l'actualité et leur union.

300. Puisque la possibilité et l'actualité ne coïncident pas, Nicolas précise que l'actualité n'est pas présente dans la possibilité. Cependant, la possibilité et l'actualité sont également présentes dans le mouvement.

301. Dans l'actualité de chaque chose (ou encore dans son existence), il y a la possibilité et le lien, et dans le lien il doit y avoir la possibilité et l'existence.

302. Cf. *Poss.* 10.

303. Usage non technique de *Intelligitur*.

mouvement qui peut être connu, se tourne pour voir le mouvement qui ne peut être connu et elle ne le cherche ni au moyen d'un nom, ni au moyen d'un concept, ni au moyen d'une science, mais par ignorance[304] de tout ce que l'on sait du mouvement. Elle sait en effet qu'elle ne verra en aucune façon ce mouvement aussi longtemps qu'il reste quoi que ce soit de ces choses. Parvenant alors au plus près du non-être du mouvement, la pensée s'élève vers ce qu'elle cherchait, ce qui en effet se présente au-delà de l'être et du non-être de ce mouvement, de telle sorte qu'elle ignore totalement ce qu'est ce mouvement, parce qu'il est au-delà de tout nom. Là, l'ignorance est la science parfaite, là où le non-être est la nécessité d'être, là où l'ineffable est le nom de toutes les choses nommables[305]. Voilà ce que j'ai recueilli de tes propos – je ne sais si je l'ai bien fait.

LE CARDINAL : Tu y as profondément attaché ton esprit *(animus).*

JEAN : Il semble qu'on a dit combien cette doctrine de l'ignorance, **54**
qui poursuit l'ineffable, peut être transmise. Mais j'ajouterai quelque image du concept que j'en ai. Car, bien que nous soyons guidés par de nombreuses énigmes, sans lesquelles nous n'avons aucun mode d'accès au Dieu inconnu[306] – en effet, il faut se tourner vers quelque chose de connu pour chercher quelque chose d'inconnu[307] –, ce sont pourtant dans les plus petites choses que les principes resplendissent le plus grandement. Je prends donc, par exemple, ce mot très bref et concis[308], IN. Et je dis : si je veux entrer dans la contemplation des

304. Cf. Pseudo-Denys, *La Théologie mystique* II, *op. cit.* (*Dionysiaca* I, 579^2-580^3 ; PG 3, 1025 A). Nicolas suit la traduction de Jean Sarrazin.

305. Cf. *QD*.10.

306. Cf. *DI* I, 11, 32.

307. Cf. *DI* I, 11, 31.

308. Cf. Rom 9, 28 : « Le Seigneur accomplira pleinement et promptement sa parole sur la terre. » Il s'agit en l'occurrence du Dieu engendré, le Verbe, le Christ. Or, l'énigme que propose Jean, à savoir le IN, peut désigner le IN dans INRI, à savoir *Iesus Nazarenus* dans *Iesus Nazarenus Rex Iudeorum*, *Jésus le Nazaréen, Roi des Juifs*, le *titulus crucis* tel qu'il est relaté dans Jn 19, 19. Le IN est d'ailleurs la partie commune dans l'écriture du *titulus* en latin, grec et cyrillique et « réalise » donc symboliquement la communauté universelle des Chrétiens dans leurs différences. On réaliserait là l'unité de la foi dans la diversité du rite *(« religio una in rituum diversitate »*, *PF* 1, 6) d'abord et essentiellement pour la Chrétienté elle-même. On pourrait aussi en retour s'interroger sur la suppression de la deuxième partie *(Rex Iudeorum)* du INRI. Cette interprétation est renforcée si l'on considère que c'est bien par le Christ que se renouvelle la Révélation de Dieu, que le Christ réalise en lui la

choses divines[309], je m'efforcerai d'y entrer par ce IN, puisqu'on ne peut y entrer si ce n'est par ce IN. D'abord, tourné vers sa figure, je remarque comment, composée de trois lignes égales[310], elle est comme unitrine et comment le I et le N sont liés par l'esprit même du lien. En effet, dans le IN lui-même, il y a d'abord le I, ensuite le N et le lien entre les deux, de sorte qu'il n'y ait qu'une simple prononciation IN résultant de I, N et le lien entre les deux. Rien de plus simple que I. Aucune lettre ne peut être figurée sans cette simple ligne de sorte qu'elle est le principe de toutes. Le N est engendré le premier de tous à partir de ce I très simple prolongé en lui-même. Et la lettre N n'est pas deux fois la lettre I, mais elle est faite du I prolongé une fois en lui-même de sorte qu'elle forme une seule lettre. Dans le N en effet, le I est développé. Il s'ensuit que si le I est ajouté au N, on n'a pas plus de son. En effet, sa force était déjà dans le N. Le N en effet ne consonne pas avec le E, comme si N était EN, mais avec le I lui-même pour faire IN, comme le savent ceux qui connaissent le grec[311]. Le lien entre les deux lettres

coïncidence des contradictoires (c'est l'objet de l'ensemble du livre III de la *Docte ignorance*), par laquelle l'homme peut, dans une tentative continue de déification, sur le modèle du Christ, remonter vers son principe et connaître Dieu. Évidemment, cette interprétation n'est elle-même pas exclusive d'autres interprétations, comme celle de Maurice de Gandillac qui considère le IN comme l'association « au N, "lettre simple", faite de trois droites, initiale de *"nomen"* et de *"notio"* (conjuguant donc nominalisme et conceptualisme [et de surcroît, sans le dire expressément, initiale de *"nexus"*, mot clé de la dialectique cusaine]), [du] I, signe le plus élémentaire, pour dire ensemble *Ita* et *Non*, le Oui et le Non des coïncidences, et [la formation d'] un IN, soit préposition à valeur inclusive, soit préfixe négateur indiquant l'exclusion. » (Maurice de Gandillac, *Nicolas de Cues*, Paris, ellipses, « Philo », 2001, p. 49). Cf. également Maurice de Gandillac, « "N et IN comme figures énigmatiques" traduction et commentaire de deux textes cusains », *in : Le Nouveau Commerce*, cahier 81, automne 1991. Au contraire, l'énigme se renforce d'être le lieu de la coïncidence de multiples interprétations.

309. Cf. *VD* 11, 45 en son ensemble. Cf. Lettre 5 à l'Abbé des moines de Tegernsee.

310. Dans le *cod. cus.* 219, le mot « IN » est dessiné de telle manière qu'apparaissent trois droites (trois segments), liées entre elles par une légère ligne pour former la lettre « N ».

311. L'évolution du grec avait conduit notamment à l'iotacisme de la voyelle E qui conduisait à la consonance du N et du I, ce dont prenaient connaissance ceux qui avaient voyagé en Orient. C'était notamment le cas de Nicolas qui avait fait partie de la délégation papale ayant ramené les dignitaires de l'Église orthodoxe de Constantinople vers l'Italie pour la réunion du grand concile de réunion des Églises

est donc très naturel. La figure du principe unitrine semble donc s'accorder à la figure du IN. Je remarque ensuite comment le I, c'est-à-dire le principe, est en premier. À partir de lui il y a le N en qui le I se manifeste en premier. En effet, le N est la notion, le nom ou encore la relation de puissance de ce principe I.

Puis je considère comment par le IN on entre en Dieu et en toutes 55
choses. Car toutes les choses qui peuvent être nommées ne contiennent rien d'autre en elles que le IN. En effet, si le IN n'était pas, toutes les choses ne contiendraient rien en elles-mêmes et seraient totalement vides. En effet, quand je considère attentivement la substance, je vois le IN lui-même substantié ; si je considère le ciel, je le vois célestifié ; le lieu, je le vois localisé ; la quantité, je le vois quantifié ; la qualité, je le vois qualifié ; et ainsi de toutes choses qui peuvent être dites. C'est pourquoi dans la limite, il est limité ; dans la fin, il est fini ; dans l'autre, il est altéré. Mais si je vois le IN lui-même avant tout nom, assurément je vois qu'il n'est ni limité, ni fini, ni quoi que ce soit de toutes les choses qui peuvent être nommées. Or, quoi que je vois dans le IN, je vois qu'il a pénétré l'ineffable. Car si je vois une limite ou une fin dans le IN, je ne peux pas plus la nommer fin ou limite. En effet, elle est passée dans le IN, qui n'est ni une fin, ni une limite. Il résulte deuxièmement de cela que le nom semble avoir été changé en son opposé, de sorte qu'on appelle limite dans le IN l'illimité ou le non-limité. Et parce que le IN, qui emplit toutes choses et sans lequel toutes choses sont vides, leur est inhérent et immanent, les intègre et les informe[312], il est par suite la perfection de toute chose, de toute limite et de toute fin, et de tout. Il est évident que le IN est plus qu'une fin ou une limite, de sorte que la fin dans le IN ne cesse pas d'être fin, mais est pleinement fin, fin dans la fin ou fin des fins, de sorte qu'on ne l'appelle pas fin, parce qu'elle n'est finie par aucune fin, mais dépasse toute fin. Ainsi, en effet, toutes choses, quand elles sont vues dans l'absolu, deviennent ineffables. Le IN enveloppe donc dans sa signification très simple à la fois une affirmation et une négation[313],

chrétiennes à Florence et Ferrare. Cf. Maurice de Gandillac, *La Philosophie de Nicolas de Cues*, Paris, Aubier, 1941, p. 297.

312. Comme le fait remarquer Jasper Hopkins dans sa traduction du *De possest*, Nicolas use ici de mots commençant par le préfixe « in » : *« inest », « immanet », « integrat » « informat »*...

313. Cf. *Poss.* 13.

comme si le I était oui *(ita)* et le N non *(non)*, tous deux reliés dans le IN. En effet, le IN, en étant ajouté à d'autres mots, est soit une affirmation soit une négation, mais en soi il est l'enveloppement des deux.

56 Le IN semble donc être un miroir convenant au lumineux reflet de la théologie divine, puisqu' « il est toutes choses en toutes choses, et rien en rien[314] » et que toutes les choses sont en lui le IN lui-même[315]. Au sujet de ce IN, en soi ineffable, qui expliquerait les choses qui peuvent en être dites, sinon celui dont le parler est parfait, puisqu'il est le *pouvoir-est* ? En effet, seul le verbe qui est l'expression de tout ce qui est dicible le peut.

LE CARDINAL : Tes considérations sont subtiles, Père abbé, et ton énigme est assez féconde, puisqu'elle nous conduit dans l'Esprit. Car nul ne sait les choses qui sont en Dieu, sinon l'Esprit de Dieu, de même que seul l'esprit de l'homme sait les choses qui sont en l'homme[316]. Le IN lui-même est donc l'énigme de l'esprit qui cherche à connaître toutes choses[317]. Mais celui qui, en investigateur, s'efforce d'entrer en la majesté de Dieu par le IN lui-même, est submergé par sa gloire. En effet, ce n'est pas le IN lui-même, reconnu et intelligé, qui est la lumière illuminant la manifestation de l'incompréhensibilité de la déité absolue en elle-même, mais le IN et tous les noms qui attribuent l'infinité à Dieu s'efforcent de montrer son incompréhensibilité par [voie de] suréminence.

57 BERNARD : Puisque l'abbé a montré qu'il est entré par un mot bref et concis[318] dans les profondeurs, pour qu'en ne disant rien,

314. Cf. Pseudo-Denys l'Aréopagite, *Des noms divins*, VII 3, *op. cit.* (PG 3, 872 A, *Dionysiaca* I, 405 1-2 dans la traduction d'Ambrosio Traversari). Cf. 1 Cor 15, 28 ; Eph. 1, 23 ; Col 3, 11. Cf. enfin *FD* 4, 72 et Sermon CCXIII, 19. Voir également *DI* I, 2, 6 en son ensemble.

315. Cf. Jean Scot Érigène, *De la division de la nature* III, *op. cit.* (220, 20) « Tout ce qui est en Lui est Lui. ». Alain de Lille, *Reg. Theol.* 9 (PL 210, 628A) : « Chaque chose qui est en Dieu est Dieu, ». Cf. *QD* 1, 31 : Dans le royaume du Tout-puissant, où le royaume est le roi, où toute les choses dans tous les royaumes sont le roi lui-même (...) en Lui tout est Lui (...) Tout est *Theos*(...) ».

316. 1 Cor 2, 11 : « Qui donc parmi les hommes connaît ce qui est dans l'homme, sinon l'esprit de l'homme qui est en lui ? »

317. 1 Cor 2, 10 : « C'est à nous que Dieu l'a révélé par l'Esprit. Car l'Esprit sonde tout, même les profondeurs de Dieu. »

318. Une autre traduction est possible : « Puisque l'abbé a montré par un mot bref et concis » (trad. Hervé Pasqua, comme Renate Steiger et Jasper Hopkins) ;

je ne semble pas avoir entendu en vain des propos aussi élevés, je dirais qu'il ne faut pas négliger une certaine énigme qui se trouve dans le *pouvoir-est* lui-même. Je vois le E comme une voyelle simple et unitrine. Il est en effet la voyelle de *possE* [pouvoir], d'*Esse* [être] et de *nExus*, le lien entre les deux. Sa vocalisation assurément la plus simple est trine. Et quand elle est rapportée à *possE*, elle n'est pas rapportée à *Esse*, et quand elle est rapportée à *Esse*, elle n'est pas rapportée à *possE*, et, de même, quand elle est rapportée au *nExus*, lien entre les deux, elle n'est rapportée ni à *possE* ni à *Esse*, mais au *nExus*, lien entre les deux. Je vois donc que ces relations sans confusion dans le E lui-même, dont chacune est par elle-même vraie et parfaite, ne sont pas trois voyelles ou vocalisations, mais une seule vocalisation, très simple et indivisible. Lorsque je considère donc ainsi cela en esprit, cette vision énigmatique me fournit une grande preuve de la foi orthodoxe afin que je croie, par une similitude certes très éloignée – comme l'est la vocalisation de ce E dans le *possEst* [pouvoir-est] –, que Dieu unitrine et très simple est, dans le monde, le principe duquel le monde tient ce qu'il peut être[319], ce qu'il est et la connexion des deux. En effet, de même qu'il est établi que la vocalisation E donne tout au *possEst* [pouvoir-est] lui-même – puisque, le E enlevé, le mot cesse totalement d'être une expression significative –, de même, Dieu enlevé, le monde cesserait totalement[320]. Je vois qu'il n'est pas nécessaire d'en dire davantage sur la propriété analogique[321] de l'énigme, puisque vous-même pouvez vous y appliquer mieux que moi.

LE CARDINAL : J'approuve ton énigme, Bernard, elle est tout 58
à fait adaptée au propos. Mais il n'y a pas de fin aux énigmes, puisqu'aucune n'est approchante au point qu'elle ne puisse l'être encore davantage. Seul le Fils de Dieu est la « figure de la substance » du Père[322], parce qu'il est quoi que ce soit qui peut être. La

nous traduisons comme Magnard *et al.* car c'est bien l'énigme du IN qui permet à Jean d'accéder aux profondeurs. Cf. *Poss.* 54.

319. Cf. Augustin, *La Trinité* IX, 1, 1 (CCSL L 293, 34 *sq.*) et *Decretum pro Iacibitis* (ES 1331).

320. C. *DI* II, 3, 110.

321. Cf *M* 7 en son ensemble. Cf. également *Le Compendium* dans ce volume.

322. Hb 1, 3. Cf. également et principalement Sermon CCXLVIII « Nos revelata facie » et Sermon CCXXX « Trinitatem in unitate veneremur ».

forme de Dieu le Père ne peut être ou plus vraie ou plus parfaite, puisqu'elle est le *pouvoir-est*.

BERNARD : S'il te vient encore des choses à dire à propos d'énigmes, après celles, nombreuses et variées, auxquelles tu as touché[323] dans tes opuscules et tes sermons, ajoute-les. Car elles constituent pour l'intellect une manuduction[324] suffisante vers la théologie.

LE CARDINAL : J'en suis d'accord. Puisqu'il est très difficile de voir comment l'un, qui est essentiellement en toutes choses[325], est toutes choses, cherchons pour cela des énigmes plus claires. Cependant, de cette question, une énigme assez convenable en a été proposée dans le petit livre *Du Tableau*. En effet, de même que Dieu voit à la fois toutes choses et chacune[326] et que, pour lui, voir, c'est être[327], de même il est à la fois toutes choses et chacune[328]. En effet, un homme atteint par sa parole simultanément et en une seule fois les oreilles de tous et de chacun de ceux qui l'écoutent[329]. Ainsi Dieu, pour qui parler est créer[330], crée-t-il simultanément toutes les choses et chacune[331]. Et puisque le Verbe de Dieu est Dieu, Dieu est de ce fait en toutes et en chacune des créatures[332]. Cela a été plus largement traité dans le petit livre *Du Tableau* déjà cité.

59 Mais [pour comprendre] comment Dieu, considéré absolument en lui-même, est acte de tout pouvoir, c'est-à-dire forme

323. Ici s'opposent implicitement deux modèles d'appréhension et de compréhension de la vérité. Nicolas privilégie ici le modèle du toucher par rapport au modèle de la vue, qui permet d'accéder à une réalité plus immédiate (qui relève peut-être davantage du sensible que de l'intelligible). Cf. aussi la note suivante, sur la manuduction.

324. Ce terme de *manuductio/manuducere* est déjà attesté chez Thomas d'Aquin, Bonaventure, les Chartrains. Littéralement traduit, le terme signifie l'action de prendre par la main pour diriger et montrer son chemin à celui qui est dans une situation de dépendance ou dans une situation qui le dépasse complètement. Cf. le glossaire de notre traduction des *Conjectures*, *op. cit.*, p. 189.

325. Cf. Thierry de Chartes, *Commentum* II 17 (éd. N. M. Häring, p. 96).

326. Cf. *VD* 10, 38.

327. Cf. Hugues de Saint-Victor, *Commentaire de la Hiérarchie céleste du Pseudo-Denys*, III (PL 175, 976). Cf. *VD* 4, 10.

328. Cf. *Conj.* II, 1, 71.

329. Cf. *VD* 10, 38.

330. Cf. *VD*, 10, 40.

331. Cf. *VD* 12, 47.

332. Cf. *VD* 10, 41.

à la fois très simple et infinie, je ne vois pas d'énigme plus appropriée que de tracer une ligne infinie. En effet, j'ai déclaré dans mon petit livre *De la docte ignorance* que celle-ci, si elle pouvait être tracée, serait l'acte de tout pouvoir de la ligne, à savoir la limite de toute figure délimitable par une ligne, et le modèle le plus adéquat de toute figure pouvant être tracée par une ligne[333]. Ainsi, il est nécessaire qu'elle ait une entité ou encore une forme absolue. En effet, elle est absolue parce qu'illimitée et infinie. C'est pourquoi elle est le modèle[334] le plus adéquat de toute [forme] limitée et finie, puisqu'elle n'est ni plus grande ni plus petite qu'aucune chose. Or, Dieu est nécessairement l'être absolu, puisqu'Il précède tout non-être et par conséquent toute altérité et toute contraction[335]. Pour cette raison, Il n'est autre ou différent d'aucune chose, bien que rien ne puisse s'approcher de son égalité, puisque toutes les autres choses sont autres et finies[336]. De sorte que, puisque rien n'est impossible à Dieu[337], il faut qu'à travers les choses qui en ce monde sont impossibles, nous nous tournions pour Le regarder, Lui en qui l'impossibilité est nécessité[338]. De même que l'infinité est en ce monde impossible en acte, la grandeur dont il n'y a pas de fin est cette nécessité qui rend nécessaire que le non-être ou le néant soit[339].

Considère encore, en proposant des énigmes mathématiques, **60**
comment l'égalité la plus haute entre les quantités libère celles-ci de toute pluralité. Par exemple, si tu conçois des lignes allant du centre d'un cercle à sa circonférence, comme on les trace sur un pavement, elles paraissent être égales, mais elles ne le sont pas, à cause de la malléabilité et de la matière du pavement, de telle sorte qu'aucune n'est précisément semblable à une autre, comme cela est montré dans *La docte ignorance*. Mais tandis qu'on considère intellectuellement le cercle en lui-même, les nombreuses lignes sur le pavement ne peuvent y être différentes les unes des autres, parce

333. Cf. *DI* I, 13, 35 et *Sap.* I, 23.
334. Cf. *Poss.* 24.
335. Cf. *VD* 14, 58.
336. Cf. *Ap. DI* 24. Cf. également *Conj.* I, 9, 37.
337. Mt 19, 26 et Lc 1, 37.
338. Cf. *Lettre V aux Moines de Tegernsee* (éd. Vansteenberghe, p. 115).
339. Rom 4,17.

que [là], la cause de l'altérité, à savoir la matière[340], cesse. Ainsi ne sont-elles pas multiples[341]. Et ce qui est dit des lignes l'est de toute quantité, à savoir de toute surface et de tout corps. Lorsque je vois donc sur le pavement une surface délimitée par une figure circulaire, et une surface égale délimitée par une figure triangulaire, et une autre égale délimité par une figure hexagonale, et ainsi pour toutes les figures que l'on peut tracer, et qu'ensuite je constate que ces surfaces égales semblent multiples à cause du substrat différent ici et là dans lequel elles sont diversement tracées, je les abstrais mentalement du substrat et je vois comment une surface, initialement une et la même, m'est apparue autre et différente, parce que je l'ai vue dans des lieux et des substrats différents. Et ensuite je remarque qu'une seule et même surface est un cercle, un triangle, un hexagone et toute figure par laquelle une surface peut être figurée et délimitée.

61 Par cette énigme, je vois que l'entité, détachée de ceci et de cela, est en acte la forme d'être de tous les êtres et de chacun ; quelque forme qu'elle puisse prendre, elle ne l'est pas par similitude et mathématiquement, mais très véritablement et formellement, on peut même dire vitalement. Et cette énigme me plaît. Car j'ai montré à l'instant que la même surface peut être circulaire, carrée et polygonale, et comment pratiquer[342]. Supposons donc que l'être possible soit posé en acte, comme on doit en convenir en théologie ; alors, assurément, l'énigme nous guide plus clairement. C'est pourquoi, selon la compréhension parfaite de la mathématique, je juge que l'énigme peut s'approcher au plus près de la théologie. Et voilà maintenant ce que l'on peut dire de ces choses.

62 JEAN : Je crains de paraître importun et ennuyeux, si je demande à être instruit davantage.

LE CARDINAL : Demandez tous les deux. Car ces entretiens ne me fatiguent aucunement, mais me réjouissent avant tout. Aussi, s'il reste quelque chose à examiner, puisqu'à d'autres moments j'aurais peut-être moins de loisir, soyez maintenant sans complaisance.

340. Cf. Thierry de Chartres, *Tractatus* 39 (éd. N. M. Häring, p. 194) ; *Traité des œuvres des six jours* (trad. Michel Lemoine), *op. cit.*, p. 122-147. Cf. *Aeq.* (chercher nouvelle édition).

341. Cf. Platon, *Lettre* VII 342b *sq.* et Thierry de Chartres, *Glossa* II, 7 (éd. N. M. Häring, p. 280). Cf. *VS* 5, 11.

342. Cf. *MP*.

JEAN : Parmi les innombrables choses que je voudrais entendre, il y en a une principalement : comment atteignons-nous mieux de manière négative cette forme toute-puissante, dont on dit qu'elle apparaît au-delà de tout être et non-être ?

LE CARDINAL : Il faut présupposer, abbé, ce que tu as entendu de moi par ailleurs[343] : il y a trois recherches spéculatives. La plus basse est la physique, qui traite de la nature et considère les formes non séparées, qui sont soumises au mouvement. Car la forme dans la matière est la nature, et par suite elle est non abstraite, et donc dans un autre, et par suite [elle est] autrement [qu'en elle-même]. En raison donc de l'instabilité de la matière, elle se meut ou s'altère continuellement[344]. Et l'âme cherche à la connaître par les sens et la raison[345].

Autre est la recherche spéculative à propos de la forme pleinement **63**
séparée et stable, qui est divine et abstraite de toute altérité, et qui par suite est éternelle, sans aucun mouvement ni variation[346]. Et l'âme cherche cette forme par elle-même[347], sans image, au-delà de toute intelligence et de toute instruction, au moyen de sa suprême acuité et simplicité[348], que certains appellent intellectualité[349]. Il existe enfin

343. *M*, 2, 66. Cf. Aristote, *De l'âme* III, 10, 433 a 14 *sq.* et *Métaphysique*, α, 1, 993 b 20 *sq.* Cf. également Boèce, *Commentaire de l'Isagoge de Porphyre* I, 3 (CSEL XLVIII 8, 1-9) et Thomas d'Aquin, *Expos. S. Boethii De trin.* q. 5 a.1 *resp.* 1. Cf. enfin Thierry de Chartres, *Glossa* II, 24 (éd. N. M. Häring, p. 285) : « Speculativae partes tres sunt : physica, mathematica, theologia. Reliquae sunt practicae, i. e ; activae ex quibus artificium provenit, Etsi scientes inde simus quandoque. » (voir aussi Aristote, *Physique* II, 2 193 b 22 *sq.* 194 b 14 *sq.* et 7 198 a 29-31 ainsi que *Métaphysique,* E, 1 1026 a 18 *sq.* et K, 7, 1064 b 1-3)

344. Cf. Aristote*, De la génération et de la corruption* I, 3 (318 a 9) et 4 (320 a 2). Cf. *DI* I, 11, 31.

345. Cf. Thierry de Chartres, *Commentum* II, 8 *sq.* (éd. N. M. Häring, p. 93).

346. Cf. Thierry de Chartres, *Lectiones* I, 32 (éd. N. M. Häring, p. 140) et Clarembaud d'Arras, *Tractatulus,* 25 (LaW 237) ; *Court traité* (trad. Michel Lemoine), in : *Théologie & cosmologie au XIIe siècle, op. cit.*, p. 152-179.

347. Cf. Clarembaud d'Arras, *Tractatus super librum Boethii De Trinitate*, Pr. 19 (LaW 82).

348. Cf. *M.* 5, 85.

349. Cf. Maître Eckhart, *Commentaire du livre de la sagesse, 5*, *op. cit.* (LW II, 326, 7-397, 2) : « *Cherchez le Seigneur dans la simplicité du cœur.* Là, il faut remarquer que comme l'un et l'étant se prennent l'un pour l'autre, de façon interchangeable, il en va de même pour la simplicité et l'intellectualité. En effet, la racine première et le mode de fonctionnement de l'intellectualité, c'est la sim-

une recherche spéculative intermédiaire à propos des formes non séparés et pourtant stables, que nous appelons mathématiques[350]. En effet, elle considère le cercle qui n'est pas séparé d'un substrat ou de toute matière intelligible[351], mais qui l'est bel et bien de la matière corporelle et instable. Car elle ne considère pas le cercle tel qu'il est dans le pavement corruptible, mais tel qu'il est dans sa raison, ou encore dans sa définition[352]. Et on appelle cette recherche spéculative *mathesis* ou *doctrine*[353]. Car elle se transmet par la voie de la *doctrine*[354]. Et l'âme use, dans cette recherche, de l'intellect associé à la faculté imaginative[355]. J'ai traité de cela ailleurs.

64 Mais maintenant nous parlons en théologiens de la forme séparée, puisque c'est elle qui, en premier lieu, donne l'être[356]. En effet, toute forme advenant à la matière lui donne un être et un nom[357]. Ainsi, quand la figure de Platon advient au bronze, elle donne au bronze l'être et le nom de statue[358]. Mais parce que toutes les formes non séparées, qui sans la matière ne peuvent subsister que comme

plicité. » Mais aussi Boèce, *La Trinité* 2 (152, 15-18). Cf. *DI* I, 2, 8 : « Il faut se servir des exemples comme d'entraînements, de manière à les dépasser en laissant les choses sensibles, pour que le lecteur s'élève aisément jusqu'à l'Intellectualité simple (...) »

350. Cf. Clarembaud d'Arras, *Tractatus* II, 15 (LaW 112).

351. Cf. Aristote, *Métaphysique*, Z, 10, 1036 a 9-12 et Thomas d'Aquin, *Expos. S. Boethii De trin.* q. 5 a.3 ad 4 (187, 26-188, 2).

352. Cf. Augustin, *Cité de Dieu*, XI, 29 (CCSL XLVIII 349,15-17). Cf. *VS* 28, 83.

353. Cf. *M.* 8, 111. Nous traduisons systématiquement *doctrina* par *doctrine*, c'est-à-dire une théorie ou un savoir qui peut s'enseigner par le moyen d'une discipline, c'est-à-dire un exercice réglé. C'est d'ailleurs en ce sens qu'Augustin parle de « doctrine chrétienne ». Maurice de Gandillac et Françoise de Coursaget traduisent parfois par discipline, parfois par science, parfois par théorie, parfois par enseignement dans le *De mente*. Hervé Pasqua traduit systématiquement par science. Il nous semble que la doctrine insiste davantage sur la constance d'une pratique de savoir, accent qui n'est pas perceptible dans la notion de science, d'où d'ailleurs aussi la notion de *doctrina* appliquée à la docte ignorance (cf. *Poss.* 54) ou à la démarche chrétienne (cf. *Poss.* 33).

354. Cf. Aristote, *Topiques*, VII 3 (153 a 9-11). Cf. également Clarembaud d'Arras, *Tractatulus* 11 (LaW 69) ; *Court traité* (trad. Michel Lemoine), in : *Théologie & cosmologie au XIIe siècle*, *op. cit.*, p. 152-179.

355. Cf. Thomas d'Aquin, *Expos. S. Boethii De trin.* q. 6 a.1 ad. 2, q. 1 *sq.* (208, 1-7 et 209, 18-26) ; a. 1 resp. ad. 2 q. 2 (210, 26-28).

356. Cf. Thierry de Chartres, *Commentum* II, 16 (éd. N. M. Häring, p. 95). Cf. *DPL* 2, 98.

357. Cf. Thierry de Chartres, *Lectiones* II, 52 (éd. N. M. Häring, p. 170).

358. *Idem*, *Commentum* II, 25 (éd. N. M. Häring, p. 98).

notions, ne donnent pas l'être proprement dit, mais que l'être surgit de leur connexion avec la matière[359], il est par suite nécessaire que la forme soit totalement séparée, subsistant par elle-même, qui n'ait besoin d'aucune autre chose[360], et qui donne à la matière sa possibilité d'être, et à la forme qui lui est advenue, son actualité, et à la chose qui les conjoint toutes deux, l'existence. Plus donc les formes ont besoin de substrat ou de matière pour subsister en acte, plus elles sont assurément faibles[361] et matérielles, et plus elles imitent la nature de ce substrat et, par suite, moins elles sont parfaites. Moins en revanche elles ont besoin de substrat, plus elles sont formelles, stables, et parfaites. Il faut donc que la forme qui n'a vraiment besoin de rien d'autre[362], parce qu'elle est d'une perfection infinie, enveloppe en elle-même toutes les perfections des formes formables[363], puisqu'elle est en acte ce trésor de l'être d'où émanent toutes les choses qui sont, comme ces choses mêmes ont été conçues et déposées[364] de toute éternité dans le trésor de la sagesse[365].

Moïse rapporte que Dieu a dit : « Moi je suis l'entité », ce qu'on **65**
trouve traduit dans nos livres – comme on l'a déjà dit[366] – par : « Je suis celui qui suis[367]. » L'être, qui est l'entité, désigne donc pour nous la forme des formes. À aucune forme qui peut être donnée ne convient l'être qui est l'entité, si ce n'est à celle qui est totalement séparée et à ce point parfaite qu'elle est libre de tout manque. Toute forme peut donc être plus parfaite, qui n'est pas l'entité absolue.

359. Jean de Salisbury, *Metalogicus* II, 20 (PL 199, 883 B).

360. Cf. Proclus, *In Plat. Theol.* II, 11 (83) et Thierry de Chartres, *Commentum* II, 54 (éd. N. M. Häring, p. 107).

361. Cf. Proclus, *Commentaire du Parménide de Platon*, VII (*Plat. Lat.* III, 70, 1).

362. Ac 17, 25 : « Son service non plus ne demande pas de mains humaines, comme s'il avait besoin de quelque chose. »

363. Cf. *Ap. DI* 40 : « (…) toute la perfection de tous les parfaits en Dieu est Dieu lui-même, qui est la perfection absolue de tous les parfaits, il enveloppe toutes les perfections de tous les parfaits. Car s'il y avait une perfection quelconque, qui ne soit pas enveloppée dans la perfection infinie, celle-ci pourrait alors être plus grande et ne serait donc pas infinie. »

364. Col 2, 3 : « Christ, en qui sont cachés tous les trésors de la sagesse et de la connaissance. »

365. Cf. Jean Scot Érigène, *De la division de la nature* V, 24, *op. cit.* (PL 122, 908B). Voir aussi *Poss.* 73.

366. Cf. *Poss.* 14.

367. Ex 3, 14.

Mais l'être qui est l'entité est la perfection de tout être et, pour cette raison, l'enveloppement de toutes les formes[368]. Par suite, si cette entité ne donnait pas l'être formatif à toutes les formes, celles-ci ne l'auraient en aucune manière. En toutes choses il y a donc l'essence divine[369] qui est l'entité absolue donnant à toutes l'être tel qu'elles le possèdent[370]. Or, puisque toutes désirent le bien[371], et que rien n'est plus désirable que cet être[372] que l'entité absolue fait émaner de son plus précieux trésor[373], pour cette raison nous disons que Dieu, que nous appelons entité, est le seul bien[374], parce que nous recevons de lui le don le meilleur et qui nous est le plus agréable, à savoir notre être propre[375].

66 Or, nous cherchons à voir la source de notre être par tous les moyens qui nous sont possibles, et nous découvrons que c'est par la négation que nous prenons un chemin plus vrai, puisque celui que nous cherchons est incompréhensible et infini[376]. Afin donc que je te dise maintenant ce que tu exiges de moi, reprenons de la négation la négation, c'est-à-dire le non-être, qui semble la première de toute les négations. Cette négation ne présuppose-t-elle pas et ne nie-t-elle pas quelque chose ?

JEAN : Assurément, elle présuppose l'être et le nie.

LE CARDINAL : Cet être donc qu'elle présuppose est avant la négation.

368. Cf. Thierry de Chartres, *Glossa* II, 12 ; 15 ; 17 (éd. N. M. Häring, p. 281-283).

369. Cf. Jean Scot Érigène, *De la division de la nature*, I (38,25), *op. cit.*

370. Cf. Sermon XXII, 11.

371. Cf. Aristote, *Éthique à Nicomaque,* I, 1, 1094 a 2 *sq.* et Boèce, *La Consolation de Philosophie* III, pr. 2, 11 (CCSL XCIV 39, 36)

372. Cf. Maître Eckhart, *Commentaire de la Genèse*, I, 1444 (LX I 298, 1-4)

373. Mt 12, 35 : « L'homme bon, de son bon trésor, retire de bonnes choses, l'homme mauvais, de son mauvais trésor, retire de mauvaises choses. »

374. Lc 18, 19 : « Pourquoi m'appelles-tu bon ? Nul n'est bon que Dieu seul. »

375. Gn 1, 26 : « Faisons l'homme à notre image, selon notre ressemblance… ». Cf. *DPL* 1, 93 et *VS* 12, 32.

376. Cf. Platon, *Parménide* 142a 3-6 : « Il n'est donc pas de nom qui soit [à l'Un] ; il n'est de lui ni désignation, ni science quelconque, ni sensation, ni opinion (…) il n'est donc ni nommé, ni désigné, ni opiné, ni connu, et il n'y a aucun être qui le perçoive » (trad. Léon Robin) ; Pseudo-Denys l'Aréopagite, *Les Noms divins*, XIII, 3, *op. cit.* (PG3, 981B) ; Jean Scot Érigène, *De la division de la nature* II, 4, 29, *op. cit.* ; Thierry de Chartres, *Lectiones* IV, 27 (éd. N. M. Häring, p. 196). Cf. également Sermon XXII, 10.

Jean : Assurément, d'après notre mode de compréhension, il en est ainsi nécessairement.

Le Cardinal : L'être donc que la négation présuppose est assurément éternel. En effet, il est avant le non-être[377], et l'être qu'elle nie commence après le non-être.

Jean : Cela semble nécessaire.

Le Cardinal : Donc la négation qui porte sur l'être nie que cet **67**
être ainsi nommé soit l'être présupposé, ce qui ne veut rien dire d'autre, sinon que l'être après le non-être n'est aucunement l'être éternel et ineffable.

Jean : Je ne peux le nier.

Le Cardinal : Ainsi, je vois plus véritablement Dieu que le monde. Car je ne vois le monde qu'avec le non-être et négativement, comme si je disais : « je vois que le monde n'est pas Dieu. » Or, je vois Dieu avant le non-être ; pour cette raison, aucun être n'est nié de Lui. Son être est donc tout l'être de tout ce qui est ou peut être d'une quelconque manière. Cela, par aucune autre voie, on ne peut le voir sans image avec plus de simplicité et de vérité. En effet, par la négation, tu vois en une intuition simple (à partir de laquelle tu nies tout ce qui suit le non-être) que l'être présupposé, qui précède le non-être, est dans l'éternité l'entité de tout être.

Jean : Je comprends que l'être présupposé dans la négation précède nécessairement le non-être, et que rien, sinon, ne serait[378]. Qui

377. Cf. *Conj.* I, 5, 19 : « Parce qu'elle est l'entité de tous les êtres, la quiddité de toutes les quiddités, la cause de toutes les causes, la fin de toutes les fins, l'unité absolue ne peut être mise en doute. Mais après elle, il y a une pluralité de doutes. » L'être qui est avant le non-être, et qui est présupposé par sa négation est Dieu, mais l'être que la négation nie commence après le non-être car c'est une détermination de cet être, le *pouvoir-est*, que Nicolas, soucieux d'en garder sa stricte unité transcendante, essaiera bientôt de nommer sans même affirmer son existence qui viendrait border ou limiter sa puissance : la Toute-puissance est avant l'être-même, Nicolas ne cesse de l'affirmer, c'est pourquoi le *possest*, le *pouvoir-est*, est encore un nom trop approximatif, le *posse ipsum*, le *pouvoir-même*, essayé dans le dernier texte cusain, *La Cime de la contemplation*, est un nom plus exact ou plus juste que le *pouvoir-est*.

378. Cf. *Sap.* II, 30 : « De même si quelqu'un demande ce qu'est Dieu, vu que cette interrogation présuppose que la quiddité est, tu répondras que Dieu est la quiddité absolue même. Et ainsi de suite dans tous les cas. Il n'y a pas à hésiter là-dessus. Car Dieu est le présupposé absolu même de tous les présupposés quelle que soit la manière dont ils le sont, comme dans tout effet est présupposée la cause. Vois donc (...) combien est facile la difficulté théologique. » (trad. Françoise de Coursaget)

en effet aurait produit le non-être dans l'être ? Non pas le non-être lui-même, puisqu'il ne présupposerait pas l'être par lequel il a été produit. Si donc nous affirmons que quelque chose est, il est nécessaire que ce que tu dis soit le plus vrai.

68 LE CARDINAL : Tu conclus bien, abbé. Mais tu vois certaines choses être, par exemple le ciel, la terre, la mer, etc. Or, tu vois que l'un n'est pas l'autre, et ainsi tu les vois après le non-être. Tu les vois donc, de toute éternité, être après le non-être cet être qu'ils sont. Puisqu'en effet l'éternité elle-même précède le non-être qui ne peut pas se produire lui-même dans l'être, il est nécessaire que, de toute éternité, toutes les choses soient produites du non-être, ou encore de la non-existence, par l'être éternel. L'être éternel est donc pour toutes les choses la nécessité d'être[379].

JEAN : Père, dis-moi plus clairement, si tu le peux, comment je peux voir toutes les choses dans l'être éternel.

LE CARDINAL : Si le soleil, en ce qu'il est, était aussi en lui-même toutes les choses qu'il n'est pas, alors assurément il serait avant le non-être, et ainsi il serait le soleil et toutes les choses, parce que rien ne pourrait être nié de lui.

JEAN : Je l'admets. Mais le concept d'un soleil qui est limité me trouble.

LE CARDINAL : Aides-toi donc et considère l'être même du soleil, puis ôte le « du soleil » et tout ce qui est non abstrait[380], en supprimant ainsi la négation ; tu vois alors que rien n'est nié de lui. En effet, quand tu vois que l'être du soleil n'est pas l'être de la lune, cela arrive parce que tu vois un être non abstrait et donc contracté et limité, raison pour laquelle on le dit solaire. Si donc tu retires la détermination et que tu vois l'être indéterminé, c'est-à-dire sans limite ou encore éternel[381], assurément alors tu le vois avant le non-être[382].

69 JEAN : Je vois ainsi que n'importe quel être est donc, en Dieu éternel, Dieu et toutes choses[383].

379. Cf. Thierry de Chartres, *Commentum* II, 22 (éd. N. M. Häring, p. 97).

380. Cf. Augustin, *La Trinité* VIII, 2, 3 et 3, 4, *op. cit.* (CCSL L 271, 19-22, et 272, 15-17).

381. Cf. Boèce, *La Consolation de la philosophie* V, pr. 6,4 (CCSL XCIV 101,8) et Maître Eckhart, *Commentaire de l'Exode* 80 (LW II, 834 sq).

382. Cf. *Conj.* I, 8, 35.

383. Cf. *DI* I, 24, 77 et II, 4, 115 : « [Dieu] n'est pas soleil dans le soleil, et lune dans la lune, mais il est ce que sont, sans pluralité et diversité, le soleil et la lune. »

LE CARDINAL : Il en est ainsi. En effet, puisque Dieu éternel produit toutes choses à partir du non-être, comment produirait-il à partir du non-être s'il n'était pas lui-même en acte l'être de toutes choses et de chacune ?

JEAN : Ce qu'affirment les saints est donc vrai. Ils disent en effet que Dieu est quantitatif sans quantité, qualitatif sans qualité, et ainsi de toutes [les catégories][384].

LE CARDINAL : C'est bien cela qu'ils disent. Mais toi, dis-nous comment tu le comprends.

JEAN : Je comprends qu'il est la vérité absolue[385] de tout ce que nous voyons. Pour cette raison, il faut du contracté[386] nier la contraction pour atteindre l'absolu. Car dans la quantité visible, je suis attentif à la façon dont est la véritable quantité. J'essaie donc de percevoir dans l'absolu sa vérité par laquelle elle est vraie, et je vois qu'elle est quantité elle-même sans être telle quantité que j'avais vue auparavant après le non-être, quantité déterminée et délimitée de telle et telle manière, qui est désignée par ce nom de « quantité ».

Il faut donc que je laisse en-deçà du non-être toutes les choses en quoi la quantité est quantité plutôt que tout le reste. Et ainsi, je rejette le nom, la définition, la figure[387], et tout ce qui est appréhendé de la quantité par les sens, l'imagination et l'intellect, de sorte que je par- **70**

384. Cf. Augustin, *La Trinité* V, 1, 2, *op. cit.* (CCSL L 207, 39-41) et Thierry de Chartres, *Commentum* IV, 29 (éd. N. M. Häring, p. 123).

385. Cf. *Lettre au novice Nicolas Albergati*, 21 : « La vérité de la rose est dans l'intellect connaissant la rose, à qui la rose est une image. Ainsi la vérité de l'intellect créé n'est pas dans l'intellect créé, mais celui incréé qui est cette vérité absolue, Verbe, *Logos* ou raison la plus fine de toutes choses. » (trad. Jean Devriendt)

386. Sur la différence entre contracté et absolu, cf. notamment *DI* III, 1, 182 en son ensemble : « Les choses nombreuses, dans lesquelles l'univers est, en acte, contracté, ne peuvent en aucune façon s'accorder avec la plus haute Égalité ; car alors elles cesseraient d'être très nombreuses. Il faut donc qu'elles diffèrent toutes entre elles ou bien en genre, espèce et nombre, ou bien en espèce et nombre, ou bien seulement en nombre, si bien que chacune subsiste dans son nombre, son poids et sa mesure propres. Et c'est pour cette raison que les choses dans leur ensemble se distinguent réciproquement l'une de l'autre par degrés, de sorte qu'aucune ne coïncide avec une autre. » (trad. Jean-Claude Lagarrigue)

387. Platon, *Lettre* VII, 342 b 2. Ce sont les trois premiers facteurs (le nom, la définition et l'image représentée – ce que Jean appelle la figure) de la connaissance des réalités déterminées.

viens ainsi au non-être de sa quantité. Je tourne ensuite mon regard vers la cause et la raison éternelles de ce que j'avais vu auparavant. Et même si elle est ineffable [et] antérieure à tout nom, je nomme cependant cette éternité « quantité sans quantité » parce qu'elle est la raison et la vérité de la quantité nommable. Or, la raison d'une quantité n'est pas quantifiable, pas plus que sa vérité ou son éternité, de même que la raison du temps n'est pas temporelle mais éternelle.

71 Le Cardinal : Je me réjouis d'avoir entendu de telles paroles de ta part. Ce que tu as dit ne paraîtra pas non plus étonnant à quiconque a expérimenté en lui-même comment la chaleur dans le domaine du sensible est sans chaleur dans le domaine des facultés *(virtutis)* de connaissance[388] plus abstraites. La chaleur est accompagnée de chaleur dans les sens, où la chaleur est ressentie, mais dans l'imagination ou l'intellect elle est atteinte sans chaleur. Et de même, il faut dire pareillement de tout ce qui est atteint par les sens. En effet, l'odeur est ici atteinte sans odeur, et le doux sans douceur, et le son sans son, et ainsi de suite pour toute chose singulière. De même donc que les choses qui sont dans les sens de manière sensible le sont de manière insensible dans l'intellect, parce qu'elles sont dans celui-ci non pas de manière sensible mais de manière intellectuelle et qu'elles sont l'intellect, de même toutes les choses qui se trouvent dans le monde de manière mondaine, se trouvent de manière extra-mondaine en Dieu, parce qu'elles sont là divines et qu'elles sont Dieu[389]. Il en va ainsi des choses temporelles qui y sont intemporellement parce qu'éternellement, des choses corruptibles de manière incorruptible, des choses matérielles de manière immatérielle, des choses plurielles de manière non plurielle, et des choses nombrées de manière non dénombrable, des choses composées, de manière incomposée, et ainsi de toutes. Tout cela ne signifie rien d'autre que toutes les choses sont, dans leur être propre, très adéquat et éternel, l'éternité très distincte et très simple, sans aucune différence substantielle ou accidentelle[390].

388. Cf. *Conj.* I, 8, 32.

389. Cf. *Liber de Causis* XI (XII) 106,76-107,87. Cf. *Conj.* I, 4, 15 : « Tout en Dieu est Dieu, tout en l'intelligence est intelligence, tout en l'âme et âme, tout en le corps est corps. »

390. Cf. Clarembaud d'Arras, *Tractatus super librum Boethii De Trinitate,* V, 19 (LaW, 182) : « Dieu n'est différent de Dieu ni substantiellement, ni accidentellement. »

BERNARD : J'ai assurément entendu comment ces hautes difficultés ont été clairement résolues. De ces choses, je déduis que le monde qui a commencé après le non-être est pour cette raison appelé en grec « beau *cosmos* », parce qu'il provient de la beauté ineffable et éternelle, qui est antérieure au non-être. Et ce nom nie que lui-même soit la beauté ineffable elle-même. Il affirme cependant qu'il est l'image de ce dont la vérité est ineffable. Qu'est-ce donc que le monde sinon l'apparition du Dieu invisible[391] ? Qu'est-ce donc que Dieu si ce n'est l'invisibilité des choses visibles, comme l'affirme l'apôtre dans la parole posée en prémisse au début de notre entretien ? Le monde révèle donc son créateur pour qu'il soit connu ; davantage encore : le Dieu inconnaissable se montre de manière connaissable dans le monde, en miroir et en énigme[392], comme le disait bien l'apôtre : en Dieu, il n'y a pas « est » et « n'est pas », mais seulement « est »[393]. Le domaine des vivants[394], qui est dans l'éternité avant le non-être, commence à m'apparaître un petit peu, d'après ce qui a été dit, en ce qu'il est et ce qu'il est le grand chaos, dont le Christ a dit qu'il est entre les habitants de l'immortalité éternelle et ceux des enfers[395], et que lui, le Christ notre maître, en ôtant notre ignorance et en nous enseignant la voie vers l'immortalité et l'éternité, suppléera à tout ce qui nous rend incapables de son immortalité éternelle. 72

Ce qui a été dit suffit maintenant amplement pour que tu conclues, s'il te plaît, en faisant un épilogue. 73

LE CARDINAL : Sans doute le temps exige qu'il en soit fait ainsi. À partir de la parole du très grand théologien Paul, vous avez discuté la manière dont « les [perfections] invisibles de Dieu sont contemplées à partir de l'intellection de la création du monde ». Nous avons dit que la force éternelle et la divinité invisible du créateur sont vues par cette pensée qui intellige le monde comme création. En effet, il n'est pas possible d'intelliger que la création

391. Cf. Pseudo-Denys l'Aréopagite, *La Hiérarchie céleste*, IV, 3 (PG 3, 180 C), *op. cit.*, Jean Scot Érigène, *De la division de la nature*, I, 46, 24-30 et III, 58, 12-18, *op. cit.* III, 160, 37-162, 3. Cf. également *DPL* 4, 108 et *AT* 9 et 14.

392. Cf. 2 Cor 12, 13 et Sg 13, 5. Cf. *QD* 3, 39 et Sermon CCXC du 10 février 1459 à Rome, « Quand j'aurais montré ma sainteté en vous » (Ez 36, 23).

393. 2 Cor 1, 19.

394. Cf. *LG* II, 68 et 74 en leur ensemble.

395. Lc 16, 26.

ait émané du créateur, si l'on ne voit pas que c'est dans la force ou la puissance invisible de celui-ci qu'elle a éternellement résidé. Il faut que toutes les choses susceptibles d'être créées soient en acte dans sa puissance, de sorte qu'il soit la forme la plus parfaite de toutes les formes. Il faut qu'il soit toutes les choses qui peuvent être, de sorte qu'il est la cause formelle ou exemplaire la plus vraie. Il faut qu'il ait en lui le concept et la raison de toutes les choses susceptibles de recevoir une forme. Il faut qu'il soit au-dessus de toute opposition. Car en lui, il ne peut y avoir d'altérité, puisqu'il est avant le non-être. Si en effet il était après le non-être, il ne serait pas créateur, mais créature produite à partir du non-être. En lui donc, le non-être est tout ce qui peut être. Pour cette raison, il ne crée à partir de nul autre que lui-même, puisqu'il est tout ce qui peut être.

74 Et quand nous nous sommes efforcés de le voir au-delà de l'être et du non-être, nous ne pouvions intelliger comment il serait visible, lui qui est au-delà de tout simple et de tout composé, au-delà de tout singularité et de toute pluralité, au-delà de tout terme et de toute infinité, totalement partout et nulle part[396], pourvu également de toutes les formes et d'aucune, et complètement ineffable, toutes choses en toutes choses, rien en rien[397], et à la fois toutes choses et rien en lui-même, lui-même entier et indivisible en toute chose, aussi petite soit-elle, et, à la fois, dans aucune d'entre elles. Il se montre en toute créature comme le modèle unitrine le plus vrai et le plus adéquat, excédant à l'infini toute connaissance sensible, imaginaire et intellectuelle inhérente aux images, puisque rien d'incorporel et de spirituel n'est atteint par ces connaissances, mais seulement par l'intellect le plus élevé et détaché de toutes les images, toutes choses étant transcendées, de sorte que rien de toutes les choses qui existent ne reste inintelligible par ignorance ou par inintelligibilité, dans l'ombre, ou les ténèbres, ou encore l'inconnaissance. Là, il est

396. Cf. Boèce, *La Trinité*, 4 (158, 50-55). Cf. également *DI* II, 12, 162 : « La machine du monde aura, pour ainsi dire, son centre partout et sa circonférence nulle part, puisque la circonférence et le centre de celui-ci, c'est Dieu, qui est partout et nulle part. » Nicolas a également pu prendre cette image des *Regula de sacra theologia* d'Alain de Lille (« Dieu est une sphère intelligible dont le centre est partout et la circonférence nulle part. »).

397. Cf. Jean Scot Érigène, *De la division de la nature*, III, 168, 24 et 180, 19, *op. cit.*

vu dans la nuée, et on ne sait ni quelle est sa substance, ni quelle est sa réalité, ni quel être il est, telle une chose en laquelle coïncident les opposés, par exemple à la fois le mouvement et le repos, non pas à la façon de deux choses, mais au-delà de la dualité et de l'altérité. Cette vision a lieu dans les ténèbres, où le Dieu caché se dérobe lui-même aux yeux de tous les sages[398].

Et, à moins que, par sa lumière, il ne repoussât les ténèbres et **75**
qu'il ne se manifestât lui-même, il resterait complètement inconnu de tous ceux qui le cherchent par la voie de la raison et de l'intelligence. Mais il n'abandonne pas ceux qui le cherchent avec la plus grande foi, l'espoir le plus résolu, et le désir le plus fervent qu'il se peut être fait, c'est-à-dire par la voie que nous a enseigné notre seul maître, Jésus-Christ, le fils de Dieu, voie vivante, seul ostensoir de son Père, notre créateur tout-puissant. Tout ce que nous avons dit ne tend donc à rien d'autre qu'à nous permettre d'intelliger qu'il dépasse tout intellect. La vision de sa face, qui seule nous rend heureux, nous est promise, à nous, fidèles, par le Fils de Dieu, sa vérité même, si, en le suivant, nous avons observé la voie qu'il nous a ouverte par sa parole et son action. Que Notre Seigneur Jésus-Christ nous l'accorde, lui qui est à jamais béni. Amen.

Louange à Dieu. Fin du dialogue à trois, ou plutôt, à vrai dire, de cette conjonction d'étoiles formée par le très sage et très révérend Père, Monseigneur Nicolas de Cues, prêtre de la Sainte Église Romaine, cardinal au titre de Saint-Pierre-aux-Liens avec ses deux familiers, Maître Bernard, chancelier de l'archevêque de Salzbourg et Jean André Vigevius, abbé du monastère de Sainte-Justine de Sezzadio.

398. Cf. Mt 11, 25. Cf. également *QD* 15.

La Chasse de la sagesse (1462)

Introduction
UN TESTAMENT PHILOSOPHIQUE

Écrit probablement à l'automne 1462, à la Città della Pieve ou à Chianciano[1], La *Chasse de la sagesse* constitue le testament philosophique du Cusain. L'ouvrage a été suscité par la lecture récente des *Vies et doctrines des philosophes illustres* de Diogène Laërce, dans la traduction qu'Ambrogio Traversari avait réalisée dès 1433. Le manuscrit possédé par le Cusain, aujourd'hui conservé au British Museum, le *cod. Harleianus* 1347, fol. 1^{v}-205^{v}, porte les traces de sa lecture : comme toujours, Nicolas a annoté le texte. Les *marginalia* ont notamment été éditées dans les *Mitteilungen und Forschungsbeiträge der Cusanus-Gesellschaft*[2]. Ce texte, très important pour Nicolas, lui permet d'avoir accès pour la première fois, d'une part, directement aux penseurs présocratiques, sans passer par leur réception par Aristote, d'autre part, à une vue plus étendue sur les Stoïciens et surtout sur Épicure, peu connu car peu transmis, dont Nicolas fera ici un usage pas toujours fidèle au texte[3].

L'ouvrage a clairement une visée systématique : il s'agit pour Nicolas de rassembler les résultats de ses différentes recherches

1. Cf. l'introduction de Raymond Klibansky et Hans-Gerhard Senger, dans l'édition critique et scientifique de *La Chasse de la sagesse*, dans *Nicolai de Cusa, Opera omnia*, vol. XII. *De venatione sapientiae. De apice theoriae*. Hambourg, Meiner, 1982, p. XII-XIII.

2. Cf. « Kritisches Verzeichnis der Londoner Handschriften aus dem Besitz des Nikolaus von Kues », in : *Mitteilungen und Forschungsbeiträge der Cusanus-Gesellschaft* (dorénavant cités *MFCG*), 3, 1963, en particulier p. 25-32. Les *marginalia* sont éditées p. 31-32.

3. Cf. *VS* 11, 25.

philosophiques, depuis la *Docte ignorance* (1440) jusqu'à maintenant, en 1462.

L'ouvrage est écrit dans l'urgence, avec le sentiment pressant de l'âge, comme Nicolas lui-même l'exprime dans le Prologue. Le texte dont nous disposons, dans un seul manuscrit, non autographe, dans le *cod. cus.* 219 pourtant très soigné et ouvragé, multiplie les anacoluthes et présente une grammaire parfois fantaisiste, des lacunes, des imprécisions, qui ont rendu difficile l'établissement du texte dans l'édition scientifique et critique de Heidelberg[4] et, par ricochet, sa traduction.

Pourtant, dans le même temps, le texte lui-même est très structuré et obéit à une exposition très ordonnée, en trois parties.

Dans un premier moment, sur les onze premiers chapitres, Nicolas expose le point de vue qu'il va adopter sur ses recherches antérieures. Il énonce clairement leur but : il est parti, depuis le début de sa vie, à la recherche de Dieu. Et il précise sa méthode, ou son style philosophique : il a effectué, pour ce faire, plusieurs tentatives, plusieurs essais – ce que Nicolas appelle ici encore des « conjectures[5] ». Il n'a pas écrit, ou très peu, de traités ; il a surtout fait des essais, des hypothèses, qui l'ont amené à faire des progrès et à faire de nouvelles tentatives ; sa philosophie s'est donnée sous une forme dialogique[6], attestant par-là qu'elle était essentiellement en chemin, jamais figée, toujours en train de s'élaborer et ouverte à l'interlocution, visant l'accord entre les participants de points de vue différents, et non l'exacerbation des désaccords et des conflits d'opinion, à la manière, vaine, des disputes scolastiques. De ce point de vue, la lecture de Kurt Flasch[7] est, me semble-t-il, oh

4. Cf. la recension de cette édition scientifique et critique par Erich Meuthen, dans *Historisches Jahrbuch*, 103, 1983, p. 446-448.

5. *VS*, Prologue, 1.

6. Sur le caractère philosophique de la forme dialogique de la pensée cusaine, cf. notamment Tilman Borsche, « Der Dialog - im Gegensatz zu anderen literarischen Formen der Philosophie - bei Nikolaus von Kues », in : *Gespräche lesen. Philosophische Dialoge im Mittelalter* (éd. Klaus Jacobi), Tübingen, 1999, p. 407-433. Cf. également André, João Maria, « Conocer es dialogar. Las metáforas del conocimiento y su dimensión dialógica en el pensamiento de Nicolás de Cusa », in : *El problema del conocimiento en Nicolás de Cusa : genealogía y proyección* (éd. Jorge M. Machetta, Claudia d'Amico), Buenos Aires, 2005, p. 15-38.

7. C'est particulièrement sensible dans Kurt Flasch, *Nikolaus von Kues. Geschichte einer Entwicklung, op. cit.*, dont la traduction, prévue de longue

combien pertinente : la philosophie cusaine ne constitue pas du tout un système et ne saurait se réduire aux premières thèses de la *Docte ignorance* et à sa première formulation du principe de coïncidence des opposés ; et, même s'il n'a jamais délaissé ses premiers écrits, Nicolas a plusieurs fois manifesté la nouveauté de ses propos, ainsi que des « repentirs », dans des œuvres ultérieures, qu'il s'agisse des *Conjectures*, de *La Pensée*, du *Pouvoir-est*, ou encore du *Compendium* ou jusqu'à *La Cime de la sagesse*.

En même temps, il s'agit bien, avec *La Chasse de la sagesse*, d'un point de vue systématiquement ordonné. Après avoir précisé le but constant et unique de la recherche philosophique comme réalisation de la nature humaine (philosopher c'est apprendre à mourir[8], car la vraie sagesse nous délivre de notre mort sensible[9] en nous accomplissant comme intellect ; *chapitre 1*), Nicolas va en effet déterminer quelles sont nos capacités de connaître, c'est-à-dire de trouver – pour reprendre la métaphore de la chasse qu'il commence à filer ici – les nourritures adéquates à notre vie intellectuelle *(chapitre 2)*. C'est dans ce cadre qu'il introduit d'abord la notion de *posse fieri*, de *pouvoir-être-fait (chapitre 3)*, notion qui va bientôt devenir centrale dans *La Chasse de la sagesse*. En effet, trouver sa nourriture suppose la possibilité de devenir, c'est-à-dire d'être fait ce que l'on n'est pas encore. Nicolas montre alors, sur les exemples de la logique *(chapitre 4)* et de la géométrie

date (par Maude Corrieras, chez Ipagine) manque toujours cruellement au lecteur non germanophone. La philosophie cusaine est au contraire présentée d'un point de vue systématique par Klaus Jacobi, *Die Methode der Cusanischen Philosophie*. Fribourg/Munich, 1969. Harald Schwaetzer propose une discussion approfondie de la position génétique, aujourd'hui partagée *in fine* par la plupart des chercheurs cusains, dans *Aequalitas. Erkenntnistheoretische und soziale Implikationen*..., *op. cit.*, pp. 23-32. Il esquisse alors une périodisation de l'œuvre cusaine, alternative à celles déjà élaborées par Kurt Flasch et Hans-Gerhard Senger.

8. Cf. *VS* I, 5 : « La philosophie, contraire à la chair, mortifie. »

9. Cf. *VS* 32, 96 : « Nous désirons la sagesse, afin d'être immortels. Mais puisqu'aucune sagesse ne nous délivre de cette mort sensible et horrible, la vraie sagesse sera celle par laquelle cette nécessité de mourir sera transformée en vertu et nous fera un chemin sûr et sans crainte vers la résurrection de la vie (…) Là, nous devons donc établir notre ultime étude, et c'est dans cette seule voie sans crainte qu'est la chasse dont résultera la possession très certaine de l'immortalité. »

(chapitre 5), disciplines phares des philosophies aristotélicienne et platonicienne, comment l'on peut parvenir de la considération de la nature sensible à celle de la nature intelligible en réfléchissant ce *pouvoir-être-fait* qui présuppose une cause qui soit un *pouvoir-faire (chapitre 6 et 7)*. Il est dès lors logique de porter un regard rétrospectif sur la manière dont les philosophes (Platon et Aristote, Proclus, les Péripatéticiens, Thalès et les Stoïciens) et, de manière plus générale, les sages (Moïse et les Saintes Écritures), ont eux-mêmes réfléchi et saisi ce *pouvoir-être-fait*. C'est ainsi que Nicolas procède, expliquant la disparité des opinions philosophiques, voire leurs contradictions, tout en rendant ultérieurement possible leur conciliation et leur dépassement :

> « Il existe de grandes différences entre les philosophes. Et cela arrive surtout parce qu'un intellect est meilleur chasseur, parce qu'il est mieux exercé, qu'il se fait plus rapide en logique et qu'il l'utilise avec plus de soin, et qu'un autre sait mieux dans quelle région la sagesse qu'on recherche est trouvée plus rapidement et de quelle manière elle est possédée. Les philosophes ne sont rien si ce n'est des chasseurs de sagesse, que chacun d'entre eux piste à sa manière à la lumière de la logique qui lui est innée[10]. »

C'est aussi ce qui justifie l'entreprise cusaine, sa propre recherche, à la fois singulière (Nicolas participe de manière tout à fait singulière de « la lumière de la logique qui lui est innée ») et réinscrite dans le paysage des chasseurs de sagesse (il s'efforce de dépasser les conflits des opinions contraires de ses prédécesseurs). Cela le conduit, dans le chapitre 11 qui fait transition, à définir très systématiquement les trois régions et les dix champs dans lesquels il a effectué cette recherche :

> « Afin de développer notre propos, nous disons qu'il y a trois régions de la sagesse : une première dans laquelle elle se trouve en tant qu'elle est éternellement ; une deuxième dans laquelle elle se trouve dans une similitude perpétuelle ; une troisième dans laquelle elle brille de loin dans le flux temporel de la similitude.
> Je pense cependant qu'il y a dix champs, vraiment appropriés à la chasse de la sagesse : le premier, je l'appelle la docte ignorance,

10. *VS* I, 5.

le deuxième le *pouvoir-est*, le troisième le *non-autre*, le quatrième la lumière, le cinquième la louange, le sixième l'unité, le septième l'égalité, le huitième la liaison, le neuvième la limite, le dixième l'ordre[11]. »

Il y a donc bien ici, dans *La Chasse de la sagesse*, une tentative de récapitulation systématisante de son œuvre antérieure.

Ce sentiment est d'abord renforcé par le fait que les trois premiers champs correspondent effectivement aux titres d'œuvres de Nicolas : *La Docte ignorance*, *Le Pouvoir-est*, *Le Non-autre*. Cela souligne, s'il le fallait encore, l'importance des élaborations de *La docte ignorance* (1440), son premier ouvrage philosophique[12].

Mais les autres champs ne recouvrent pas immédiatement des noms d'œuvres antérieures, et on s'étonnera de ne pas trouver de développement explicitement rapporté au *De coniecturis* ou aux dialogues du *De idiota*, alors qu'inversement semble mentionné *Le Non-autre*, que le Cusain n'a pourtant pas retenu pour la collation de ses œuvres dans les *cod. cus.* 218 et 219. C'est que, en réalité, *Les Conjectures* et les réflexions menées dans le *De idiota* sont omniprésentes. Le concept même de « conjecture » apparaît, par exemple, dès les premières lignes du prologue (*VS*, 1) et les trois régions définies (éternité, similitude perpétuelle, similitude temporelle) dans chaque champ de recherche ressemblent sans aucun doute aux régions dessinées dans les *Conjectures*, suivant les différentes capacités de connaître (selon la vérité, le vrai ou le vraisemblable) de la pensée humaine[13]. À l'heure d'établir le bilan de sa chasse, Nicolas identifie bien les régions de l'éternité, de la similitude perpétuelle et de la similitude temporelle aux régions de la vérité éternelle, du vrai comme similitude perpétuelle, intelligible,

11. *VS* 11, 30.

12. Si on excepte évidemment *La Concordance catholique* (1432-1433), écrite dans le cadre du Concile de Bâle, qui, si elle peut être l'objet de considération de philosophie politique, est d'abord une œuvre d'ecclésiologie. Sur l'ecclésiologie du Cusain, cf. également les textes rassemblés et traduits par Hubert Vallet dans Nicolas de Cues, *Unité et réforme. Dix opuscules ecclésiologiques*. Paris, Beauchesne, « Le grenier à sel », 2015.

13. Cf. en particulier *Conj.* I, 4-8. Cf. également Jocelyne Sfez, *L'Art des conjectures de Nicolas de Cues*. Paris, Beauchesne, « Le grenier à sel », 2012, en particulier p. 41-42 (dorénavant cité *ACNC*).

de la vérité, et du vraisemblable comme similitude temporelle, sensible, de la vérité[14].

Il nous semble donc plus correct de penser que Nicolas ne reprend pas ici, dans l'énumération des champs, les titres des œuvres antérieures mais des concepts qu'il va redéployer autrement, y compris et au besoin en se fondant sur ses réflexions antérieures (comme c'est le cas pour la *Docte Ignorance*[15] ou le *Pouvoir-est*[16], *ou le Non-autre*[17]). Les concepts de *pouvoir-est* et de *non-autre* apparaissent alors bien primordiaux, au même titre que celui de docte ignorance.

À partir de là, et dans un deuxième moment, du chapitre 12 au chapitre 32, Nicolas va développer ces dix champs dans lesquels il a mené ces recherches, les décrire et les circonscrire :

- Le premier champ *(chapitre 12)*, celui de la docte ignorance, précise le présupposé de la recherche : il ne peut y avoir un quelconque savoir, on ne peut chercher la quiddité des choses de ce monde, que parce qu'elles sont et qu'elles sont comme un certain *pouvoir-être-fait*, de sorte qu'elles ont donc une cause, qui fait être ce qui devient, qui est un certain *pouvoir-faire* qui ne peut être qu'au-delà du *pouvoir-être-fait* temporel et fini ; et c'est ce savoir-là qui est présupposé : que Dieu est, même si l'on ne sait pas qui il est et que l'on n'a pas accès à sa quiddité – « on saisit de façon incompréhensible l'incompréhensible[18] » ; de sorte que, selon la « règle de la docte ignorance », « dans les choses susceptibles de plus ou de moins, l'on ne parvient jamais au maximum absolument ou au minimum absolument[19] », et « puisque tout ce qui est connu peut être mieux et plus parfaitement connu, rien n'est connu comme il est connaissable[20] ».
- Le deuxième champ *(chapitre 13)*, celui du *pouvoir-est*, montre comment l'objet de la recherche est Dieu comme affirmation de sa puissance, au-delà du *pouvoir-être-fait* et du *pouvoir-*

14. Cf. *VS* 36, 106.
15. Cf. *VS* 12, 32.
16. Cf. *VS* 13, 38.
17. Cf. *VS* 14, 41.
18. Cf. *VS* 12, 31.
19. Cf. *VS* 26, 79.
20. Cf. *VS* 12, 31.

faire, au-delà de la coïncidence entre puissance et acte ; il faut, pour s'en approcher, délaisser la logique aristotélicienne de la non-contradiction pour une logique de la coïncidence des opposés. Le nom divin de *pouvoir-est* convient ici au plan ontologique de la recherche.

– Le troisième champ *(chapitre 14)*, celui du *non-autre*, montre comment Dieu, comme présupposé de toute recherche, peut également être davantage appréhendé sous le nom de *non-autre*, présupposé dans toute tentative de définition, opération corrélative de toute démarche de savoir. Le nom divin de *non-autre* convient ici au plan gnoséologique de la recherche.
– Le quatrième champ *(chapitres 15, 16 et 17)* et le cinquième champ *(chapitres 18, 19 et 20)*, ceux de la lumière et de la louange, se tiennent en regard l'un de l'autre, le premier montrant comment l'intellect divin, en tant que lumière, participe à la créature et la rend visible, comme l'intellect humain, en tant que louange, participe, comme tout le monde créé, de Dieu et rend celui-ci visible : on retrouve ici une idée fondamentale de la philosophie cusaine de la pensée :

> « Puisque la connaissance est assimilation, l'intellect trouve toutes choses en lui-même, comme en un miroir vivant d'une vie intellectuelle, qui, en regardant en soi-même les voit toutes assimilées à soi. Et cette assimilation est une image vivante du créateur et de toutes choses. Or, comme l'intellect est une image vivante et intellectuelle de Dieu, par conséquent, quand il entre en lui et se connaît comme étant une image, il observe en lui de quelle nature est son modèle[21]. »

Il ne s'agit pas ici seulement de la connaissance théorétique de l'homme mais aussi de sa capacité à agir en similitude de Dieu, c'est-à-dire librement et vertueusement, ce qui constitue la louange. À ce titre, Nicolas ne cherche pas seulement la

21. *VS* 17, 50. Cette idée est fondamentale dans l'ensemble de *La Pensée*. On trouve le parallélisme entre l'intellect divin et la Création, et l'intellect humain et le monde de ses concepts dès les *Conjectures*, I, 5.

vérité ou la science, mais bien la sagesse, la *sapida scientia*, qui suppose l'action vertueuse[22] et donc une éthique[23].

- Les sixième, septième et huitième champs, ceux de l'unité *(chapitres 21 et 22)*, de l'égalité *(chapitre 23)* et du lien *(nexus)* – ou de la liaison *(connexio)* – *(chapitres 24, 25 et 26)* révèlent et déploient la structure trinitaire en chaque chose de l'univers. La Création, en chaque créature, est théophanie. Nicolas réfère là encore explicitement à *La Docte ignorance*, à *La Vision de Dieu*[24], à *L'Égalité*[25], ainsi qu'à ses sermons[26] et à un livre sur la figure du monde[27], œuvre cusaine aujourd'hui disparue.
- Les neuvième et dixième champs, à savoir celui de la limite (ou de la délimitation) *(chapitres 27, 28 et 29)* et celui de l'ordre *(chapitres 30, 31 et 32)*, reviennent sur la manière dont, se rapportant au monde créé, l'intellect connaissant parvient à la connaissance de son opération de délimitation et de détermination de ses notions et de ses concepts[28] et, ce faisant, se hisse à la limite de sa connaissance limitée et découvre

22. Cf., ci-dessous, *VS*, note 6 en Prologue, 1.

23. Cf. Hans Gerhard Senger, « Gerechtigkeit und Gleichheit, und ihre Bedeutung für die Tugenlehre des Nikolaus von Kues », in : *Sein und Sollen. Die Ethik des Nikolaus von Kues.* Trèves, *MFCG*, 26, 2000, p. 39-65, et de manière générale tout le numéro des *MFCG* 26 se rapportant à l'éthique cusaine. Sur la réflexion éthique dans la philosophie cusaine, cf. principalement, Isabelle Mandrella, *Viva imago : die praktische Philosophie des Nikolaus Cusanus.* Münster, Aschendorff, « Buchreihe der Cusanus-Gesellschaft, 19 », 2012 et Anke Eisenkopf, Isabelle Mandrella, « Die Ethik des Nikolaus von Kues », in : *Litterae Cusanae*, Regensburg, Roderer Verlag, 4.1, 2004, p. 1-16.

24. Et à d'autres ouvrages qu'il ne nomme pas : peut-être *Les Conjectures* et *Le Jeu de la Boule*. Cf., ci-dessous, note 289 en chapitre 21. Cf. *VS* 21, 63.

25. Cf. *VS* 23, 70.

26. Cf. *VS* 25, 73. Cette mention suffirait à justifier l'étude philosophique d'une partie au moins des 292 sermons laissés par Nicolas de Cues. Ceux-ci sont maintenant intégralement disponibles dans l'édition critique et scientifique de Heidelberg (et sur le site cusanus-portal. de). Seuls quelques sermons sont à ce jour disponibles en français, respectivement dans Nicolas de Cues, *Sermons eckhartiens et dionysiens* (traduction Francis Bertin), Paris, Cerf, « Sagesses chrétiennes », 1998 ; Nicolas de Cues, *Anthologie* (éd. Klaus Reinhardt, Harald Schwaetzer, éd. française Marie-Anne Vannier), Paris, Cerf, « L'Apogée de la théologie mystique de l'Église d'Occident », 2012 ; et Nicolas de Cues, Unité et réforme, *op. cit.*, cf., ci-dessus, note 12.

27. Cf., ci-dessous, note 305.

28. Cette opération de l'intellect est rapportée encore une fois explicitement au *De mente*. Cf. *VS* 27, 82.

Dieu comme Créateur du monde ordonné et hiérarchisé en vue de Sa manifestation invisible dans le visible. Par-là, en quelque sorte, la boucle est bouclée, et l'on retrouve la parole paulinienne (Rom 1, 20) qui avait suscité le dialogue à trois du *Pouvoir-est*.

Enfin, dans un troisième et dernier moment, du chapitre 33 au chapitre 39, Nicolas établit l'ensemble des résultats qu'il a ainsi obtenus et porte un point de vue rétrospectif et critique sur son œuvre.

De manière saisissante, et comme un préalable à la mise en évidence de bilan, Nicolas insère un chapitre sur « la force des mots ». Cet insert est tout à fait essentiel et justifie la place que la réflexion sur le langage va encore tenir dans *Le Compendium*. Il est ici également nécessité, d'une part, par la place que le langage a occupé dans l'histoire de la philosophie dans l'élaboration de la pensée et dont Nicolas est particulièrement conscient, « comme si un mot était la figuration précise des choses[29] », et, d'autre part, par la constance avec laquelle lui-même a repris et étendu les thèses dionysiennes sur la nomination de Dieu. Tout en louant la théologie négative, il n'a cessé d'essayer de nouveaux noms pour Dieu. Cette nomination pourrait être un fil directeur dans son œuvre, depuis *La Docte ignorance*, I, 24-26, jusqu'aux derniers essais de nomination que sont les néologismes de *possest*, *non-aliud* ou *posse ipsum*.

Or, en faisant remonter l'origine des mots à Adam, Nicolas affirme qu'ils n'échappent pas à la règle de la docte ignorance. Ils sont susceptibles de plus et de moins, et par conséquent sont à la fois approximatifs et susceptibles de progrès. Les noms donnent certes une raison aux choses qu'ils désignent mais cette raison n'est pas la raison de l'essence ou de la quiddité des choses. C'est assez compliqué : d'un côté, il ne faut pas surévaluer le poids des mots, car ils laissent échapper l'essentiel (et à ce titre les péripatéticiens de la scolastique ont bien tort de se disputer pour des mots qui ne sont que « bavardage[30] »), d'un autre côté, les mots ont bien un rapport à l'essence qu'ils désignent tous, mais il nous faut les utiliser comme à défaut, « puisqu'autrement notre recherche ne

29. *VS* 33, 97.
30. *VS* 33, 100.

peut pas exprimer de concept », en gardant conscience de leur limitation et en s'efforçant donc de concilier ce que le langage sépare et distingue.

Cette mise en garde par rapport au langage permet précisément à Nicolas de faire le point sur ce qu'il a finalement « attrapé ». Il est clair que l'intention cusaine était d'abord théologique : il s'agissait de saisir Dieu, l'Un divin, le fondement un et créateur de tout ce qui est et peut être fait. Mais contrairement à d'autres œuvres, où l'unité apparaît en tant que fil directeur, au point qu'on ait pu parler de la philosophie cusaine comme d'une hénologie, l'unité ici n'a pas du tout la primauté : le *non-autre* et surtout le *pouvoir-est* sont des noms plus appropriés à ce qui est recherché. Ce *pouvoir-est* se donne comme au-delà du *pouvoir-être-fait* dans une toute-puissance qui est *pouvoir-faire* tout. C'est cette toute-puissance qui crée un *pouvoir-être-fait* indéterminé et perpétuel par lequel le monde – ce qui a été, ce qui est et ce qui sera, c'est-à-dire tout ce qui est et peut ne plus être, en un mot tout ce qui peut avoir été fait – pour avoir été fait doit être passé d'un *pouvoir-être-fait* indéterminé, à la détermination de son être. Nicolas distingue donc à partir du *pouvoir-est* trois concepts ici récurrents : le *pouvoir-être-fait*, le *pouvoir-faire* et le *pouvoir-avoir-été-fait*.

Ici, *La Chasse de la sagesse* n'est plus simplement un testament philosophique, une récapitulation et un réordonnancement de ce qui a été pensé avant et ailleurs : elle est en acte la continuation de la piste du pouvoir divin, commencée avec l'écriture du *De possest,* et poursuivie jusque dans le dernier texte du Cusain, *La Cime de la contemplation.*

La métaphore de la chasse

La métaphore de la chasse qu'utilise Nicolas dans son œuvre de l'automne 1462 pour parler de la recherche de la sagesse doit nous interpeller pour plus d'une raison.

D'abord, parce que la métaphore est centrale dans l'ouvrage, comme le titre l'indique. Mais elle est, en outre, récurrente dans l'œuvre du Cusain. Elle apparaît dans de nombreuses œuvres auparavant, et notamment dans *Les Conjectures*[31], dans *L'Apologie de la Docte ignorance*[32], dans *La Pensée*[33], dans *La Filiation de Dieu*[34], dans *Le Complément théologique*[35], dans *Le Pouvoir-est*[36] et *Le Jeu de la boule*[37], ainsi que dans de nombreux sermons[38]. La philosophie y est clairement identifiée, ici à une « chasse de la sagesse », ailleurs à une « chasse à la vérité » (*CT* 2), plus exactement : à une « chasse à une vérité cachée » (Sermon CXCIX, 9), et « les philosophes ne sont rien si ce n'est des chasseurs de sagesse, que chacun d'entre eux piste à sa manière à la lumière de la logique qui lui est innée[39]. » On retrouve la même idée que dans *l'Apologie de la docte ignorance*, 21, où l'arme du philosophe chasseur est définie comme étant naturellement la logique, sa capacité rationnelle. Il est fait un seul usage « péjoratif » de la métaphore de la chasse dans toute l'œuvre : c'est dans *Le Jeu de la boule*, I, 34-35, lorsqu'il s'agit de distinguer la vie animale, poussée par son instinct de conservation à se procurer sa pâture par la chasse, et la vie humaine qui est, elle, au contraire libre et volontaire.

Cette métaphore va ensuite revêtir tout au long de la Renaissance une signification toujours plus grande, en particulier dans la théorie de la connaissance, jusqu'à en devenir un paradigme[40]. Elle est aussi un *topos* bien connu de la littérature, en particulier en Italie[41] où Nicolas écrit. On la retrouvera chez des auteurs aussi différents qu'Érasme, Machiavel, Thomas More, Agrippa de Nettesheim,

31. Cf. *Conj.* I, 1, 6 ; I, 4, 13 ; II, 9, 118 ; II, 10, 126 et II, 16, 166.

32. Cf. *Ap. DI* 21.

33. Cf. *M* 66.

34. Cf. *FD* 86.

35. Cf. *CT* 2.

36. Cf. *Poss.* 44.

37. Cf. *LG* 34, 35.

38. Cf. Sermons VII, CXCIII, CXCIX, CCXXII, CCXXXIX, CCXLII et CCLXXXVIII.

39. *VS* I, 5.

40. Cf. en particulier William Eamon, *Science and the Secrets of Nature*, Princeton, Princeton University Press, 1994, p. 269-300. Voir aussi Luiz Carlos Bombassaro, « Imagem e conceito : a metafora da caça na filosofia da renascença », in : *Rev. Filos.*, v. 19, n. 24, jan/juin 2007, p. 11-33.

41. Cf., entre autres, Giovanni Bárberi Sqaurotti, *Selvaggia dilettanza. La caccia nelle letteratura italiana dalle origini a Marino*, Venise, Marsilio, 2000.

Giordano Bruno, Michel de Montaigne, François Rabelais ou François de Van Helmont. Or, il est clair que pour un certain nombre d'entre eux, le texte cusain lui-même en aura été la source[42].

La centralité de la métaphore semble, à première vue, justifiée par un mode d'exposition rhétorique et poétique, à la manière d'un art de la mémoire qui spatialise les éléments à mémoriser et qui permet par-là de s'en souvenir plus aisément. L'usage de cet *ars memorandi* serait ainsi conforme à la visée systématique de *La Chasse de la sagesse* : comme un traité sur la chasse, le livre est divisé en champs et terrains, examiné à partir d'un poste d'observation permettant d'embrasser d'un même point de vue ces terrains, leurs délimitations, de les parcourir en esprit, de localiser les proies, de les dénombrer, et d'adapter une tactique et une stratégie pour les attraper.

Mais c'est là, précisément, un point problématique : la métaphore est expressément appliquée à une recherche théologique, pour laquelle il paraît incongru, voire offensant de parler de chasse. Partir à la chasse des choses divines, prendre celles-ci pour proies, pris au pied de la lettre, cela paraît totalement inconvenant. Comment un art mécanique[43] pourrait-il en outre prétendre apporter quelque chose à la *Sacra Doctrina* ? Mais, pris au sens métaphorique du terme, cela ne vaut guère mieux, si l'on en croit Thomas d'Aquin. Dans la *Somme Théologique* I, 1, 9 obj. 1, celui-ci écrit en effet :

42. C'est le cas notamment chez Gregor Reisch, dans son *Margarita Philosophica* de Gregor Reisch (1508), pour lequel la logique est une forme spéciale de chasse ; ou chez Balduinus Ronsseus dans sa *Venatio medica* (1589). Cf. également Giordano Bruno, *Les Fureurs héroïques*, second dialogue de la 2e partie (I, 4, 7-20), in *Œuvres complètes* VII, Les Belles Lettres, 2008, p. 386-387 où Giordano Bruno recopie des passages entiers du premier chapitre de *La Chasse de la sagesse*. Sur la métaphore de la chasse chez Giordano Bruno, cf. Luiz Carlos Bombassaro, *Im Schatten der Diana : Die Jagsmetapher im Werk von Giordano Bruno*, Francfort s. M., Peter Lang, 2002. Toute la première partie de l'*Ortus medicinae* (1648) de François Van Helmont, consacrée à la *venatio scientiarum*, la chasse aux sciences, est ainsi encore également placée sous les hospices de Nicolas de Cues.

43. La chasse est listée par Hugues de Saint-Victor dans son *Didascalicon* II, 20-27, comme un des arts mécaniques. Cf. Hugues de Saint-Victor, *L'Art de lire. Didascalicon* (trad.. Michel Lemoine). Paris, Cerf, « Sagesses chrétiennes », p. 114-122. Ruedi Imbach, « Arts mécaniques », in : *Dictionnaire du Moyen Âge* (dir. Claude Gauvard, Alain de Libera, Michel Zink). Paris, PUF, 2002.

« L'emploi de similitudes diverses et de représentations sensibles est le fait de la poétique, qui occupe le dernier rang parmi toutes les sciences. User de similitudes de ce genre ne convient donc pas à la science sacrée. »

Or, c'est très expressément ce que fait et suggère Nicolas à tous les hommes qui doivent chercher la sagesse, celle-ci étant littéralement décrite comme la nourriture adéquate à la nature intellectuelle, immortelle, de leur âme :

« [...] tout animal a l'intelligence innée des choses qui sont nécessaires pour sa conservation, et puisqu'il est mortel, pour celle de sa progéniture, et par-là, il a l'activité pour chasser sa nourriture, ainsi que la lumière appropriée et les organes propres à sa chasse [...] il sait la reconnaître, la choisir et la faire sienne[44]. »
« C'est pourquoi l'intellect est doté par nature de logique, afin que par son moyen, il puisse aller de tous côtés et faire sa propre chasse. En effet [...], la logique est l'instrument le plus précis pour la chasse aussi bien du vrai que du vraisemblable. Ainsi lorsque l'intellect le trouve, il le reconnaît et se l'attache avidement. La sagesse est donc ce qui est cherché, parce qu'elle nourrit l'intellect. Elle est en effet une nourriture immortelle ; elle nourrit donc de manière immortelle[45]. »

Qu'en est-il alors exactement et est-il possible et justifiable d'utiliser cette métaphore de la chasse pour partir à la recherche de la vérité éternelle et de la sagesse divine ?

Il semble d'abord que le discrédit porté à la chasse parce que relevant des arts mécaniques soit récent, et le fait surtout de la scolastique. Raymond Lulle, une des sources avérées de Nicolas de Cues, ne partageait pas le jugement de Thomas d'Aquin. Lui aussi parlait du philosophe comme d'un *venator sapientiae*[46]. Comme le montre l'étude des textes de Platon et de Xénophon[47], la chasse fait

44. Cf. *VS* 1, 4.

45. *Ibidem*.

46. Cf. Charles Lohr, « Das Breviculum des Thomas le Myésier im Rahmen des Lebens und der Lehre Ramon Lulls », in : *Breviculum seu Electorium parvum Thomas Migerii*, p. 89-104, p. 91.

47. Cf. Ruedi Imbach, « Einige vorläufige Bemerkungen zur Jags als Bild der Philosophie », in : *Der Wald. Beiträge zu einem interdisziplinären Gespräch* (éd.

partie intégrante de la *paedeia* antique et il existe un modèle cynégétique qui exalte les qualités morales et physiques du chasseur[48]. Platon va même jusqu'à identifier l'existence philosophique à la pratique de la « chasse à l'être[49] ». Il faut en même temps distinguer le bon du mauvais chasseur. Xénophon et Platon ont tous les deux en ligne de mire le sophiste qui va à la chasse au client, plutôt qu'à celle aux amis[50].

Comme Ruedi Imbach le souligne[51], le raisonnement cusain rapporté ci-dessus, déjà tenu pour sa première partie dans *L'Apologie de la Docte ignorance*, 21, repose pour sa deuxième partie sur le présupposé entraperçu plus haut dans cette introduction : comme ce qui n'est pas possible n'est pas[52], tout ce qui est, a été ou sera, présuppose le *pouvoir-être-fait*, lequel présuppose à son tour le principe absolu et infini (le *pouvoir-faire* tout). Tout exercice philosophique suppose donc d'atteindre ce principe absolu, lequel ne peut pas être atteint si ce n'est en appliquant la règle de la docte ignorance rappelée ci-dessus.

Or, ici, la chasse à la sagesse, n'est pas seulement une métaphore. C'est bien une forme d'activité, une opération particulière, qui vise donc, pour l'intellect, à se procurer les moyens de sa subsistance (la sagesse éternelle). C'est un *leitmotiv* cusain : connaître, c'est assimiler ; atteindre la sagesse, c'est obtenir une *sapida scientia*, une science goûteuse, nécessaire à la vie éternelle, ayant au fond comme un goût de vie divine[53]. Cette activité est

Dimiter Daphinoff), Fribourg, Univers.-Verl., « SEGES. Études et textes de philologie et littérature », Nouvelle série, 13, 1993, p. 87-100.

48. Cf. Alain Schnapp, *Le Chasseur et la cité. Chasse et érotique dans la Grèce ancienne.* Paris, Albin Michel, 1997.

49. Cf. Platon, *Phédon*, 66c. Mais Platon parle aussi de la chasse au beau (*Hippias Majeur*, 294e, 295a, 296d) et au bien (*Philèbe*, 20c, 65a).

50. Cf. Xénophon, *L'Art de la chasse*, XII, 9 (trad. E. Delebecque). Paris, Les Belles Lettres, « CUF », 2003 (1970) et Platon, *Le Sophiste*, 223b. D'une certaine manière, n'est-ce pas là *in fine* ce que reproche Nicolas à Aristote en *VS* 33, ou tout au moins aux tenants de « la secte aristotélicienne » (*Ap. DI*, 7), lorsqu'ils s'attachent davantage, ou exagérément, aux outils de la chasse que sont les mots, qu'à la proie elle-même ?

51. Ruedi Imbach, *art. cit.,* n. 47.

52. Il s'agit d'un présupposé aristotélicien tiré de la *Physique* VIII, 9, 265a 19 (« ce qu'il est impossible qu'il arrive n'arrive pas »).

53. Nous reprenons l'expression à Luiz Carlos Bombassaro, *art. cit.*, p. 20.

menée à bien en utilisant des instruments (*a priori* la logique, et donc aussi la distinction par la nomination et la conceptualisation, d'où l'importance du chapitre 33 sur « la force des mots »). Mais, justement, ici, du fait de la docte ignorance, l'activité de métaphorisation, de production d'images en lieu et place du concept, est aussi l'instrument grâce auquel a lieu cette chasse. Celle-ci s'effectue « en miroir et par énigmes », conformément à la parole paulinienne (1 Cor 12, 13). Il s'agit d'une chasse par le moyen de symboles[54] et d'énigmes parce que le philosophe-chasseur pose que ce qu'il cherche existe, la Création en est la trace dont il fait l'expérience, mais il ne le connaît pas directement, et sa proie se dérobe.

La métaphore de la chasse désigne donc aussi une chasse par métaphores : une « chasse symbolique », c'est-à-dire au moyen de symboles, comme le notaient déjà *Les Conjectures*, II, 10, 126, qui permet d'obtenir une « science énigmatique » de la vérité, une science de la vérité « mesurée par des images » dira encore *Le Béryl*, 7, thèse de nouveau reprise et développée dans le *Pouvoir-est*[55].

Cette métaphore de la chasse est donc liée à la notion cusaine de docte ignorance et à la reconnaissance de l'impossibilité d'atteindre la vérité en soi, ce qui conduit Nicolas à revaloriser un savoir conjectural : l'homme poursuit la vérité comme une proie, qui se dérobe à sa prise et se cache. Cela est vrai au premier chef pour la théologie. Pourtant, c'est en étant attentif à sa propre faiblesse que l'homme peut devenir plus savant, non pas seulement sur ce qu'il a devant les yeux – le monde extérieur – auquel il croit d'abord naïvement avoir un accès immédiat, mais sur lui-même, et, à travers le monde extérieur, sur l'ordre caché des choses. Or, dans la mesure même où le savoir théologique implique une pratique du monde sensible, la chasse va progressivement valoir comme activité de recherche pour tous les savoirs. Les enquêtes philosophiques ont jusque-là toujours été incapables de reconnaître la limite des possibilités humaines de connaître. C'est donc en cherchant à déterminer

54. C'est symboliquement que l'on recherchera les intelligibles, inatteignables (*DI* I, 11, 30, *Ap. DI* 44) et que l'on ne peut que conjecturer et concevoir symboliquement (*Conj.* I, 2, 9 et II, 6,103).

55. Cf. *Poss.* 19, 26-27 et 57.

l'étendue de ses propres capacités que l'homme en viendra, dès le XVIe s., à définir une méthode scientifique et des règles pour la direction de l'esprit scientifique, axées sur une pensée de l'erreur et du probabilisme…

Posse fieri et Posse facere – Posse factum[56]

La *Chasse de la sagesse* n'est pas seulement une œuvre de récapitulation rétrospective. Elle ouvre de nouvelles voies à la réflexion, qui se poursuivront dans les œuvres plus tardives du *Compendium* et de la *Cime de la contemplation*. Elle poursuit en effet la réflexion entamée dans le *Pouvoir-est* sur le *posse*, le *pouvoir*, et produit deux nouveaux concepts, ceux de *posse fieri*, *pouvoir-être-fait*, et de *posse facere*, *pouvoir-faire*. Ces concepts sont rendus nécessaires, dans cette nouvelle métaphysique du *posse*, pour comprendre le rapport entre le monde et Dieu, tout comme la course du monde : Dieu est *pouvoir-faire*, puissance dynamique ; l'être du monde est ce qui manifeste en soi ce *pouvoir-faire* qui l'a fait être. Mais pour être fait, il fallait non pas qu'il puisse seulement être, comme cela est encore pensé dans le *Pouvoir-est*, mais qu'il puisse être fait, ce qui suppose qu'il y ait donc un certain *pouvoir-être-fait*.

À vrai dire, comme le relève Alfons Brüntrup, on trouve déjà cette notion de *posse fieri* dans *La Pensée* (1450) et dans *La Vision de Dieu* (1453) pour décrire l'activité de l'intellect humain. Mais c'est seulement après le *Pouvoir-est* que la notion renvoie à la problématique de la Création divine. *Le Jeu de la Boule*, plus ou moins contemporain à *La Chasse de la sagesse*[57], différencie deux *pouvoir-être-fait* : un *pouvoir-être-fait* absolu et un *pouvoir-être-fait* particulier (un *pouvoir-être-fait* quelque chose). Le *pouvoir-être-fait* particulier y est encore référé à la matière[58], en opposition au

56. L'ouvrage fondamental, et qui reste indépassé, sur cette question est celui d'Alfons Brüntrup, *Können und Sein, op. cit.*, 1973.

57. *Ibidem*, n. 12, p 67. Le premier livre du *Jeu de la Boule* aurait été écrit, comme *La Chasse de la sagesse*, à l'automne 1462, le deuxième livre serait postérieur et daterait de 1463.

58. Cf. *LG* I, 46 : « […] du mode d'être de ce qu'on appelle possibilité, pouvoir-être-fait ou matière, le monde est passé au mode qu'on appelle être en acte […] ».

pouvoir-être-fait absolu, sorte de monde archétypal en Dieu. Il n'échappe pas encore à la distinction aristotélicienne de la forme et de la matière et appartient encore à cette métaphysique que Nicolas cherche à dépasser.

Dans *La Chasse de la sagesse*, ce n'est plus le cas. En effet, alors que dans le *Pouvoir-est*, la question de l'être du monde se posait en terme de *pouvoir-être*, celle-ci est déplacée en terme de *pouvoir-être-fait*. Dans le chapitre XIII de *La Chasse de la sagesse*, Nicolas pose le *possest (pouvoir-est)* sous les termes du principe de la coïncidence des opposés. Le *possest* est la coïncidence du *posse (pouvoir)* et de l'*esse (esse)*, du pouvoir et de l'être en tant qu'il s'affirme : Dieu est en tant qu'il s'affirme comme tout puissant. Dans le *Pouvoir-est*, le fini est caractérisé par le fait que tout l'être possible du fini n'est pas en acte. Dans *La Chasse de la sagesse*, au lieu d'être seulement un *pouvoir-être,* il est surtout un *pouvoir-être-fait*, et même, en tant qu'il est en acte, un *pouvoir-avoir-été-fait*. Il n'est donc pas une simple ou une pure possibilité. Cela ne renvoie pas immédiatement à la question de la compossibilité. Mais il ne suffit pas qu'il puisse être : il faut qu'il puisse être fait. En effet, la différence entre Dieu et les créatures doit être pensée comme celle qui existe entre l'infini et le fini, entre l'éternel et le temporel. Le fini n'a pas toujours été, et il ne sera pas toujours. Or, s'il lui était possible d'être, alors pourquoi ne l'a-t-il pas été avant ? Il faut donc serrer davantage l'argumentation et penser l'actualité divine comme supérieure à tout *pouvoir-être-fait*, en tant qu'elle est l'éternité nécessaire à l'advenue d'un fini qui apparaît essentiellement contingent : « Rien ne peut donc être fait, si l'éternel n'est pas en acte[59] ».

La conséquence est immédiate : la pensée en termes de *pouvoir-être-fait* et de *pouvoir-faire* conduit à une dynamisation de la puissance divine, qui permet de comprendre le passage des créatures enveloppées dans la pensée divine *(complicatio)* à leur réalité concrète dans l'univers *(explicatio)*. Le fini en est par-là mieux connu : son signe distinctif est son devenir, son *pouvoir-être-fait*, et son altérabilité, son *pouvoir-être-fait* autre. L'infini au contraire, en tant qu'il est tout en acte et parfait, ne peut devenir et ne peut se parfaire.

59. Cf. *VS* 13, 34.

On est ainsi passé de l'affirmation, dans le *Pouvoir-est*, qu'« aucun être n'est ce qu'il ne peut être[60] », à une affirmation plus déterminée mais aussi plus précise qu'« aucun être n'est tout ce qu'il peut être fait[61] ». Du coup, est affirmée également la toute-puissance divine. En effet, le *pouvoir-être-fait* ne s'épuise pas dans l'être de ce qui est. Il possède d'autres potentialités, une infinie puissance de possibilités. En Dieu, il a une réalité éternelle et infinie, une réalité que n'a pas le pouvoir-être-fait, mais qui le dynamise et produit sa potentialité indéfinie.

Le *pouvoir-être-fait* est donc introduit en quelque sorte comme un principe propre entre l'infini éternel et le fini temporel. Certes ce n'est pas le principe premier, il est lui-même créé par le Premier principe qu'il présuppose[62], mais, perpétuel, il est présupposé dans tout ce qui concrètement existe et oblige à penser la nécessité de ce Premier principe. Du coup, il faut aussi distinguer le *pouvoir-être-fait* en tant qu'il est réalisé dans la créature, et ce *pouvoir-être-fait* qui est perpétuel. Lui-même, s'il est créé *(creatum)*, n'a pas été fait *(factum)* – il ne devient pas. Seul le *posse factum*, le *pouvoir-avoir-été-fait*, qui caractérise maintenant le fini, est la réalisation en acte d'un certain *pouvoir-être-fait*, détermination d'un *pouvoir-être-fait*, déterminé en acte par le *pouvoir-faire* divin. Le rapport de Dieu et du monde se découvre donc sous la forme d'un rapport ternaire entre le *pouvoir-faire*, *pouvoir-être-fait* et *pouvoir-avoir-été-fait*. Le *pouvoir-être-fait*, en tant qu'il conditionne l'existence de ce qui a pu être fait, est un principe ontologique. Il permet également de penser plus exactement le *chorismos* entre Dieu et la Création, en conservant l'absolue transcendance de Dieu et en évitant donc l'écueil des doctrines néoplatoniciennes de l'émanation.

60. Cf. *Poss.* 8 et 30.
61. Cf. *VS* 10, 29.
62. Cf. *VS* 7, 14.

LA CHASSE DE LA SAGESSE

1

PROLOGUE DU TRÈS RÉVÉREND PÈRE NICOLAS, CARDINAL DE SAINT-PIERRE-EN-LIENS, AU LIVRE DE LA CHASSE DE LA SAGESSE

Comme je ne sais pas si, d'aventure, il me sera accordé un temps plus long et meilleur pour réfléchir – j'ai en effet accompli ma soixante et unième année –, mon dessein ici est de laisser à la postérité un exposé sommaire de mes chasses de la sagesse que, jusqu'à ma présente vieillesse, et suivant le discernement de ma pensée, j'ai considérées comme les plus vraies. J'ai rédigé il y a longtemps un concept de la recherche de Dieu[1], j'ai ensuite progressé et établi de nouveau des conjectures[2]. Mais maintenant, excité, après avoir

1. Sans qu'on puisse le dater plus exactement, Nicolas de Cues a rédigé en 1445 — soit dix-sept ans avant *La Chasse de la sagesse* — un opuscule intitulé *De quaerendo Deum*, *La Recherche de Dieu*, dans lequel il présente sa nouvelle anthropologie : réfléchissant, à partir d'Augustin, l'ascension spirituelle de l'homme vers Dieu, Nicolas de Cues élabore un tout nouveau et très moderne concept de l'autonomie du sujet humain. Il est possible qu'il fasse ici référence à cet opuscule, mais cela peut aussi valoir de façon plus générale : Nicolas déclare en tout cas qu'il est parti à la recherche de Dieu. Mais, par ailleurs, nous avons tenu à traduire très précisément *conceptus* par *concept*. En effet, dans l'opuscule de *La Recherche de Dieu*, Nicolas comprend celle-ci comme l'activité autonome de conceptualisation de Dieu par le sujet humain. La notion de *concept*, qui est alors l'objet central de la réflexion cusaine, doit donc être maintenue dans la traduction.

2. Logiquement, et contrairement à ce que traduit Pasqua, il ne peut évidemment pas s'agir de l'œuvre des *Conjectures* (≈ 1442-1443), écrite assurément avant *La Recherche de Dieu* (1445). Mais, toujours en conformité avec le livre des *Conjectures*, Nicolas considère chacune de ses tentatives d'élaboration concep-

lu dans le livre de *La Vie des philosophes* de Diogène Laërce[3] les diverses chasses de la sagesse des philosophes, j'ai voué tout mon talent[4] à une contemplation aussi précieuse, dans la mesure où rien de plus doux ne peut arriver à l'homme. Et moi, homme pécheur, je dévoilerai avec crainte et pudeur, et bien qu'elles soient de peu de prix, ces choses que j'ai découvertes grâce à une méditation très assidue, afin que des esprits plus fins soient poussés à déployer au mieux leur pensée, et je procèderai selon l'ordre suivant.

tuelle comme une conjecture, c'est-à-dire « une assertion positive qui participe, dans l'altérité, de la vérité telle qu'en elle-même » (*Conj.* I, 11, 57). Sur la datation des *Conjectures*, cf. Koch. Sur la notion de conjecture, cf. Jocelyne Sfez, *L'art des conjectures de Nicolas de Cues*, Paris, Beauchesne, « Le grenier à sel », 2012 (dorénavant noté *ACNC*) en particulier pp. 29-37.

3. Il s'agit de la traduction latine de l'œuvre de Diogène Laërce, établie par Ambrogio Traversari en 1433 à partir du grec. Nicolas de Cues n'en prend connaissance qu'à l'automne 1462. Le manuscrit qu'il posséda et qu'il annota se trouve actuellement au British Museum (*codex Latinus Harleianus* 1347, fol. 1v-205v). Cf. « Kritisches Verzeichnis der Londoner Handschriften aus dem Besitz des Nikolaus von Kues », dans *MFCG* 3, 1963, pp. 16-100, en particulier pp. 25-32 où est décrit le manuscrit londonien (avec les *marginalia*). Ce texte, dédicacé par Ambrogio Traversari à Cosme de Médicis (*fol.* 2r-3r), est extrêmement important pour Nicolas de Cues car il lui permet d'accéder pour la première fois à l'ensemble de la philosophie antique, et en particulier d'une part aux présocratiques qui peuvent être lus et connus indépendamment de leur réception par Aristote dans sa *Métaphysique,* d'autre part aux Stoïciens et à Épicure, dont Nicolas va faire usage ici. Sur la réception de Diogène Laërce à cette époque, à partir de la traduction de Traversari, cf. Tiziano Dorandi, « Diogène Laërce du Moyen Âge à la Renaissance », in : *Exempla docent* : les exemples des philosophes de l'Antiquité au Moyen Âge (dir. Thomas Ricklin et al.), Paris, Vrin, « Études de philosophie médiévale, 92 », 2006, pp. 35-46.

4. La difficulté de traduire *ingenium* en français est bien connue. Cf. à ce propos l'article « Ingenium » d'Alain Pons, dans le *Vocabulaire européen des philosophies* (dir. Barbara Cassin), Paris, Seuil/Robert, 2004, p. 592-597. Bien qu'il soit devenu courant de traduire *ingenium* par *esprit* ou *intelligence*, cela ne nous semble guère possible ici : Nicolas a d'autres mots pour ces concepts très techniques. Par ailleurs, il importe surtout dans cette philosophie déjà imprégnée de Renaissance italienne, de faire valoir toute la richesse du terme : il ne s'agit pas simplement de l'esprit, de l'intelligence au sens propre ou de la faculté de penser, en particulier abstraitement, mais bien ici de toutes les dispositions naturelles de l'homme, et notamment son habileté et son inventivité, sa capacité ou sa puissance de produire et de créer, y compris des mots, des métaphores (comme celle ici de la chasse) et des concepts, qui sont autant de machines ou d'engins pour dépasser l'immédiatement perçu et s'élever par-là à la contemplation de la vérité. Nous traduisons donc *ingenium* par talent.

Nous sommes incités par un désir inné de notre nature[5] à posséder non seulement la science, mais la sagesse, ou encore la science en tant qu'elle est savoureuse[6]. Dans un premier temps, je consacrerai quelques remarques à la raison de ces faits. Puis je décrirai à celui qui veut philosopher – ce que j'appelle la chasse de la sagesse –, des régions, et dans celles-ci certains lieux, et je le conduirai dans des champs[7] que je pense abondamment riches en proies que [les philosophes] recherchent.

Chapitre I 2

La sagesse est la nourriture de l'intellect

Puisque notre nature intellectuelle vit, elle se nourrit nécessairement. Mais elle ne peut nullement se reconstituer avec une autre nourriture que celle de la vie intellectuelle[8], de la même manière que tout vivant se nourrit de la nourriture qui correspond à sa vie[9]. En effet, puisque l'esprit vital[10] se plaît à se

5. Cf. *DI*, Prologue, 1 et *DI* I, 1, 2. Aristote, *Métaphysique* A, 1, 980a 21 (*Cod. cus*. 182, 183 et 184).

6. Nous gardons le sens propre d'une science qui a de la saveur *(sapida)*, conformément à l'étymologie que Nicolas veut faire jouer pour la sagesse. La suite du texte de *La Chasse de la sagesse* le confirmera (cf. *VS* XVI, 46, 1) : alors même qu'il écrit dans la conscience aigüe et l'urgence de la vieillesse, Nicolas souligne le caractère goûteux, joyeux et plaisant de la recherche et de la possession de ce savoir. Mais *sapida* veut aussi simplement dire sage ou vertueux, ce qu'il convient de garder à l'esprit. Il s'agit alors de qualifier un savoir qui sert le bien, ou qui unit à la fois la connaissance du vrai et la possession du bien. La manifestation de cette unité signifie paradoxalement qu'elle ne va plus immédiatement de soi, contrairement aux temps anciens. Cf. *NA* 19, 84 ; *LG* II, 67 et 70, Sermon CCLXXIII.

7. Cf. l'ensemble du chapitre 11 de *La Chasse de la sagesse*.

8. Cf. Augustin, *Confessions* V 6,10 « sapientia quasi cibus » (CSEL XXXIII 97, 35 sq.).

9. Cf. *VS* 57, 6-11.

10. Chrysippe selon Chalcidius, *Comm in Tim.* 220 (*Plato Lat.* IV 233,1). Cette notion d'« esprit vital » ou d'« esprit de la vie » est reprise également par Platon, puis développée dans la médecine galénique, dans une théorie complexe du *pneuma* (souffle ou esprit), laquelle est encore admise dans la médecine médiévale et renaissante. On en retrouve encore la trace dans le *Traité des Passions de l'âme* de Descartes (par exemple, art. 5). Elle correspond à la notion grecque de « *pneuma zooticon* ». Cf. Albert Darmon, *Les corps immatériels. Esprits et images*

mouvoir du mouvement que l'on appelle la vie, cette force de l'esprit de vie, s'il n'est pas restauré par sa nourriture naturelle, expire et meurt[11].

Les Pythagoriciens disaient qu'il y a un esprit vital dans l'exhalaison de la semence et que le corps subsiste en puissance dans le corps de la semence[12]. Les Stoïciens aussi, qu'on appelle les successeurs de Zénon[13], approuvèrent et dirent que la substance de la semence qui fructifie est dans l'esprit qui peut s'exhaler ; celui-ci, lorsqu'il expire dans une graine ou une autre semence, ne produit pas de fruit. De fait, nous voyons le feu expirer et mourir si son aliment est venu à manquer. Et c'est de là que les Anciens appelaient « esprit » les corps célestes, puisqu'ils se meuvent[14], de même que le sage Philon[15] et Jésus, fils de Sirah[16], affirment que le soleil est un esprit. Par suite, ils disaient aussi que le soleil se nourrit de

dans l'oeuvre de Marin Cureau de la Chambre (1594-1669). Paris, Vrin, « De Pétrarque à Descartes, 49 », 1985 ; Rudolph E. Siegel, *Galien's system of physiology and medicine*, Bâles, S. Karger AG, Basel, 1968, p. 186.

11. Cf. *LG* II, 70

12. Nicolas fait ici référence à *La Vie des philosophes* de Diogène Laërce, VIII, 28 (*cod. Harl.* 1347, fol. 152r).

13. Nicolas fait ici référence à *La Vie des philosophes* de Diogène Laërce, VII, 5 (*cod. Harl.* 1347, fol. 140r). Sur l'exemplaire du British Museum, il annote « semence » et « Remarque : esprit comme substance de la semence. » Zénon le stoïcien, ou Zénon de Citium, a fondé le stoïcisme à Athènes au début du IIIe s. avant EC

14. Cf. Platon, *Timée*, 40 b 45 *sq.* (*cod. Harl.* 2652), Cicéron, *De natura Deorum* II, 16,43.

15. Cf. Sg. 13, 2. *Ap. DI* 4.

16. Jesus Ben Sirah est l'auteur de l'*Ecclésiastique* (ou le *Siracide*). Aucun passage n'y correspond expressément à la remarque de Nicolas, mais on trouve aux chapitres 42 et 43 des indices d'une spiritualisation du soleil : « [42, 16] Comme le soleil, dans son éclat, regarde chaque chose, ainsi la gloire du Seigneur rayonne dans toute son œuvre… [43,2] Le soleil qui paraît proclame à son lever : "C'est chose admirable que l'œuvre du Très-Haut !"… [43,4] On a beau activer la fournaise à la fonderie, le soleil embrase trois fois plus les montagnes. Il projette des vapeurs brûlantes et, quand il fait briller ses rayons, il éblouit les yeux. [43,5] Grand est le Seigneur qui l'a créé : sur son ordre, aussitôt il prend sa course. » L'édition scientifique et critique de Heidelberg (H, p. 5) suggère que le Cusain confond ici avec *l'Ecclésiaste* I, 5-6 : « **5**. Le soleil se lève, le soleil se couche, et il se hâte vers son lieu, d'où il se lève de nouveau. **6**. Le vent souffle vers le sud et tourne au nord ; il tourne, tourne sans cesse, et il recommence à tournoyer. » Cela ne paraît pas plus probant. Sur les livres sapientiaux de *l'Ecclésiaste* et de *l'Ecclésiastique*, tout comme celui de la *Sagesse*, et sur leur conception de la recherche de la sagesse,

l'exhalaison de l'océan et ils affirmaient que, de la même manière, la lune se reconstitue avec l'exhalaison d'autres flots. Et croyant que les planètes[17] tenaient leur puissance d'une vie divine, et que les autres dieux se réjouissaient d'exhalaisons, ils les apaisaient avec de l'encens et des parfums. Soutenant en effet qu'en eux se trouve l'esprit d'une vie éthérée, c'est-à-dire céleste, de la nature du feu le plus pur, ils leur faisaient l'offrande de l'exhalaison des parfums les plus doux.

Or, puisque tous les animaux ont un penchant naturel et une 3
mémoire arrêtée de leur nourriture ainsi que le sens de tout ce qui leur ressemble, sentant quels sont ceux qui sont de la même espèce qu'eux, Platon disait que cela nécessairement résultait d'une Idée, car rien ne demeure en dehors des Idées[18]. De là, tu tireras que les Idées ne sont pas ainsi séparées des individus comme des modèles extérieurs. Car la nature de l'individu est unie à l'Idée même, de laquelle il tient naturellement toute sa nature. Laërce disait que Platon soutenait que l'Idée est une et multiple, qu'elle demeure immobile et se meut[19]. En effet, en ce qu'elle est une espèce incorruptible, elle est intelligible et une[20]. Mais, en ce qu'elle est unie à de nombreux individus, il la disait multiple. Il dit ainsi qu'elle est fixe et immobile en ce qu'elle est inaltérable et intelligible ; mais, en ce qu'elle est liée à des choses mouvantes, il dit qu'elle est mue. Proclus expose plus largement comment les principes essentiels sont intérieurs et non extérieurs et comment par ce contact[21] par lequel

le lecteur pourra consulter avec profit *l'Introduction à cinq textes sapientiaux* de Paul Beauchamp (s.j.), Paris, coll. « Études bibliques », Mediasèvres, n° 53, ^{2}2008.

17. Cf. Diogène Laërce, *op. cit.*, VII, 145 (*cod. Harl.* 1347, fol. 137^{v}), où Nicolas note « les astres se nourrissent ». Cf. également les annotations de Nicolas sur son exemplaire du commentaire d'Albert le Grand aux Noms divins de Denys l'Aréopagite IV, 4 : « Noter l'opinion de Platon et des égyptiens sur le fait que le soleil se nourrit de l'humeur de l'océan. » (*cod. cus.* 96, fol. 121rb, *marginalia* éditées par Baur *CT* III, I, p. 105 marg. 370).

18. Cf. Diogène Laërce, *op. cit.*, III, 15 (*cod. Harl.* 1347, fol. 54^{r}). Dans la marge, Nicolas écrit : « Noter que rien ne demeure en dehors des Idées. »

19. *Ibidem*, III, 64 (*cod. Harl.* 1347, fol. 62^{r}). Dans la marge, Nicolas écrit : « L'Idée ni ne se meut ni ne demeure immobile/ elle est une et multiple. »

20. *Ibidem*, III, 13 (*cod. Harl.* 1347, fol. 54^{r}) : dans la marge, Nicolas note : « Espèce éternelle et intelligence une. »

21. Avec l'édition scientifique et critique de Heidelberg et les traductions anglaise et allemande du texte, je lis *contactum (contact)* et non *contractum (contraction)*, qui est douteux ici.

l'individu est lié à son Idée, il est relié par cette Idée intelligible à la divinité afin que, selon sa capacité, il soit de la meilleure manière qu'il peut être et se conserver[22]. Laërce rapporte également que Platon disait que les Idées sont le principe et le commencement de ces choses qui existent par nature, de façon qu'elles soient les sortes de choses qu'elles sont[23]. Si l'on intellige bien ces propos, ils ne sont peut-être pas aussi contraires à la vérité que de mauvais interprètes l'ont suggéré.

4 Épicharme[24] dit aussi que tous les êtres qui vivent participent à la conception et à la sagesse. Une poule, en effet, ne donne pas naissance à des êtres vivants, mais « elle couve d'abord ses œufs et les anime par sa chaleur. Mais comment elle peut posséder une telle sagesse, seule la nature le sait ; c'est celle-ci en effet qui l'instruit. » Et il dit encore : « il n'y aurait assurément rien d'extraordinaire si je disais ainsi qu'elles se plaisent et s'enflamment mutuellement et qu'elles se trouvent remarquables. Car le chien apparaît très beau au chien, et le bœuf au bœuf, et l'âne à l'âne, et, de même, le porc apparaît au porc être supérieur en beauté gracieuse[25]. » Si donc tout animal a l'intelligence innée des choses qui sont nécessaires pour sa conservation et, puisqu'il est mortel, pour celle de sa progéniture, et que, par-là, il a l'activité pour chasser sa nourriture, ainsi que la lumière appropriée et les organes propres à sa chasse – comme les animaux qui chassent de nuit ont une lumière inhérente par naissance aux yeux – et qu'il sait la reconnaitre, la choisir et la faire sienne, alors notre vie intellectuelle ne manquera certainement d'aucune manière de ces choses.

C'est pourquoi l'intellect est doté par nature de logique, afin que, par son moyen, il puisse aller de tous côtés et faire sa propre chasse[26]. En effet, comme Aristote le disait, la logique est l'instrument le plus précis pour la chasse aussi bien du vrai que du

22. Il s'agit d'une idée générale que l'on retrouve dans toute l'œuvre de Proclus, par exemple dans l'*In Platonis Parmenidem* ou dans l'*In Platonis Theologiam* IV, 33.

23. Cf. Diogène Laërce, *op. cit.*, III, 77 (*cod. Harl.* 1347, fol., 64^{r}). Nicolas note en marge : « Idées ».

24. Cf. Diogène Laërce, *op. cit.*, III, 16 (*cod. Harl.* 1347, fol., 54^{r}).

25. Cf. Diogène Laërce, *op. cit.,* III, 16 (cod. HarL. 1347, fol. 54r).

26. Cf. *DI*, I, 1, 2 ; *M* 4, 77 ; *Comp.* 10, 34.

vraisemblable. Ainsi, lorsque [l'intellect] [le] trouve, il le reconnaît et se l'attache avidement. La sagesse est donc ce qui est cherché, parce qu'elle nourrit l'intellect. Elle est en effet une nourriture immortelle ; elle nourrit donc de manière immortelle. Or, elle brille dans les différents raisonnements qui en participent de manière variée. En effet, [l'intellect] cherche dans les différents raisonnements la lumière de la sagesse afin de l'en extraire et de s'en nourrir. De même que la vie sensible recherche raisonnablement sa pâture dans diverses choses sensibles dans lesquelles la vie s'était déjà nourri une fois, de même l'intellect chasse sa nourriture intelligible dans des conceptions sensibles en y appliquant la raison. Ainsi se reconstitue-t-il mieux avec une nourriture qu'avec une autre ; mais on trouve plus difficilement celle qui a une plus grande valeur.

Et parce que l'homme ressent le besoin de plus d'activité qu'un 5
autre animal afin de bien nourrir son animalité, et qu'il a besoin pour cela d'utiliser sa logique naturelle dans la chasse à la nourriture corporelle, il n'est pas dévoué et attentif à la nourriture intellectuelle autant que sa nature l'exige. Tant que cette occupation-là est excessive, elle éloigne de l'occupation spéculative avec la sagesse. C'est pourquoi il est écrit que la philosophie, contraire à la chair, mortifie[27].

En outre, il existe de grandes différences entre les philosophes. Cela arrive surtout parce qu'un intellect est meilleur chasseur, parce qu'il est mieux exercé, qu'il est plus rapide en logique, qu'il l'utilise avec plus de soin, et qu'un autre sait mieux dans quelle région la sagesse qu'on recherche est trouvée plus rapidement et de quelle manière elle est possédée. Les philosophes ne sont rien si ce n'est des chasseurs de sagesse, que chacun [d'entre eux] piste à sa manière à la lumière de la logique qui lui est innée.

27. Cf. par ex. Platon, *Phèdre* 61d5, 64a-68b. Dans le cod. cus. 177, il écrit en 61d 5 (fol. 3^{r}) : nota et en 67e 4 *sq.* (fol. 6^{r}) : « nota cur sapiencie amator cupit mori », en 66a 5 *sq.* (fol. 5^{v}), il indique d'un signe ce passage : « corpus impedit nos atque perturbat nec ullo modo sinit veritatem discernere » (version Leonardo Bruno l'Arétin).

6

Chapitre II
Le Principe selon lequel j'ai cherché les raisons de la sagesse

Thalès de Milet, le premier des sages, dit que Dieu est très ancien parce qu'il est inengendré[28], que le monde est très beau parce qu'il a été fait par Dieu[29]. Lorsque je lus ces mots chez Laërce, ils eurent mon plein assentiment. J'examine ce monde très beau, uni dans un ordre merveilleux, dans lequel resplendit la suprême bonté du dieu suprême, sa sagesse et sa beauté[30]. Je suis enclin à chercher l'artisan de cette œuvre si admirable et je me dis à moi-même : puisque ce qui est inconnu ne peut pas être su par ce qui est plus inconnu encore, il me faut saisir quelque chose de très certain, indubitable et présupposé par tous les chasseurs[31], et chercher à la lumière de cela ce qui est inconnu. Le vrai en effet est en accord avec le vrai. Lorsqu'à propos de ces choses, [ma] pensée affamée cherchait avec soin en moi-même, survint une affirmation des philosophes, que même Aristote reprend au commencement de la *Physique*[32], à savoir que ce qu'il est impossible qu'il soit fait n'est pas fait[33]. Et tourné vers cette assertion, j'ai méticuleusement examiné les régions de la sagesse selon la voie suivante.

28. Cf. *VS* 25 ; 27 et 34.

29. Diogène Laërce I, 1, 35, Dans le *cod. harl.,* fol. 9^{r}, Nicolas note « Dieu très ancien, monde très beau ».

30. Cf. Proclus, *In Plat. Theol.* I, 22-26 (56-63). Cf. *cod. cus.* 185, fol. 39r-44r, fol. 43v : Nicolas y note : « bonté, sagesse, beauté ». Cf. *DI* II, 13, 110, 15 sq. *« De admiribili arte divina in mundi et elementorum creatione ».*

31. Cf. Platon, *République* 510b, 511b.

32. Bien qu'il ne s'agisse pas aujourd'hui du commencement de la Physique, cf. Aristote, *Physique*, VIII, 9, 265a 19. Cf. également Aristote, *De caelo*, I 7, 274b 13 *sq.*

33. Cf. Aristote, Physique, VIII, 9, 265a 19. « ου γα ». Comme le fait remarquer J. Hopkins (n. 18, p. 1358), on pourrait encore traduire cette expression par « ce qu'il est impossible qu'il arrive n'arrive pas », mais cette traduction ne permettrait pas de rendre compte de la distinction que fait Nicolas plus bas en n. 19, entre *factum* et *creatum*, fait et créé. En outre, ici se dessine la différence entre la pensée du possible (cela arrive) et celle de la puissance (cela est fait). Cf. également *DI* II, 7, 128 ; *M* 11, 130 ; *LG* I, 46 ; *AT* 17.

CHAPITRE III 7
LA VOIE SELON LAQUELLE LA RAISON CHASSE

Puisque ce qu'il est impossible d'être fait n'est pas fait, rien n'est fait ou ne sera fait qui ne pouvait ou ne peut être fait. Or, ce qui est, et qui n'a été ni fait ni créé[34], ne pouvait ni ne peut être fait ni être créé. Il précède en effet le *pouvoir-être-fait*[35] et est éternel, car il n'a été ni fait ni créé, et ne peut devenir un autre. Or, puisque sans *pouvoir-être-fait*, ni il n'est fait ni il ne sera fait, tout ce qui est fait ou sera fait a un principe un et absolu, qui est principe et cause du *pouvoir-être-fait* lui-même. Il est ce principe éternel qui précède le *pouvoir-être-fait*, et il est le principe absolu et incontractable[36],

34. Cf. Rudolf Haubst, « Thomas von Aquin in der Sicht des Nikolaus von Kues », in : *Trierer Theol. Zeitschrift* 74, 1965, p. 246.

35. Dans le dialogue à trois sur le *Pouvoir-est* de 1460, Nicolas désigne Dieu par le néologisme de *possest*, *pouvoir-est.* Nicolas reprend ici ce nom, qui va désigner l'ultime principe de toutes choses. Or ce *pouvoir-est* doit se distinguer de la puissance passive des choses qui, lorsqu'elles existent déjà, admettent un changement, une altération. Cette puissance passive des choses, et le fait même de leur advenue, peut être désignée par un *pouvoir-être-fait.* L'œuf a le *pouvoir-être-fait* œuf, sinon il ne serait pas, et il a le *pouvoir-être-fait* poule, sinon jamais de l'œuf naitrait une poule. Il n'y a de *pouvoir-être-fait* qui ne s'actualise que s'il y a par ailleurs un *pouvoir-faire* qui fait passer du *pouvoir-être-fait* à ce qui est. Ce *pouvoir-faire* en dernière instance est Dieu. Mais en même temps, il n'y a pas initialement un *pouvoir-être-fait* de tel ou tel être déjà déterminé. Il faut donc entre le *pouvoir-faire* divin et le *pouvoir-être-fait* de tel ou tel être, un *pouvoir-être-fait* indéterminé, qui sera rapporté à Dieu. Dieu est donc à la fois *possest*, *pouvoir-est*, *posse facere*, *pouvoir-faire*, et *posse fieri*, *pouvoir-être-fait* ; en même temps il peut y avoir un certain *pouvoir-faire* et un certain *pouvoir-être-fait* des créatures. Il faut donc toujours se demander lorsque le terme de *posse fieri* apparaît sous la plume du Cusain s'il s'agit du *posse fieri* divin, ou du *posse fieri* des choses créées. Par exemple, dans *M* 11, 31, Nicolas utilise la notion de *posse fieri* pour désigner le premier terme de la Trinité. En ce sens, le *posse fieri* est même antérieur comme le Père au *posse facere*, que l'on peut identifier avec le Verbe, la deuxième personne de la Trinité. Mais il faut entendre que ce n'est pas une antériorité d'ordre ontologique ni plus évidemment encore d'ordre chronologique. Nous sommes là face au mystère (et au dogme) de la Trinité : une substance, trois personnes. Le Père est antérieur au Fils mais le Fils et le Père sont Un. Il en va dès lors de même des autres noms utilisés pour les désigner : *posse fieri* et *posse facere* sont Un.

36. Nicolas utilise encore ici le langage de la contraction. Seul Dieu est absolu et incontracté. Tout ce qui existe au contraire est contracté ou réduit de différentes manières. Sur l'opposition entre l'Absolu et les êtres contractés, cf. *VS* 17, 49.

parce qu'il est tout ce qui peut être[37] ; et justement ce qui est fait est produit par le *pouvoir-être-fait*, parce que le *pouvoir-être-fait* lui-même devient[38] en acte tout ce qui est fait. Or, tout ce qui est fait à partir du *pouvoir-être-fait* soit est ce qui peut être fait, soit est postérieur à lui ; et ce n'est jamais ce qui peut être fait, mais ce qui le suit et l'imite. Le *pouvoir-être-fait*, puisqu'il n'a pas été fait, n'a été fait ni de soi-même ni d'un autre. Car, puisque le *pouvoir-être-fait* précède tout fait, comment le *pouvoir-être-fait* lui-même pourrait-il être fait ? Mais, puisqu'il vient après ce qui est tout ce qui peut être, à savoir l'éternel, il a un début[39]. Le *pouvoir-être-fait* ne peut pourtant pas cesser. Si en effet il cessait, c'est que cela pouvait être fait. Le *pouvoir-être-fait* ne disparaîtrait donc pas. Ayant débuté, le *pouvoir-être-fait* perdure donc dans l'éternité et est perpétuel[40].

8 Et puisqu'il n'est pas fait et qu'il a pourtant un commencement, nous disons qu'il est créé, car il ne présuppose rien à partir de quoi il est, excepté son créateur. Tous les êtres qui sont postérieurs à lui sont donc produits par le créateur à partir du *pouvoir-être-fait*[41].

37. Dieu est *possest* : il est *tout ce qu'il peut être*, en tant qu'il est éternel et non autre ; mais il est aussi *tout ce qui peut être*, en tant qu'il est le fondement ultime de tout l'être de tout ce qui est. L'expression *« est (omne) quod esse potest »* peut se traduire des deux manières et c'est donc le contexte qui permet de décider ce qu'il convient de traduire. Dans le cas où cela reste indécidable, nous choisissons de traduire « tout ce qui peut être » plus inclusif (puisqu'il comprend « tout ce qu'il peut être »).

38. Mot-à-mot : est fait.

39. Cf, ci-dessus, note 39 et, par ailleurs, *Poss.* 29 où la question est posée de savoir si oui ou non le *posse fieri* a un principe. Ici, dans *La Chasse de la sagesse*, il apparaît que le *posse fieri* est lui-même quelque chose de créé et fini, qui a donc un principe. Il semble qu'il y ait deux étapes (logiques) dans la création : le *posse fieri* est créé *ex nihilo* par Dieu, et les créatures finies et différenciées sont créées par Dieu à partir du *posse fieri*. Ici, le principe du *posse fieri* apparaît clairement être Dieu. Mais, d'un autre côté, si le *posse fieri* est antérieur à l'ensemble de l'être créé par Dieu, il faut le penser comme Dieu (et ce qui est en Dieu est Dieu). Dans *Poss.* 29, Nicolas affirme la coïncidence en Dieu du *posse fieri* et du *posse facere*. Mais, par ailleurs, antérieurement, comme nous l'avons rappelé dans la note 39, ci-dessus, dans *M* 11, 31 c'est à Dieu le Père que le *posse fieri* est identifié. Il semble donc qu'il y ait eu évolution de la pensée du Cusain sur cette question.

40. Ce qui est perpétuel est créé mais est sans fini, bien que Dieu pourrait faire qu'il en ait une, s'il le voulait. Le *posse fieri* est perpétuel, au même titre que les anges, ou l'âme rationnelle humaine.

41. Cf. *infra*, *VS*, 25.

Or, ceux qui sont faits ce qu'ils peuvent être faits, ceux-là sont appelés célestes et intelligibles[42]. Ceux qui, en revanche, sont, mais pas ce qu'ils peuvent être faits, ne sont jamais stables et cessent. Ils imitent donc les êtres perpétuels, mais ne les atteignent jamais. Ils sont donc temporels et sont appelés terrestres et sensibles[43].

Par conséquent, lorsque je me tourne vers la contemplation de l'éternel[44], je vois l'acte même dans sa simplicité, et par la pensée je regarde attentivement en lui toutes choses comme enveloppées dans la cause absolue. Lorsque je regarde dans ce qui perdure et est perpétuel[45], je vois intellectuellement le *pouvoir-être-fait* lui-même, et en lui la nature de toutes choses et de chacune, telles qu'elles doivent être faites conformément au développement parfait de la prédestination[46] de la pensée divine.[47] Lorsque je regarde dans le temps, je comprends de manière sensible que toutes les choses sont développées dans une succession en imitant la perfection des choses perpétuelles. Les choses sensibles imitent en effet les choses intelligibles mêmes[48]. C'est pourquoi dans le *pouvoir-être-fait* créé, toutes les choses créées sont prédéterminées de telle sorte que ce monde fût fait tel qu'il est, beau. De cela, je parlerai plus abondamment ci-dessous[49].

Mais comment cela a-t-il pu être conçu, je vais le rapporter à un exemple, bien qu'il soit approximatif.

42. Cf. *infra*, *VS*, 29.

43. Cf. Paul, 2 Cor. 14,18. Cf. *Poss*, 3 et *NA* 10, 37.

44. Cf. *infra*, *VS* 116.

45. Cf. *infra*, *VS* 117.

46. Il ne s'agit évidemment pas ici du contexte du salut.

47. Cf. Augustin, *De div. Quaest.* LXXXIII q.72 (CCSL XLIV A 208) ; Boèce, *De trinitate* IV 67 sqq. ; Boèce, *Cons. Philos.* V, pr 6,3-14 (CCSL XCIV 1, p. 101 sq) ; Albert le Grand, *S. Th.* I, Tr. 5 q. 23 (*Opera* XXXI, 164-193) ; Thomas d'Aquin, *S. Th.* I, q. 10 a 5.

48. Cf. Proclus, *In Parm. IV* (840.847). Cf. *cod. cus.* 186 fol. 48^{v}, où Nicolas note *« quare sensibilis mindus imago dicitur intelligencialis »* et fol. 49 : *« imagines intellectualium sensibilia... »*

49. Cf. *infra*, *VS* 5, 10 et *VS* 9, 23. Sur la beauté du monde, cf. également *VS* 90.

9

CHAPITRE IV
COMMENT ON S'AIDE D'UN EXEMPLE DE L'ART LOGIQUE

L'intellect d'un maître veut créer l'art du syllogisme. Il précède en effet le *pouvoir-être-fait* de cet art, lequel est en son intellect comme en sa cause. Il pose et établit donc le *pouvoir-être-fait* de cet art. Car les choses que requiert cet art peuvent être faites, comme par exemple le nom et le verbe, les propositions formées de ceux-ci, et le syllogisme formé de celles-ci[50], et qui est fait de trois propositions, dont deux précèdent, desquelles s'ensuit une troisième, conclusive. Il est également requis que les sujets et les prédicats de ces trois propositions n'aient que trois termes. Par suite il est nécessaire qu'un terme, appelé moyen terme, soit repris deux fois dans les prémisses. Par conséquent, cela arrive soit quand il est sujet dans la première prémisse, qui est dite majeure[51], et prédicat dans la prémisse mineure, soit lorsqu'il est, dans les deux prémisses, ou prédicat ou sujet. Ainsi il en découle trois figures. De même, pour chaque figure, différents modes découlent de différentes et utiles combinaisons des propositions, les combinaisons inutiles étant exclues – comme par exemple celles de trois propositions négatives ou celle de trois propositions particulières – et d'autres combinaisons inutiles en fonction de la figure. Le premier syllogisme, constitué de trois propositions universelles affirmatives, est appelé dans la première figure *Barbara*. Constitué d'une majeure négative, d'une mineure affirmative, et d'une conclusion négative, toutes universelles, le deuxième syllogisme est appelé *Celarent* ; et ainsi de suite. Ce sont là les formes syllogistiques spécifiques, fondées en raison et permanentes, que tout syllogisme qu'on exprime dans un discours sensible doit nécessairement imiter[52]. On explique ainsi le *pouvoir-être-fait* de cet art.

50. Nicolas utilise déjà cet exemple en *Conj.* II, 1, 78 ainsi que dans le Sermon LXI.

51. Il convient de remarquer qu'il n'est pas nécessaire que la majeure soit la première prémisse.

52. Cf. Aristote, *Premiers Analytiques*, I, 4, 25b 26 *sq.*

Et cet art, son maître-inventeur le transmet à un disciple **10** obéissant et lui prescrit de faire des syllogismes conformément à tous les modes qu'on lui a exposés[53]. Ainsi peut-être en est-il en quelque sorte de la fabrique[54] du monde. Car son maître, le dieu glorieux, voulant établir un monde beau, créa le *pouvoir-être-fait* de celui-ci et, en lui, de manière enveloppée, toutes les choses nécessaires à l'établissement de ce monde[55]. Or, la beauté du monde requérait aussi bien les choses qui devraient être, que celles qui devraient vivre et aussi celles qui devraient intelliger[56]. Elle requérait aussi qu'il y ait différentes espèces ou modes de beauté de ces trois sortes de choses, modes de beauté que sont le plan *(rationes)* pratiquement prédéterminé de la pensée divine et les combinaisons, belles et utiles, appropriées à l'établissement du monde.

Cet ouvrage divin, Dieu l'a transmis à un élève obéissant, à savoir la nature, créée par le *pouvoir-être-fait* lui-même, afin qu'elle développât le *pouvoir-être-fait* du monde selon le plan prédéterminé *(rationes)* et précédemment mentionné de l'intellect divin[57], par exemple afin qu'elle développât le *pouvoir-être-fait* de l'homme selon le concept *(ratio)* prédéterminé de l'homme. Il en va ainsi du reste, comme celui qui fait un syllogisme regarde en faisant des syllogismes les rapports *(rationes)* prédéterminés que l'on appelle *Barbara* et *Celarent*.

53. Pour un exemple de l'art logique, cf. par exemple *Comp.* 9, 26.

54. Fabrique traduit *artificium* et renvoie à l'idée de travail artisanal.

55. Cf. supra, *VS* 3, 8, note 50. Cf. *LG* I, 19.

56. Cf. entre autres Proclus, *In Plat. Theol.* III, 9 (135,21 sq) ; *Element. Théol. Prop.* 101-103 (Dodds 90-92), *In Parm.* VI (1098 sq.). Cf. *cod. cus.* 186, fol. 108[r], où Nicolas note « unum maxime comprehensiuum extra quod nichil et post hoc ens. Deinde vita. Post intellectus. ». Cf. Denys l'Aréopagite, *Les Noms divins*, V 1-3, *op. cit.* (PG 3, 816sqq, *Dionysiaca* I 323-331) ; *Liber de causis* I 6-10, VIII, 87-89, XI 103-108, XVII 143-148 ; Augustin, *La Trinité,* VI 10,11 et X 10, 13 (CCSL L 241, 16sq. et 326, 8 sq), et *La Cité de Dieu*, VIII 6 (CSEL XL 1, p. 346). Cf., *infra*, *VS* 28 ; 48 ; 112. Cf. également *AT* 5 et *DA*. 6.

57. Cf. notamment *DI* II, 9 et 10 sur l'âme de l'univers et l'esprit de toutes choses.

11

Chapitre V
Comment on progresse
a l'aide d'un exemple geometrique

Il semble que le géomètre imite la nature[58] lorsqu'il forme un cercle. Car il regarde le concept *(ratio)* prédéterminé du cercle, selon lequel il s'efforce de le produire pour autant que le permet le *pouvoir-être-fait* du sujet sensible[59]. En effet, les uns sont plus appropriés que les autres[60]. Ce concept n'est rien d'autre que l'équidistance du centre du cercle à sa circonférence, ce qui est le véritable concept du cercle, ou encore sa cause, n'admettant ni plus ni moins[61]. Mais aucun cercle sensible ne peut être fait aussi parfaitement qu'il atteigne précisément ce concept. Car le *pouvoir-être-fait* un cercle sensible est postérieur à ce concept intelligible, stable et fixe, que le *pouvoir-être-fait* un cercle imite et cherche à atteindre dans la matière sensible, comme l'image la vérité[62]. Puisque cette matière sensible est variable, le cercle qui est décrit ne sera jamais tout ce que le cercle sensible peut être, car, pour tout cercle sensible donné, il pourrait en être fait un plus vrai et plus parfait et plus semblable au cercle intelligible dont nous avons parlé[63].

12 De même, lorsqu'un géomètre veut former un angle droit, il en regarde le concept intelligible qui est ce que l'angle droit intelligible peut être, et qu'aucun angle sensible ne peut imiter précisément[64]. Et lorsqu'il fait un angle aigu ou obtus, il ne regarde aucune autre espèce que l'espèce de l'angle droit, l'angle aigu

58. Cf. *Comp.* 9, 26 ; *Conj.* II, 12, 131

59. Il faut entendre par *sujet sensible* le substrat matériel, au sens aristotélicien du terme.

60. Il y a différentes sortes de matières, permettant plus ou moins bien l'inscription du concept ou de la forme (intelligible) dans la matière (sensible).

61. Cf. Boèce, *Ars. Geom.* 375, 3-6 et *Inst. Arithm.* II, 30. Cf. également *Conj.* I, 11, 54 et II, 16, 168 ; *M* 7, 103

62. Nous suivons Hopkins qui reprend la leçon de la *Parisiana* contre l'édition des *Opera omnia*. Il paraît plus cohérent de penser le cercle à l'accusatif, plutôt qu'au nominatif dans cette phrase. En effet, de manière générale, le complément prédicatif de *posse fieri* est à l'accusatif. Cf. par ex. *VS* 6, 14 ; *VS* 6, 15 ; *VS* 37, 108.

63. Cf. *Conj.* I, 11, 54 et *DI* I, 11, 31 ; *DI* II, 1, 92 et *Poss.* 60.

64. Cf. *Conj.* II, 2, 80.

étant plus petit et l'angle obtus plus grand que celui-ci. En effet, un angle aigu peut toujours être plus semblable à un angle droit, et de même un angle obtus. Si l'un d'eux était tel qu'il ne puisse pas être plus petit, il serait droit[65]. C'est pourquoi ils sont enveloppés dans le concept d'angle droit puisqu'ils sont droits pour autant qu'ils sont ce qu'ils peuvent être faits[66]. De même, la nature, quand elle produit soit un homme, soit une femme, ne regarde pas une autre espèce que l'espèce humaine, bien que le concept d'être humain ne soit ni mâle, ni femelle (déterminations qui se trouvent dans les sensibles)[67]. L'espèce est en effet un milieu, unissant en soi les éléments s'écartant d'elle soit vers la droite soit vers la gauche.

Tu vois qu'il en est bien ainsi lorsque tu remarques que les intelli- **13**
gibles ne sont et n'ont rien de ce que l'on trouve dans les sensibles. Ils n'ont en effet ni couleur, ni figure qui sont atteintes par la vision sensible[68], ni dureté, ni douceur ou autre chose semblable, qui sont perçues par le toucher[69]. De même, ils n'ont ni quantité, ni sexe, ni quoi que ce soit que les sens saisissent. Toutes ces choses sont en effet postérieures aux intelligibles, comme les choses temporelles sont postérieures aux perpétuelles. De même, aucun des intelligibles n'est dans l'éternité, qui précède tout intelligible, comme l'éternel le perpétuel. Or, tout ce qui est précis et permanent est plus beau que ce qui est imparfait et changeant[70]. Ainsi les intelligibles sont-ils plus beaux que les sensibles, qui sont beaux pour autant qu'en eux resplendissent les espèces ou les beautés intelligibles[71].

65. Un exemple de géométrie des angles différent est donné dans *Ber.* 10

66. Cf. *Ber.* 8 et 16,9.

67. Cf. *DI* III, 8, 227.

68. Cf. Platon, *Banquet*, 211e.

69. Cf. Chalcidius, *Comm. In Tim.* 339 (PL IV 332)

70. Cf. sur l'accent mis sur la beauté chez Nicolas, Giovanni Santinello, *Il pensiero di Nicolò Cusano nella sua prospettiva estetica*, Padoue, Liviana, 1958.

71. Cf. Proclus, *In Parm.* IV 855. Dans le *cod. cus.*186 Nicolas note *« materia pulcro participat propter speciem... »* Il faut évidemment souligner l'affinité profonde du Cusain pour la tradition platonicienne qu'il relit à travers Proclus et le Pseudo-Denys. Nicolas marque très souvent son accord avec Platon, ainsi ici en *VS* 9, 26 ; 12, 33 ; 17, 49 ; 33, 97 et 39, 124. Il lui arrive cependant aussi de marquer son désaccord, comme par exemple en *M* 4, et d'adopter une position proche de celle d'Aristote. Ainsi, si pour lui il y a un pouvoir inné du jugement humain, il n'y

14

Chapitre VI

Éclaircissement sur le *pouvoir-être-fait*

Celui qui aura lu ceci sera sans doute occupé à concevoir le *pouvoir-être-fait*[72]. Et du coup c'est difficile, puisque le *pouvoir-être-fait* n'est pas déterminé si ce n'est dans son principe. Comment peut-on donc former un concept de ce qui est indéterminable ? Toutefois, afin que tu ne t'égares pas complètement, je t'aiderai avec un exemple grossier.

Supposons que Dieu soit appelé lumière éternelle, mais que le monde soit totalement invisible, étant jugé par la vue ne pas être, puisque la vue ne juge rien être si ce n'est ce qu'elle voit elle-même[73]. Or, la lumière prévoit de vouloir rendre visible le monde. Et parce que le *pouvoir-être-fait* visible du monde est la couleur, similitude de la lumière elle-même – car la substance de la couleur est la lumière[74] –, la lumière crée donc la couleur, dans laquelle tout ce qui peut être vu est enveloppé[75]. De même, en effet que la couleur supprimée, plus rien n'est vu[76], de même, avec la couleur, par la lumière, tout visible en tant que tel passe de la puissance à l'acte[77]. Ainsi, parce que la couleur resplendit diversement dans les choses colorées[78], la couleur apparaît dans certaines plus proche de la lumière. Ces choses sont plus visibles et sont comme telles plus nobles ; il en va ainsi de la couleur blanche[79]. Pourtant rien de coloré ne participe d'une couleur aussi parfaitement qu'il ne puisse en participer plus parfaitement, et il n'y a pas de limite à

a pas de concept inné, l'esprit humain est d'abord une tablette vierge. Sa position est assez proche de celle qu'adoptera plus tard Leibniz. Cf. *M* 15, 158 et *Comp.* 10, 34.

72. Sur la notion de *pouvoir-être-fait (posse fieri)*, cf. *M* 11, 130-132 ; *Poss.* 5, 11 et 29 ; *LG* I, 29 ; *Comp.* 7, 19 ; *AT* 14 et 26.

73. Cf. *QD* 1, 20.

74. Cf. Aristote, *Traité de l'âme*, II 7 418b et Albert le Grand *De causis et processu universit.* II tract 1 cap. 21 (Opera X 469 ab). Cf. *QD* 2, 34 et *AT* 8.

75. Cf. *DPL.* 2, 100 et *NA* 3, 8.

76. Cf. *AT* 8 et *Comp.* 13, 43.

77. Cf. Platon, *République* VI, 507d sqq ; Vitelo, *Optique* III, petitio 2 (ed. basil. 1572, p. 84) et III, 59 (ed. Bauemker, *Perspectiva* III, 59 BGPMA III2, p. 142)

78. Cf. *Conj.* II, 6, 102 ; *QD* 2, 35 et *AT* 8.

79. Cf. Sermon CCXLIII. Cf. également *Conj.* II, 16, 161.

son *pouvoir-être-fait*, si ce n'est la cause de la couleur. Certaines choses conservent de façon stable et continue leur couleur, comme les êtres célestes, d'autres la conservent de manière instable et temporaire, comme les êtres terrestres et ceux qui sont de ce monde corruptible[80]. La couleur est donc le *pouvoir-être-fait* visible. En effet, tout ce que l'on voit, on le voit parce qu'il est coloré. Et on le voit séparément de tout autre objet coloré ; on le distingue à cause de sa couleur distincte et singulière[81].

Et parce que le sens de la vue, qui est un esprit lumineux, parti- **15**
cipe de la lumière discriminante et connaissante et n'est aucunement coloré[82] afin de juger de toute couleur, la couleur n'est pas son *pouvoir-être-fait*. De même, l'intellect est plus lumineux que la vue. Il discerne en effet très subtilement les choses qui sont invisibles, par exemple les réalités intelligibles abstraites[83] des réalités visibles. C'est pourquoi la couleur n'est pas le *pouvoir-être-fait* de l'intellect, mais le *pouvoir-être-fait* un monde lumineux et beau et toutes les choses qui sont en lui – la couleur elle-même aussi –, est plus simple que la couleur, qui est dite similitude de la lumière éternelle ; comme une semence de la lumière et de la beauté participables, il enveloppe dans sa puissance passive[84] toutes les choses lumineuses, qui sont, qui vivent et intelligent. La participation de cette semence[85] manifeste en quelque sorte la semence lumineuse animale[86], puisque cette semence est le *pouvoir-être-fait* de l'animal (qui est, vit, sent et, selon son mode, intellige[87]). Cette force *(virtu),* la semence ne l'aurait pas, si elle ne participait pas de la similitude de ce

80. Cf. Bonaventure, *In II Sent. dist.* 13 a. 2 q. 2 ; dist. 14 pars 2 a. 2 q. 1 (*Opera* II 320b sq et 358 sq)

81. Cf. Vitelo, *Perspectiva* III, 70 (BGPMA III, 2 p. 143).

82. Cf. *QD* 1, 20-22 et *Comp.* 4, 9.

83. Ici comme dans son œuvre plus tardive du *Compendium*, Nicolas défend la thèse empiriste, selon laquelle la connaissance résulte de la formation d'un concept par abstraction d'une forme intelligible des images sensibles. Cf. par exemple *Comp.* 6, 18, *Poss.* 60 et *VS* 36, 107. Cf. antérieurement *DI*, II, 6, 126 et II, 9, 150.

84. Cf. ci-dessous, *VS* 7, 17.

85. Cette semence renvoie à la *possibilité-être-fait* que Nicolas appelle quelques lignes plus loin « la semence de la semence ».

86. Sur cette manière de parler, cf. *Conj.* II, 16, 161.

87. Selon Nicolas, hormis l'homme, les animaux ne peuvent pas intelliger, mais ils ont un certain degré de raison. Cf. par ex. *M* 5, 83.

pouvoir-être-fait du monde et de ladite[88] semence des semences et si elle n'en était pas l'image.

Par suite, la semence des semences des êtres existants, vivants et intelligents est la similitude participable de Dieu que nous appelons le *pouvoir-être-fait*. D'elle, la lumière éternelle produisit ce monde beau et lumineux et établit toutes les choses qui ont été faites. Car, puisque cette similitude est la similitude participable de la lumière éternelle, elle est bonne, ce qui est évident par sa large diffusion de soi-même[89] ; elle est grande car sa force *(virtu)* ne peut nullement être limitée ; elle est vraie, délectable et parfaite, et digne de louange en toutes choses[90], ses œuvres sont dignes de louange et glorieuses, comme nous le raconterons ci-dessous[91].

16

Chapitre VII
Une est la cause du *pouvoir-être-fait* de toutes choses

Ce en quoi s'arrêtent mes conjectures de chasses, c'est qu'il n'y a qu'une seule cause de tout, créatrice du *pouvoir-être-fait* de tout[92] et que celle-ci précède tout *pouvoir-être-fait* et en est le terme ; elle ne peut ni être nommée, ni participée[93], mais sa similitude est

88. Il semble que le *pouvoir-être-fait* joue un rôle analogue aux raisons séminales d'Augustin. Cf. Augustin, *De Genesi ad litteram*, II, 15, 30 ; III, 12, 19-20 ; IV, 33, 51 ; V, 7, 20 ; *De trinitate*, III, 8, 13 ; III, 9, 16. Sur la notion augustinienne, puis sa transmission au Moyen Âge, cf. Charles Boyer, « La théorie augustinienne des raisons séminales », *in Miscellanea agostiniana*, Rome, Ordine ermitano di s. Agostino, 1931, t. II, 795-819 et Marcia L. Colish, *The Stoic tradition from Antiquity to the early Middle Ages*, Leyde, Brill, 1985, t. II, p. 203-206. La notion de *ratio seminalis* n'apparaît cependant que deux fois dans l'œuvre cusaine, dans le Sermon III et VI, sans aucune référence à Augustin.

89. Cf. Denys l'Aréopagite, *Les Noms divins*, IV 1, 4, 20. *La Hiérarchie céleste*, IV, 1 (PG 3, 693. 96897, 720 et 177 ; *Dionysiaca* I 146sq et II 801). Cf. *cod. cus.* 43 et 44. Cf. *DPL* 2, 97, Sermon IV, 29, Sermon CLI.

90. Cf., ci-dessous, *VS* 35, 104.

91. Cf., ci-dessous, *VS* 15, 43 et aussi 90. Cf. également *VS* 7, 18.

92. Cf. *Princ.* 6, *AT* 15, *Poss.* 28.

93. Cf. Proclus, *Éléments de théologie* prop. 99.101 (Dodds 88.90). La cause créatrice, Dieu, ne peut pas être participée. Seule sa similitude peut l'être. Cf. *NA* 16,79 *VS* 22, 65, *FD* 4, 78 et 5, 80, le Sermon « le Verbe s'est fait chair », 8 ainsi

participée par toutes choses. Et parce qu'il y a différents participants dans toutes les choses qui, selon la même espèce de similitude, participent de la similitude de cette cause, on doit parvenir à l'un d'eux, qui est ce qu'il est au maximum, qui est le premier ou le plus important ou le principe de cette participation spécifique. Dans l'ordre par rapport aux choses de même espèce, il est au maximum tel qu'il est et il est tel par soi, et les autres choses de cet ordre participent de sa similitude spécifique. Ainsi, nous disons que la lumière est la similitude de la première cause qui resplendit d'abord et principalement dans ce qui brille le plus, par exemple le soleil, comme dans ce qui brille par soi, mais qui resplendit dans les autres choses qui brillent, comme dans les choses qui participent de la lumière solaire[94]. Or, la cause de la lumière solaire n'a rien de commun avec la lumière solaire ; elle est la cause de toutes les choses, et, pour cette raison, n'est aucune de toutes ces choses[95].

Je vais maintenant dévoiler par quel cheminement de la raison je ferai mes chasses, afin que tu saisisses et juges autant ce qui a été dit que ce qui va suivre.

Il est certain que le premier principe n'a pas été fait, puisque 17
rien ne se fait à partir de soi-même, mais à partir de ce qui le précède. Or ce qui n'est pas fait ne peut ni être défait ni disparaître[96] ; nous appelons cela éternel. Et parce que le *pouvoir-être-fait* ne peut pas se produire soi-même en acte – car produire résulte d'un acte –, cela implique donc une contradiction[97] que de dire qu'une

que le dernier paragraphe du chapitre 6 de *La Chasse de la sagesse*, où le *posse fieri* est dit être une similitude de Dieu (pensé comme *posse facere*). Dieu ne peut être nommé que symboliquement et métaphoriquement, puisque selon la règle de la docte ignorance, il n'y a pas de proportion entre l'infini et le fini. Il ne peut donc pas être nommé tel qu'il est par un nom humain. De ce point de vue, Dieu ne peut pas non plus être dit un ou être ou étant, quel que soit le sens que nous pouvons donner à ces termes, car ce sont des termes propres à une intellection finie.

94. Cf. Pseudo-Denys, *Les Noms divins*, IV 4 (PG 3 697CD, *Dionysiaca* I 164 sqq.). Sur le *cod. cus*. 96, fol. 115vb, Nicolas inscrit la remarque suivante : « nota de similitudine solis et dei et virtute solis et nota quomodo ania unum in deo. »

95. Cf., ci-dessous, *VS*, Épilogue, 120. Cf. *Ap. DI* 17.

96. Cf. Aristote, *Métaphysique* α, 2, 994b 6 sq.

97. C'est un usage médiéval. Cf. *CT* 3, où Nicolas précise lui-même. Cf. également Jean Wenck de Herrenberg, *De Ignota Litteratura*, 30, 27-28 et 36, 26. Cf. le commentaire de Raymond Klibansky et Hans-Gerhard Senger à l'édition critique de Heidelberg, n. 4, p. 150.

puissance passive se produit elle-même en acte ; c'est pourquoi l'acte est antérieur à la puissance[98]. Le *pouvoir-être-fait* n'est donc pas le principe éternel. À raison, un saint docteur disait : Affirmer qu'une puissance passive a toujours été est une hérésie[99]. Elle est donc postérieure à la cause première.

Quant à lui, le grand Denys soutient, au chapitre 9 des Noms divins, que ce premier Éternel est « inflexible, inaltérable, sans mélange, immatériel, absolument simple, sans insuffisance, sans augmentation possible, sans diminution possible, non fait, étant toujours »[100]. Ces affirmations et toutes autres semblables, quiconque remarque que le premier principe seul précède le *pouvoir-être-fait*, voit qu'elles sont exactes. Car flexible, altérable, matériel, capable d'augmentation, de diminution ou pouvant être fait, et d'autres affirmations similaires désignent une puissance passive et ne précèdent nullement le *pouvoir-être-fait*. Pour cette raison, elles doivent être niées du principe éternel.

18 Mais je saisis ces deux affirmations, à savoir sans augmentation possible et sans diminution possible, et je m'empresse avec eux de partir en chasse. Et je dis : Ce qui est sans augmentation possible ne peut être plus grand ; il est donc le maximum. Ce qui est sans diminution possible ne peut être plus petit ; il est donc le minimum. Par suite, puisqu'il est à la fois le maximum et le minimum, il n'est de toute façon pas plus petit qu'autre chose, parce qu'il est le maximum, ni plus grand, parce qu'il est le minimum[101]. Mais il est la mesure et la cause exemplaire ou formelle la plus précise de toutes les choses[102], grandes ou petites, comme j'ai montré dans l'opuscule du *Béryl*[103], sur l'énigme de l'angle, que nécessairement l'angle le plus grand, et à la fois le plus petit, est la cause formelle la plus adéquate de tous les angles qui peuvent être faits. Il n'est pas seulement la cause formelle, mais davantage encore la cause efficiente et finale,

98. Cf. Aristote, *Métaphysique* Θ, 8 1049b 5.

99. Cf. Thomas d'Aquin, *De l'éternité du monde*, 38 sq. Nicolas louera également ce livre ci-dessous, en *VS* 26, 77.

100. Cf. Pseudo-Denys, *Les Noms divins*, IX, 4 (PG 3 912B, *Dionysiaca* I 457-459). Nicolas suit ici la traduction de Robert Grosseteste, réalisée vers 1235. La version latine de PG est différente et suit celle de Balthasar Cordier réalisée en 1634.

101. Cf. *DI* I, 4, 11.

102. Cf. *DI*, 20, 61 et *Ber.* 12, DP 13.

103. Cf. *Ber.* 8 et 12.

comme le montre Denys lui-même, là où il écrit sur le beau[104]. Car la beauté, qui est ce qu'elle peut être, sans augmentation possible et sans diminution possible, est l'acte du *pouvoir-être-fait* de tout ce qui est beau – puisqu'elle à la fois la beauté la plus grande et la plus petite –, réalisant toutes les choses belles, se les conformant et les tournant vers soi – autant que leur capacité le permet. Il en va de même du bien, qui est ce qu'il peut être, et du vrai, et du parfait, et de toutes ces choses que nous louons dans les créatures ; nous les voyons en Dieu être le Dieu éternel, pour autant qu'elles sont ce qu'elles peuvent être[105]. Et pour cette raison nous louons Dieu comme la cause efficiente, formelle et finale de toutes choses[106].

Il est désormais évident que nous devons prêter la plus grande attention à la manière dont le *pouvoir-être-fait* ne peut être limité par quoi que ce soit qui vient après lui ou qui peut être fait, et qu'au contraire son principe et sa fin sont identiques. De cela nous parlerons plus largement ci-dessous[107].

Chapitre VIII 19
Comment Platon et Aristote sont partis à la Chasse

Platon[108], chasseur merveilleusement avisé, considérait que les choses supérieures sont dans les inférieures sous la forme d'une participation, et que les choses inférieures sont dans les supérieures

104. Cf. Pseudo-Denys, *Les Noms divins*, IV, 7 (PG 3 704B, *Dionysiaca* I 184) et Albert le Grand, *Commentaire des Noms divins* 4, 84 (Opera XXXVII 1, p. 190b-191b). Dans le *cod. cus.* 96, qui comporte notamment le commentaire d'Albert le Grand, Nicolas écrit en marge, fol. 139rb : « nota quomodi tres cause coincidunt ».

105. Cf. *DI* I, 22, 69 ; *DI* I, 24, 77 ; *DI* II, 5, 119 ; *Ap. DI* 27 ; *VS* 16, 47 ; *M* 5, 85 ; *M* 6, 94 ; *VS* 38, 111.

106. Cf. Thierry de Chartres, *De sex dierum operibus,* 3 (551, 18sq et 556,54 sq.), *Traité des six jours* (trad.. Michel Lemoine), *op. cit.* ; Thomas d'Aquin *S. Th.* I, q. 44 a. 1.3.4 ; Heymeric de Campo, *Tratactus de sigilli aeternitatis* (cod. cus. 106, fol. 77v). Cf. également Rudolf Haubst, *Das Bild des Einen und Dreieinen Gottes in der Welt nach Nikolaus von Kues.* Trèves, Paulinus, « Trierer Theologische Studien, 4 », 1952, 86 *sq.* Cf. *DI* II, 9, 150 ; *Poss.* 12 ; *LG* I, 48 ; *Princ.* 14 ; Sermon CCXXX.

107. Cf., ci-dessous, *VS* 37, 108 ; 110 et 114.

108. Cf. Platon, *Phédon,* 100cd, *République,* VI 507b.

de façon excellente[109]. Pour cette raison, comme il voyait que de nombreuses choses étaient appelées bonnes du fait de leur participation du bien, et qu'il en était de même pour les choses justes et honorables, il remarqua que ces choses tiraient leur nom de ce dont elles participaient et il se tourna afin de regarder ce qui est bon par soi et ce qui est juste par soi, et le fait que, si les choses participantes sont bonnes et justes[110], ces choses qui sont telles par soi sont telles maximalement et causes des autres choses[111].

En cela, le prince des Péripatéticiens, le très pénétrant Aristote[112], est d'accord, lui qui, voyant aussi parmi les choses naturelles que beaucoup sont chaudes par participation, affirmait qu'il était nécessaire de parvenir au chaud par soi, qui est maximalement tel et cause de la chaleur en tous les autres, comme le feu par exemple[113]. Et par cette voie, ils parvinrent à la cause par soi, première, de toutes les causes et, ainsi, à l'être des êtres, à la vie des vivants[114] et à l'intellect de ceux qui intelligent.

20 Or, Platon[115] a chassé la cause universelle de toutes choses en s'élevant du bon participé jusqu'au bien par soi, de cette manière : en effet, il considérait que tous les êtres, et même les êtres qui ne sont pas encore en acte mais seulement en puissance, pouvaient être dits bons par participation de l'unique bien. Le passage en effet de la puissance à l'acte et tout ce qui existe en acte n'a pas lieu sans participation du bien[116]. Ce qui est donc bon comme tel au maximum, à savoir l'unique Bien par soi, est désiré par tous. En effet, tout ce qui est préférable est préférable sous le rapport du bien. Puisque donc le bien est la fin préférable et désirable,

109. Cf. *LG* I, 38

110. Cf. Platon, *Phédon*, 65d.

111. Cf. Diogène Laërce, La vie des philosophes..., *op. cit.,* III 13 (fol. 54^{r}).

112. Cf. Aristote, *Métaphysique* A, 6 987b7-10 ; α, 1, 993 b 25 ; *Les Parties des animaux*, II, 2, 649a 5 sq.

113. Cf. aussi ce qu'écrit Nicolas, ci-dessous, en *VS* 39, 118.

114. Cf. Pseudo-Denys, *Les Noms divins* I, 3 (PG 3, 589A, *Dionysiaca* I, 22) et Albert le Grand, *Commentaire des Noms divins du Pseudo-Denys*, I, 33 (XXXVII, 1, p. 18, 63). Cf. également *Ap. DI* 50.

115. Cf. Platon, *République*, VI, 505a, 507b, 508e-509b et VII, 517c ; Proclus, *Éléments de théologie*, prop. 8 ; 12 (Dodds 812).

116. Mot-à-mot : il ne manque pas au passage de la puissance à l'acte et à toutes les choses de participation au bien.

le bien par soi sera cause de toutes choses, puisque toutes les choses sont tournées vers leur propre cause, et la désirent : d'elle elles tiennent tout ce qu'elles ont[117]. Platon affirmait donc que le premier principe est Dieu, l'Un en soi et le bien en soi[118]. Et les principes des autres choses, à savoir de l'être, de la vie et de l'intellect, et des choses semblables, il les appelait « existant par soi », « vie par soi », « intellect par soi » et disait qu'ils sont les principes et les causes de l'être même, du vivre, et de l'intelliger.

Ces principes, Proclus les appelle des dieux créateurs[119], par la 21
participation desquels toutes les choses qui sont existent[120], toutes celles qui vivent vivent et toutes celles qui intelligent intelligent. Et puisque toutes choses qui vivent et intelligent, si elles ne sont pas, ne vivent pas et n'intelligent pas, il appela alors la cause de l'être qui vient après le premier dieu des dieux[121] – qu'il affirmait être, comme je l'ai dit, l'Un-Bien[122] – un second dieu, à savoir l'intellect créateur[123]. Celui-ci, Proclus crut que c'était Jupiter, le roi et le souverain de tous dieux. Ainsi, il disposa des dieux célestes et terrestres, et d'autres, divers et éternels, comme Proclus l'exprime en détail dans les six livres de la *Théologie platonicienne*[124]. À la tête de tous ceux-ci, il plaça pourtant le dieu des dieux, la cause universelle de toutes choses. Et ainsi, toutes ces choses que nous

117. Cf. Proclus, *Éléments de théologie*, prop. 8 (Dodds 8-10) *La théologie platonicienne*, II, 6 (95sq). Dans le *cod. cus.* 185, fol. 63^{r}, Nicolas marque dans la marge de ce dernier texte : « Bien et un ».

118. Il s'agit là de la conception de la pensée de Platon par les néoplatoniciens, que Nicolas reprend très explicitement : cf. par exemple Proclus, *Éléments de théologie*, prop. 119-133 (Dodds 104.119) et *La Théologie platonicienne*, I, 18.22 ; II, 6. Dans le *cod. cus.* 185, Nicolas marque en marge du texte de Proclus 32^{r}, 39^{rv} et 64^{r} : « Platon appelait le premier bien et un. »

119. Cf. Proclus, *Commentaire du Parménide de Platon*, IV (1096). Dans le *cod. cus.* 186, où est collationné ce texte, le Cusain écrit en marge sur le fol. 107^{v} : « … dii aliqui autem quicumque conditores propter conditorem, et patres proper patrem aut primum conditorem… »

120. Proclus, *La Théologie platonicienne*, III, 1.

121. Proclus, *La Théologie platonicienne*, V, 21 et II, 11 ; II, 4.

122. Proclus, *La Théologie platonicienne*, I, 17 ; II, 4 ; III, 1 ; I, 14.

123. Cf. Proclus, *La Théologie platonicienne*, I, 3. V, 22 et 23. Dans le *cod. cus.* 185, Nicolas écrit sur le fol. 6^{r} « quid dii ».

124. Proclus, *La Théologie platonicienne*, II, 11 et V, 2.

attribuons au dieu bon, qui ne sont pas différentes, si ce n'est en raison, et nullement en réalité, Proclus semble les attacher à différents dieux à cause d'une différence rationnelle entre les attributs. Il était motivé en cela par le fait que rien n'est intelligible s'il n'est pas en acte, puisque l'être est nécessairement participé par l'intelligible. Pour cette raison, tout ce qui est intelligé, il l'affirmait être. Ainsi, il prétendait que l'homme intelligible, le lion intelligible, et le reste, qu'il voyait abstrait et détaché de la matière, étaient, en tant qu'étant intellectuellement, de la manière que l'on a exposé ci-dessus.

22 Mais les Péripatéticiens ne sont pas d'accord en cela avec lui. Ils virent que l'être rationnel est constitué par notre intellect et qu'il n'atteint pas l'être réel. Ils ne sont pas non plus d'accord pour ainsi dire que le bien serait antérieur à l'être ; ils disent que l'Un, l'être et le bien se changent l'un en l'autre[125]. Par suite, comme la cause de l'être est la cause première et l'intellect créateur de toutes choses, ceux-ci, qui disent que l'Un, l'être et le bien sont interchangeables, reconnaissent aussi que la cause de l'Un, de l'être et du bien est la même. Cependant, Aristote qui soutint comme Anaxagore que l'intellect est la cause première[126], qui est le principe du mouvement, ne lui attribua pas l'administration de tout l'univers, mais seulement des cieux ; toutefois, il dit que les cieux gouvernaient les choses terrestres. Épicure[127], au contraire, attribua toute l'administration de l'univers à Dieu seul sans aide d'aucune sorte.

Mais nos divins théologiens apprirent d'une révélation supérieure, que, puisque selon l'affirmation de tous, elle est tricausale, à savoir efficiente, formelle et finale, appelée par Platon l'Un et le bien, par Aristote l'intellect et l'être des êtres[128], la cause première est ainsi une parce que trine, et de même trine parce que une. Puisqu'elle est cause efficiente, on l'appelle avec Platon unité, puisqu'elle est

125. Aristote, *Métaphysique*, Γ, 2, 1003b 23 et Z, 16, 1040b 16 ; 1045b 6 ; 1059b 28 et 1060b 5. Cf. aussi, ci-dessous, *VS* 21, 60.

126. Cf. Diogène Laërce, *Vies et doctrines des philosophes*, II, 6 et 8, (fol. 26^{v}) concernant Anaxagore, et V, 32 (fol. 86^{r}) concernant Aristote. Cf. aussi Aristote, *Métaphysique*, Λ, 6, 1071b 27*sqq.* ; 1075b 8 *sqq.*

127. Cf. Diogène Laërce, *Vies et doctrines des philosophes*, X, 76 sq. (fol.193^{r}), qui transmet la Lettre à Hérodote. Dans la marge de son exemplaire, Nicolas note : *« nota : nihil mundi ministerio alicuius factum sed ordinatione et imperio dei. »*

128. Cf. Diogène Laërce, *Vies et doctrines des philosophes*, V, 32 et III, 13.

cause formelle, on l'appelle avec Aristote entité, et puisqu'elle est cause finale, on l'appelle avec les deux la Bonté.

Mais comment le fidèle peut voir en énigme cette très sainte Trinité dans l'unité, qui précède tout intelligible et toute quantité, continue ou discrète, tout nombre et toute altérité, je l'indiquerai pour autant que Dieu l'aura permis.

CHAPITRE IX 23

COMMENT LES SAINTES ÉCRITURES ET LES PHILOSOPHES ONT APPELE DE DIFFÉRENTES FAÇONS LA MÊME CHOSE

Si, avec ces prémisses déjà exposées, l'on se tourne vers la genèse du monde, décrite par le saint Moïse longtemps avant les philosophes[129], on trouvera là ce qui a été dit plus haut sur les principes. Il dit en effet : « Au commencement, Dieu créa le ciel et la terre », puis la lumière[130], désignant par-là que le *pouvoir-être-fait* monde, qui est composé du ciel et de la terre, a été créé au commencement. Car il décrit ensuite ce qui en acte est fait ciel, à savoir le firmament, et ce qui est fait terre, à savoir la terre ferme, et ce qui est fait lumière, à savoir le soleil (selon Denys[131]). En effet, dans le *pouvoir-être-fait* ont été créées pêle-mêle et de manière enveloppée toutes les choses dont on lit qu'elles furent ensuite faites et développées[132]. Par suite, quand Moïse affirme que Dieu dit « "Que la lumière soit" et la lumière a été faite »[133], il dit cela en rapport avec la nature du *pouvoir-être-fait.* Dieu vit en effet la lumière dans le *pouvoir-être-fait* et il vit qu'elle était bonne et qu'elle était nécessaire à la beauté du monde visible. Et il dit à la nature de la lumière, dans le *pouvoir-être-fait*, qu'elle soit faite lumière en acte ; et la lumière a été faite par le *pouvoir-être-fait* de la lumière. La

129. Gn 1, 1.

130. Gn 1, 1 et 1, 14-15.

131. Pseudo-Denys l'Aréopagite, *Les Noms divins*, IV, 4, *op. cit.*, (*Dionysiaca* I, 164-167 ; PG 3, 698C-699A).

132. Cf. la notion augustinienne de *materia informis* (*Confessions* XII, 8 ; PL 32, 829) Cf. *DG* 2, 159.

133. Gn 1, 14-15.

lumière a été faite naturellement par le commandement de la parole du Créateur. Ce mouvement, par lequel le pouvoir est mû afin qu'il soit fait en acte, est dit naturel. Il est en effet créé dans le *pouvoir-être-fait* par la nature, qui est l'instrument du commandement divin, afin que naturellement et agréablement, sans aucun travail ni fatigue, soit fait en acte ce qui peut être fait. Et le Verbe de Dieu, vers lequel se tourne la nature afin que toutes choses soient faites, est Dieu. En effet, rien n'est de Dieu qui ne soit pas Dieu lui-même.

24 Or, ce Verbe, les Platoniciens l'appellent l'intellect créateur. Ils disent qu'il est l'Unique engendré *(unigenitum)* et le Seigneur de toutes choses, comme le croit Proclus[134]. En effet, ils appellent Dieu l'Un ; pour cette raison, l'intellect créateur est l'Unique engendré ; mais d'autres l'appellent l'intelligence première. Anaxagore, lui, l'appelle la pensée[135] ; les Stoïciens le Verbe[136], qu'ils soutiennent être Dieu, comme on le lit chez Laërce. Et ceux-ci ont excellemment suivi le prophète David qui a dit : « Dans le Verbe du Seigneur, les cieux se sont concrétisés »[137] et ailleurs : « Il dit, et les choses ont été faites, il commanda, et les choses ont été créées[138]. »

De ce que les philosophes pensèrent de ces principes, prête attention à ceci : Anaxagore[139] dit que la pensée, principe du mouvement, a pénétré la matière, dans laquelle toutes choses étaient pêle-mêle, et a façonné séparément les choses singulières. De même, Platon dit que Dieu et la matière sont les deux principes des choses[140]. Aristote résolut tout dans l'acte et la puissance[141]. Pythagore assi-

134. Cf. *Bér.* 35. Cf. aussi Proclus, *La Théologie platonicienne*, V, 16-20, *op. cit.*, vol. V, pp. 52-56 ; *Commentaire sur le Parménide de Platon*, I (642-643), *op. cit.*

135. Diogène Laërce, *Vies et doctrines des philosophes illustres*, II, 6, *op. cit.* (fol. 26v).

136. Diogène Laërce, *Vies et doctrines des philosophes illustres*, VII, 134, *op. cit.* (fol. 135v).

137. Ps 32, 6.

138. Ps. 32, 9.

139. Diogène Laërce, *Vies et doctrines des philosophes illustres*, II, 6, *op. cit.* (fol. 26v).

140. Diogène Laërce, *Vies et doctrines des philosophes illustres*, III, 69 *op. cit.* (fol. 62v).

141. Diogène Laërce, *Vies et doctrines des philosophes illustres*, V, 34, *op. cit.* (fol. 86v). Cf. Aristote, *Métaphysique*, IX, 3, 1047a 24 et 30 sq. ; IX, 7, 1049a 1 1065b 14 *sqq.* ; *Physique*, 201a 9 *sqq.*

mile les principes à la monade et à la dualité[142] ; il disait que la dualité comme matière indéfinie est assujettie à la monade fondatrice *(auctor)*[143]. Les Stoïciens disent que Dieu, qu'ils appellent à la fois pensée et Jupiter, est « l'artisan » de cette « œuvre immense »[144]. À leurs yeux, il y a, disent-ils, « deux principes de toutes les choses, l'un qui agit et l'autre qui pâtit ; que ce qui pâtit est une substance ou une matière sans qualité, mais que ce qui agit est le Verbe, et qu'il est aussi Dieu[145] ». Or, Épicure disait que par le commandement de Dieu toutes les choses viennent de la matière, qu'il croyait être une infinité d'atomes[146]. Toutes ces doctrines se trouvent exposées en détail chez Laërce.

Si tu considères bien celles-ci, elles ne tendent vers rien d'autre 25
que ce qui a été précédemment dit[147], à savoir que Dieu, qui est acte très pur, fait toutes les choses à partir du *pouvoir-être-fait*. Mais que le *pouvoir-être-fait* est une créature de Dieu, Moïse le dit plus expressément. Or, Thalès n'est pas en désaccord quand il dit que le monde est la fabrication *(factura)* de Dieu, qu'il reconnaît être la plus ancienne[148]. Dieu est donc lui-même le principe et créateur du *pouvoir-être-fait* du monde ; il précède le monde, qui a été fait. En lui, le monde que Moïse dit avoir été fait était le *pouvoir-être-fait*, puisque rien n'a été fait en acte qui ne pouvait être fait.

De même, Platon soutient que le monde a été engendré ou fait[149]. Il dit en effet régulièrement que toutes les choses sensibles sont nécessairement à partir d'un principe antérieur, mais que le temps ne

142. Diogène Laërce, *Vies et doctrines des philosophes illustres*, VIII, 25, *op. cit.* (fol. 151ᵛ).

143. Diogène Laërce, *Vies et doctrines des philosophes illustres*, VIII, 25, *op. cit.* (fol. 151ᵛ).

144. Diogène Laërce, *Vies et doctrines des philosophes illustres*, VII, 135, *op. cit.* (fol. 135ᵛ). Cf. Sénèque, *Lettre* 65, 2.

145. Diogène Laërce, *Vies et doctrines des philosophes illustres*, VII, 134, *op. cit.* (fol. 135ᵛ).

146. Diogène Laërce, *Vies et doctrines des philosophes illustres*, X, 41-45, *op. cit.* (fol. 187ᵛ sqq.). Épicure n'a évidemment jamais tenu de tels propos.

147. Cf. *VS* 3, 7 et 9, 23.

148. Diogène Laërce, *Vies et doctrines des philosophes illustres*, I, 35, *op. cit.* (fol. 9ʳ).

149. Diogène Laërce, *Vies et doctrines des philosophes illustres*, III, 71, *op. cit.* (fol. 63ʳᵛ).

peut exister sans le *pouvoir-être-fait* du monde, parce que, lorsque le monde a été institué, le temps est apparu avec lui.

26 Mais Aristote nie que le *pouvoir-être-fait* ait un début[150]. De même, il croit que ni le mouvement ni le temps n'ont été faits, trompé par cet argument : le monde fait avait pu être fait, et le *pouvoir-être-fait* n'advient en acte sans mouvement ; il conclut ainsi que ni le mouvement, ni le temps n'ont été faits. S'il avait porté attention au fait qu'avant le *pouvoir-être-fait* l'éternel est en acte, il n'aurait pas nié que le *pouvoir-être-fait* est principié par ce qui le précède. En effet, la succession qui est dans le mouvement, dont la mesure est le temps, reconnaît en elle-même[151] que le temps, le mouvement et ce qui se meut n'est pas éternel. Puisque l'éternité est en acte tout à la fois ce qu'elle peut être, pour cette raison elle est antérieure à la succession. En effet, la succession sort de l'éternité. C'est pourquoi Platon, plus clairvoyant, disait justement que le temps est image de l'éternel[152]. En effet, il imite l'éternel et suit le *pouvoir-être-fait*[153]. Comment, en effet, y aurait-il succession si elle ne pouvait être faite ?

Anaxagore posa les commencements des choses et une fin du temps[154]. En effet, interrogé pour savoir si un jour futur la mer serait là où étaient les montagnes de Lampsaque, il répondit : bien sûr, « si le temps ne cessait pas »[155]. Il croyait donc que le temps serait un jour fini. De même, les Stoïciens qui affirmaient que le monde est corruptible sont davantage d'accord avec la vérité qui nous a été révélée par la foi[156].

150. Aristote, *Métaphysique*, Λ, 6, 1071b 6 *sqq*.

151. Aristote, *Physique*, IV, 11, 219b 1-3.

152. Diogène Laërce, *Vies et doctrines des philosophes illustres*, III, 73, *op. cit.* (fol. 63v). Cf. Platon, *Timée*, 37D.

153. Il s'agit évidemment du point de vue de Nicolas, non de celui de Platon.

154. Diogène Laërce, *Vies et doctrines des philosophes illustres*, II, 10, *op. cit.* (fol. 27r).

155. *Ibidem*.

156. Diogène Laërce, *Vies et doctrines des philosophes illustres*, VII, 141, *op. cit.* (fol. 137r).

Chapitre X 27

Comment les sages ont appelé le pouvoir-etre-fait

Thalès de Milet assimilait l'eau au *pouvoir-être-fait* car il vit que l'air est fait de sa vapeur, le feu des particules fines de celle-ci et la terre des parties grossières de l'eau, et que tous les vivants se nourrissent de celle-ci et pour cette raison en sont faits[157]. En effet, de ce qui les fait vivre, les vivants se nourrissent. Mais que l'eau ne soit pas le *pouvoir-être-fait* du monde et de toutes les choses, bien que celui-ci brille beaucoup en elle, on le voit à ceci : Dieu, comme il le dit lui-même justement[158], est le plus ancien ; il précède donc tout ce qui est fait ou créé. Par conséquent, l'eau puisqu'elle est postérieure à lui, a été faite. Le *pouvoir-être-fait* la précède donc.

Mais Zénon le Stoïcien disait que Dieu « avait transformé en 28
passant par l'air la substance du feu en eau[159]. » Et de même que la semence est conservée dans le fœtus, de même la raison d'engendrer réside dans l'humeur, à savoir dans une matière organisée pour opérer de la manière la plus appropriée, une matière à partir de laquelle d'autres choses sont ensuite engendrées. Il faut que tu intelliges que notre principe, c'est-à-dire le *pouvoir-être-fait*, précède l'eau et tous les éléments ainsi que toutes les choses qui sont faites, qu'elles soient, qu'elles vivent ou qu'elles intelligent. Et cette humeur – dont parle Zénon – n'est pas de l'eau pure, même si elle est aqueuse. En effet, puisqu'une eau pourrait être donnée plus pure et plus simple qu'une autre, toute eau donnée peut être encore plus pure et plus simple. Par conséquent, ce n'est pas à un seul élément, mais à tous les éléments composés l'un avec l'autre qu'il faut attribuer le *pouvoir-être-fait* des choses sensibles et corporelles. Et c'est ainsi en effet, rapporte Laërce, que les Stoïciens ont perçu les choses. Parlant, dans la vie de Zénon de Cittium[160], du monde sensible et

157. Diogène Laërce, *Vies et doctrines des philosophes illustres*, I, 27, *op. cit.* (fol. 7v).

158. Diogène Laërce, *Vies et doctrines des philosophes illustres*, I, 35, *op. cit.* (fol. 9r).

159. Diogène Laërce, *Vies et doctrines des philosophes illustres*, VII, 136 et 142, *op. cit.* (fol. 136r et 137r).

160. Diogène Laërce, *Vies et doctrines des philosophes illustres*, VII, 142, *op. cit.* (fol. 137r).

corruptible, il dit que le monde a été fait lorsque « la substance du feu a été transformée grâce à l'air en humeur ». C'est alors que sa partie la plus grossière a été déterminée en terre, que d'autre part la partie la plus subtile s'est changée en air, et que la partie de plus en plus légère s'échappa en feu. Et de ce mélange sont nés les animaux et les arbres, et tous les genres de créatures du monde.

29 Il est suffisamment évident que ces philosophes et leurs successeurs ont parlé du monde terrestre sensible et affirmé qu'en celui-ci il ne se trouve pas d'éléments simples mais composés, de sorte que l'un peut être fait de l'autre et que toutes les autres choses (même les vivantes) peuvent être faites de toutes les choses. Si en effet il y avait un élément simple et pur, puisqu'il serait ce qu'il peut être fait, il ne serait pas en puissance de devenir autre, comme soutient Denys dans la *Hiérarchie céleste* que le feu est inaltérable[161], mais il affirme au contraire ailleurs, dans le livre des *Noms divins* au chapitre sur le mal[162], que rien ne se corrompt selon sa nature et sa substance, bien que certaines choses soient corrompues par d'autres qui leur sont accidentelles. Les Stoïciens cependant affirmèrent que les parties de ce monde terrestre sont corruptibles ; ils en conclurent que ce monde est et engendré et corruptible[163]. Les Péripatéticiens, pour leur part, assurent que ce monde est renouvelé par son mouvement circulaire[164] ; pour cette raison, ils disent que, persévérant toujours dans son mouvement circulaire, ce monde ne peut jamais disparaître, et qu'il est inengendré ; qu'il est cependant très certain que le monde entier ne peut jamais disparaître. En effet, les intelligibles, qui sont ses parties principales, sont ce qu'ils peuvent être faits, comme nous le disions plus haut[165].

161. Pseudo-Denys l'Aréopagite, *La Hiérarchie céleste* XV, 2 (*Dionysiaca* II 997 ; PG 3, 329B).

162. Pseudo-Denys l'Aréopagite, *Les Noms divins* IV, 23 (*Dionysiaca* I 173/274 sq. ; PG3, 724D).

163. Diogène Laërce, *Vies et doctrines des philosophes illustres*, VII, 141 et 142, *op. cit.* (fol. 137r).

164. Cf. Aristote, *Métaphysique*, Λ, 6, 1071b 4-22 ; 1072a 8 *sq.*

165. Cf. *VS* 3, 7-8.

Chapitre XI 30
Les trois régions et les dix champs de la sagesse

Afin de développer notre propos, nous disons qu'il y a trois régions de la sagesse : une première, dans laquelle elle se trouve elle-même, en tant qu'elle est éternellement ; une deuxième dans laquelle elle se trouve dans une similitude perpétuelle ; une troisième, dans laquelle elle brille de loin dans le flux temporel de la similitude[166].

Je pense cependant qu'il y a dix champs vraiment appropriés à la chasse de la sagesse : le premier, je l'appelle la docte ignorance, le deuxième le *pouvoir-est*, le troisième le *non-autre*, le quatrième la lumière, le cinquième la louange, le sixième l'unité, le septième l'égalité, le huitième la liaison, le neuvième la limite, le dixième l'ordre.

Chapitre XII 31
Le premier champ : la docte ignorance

En entrant dans le premier champ, j'observe comment on saisit de façon incompréhensible l'incompréhensible[167].

Eusèbe de Pamphile[168] rapporte qu'un Indien est venu à Athènes, Socrate le rencontra et lui demanda si, ignorant Dieu, l'on peut savoir quoi que ce soit. Surpris par la question, il répondit : comment cela pouvait-il se faire ? L'Indien ne voulait pas que rien ne soit su et que Dieu soit pas complètement ignoré[169]. En effet, toutes

166. La première région est donc celle de Dieu, éternel. La deuxième région est celle des êtres incorruptibles, qui, perpétuels, ont eu un commencement mais n'ont pas de fin : c'est typiquement le cas du *pouvoir-être-fait*, le *posse fieri*, des anges, de certains corps célestes, des intellects et des âmes humaines. La troisième région est celle des êtres corruptibles, qui ont un commencement et une fin, et qui sont dans l'univers. Cf. *VS* 32, 95 ; 37,109 et 39, 117.

167. Cf. *DI* I, 4, 12 ; *DI* III, Épilogue, 263 ; *Ap. DI* 13 ; *VD* 13, 53.

168. Cf. Eusèbe de Pamphile, *De preparatione evangelica*, XI, 3 (PG 21, 850A). Cf. *Ber* 8 ; *Poss.* 38.

169. Cf. Sermon CLXXXVII *« Spiritum autem Paraclitus »* ; *VD* 13, 54 ; *VS* 38, 110.

les choses parce qu'elles sont témoignent aussi de Dieu, parce qu'il est. Mieux encore, c'est parce que Dieu est, que toutes choses sont. Bien entendu, parce que tout ce qui est connu peut être mieux et plus parfaitement connu, rien n'est connu comme il est connaissable[170]. Il s'ensuit que le « parce qu'il est » de Dieu est la cause de la connaissance de toutes choses, parce qu'elles sont ; de même que, parce que l'on ignore ce qu'est Dieu tel qu'il est connaissable, on ignore également la quiddité de toutes les choses, telle qu'elle est connaissable. Aristote[171] dit que celle-ci est toujours recherchée, et de quelle manière lui aussi la chercha dans la philosophie première, mais ne la trouva pas.

Il parut à Proclus[172] que savoir comment la quiddité de ce qui est principalement est la chose la plus difficile à découvrir et n'est rien d'autre que l'Un qui est pluriel : un en essence, pluriel en puissance. Mais avec ça, on ne sait pas ce qu'est cet un pluriel ; de cela on parlera plus amplement ci-dessous[173]. En effet, il ne peut pas arriver que soit connu ce qui est antérieur au *pouvoir-être-fait*. Donc, puisque Dieu est antérieur, il ne peut pas être rendu[174] compréhensible. Et puisque la quiddité *(quid sit)* du *pouvoir-être-fait* n'est pas compréhensible, de même, comme sa cause qui le précède, la quiddité d'aucune chose – sa cause étant ignorée – n'est comprise en acte, telle qu'elle peut être connue.

32 Par conséquent, plus on saura que cela ne peut être su, plus on sera savant. Car si est plus savant sur la grandeur de l'éclat du soleil celui qui nie la possibilité de le comprendre par la vue[175] plutôt que celui qui l'affirme, plus savant sur la grandeur de la mer celui qui nie la possibilité de la mesurer par une quelconque mesure de liquide plutôt que celui qui l'affirme, et de même est plus savant celui qui nie plutôt qu'il affirme que la grandeur absolue (non réduite à l'éclat du soleil ou à l'étendue de la mer ou de n'importe quoi d'autre, et à la fois illimitée et infinie) peut être mesurée par une mesure de la pensée, qui est contractée à la pensée. J'ai

170. Cf. *Ap. DI* 21-22 ; *M* 3, 69 ; *VS* 26, 79.

171. Cf. Aristote, *Métaphysique*, B, 2, 996b 5-25 ; Λ, 1, 1069a 18 ; E, 1, 1025b 10-15.

172. Proclus, *La Théologie platonicienne*, III, 1, *op. cit.*

173. Cf. *VS* 21-22.

174. Mot-à-mot : est fait.

175. Cf. *Ap. DI* 2.

développé cette partie, comme je le pus, dans mon livre *La docte ignorance*.

Quelle chose merveilleuse ! L'intellect désire savoir ; pourtant, ce n'est pas ce désir naturel de l'intellect de connaître la quiddité de Dieu qui lui est inné[176], mais celui de savoir que son Dieu est si grand que sa grandeur est sans fin. De là vient qu'il est plus grand que tout ce qui est conçu et connaissable[177]. En effet, l'intellect ne serait pas satisfait de lui-même s'il était la similitude d'un créateur si petit et imparfait qu'il pourrait être plus grand et plus parfait. En effet, d'une perfection infinie et incompréhensible, [le Créateur] est de toute manière plus grand que tout ce qui peut être connu et compris. Toute créature soutient que ce dieu est le sien et qu'elle en est une similitude, et en aucune façon une similitude de quelque chose d'inférieur à lui. En effet, toute créature est satisfaite de sa propre espèce, qu'elle considère comme la plus parfaite, comme Épicharme le disait[178], parce qu'elle se sait être une similitude et un don parfait de la beauté infinie de son dieu. Pour cette raison, Moïse écrivit que Dieu vit « toutes les choses qu'il avait faites et qu'elles étaient très bonnes[179] ». C'est pourquoi toute chose mérite de demeurer en paix en son espèce qui, venant du plus grand Bien, est très bonne.

Fais encore attention à la façon dont Dieu, surpassant le *pouvoir-* **33**
être-fait, précède tout ce qui peut être fait. Rien ne peut donc être fait de plus parfait qu'Il ne le précède. Il est donc tout ce qui peut être, tout ce qui est perfectible et parfait. C'est pourquoi Il est le parfait même, et qui est la perfection de toutes les choses parfaites et perfectibles. L'intellect se réjouit donc d'avoir une telle nourriture parfaite et pas du tout périssable, dont il voit qu'il peut se nourrir de manière immortelle et perpétuelle, vivre le plus délicieusement, et toujours se parfaire, croître et augmenter en sagesse. De même que celui qui découvre un trésor infini et innombrable, incompréhensible et inexhaustible, se réjouit davantage que celui qui en trouve un fini, dénombrable et compréhensible[180]. Ayant vu cela,

176. Cf. *M* 15, 158-159 ; *M* 4 ; 78 ; *VS* 20, 58.

177. Cf. *Poss.* 41 et *VS* 26, 77.

178. Diogène Laërce, *Vies et doctrines des philosophes illustres*, III, 17, *op. cit.* (fol. 54^{v}).

179. Gn 1, 31.

180. Cf. *VD* 16, 71 ; *Ber* 53 ; Sermon CLXXXIX « Qui manducat hunc panem » : « Dieu est le trésor infini de la vie. »

le pape Léon le Grand dit dans un sermon où il loue Dieu ineffable : « Ressentons que c'est un bien pour nous que nous soyons vaincus. Personne n'approche davantage de la pensée de la vérité que celui qui intellige que, dans les choses divines, même s'il fait de nombreux progrès, ce qu'il cherche le surpasse toujours[181]. »

Tu vois maintenant que les philosophes chasseurs qui s'efforcèrent de chasser les quiddités des choses, la quiddité de Dieu étant ignorée[182], et de rendre connue la quiddité de Dieu toujours connaissable, firent des efforts inutiles, puisqu'ils ne pénétrèrent pas dans le champ de la docte ignorance. Or, seul Platon[183], qui avait vu quelque chose de plus que les autres philosophes, disait qu'il serait émerveillé si Dieu était trouvé, et plus émerveillé encore si, étant trouvé, il pouvait être divulgué.

34

Chapitre XIII
Le deuxième champ : le pouvoir-est

L'intellect, en entrant dans le champ du *pouvoir-est*, c'est-à-dire là où le pouvoir est en acte, chasse un aliment très suffisant[184]. En effet, Dieu, que Thalès de Milet[185] affirmait à juste titre être le plus ancien, parce qu'il n'a été ni fait, ni engendré, est plus ancien que tout ce qui peut être nommé ; car il est antérieur à quelque chose et à rien, à ce qui peut être dit et à l'ineffable, au *pouvoir-être-fait* et à ce qui a été fait. Il ne peut donc être fait que l'éternité ne soit pas en acte. Bien qu'en effet l'humanité soit ce que l'humanité recherche, elle n'est pourtant pas en acte ce qu'elle peut être faite ; elle est en effet postérieure au *pouvoir-être-fait* sous la puissance toute-puissante du créateur du *pouvoir-être-fait*[186]. Aucune des choses qui suivent le *pouvoir-être-fait* n'est jamais libre du *pouvoir-être-fait*

181. Cf. Léon le Grand, Sermon XXIX, « In nativitate Domini » IX (PL 54, 226 C).

182. Seul Dieu est en mesure de connaître sa propre quiddité. Cf. *DI* I, 26, 88.

183. Cf. Platon, *Timée*, 28C, et Proclus, *La Théologie platonicienne*, II, 11, *op. cit.*

184. Cf., dans ce volume, l'ensemble du *Dialogue à trois sur le Pouvoir-est*, où Nicolas développe sa théorie du *pouvoir-est*.

185. Diogène Laërce, *Vies et doctrines des philosophes illustres*, I, 35, *op. cit.* (fol. 9r).

186. Cf. *Poss.* 8.

autre qu'elle est. Seul Dieu est le *pouvoir-est*, parce qu'il est en acte ce qui peut être[187].

On ne doit donc pas chercher Dieu dans un autre champ que le *pouvoir-est*. Car, quelle que soit la manière dont cela a été démontré, cela n'est pas Dieu, puisque cela peut être fait autre. Dieu n'est pas petit, parce que ce qui est petit peut être plus grand, ni grand, parce ce qui est grand peut être plus petit, mais il est antérieur à toutes les choses qui peuvent être faites autrement, et antérieur à toutes les choses qui sont différentes les unes des autres. Il est en effet antérieur à toute différence : antérieur à la différence de l'acte et de la puissance ; antérieur à la différence du *pouvoir-être-fait* et du *pouvoir-faire*, antérieur à la différence de la lumière et des ténèbres, et de même, antérieur à la différence de l'être et du non-être, de quelque chose et de rien, et avant la différence de l'indifférence et de la différence, de l'égalité et de l'inégalité, et ainsi des autres choses. Par suite, si tu regardes l'ensemble des choses qui lui sont postérieures, toutes sont différentes les unes les autres et aussi concordantes les unes avec les autres, [mais] différentes en genre d'être, ou en espèce, ou en nombre[188]. Or, Dieu, lui, est antérieur à toute différence de la différence et de la concordance, parce qu'il est le *pouvoir-est*. Et, puisqu'il est antérieur à la différence de l'un et de l'autre, il n'est pas plus l'un que l'autre ; puisqu'il est antérieur à la différence du petit et du grand, il n'est pas plus grand que l'un et plus petit que l'autre, ni plus égal à l'un ni plus inégal à l'autre. 35

Il y a dans ce champ des chasses très délicieuses, parce que le *pouvoir-est* est en acte tout le pouvoir. Donc tout ce qui suit le *pouvoir-être-fait*, de telle sorte qu'il soit en acte, n'est en acte que s'il imite l'acte du *pouvoir-est*, qui est l'acte éternel et non-fait selon lequel il est nécessaire que tout ce qui est fait en acte soit fait. Car, puisque *pouvoir-être-fait* et être en acte diffèrent, et que l'éternité, qui est Dieu, précède cette différence, tu aperçois dans l'éternité, dans laquelle *pouvoir-être-fait* et être en acte ne diffèrent pas, toutes les choses qui ont été faites et qui peuvent être faites, en acte ; et là, tu vois que c'est l'éternité. Par suite, tout ce qui a 36

187. Cf. *VS* 13, 34. Cf., sur l'expression ambigüe « *quod esse potest* », ci-dessus, p. 34, n. 37 p. 45, et n. 37 p. 136.

188. Cf. *DI* I,3, 9 et II, 1, 91-94.

été fait ou sera fait – le *pouvoir-être-fait* créé aussi –, est nécessairement postérieur à son acte, qui est l'éternité.

37 D'autre part, l'Un et sa puissance diffèrent. Car l'Un en acte, en tant qu'il est le principe du nombre, est postérieur au *pouvoir-être-fait*, parce qu'il est multipliable[189], et qu'il n'est pas en acte ce qu'il peut être. Au contraire, l'Un est potentiellement tout nombre. L'Un et sa puissance diffèrent donc. Observe donc dans le *pouvoir-est* avant cette différence-là et vois que, dans l'éternité, l'Un et sa puissance avant leur différence sont en acte l'éternité. Tu vois alors que tout nombre, qui peut être constitué en acte à partir de la puissance de l'unité[190] après le *pouvoir-être-fait*, est en acte l'éternité. Et à cet acte éternel succède l'acte du nombre qui est fait ou sera fait, comme l'image à la vérité. Car de même que la monade est dans l'éternité, de même l'Un qui est en acte tout ce que l'Un peut être fait. Et de même que le deux est dans l'éternité, de même le deux qui est tout ce que le deux peut être fait ; et il en est de même de tous les nombres. Tu vois donc que le deux en acte postérieur au *pouvoir-être-fait* imite ce deux lui-même en acte dans l'éternité. Mais la proportion du deux postérieur au *pouvoir-être-fait* à ce deux-là qui est l'éternité est semblable à celle du dénombrable à l'innombrable, ou du fini à l'infini.

38 Il est évident que les philosophes qui n'entrèrent pas dans ce champ ne goûtèrent pas aux chasses les plus délicieuses. Or, ce qui les empêcha par peur d'entrer dans ce champ, ce fut parce qu'ils présupposèrent que Dieu aussi, comme les autres choses qui sont postérieures au *pouvoir-être-fait*, devait être cherché en-deçà de la différence des opposés. Car ils ne pensaient pas que Dieu se trouve avant la différence des opposés contradictoires. Voulant donc que leur chasse soit comprise sous le cadre du principe « une chose est ou elle n'est pas »[191], ils ne le cherchèrent pas, Lui qui est même plus ancien que ce principe et qui en dépasse le cadre[192], dans le champ du *pouvoir-est*, où pouvoir être et être en acte ne diffèrent pas.

189. Cf. *Comp.* 4, 8 ; *VS* 22, 65 ; *VS* 38, 110

190. Cf. *DI*, I, 5, 14.

191. Cf. *Aeq.* 26 ; *VS* 22, 67 ; *Comp.* 11, 36.

192. Le principe de non-contradiction (et du tiers exclu), formalisé par Aristote, ne vaut que pour le fini, non pour Dieu et les choses divines. Il n'est pas non plus apte à rendre compte de la présence de l'infini dans le fini. Dans ces derniers cas,

J'ai écrit, en d'autres lieux, dans *Le Dialogue à trois sur le pouvoir-est*, beaucoup de choses sur ce sujet. Ainsi donc, ce que je viens maintenant d'évoquer suffit.

CHAPITRE XIV 39

LE TROISIÈME CHAMP, À SAVOIR LE NON-AUTRE

Aristote écrit dans sa *Métaphysique*[193] que dans un premier temps Socrate a employé son intelligence *(ingenium)* aux définitions. En effet, la définition fait connaître. Car elle exprime la concordance générique et la différence spécifique de ce qui est défini, [concordance et différence] que le mot enveloppe dans sa signification. Ce que l'on cherche est donc vu dans sa définition, selon le mode avec lequel il peut être connu. Il faut par conséquent que l'intellect, qui chasse ce qui précède le *pouvoir-être-fait* lui-même, fasse attention à la façon dont il précède aussi l'autre. En effet, ce qui précède le *pouvoir-être-fait* ne peut être fait autre, parce que l'autre lui est postérieur. Et parce qu'il en est ainsi, il ne peut être défini par d'autres termes, c'est-à-dire spécifié ou déterminé par le genre et la différence spécifique qu'il précède. Il faut donc qu'il soit lui-même sa propre définition. Cela est aussi clair d'après ce que nous avons dit auparavant, puisqu'il précède la différence entre la définition et le défini. Et non seulement cela, mais est aussi nécessaire le fait que toutes choses soient définies par lui, car elles ne peuvent être à moins d'être et d'être définies par lui. Denys a très bien vu cela dans le chapitre sur la perfection et l'Un de son livre *Les Noms divins*, où il dit : « Et cet Un – cause de tout – n'est pas un *un* tiré de plusieurs, mais il est avant tout *un*, toute multiplicité et il est la définition de tout *un* et de toute multiplicité[194]. »

il faut recourir au principe cusain de coïncidence des opposés et des contradictoires. Cf. *Conj.* II, 1,78 ; *DI* I, 22, 67 et *VD* 9, 39.

193. Aristote, *Métaphysique*, A, 6, 987b 1-4.

194. Pseudo-Denys l'Aréopagite, *Les Noms divins*, XIII, 2 (*Dionysiaca* I, 541-542 ; *PG* 3 : 977D-979A). Nicolas suit ici la traduction d'Ambrogio Traversari, excepté pour *definitivum* qui devient *diffinitum*.

40 Or, le champ où a lieu la chasse la plus agréable de ce qui se définit soi-même et toutes choses, je l'appelle *non-autre*. En effet, le *non-autre* se définit lui-même et toutes choses. Car quand je demande : « Qu'est-ce que le *non-autre* ? », on [me] répond très convenablement : « Le *non-autre* est *non-autre* que le *non-autre*[195]. » Et quand je demande : « Qu'est-ce donc que l'autre ? », on [me] répond correctement que cet autre est *non-autre* que l'autre. De même, le monde est non-autre que le monde, et il en va de même de toutes les choses que l'on peut nommer.

Tu vois maintenant que cet éternel le plus ancien peut être recherché dans ce champ dans une chasse très agréable. Car, puisqu'il est la définition de lui-même et de toutes les autres choses, il ne peut se trouver plus clairement dans aucun autre [champ] que dans celui du *non-autre*. En effet, dans ce champ, tu touches du doigt le trine et un le plus ancien, qui est aussi sa propre définition. Car le *non-autre* est *non-autre* que le *non-autre*. L'intellect s'émerveille de ce secret quand avec attention il remarque que la Trinité, sans laquelle Dieu ne se définit pas par lui-même, est unité, parce que la définition est le défini. Dieu donc, trine et un, est la définition qui se définit elle-même et toutes choses. L'intellect découvre ainsi que Dieu n'est pas autre que l'autre, parce qu'il définit l'autre lui-même. Car *le non-autre* ôté, il ne reste pas d'autre. En effet, il faut, si l'autre doit être, qu'il soit *non-autre* que l'autre ; sinon, il serait autre que l'autre, et ainsi il ne serait pas [l'autre]. Le *non-autre* donc, puisqu'il est antérieur à l'autre, ne peut être fait autre et est en acte absolument tout ce qui peut être.

41 Remarque cependant comment le *non-autre* ne signifie pas autant que le même. Mais puisque le même n'est rien d'autre que le même, le *non-autre* le précède ainsi que toutes les choses qui peuvent être nommées. Et, par suite, si l'on appelle Dieu *non-autre*, parce qu'il n'est pas autre *(non-autre)* que n'importe quel autre, il n'est cependant pas pour autant même que quoi que ce soit. En effet, de même qu'il n'est pas autre que le ciel, il n'est pas même que

195. Cf. *NA* 1. L'expression que reprend ici Nicolas provient de *NA* 5, 18 : elle prétend alors manifester pleinement la Trinité divine. C'est une des raisons pour lesquelles le *non-autre* est un nom de Dieu. Dieu est *non-autre* que toutes choses. Cela ne signifie pas par-là-même qu'il soit identique à toutes choses.

le ciel. Toutes les choses se tiennent donc comme étant *non-autres* que ce qu'elles sont, parce que Dieu les définit, et à partir de ce *non-autre* elles n'ont pas à engendrer l'autre dans une espèce, mais à produire ce qui leur est semblable. La bonté donc bonifie, le blanc blanchit, et il en va de même de toutes choses.

Les philosophes chasseurs ne sont pas entrés dans ce champ, le seul dans lequel la négation ne s'oppose pas à l'affirmation. Car le *non-autre* ne s'oppose pas à l'autre, puisqu'il définit celui-ci et le précède. En dehors de ce champ, la négation s'oppose à l'affirmation[196], comme l'immortel au mortel, l'incorruptible au corruptible ; et il en va de même de toutes choses, seul excepté le non-autre. Rechercher Dieu dans les autres champs où il ne se trouve pas est donc une chasse vaine. Ce n'est pas Dieu en effet qui s'oppose à quelque chose, puisqu'il est antérieur à toute différence des opposés. C'est donc sur un mode plus imparfait que Dieu est appelé animal (auquel s'oppose le non-animal), et immortel (auquel s'oppose le mortel), que le *non-autre* (auquel ne s'oppose ni l'autre ni le néant), puisqu'il précède et définit le néant même. En effet, le néant est *non-autre* que le néant. De manière très subtile, le divin Denys disait que Dieu est « tout en tout et rien en rien[197]. »

Mais j'ai écrit plus longuement sur le *non-autre* l'année dernière à Rome dans un tétralogue[198]. C'est pourquoi en voilà maintenant assez sur ce sujet.

196. Comme le souligne Jasper Hopkins dans sa propre traduction (n. 114, p. 1366), ce passage est très important car il montre que Nicolas ne rejette pas purement et simplement le principe aristotélicien de non-contradiction. Mais cela ne signifie pas par-là même, comme poursuit Jasper Hopkins, que le principe de coïncidence des opposés ne vaille que pour Dieu. En effet, comme l'a souligné à son tour Kurt Flasch, le principe de coïncidence des opposés est explicitement appliqué au monde fini. Par ex. *DI* II,9, 156 Cf. *ACNC*, p. 72. Évidemment, cette coïncidence des opposés vaut au premier chef pour Dieu, puisqu'il transcende toute conceptualisation positive. Cf. par exemple ici *VS* 9, 88 et 38, 110. Cf. également *QD* 5, 49 ou le Sermon CCIV « Cum omni militia coelestis exercitus ». Mais si le principe de coïncidence des opposés ne s'appliquait qu'à Dieu, alors Nicolas n'innoverait nullement par rapport à la tradition antérieure et notamment par rapport au Pseudo-Denys.

197. Pseudo-Denys l'Aréopagite, *Les Noms divins*, VII, 3, (*Dionysiaca* I, 405. PG 3, 871A).

198. Il s'agit du *Non-autre*, écrit en 1461, longtemps perdu.

42 **CHAPITRE XV**

LE QUATRIÈME CHAMP, À SAVOIR LA LUMIÈRE

Je veux maintenant entrer dans le champ de la lumière et, dans la lumière donnée, chercher la lumière de la sagesse. En effet, comme le dit le prophète, « la lumière de son visage », c'est-à-dire de la connaissance de Dieu, « est imprimée sur nous[199] », et dans cette lumière la chasse se fait très joyeuse et agréable.

Or, je dis que tous ceux qui voient la neige disent qu'elle est blanche. Contredire cette assertion, c'est délirer. Ainsi, une assertion que tout homme intelligent dit être vraie, on ne peut nier qu'elle est vraie[200]. Mais puisque ce qui définit toutes choses est une définition, assurément la définition qui se définit elle-même et toutes choses est très bonne, et cette définition est très grande, elle est vraie, elle est belle, elle rend plein de sagesse, elle est délectable, parfaite, claire, juste et suffisante. Tout intellect reconnaît que toutes ces [propriétés][201] et d'autres semblables sont dites de cette définition de manière très vraie.

43 Elles sont donc dans la définition la définition et dans le défini le défini. Quand je définis le monde comme n'étant rien d'autre que le monde, je vois que toutes ces [assertions] que j'ai énoncées précédemment sont dans cette définition la définition, laquelle est prédiquée de toutes, et qu'elles sont, dans le monde [ainsi] défini, le monde. La bonté, la grandeur, la vérité, la beauté, la sagesse, la perfection, la clarté et la suffisance dans le monde ainsi défini sont le monde, dans la terre ainsi définie la terre. Comme elles sont dans Dieu ainsi défini Dieu et le *non-autre* dans le *non-autre*, elles sont aussi l'autre dans l'autre. Quand donc dans le soleil qui est quelque chose d'autre, elles sont le soleil, elles sont alors le soleil qui est dit autre (à savoir le soleil). De même donc qu'en Dieu elles ne sont pas autre que le non-autre considéré absolument, dans le soleil elles ne sont pas autre que l'autre ainsi dit. La bonté du

199. Ps 4, 7. La TOB précise que cette traduction est incertaine.

200. *DI* I, 1, 2.

201. En *VS* 39, 124, dans un contexte analogue, Nicolas utilise lui-même le terme de *proprietates*. Il paraît donc légitime d'introduire ce terme ici pour une meilleure compréhension du texte.

soleil n'est donc pas absolument le *non-autre*, mais le *non-autre* solaire lui-même, puisqu'elle est dans le soleil le soleil ; et il en va ainsi de toutes choses.

L'intellect débusque[202] ici un savoir admirable et très savoureux, 44
quand il considère avec la plus grande certitude que toutes ces [assertions] sont, en Dieu éternel et très simple, Dieu même qui se définit et définit toutes choses, et qui par-là est, dans tout défini, le défini. De là, [l'intellect] sait que rien de tout ce qui est peut être totalement privé du bon, du grand, du vrai, du beau, et ainsi, par conséquent, de toutes choses dont on a précédemment parlé. Et parce qu'aucune de toutes les choses n'est privée de suffisance, toutes les choses sont très suffisamment établies, puisque chacune possède autant de suffisance que ce qu'il lui est suffisant. Ainsi, aucune de toutes les choses n'est privée de sagesse et de clarté, ou encore de lumière, mais chacune en possède autant qu'il suffit à sa nature, afin de ne pas être autre qu'elle n'est, selon le meilleur mode qu'elle puisse être.

Ô merveilleuse sagesse de Dieu, qui a vu que toutes les choses 45
qu'il a faites sont extrêmement bonnes[203] ! Parvenir en toute chasse jusqu'à admirer cette sagesse éternelle, c'est s'en approcher très près. Puisque, comme le dit le sage Philon[204], elle est le parfum de la valeur *(virtu)* de la majesté divine, dont le chasseur admire l'odeur très douce et nouvelle qui restaure toute [sa] capacité intellectuelle ; celle-ci s'enflamme d'un désir indicible de courir dans cette odeur afin de la saisir et de ne pas douter d'en être près. Ce réjouissant espoir renforce et accroît la course du chasseur ; mais celle-ci est ralentie par la pesanteur du corps qu'il porte avec lui[205]. Et ne pouvant embrasser la sagesse très rapide, qui va d'un bout à l'autre [de l'univers][206], il désire se séparer du corps. Il renonce à l'amitié

202. *Débusque* traduit ici *venatur* (chasse).

203. Gn 1, 31.

204. Sg 7, 25. Nicolas considère que ce livre de la Bible a en fait été écrit par Philon d'Alexandrie. Cf. *VS* 1, 2.

205. Cette conception est toute platonicienne. Nicolas va très souvent rechercher la concordance de ses vues avec celle de Platon, qu'il lit directement mais aussi à travers Proclus. C'est particulièrement sensible dans le texte de *La Chasse de la sagesse* et dans les références régulières aux textes de Proclus. Cf. en particulier *VS* 9, 26 ; 12, 33 ; 17, 49 ; 33, 97 et 39, 124.

206. Cf. *Sap.* 8, 1.

qui le lie au corps, et qui par nature ne peut être plus grande, et il ne craint pas de mourir afin d'embrasser et de goûter la nourriture immortelle de Dieu, c'est-à-dire la sagesse. Il n'est pas possible qu'un des chasseurs parvienne autrement à l'embrasser, comme nous l'enseigne la sagesse divine incarnée, qu'aucun n'embrasse s'il n'en est digne. Or, n'en est pas digne celui qui ignore qu'elle doit être préférée à toutes choses et à sa propre vie, et qu'il doit brûler d'amour pour elle jusqu'à se perdre lui-même et toutes choses pour l'acquérir.

46

Chapitre XVI
Suite

L'intellect se réjouit dans cette chasse très joyeuse. Car cette chasse est bonne, grande, vraie, belle, savoureuse, délectable, parfaite, claire, juste et suffisante. En effet, quand le bien est défini, il voit que toutes les caractéristiques précédemment dites, comme par exemple grand, bien, etc. sont le bien lui-même ; et quand le grand est défini, il voit qu'en lui le bien, le vrai, *etc.*, sont le grand lui-même. Et en chacune de ces caractéristiques toutes sont celle-ci. Parce que dans le *non-autre*, elles sont le *non-autre* lui-même, là le bien n'est pas autre que le grand et le vrai, *etc.*, ni le grand autre que le bon et le vrai, etc. Car le *non-autre* fait que toutes choses sont le *non-autre*. De même, l'autre fait qu'ils sont tous autre. En effet, le bien est autre en l'autre ; il en va ainsi du grand et du vrai. Puisque chaque chose est autre, le bon ne sera pas dès lors non autre que le grand ou que le vrai ; mais de même qu'en lui le *non-autre* est *non-autre*, en lui l'autre est autre.

47 Par suite, comme le soleil est autre, sa bonté n'est pas *non-autre* que sa grandeur ou sa vérité, *etc.* ; mais chacune de ces caractéristiques, puisqu'elle est solaire, est autre qu'une autre. En effet, la bonté solaire contractée au soleil n'est pas cette bonté absolue qui est *non-autre*. C'est pourquoi elle est autre que la grandeur solaire, que la vérité solaire, *etc.* Car [ces caractéristiques] ne seraient pas dans un autre autre, que l'on appelle le soleil, précisément cet autre, si elles n'étaient pas, chacune d'entre elles, autre. En effet, le soleil est bon par un autre, grand par un autre, vrai

par un autre, et de même pour toutes les caractéristiques. C'est pourquoi l'autre en-deçà de la simplicité du *non-autre* même ne manque pas de composition par rapport au *non-autre* même. Mais l'autre précisément, dans lequel le *non-autre* rayonne moins, est davantage composé, de sorte qu'il l'est davantage dans un autre sensible que dans un autre intelligible. Dans la bonté solaire dans laquelle la grandeur, la vérité, *etc.* sont la bonté même, la grandeur n'est pas non plus *non-autre*, mais autre que la vérité ; et chacune des caractéristiques est autre que chacune des autres, car dans la bonté solaire qui est une autre, elles sont celle-ci, à savoir la bonté solaire. Il est donc nécessaire que la bonté solaire tombe dans une composition, puisqu'elle est contractée dans l'altérité du soleil à partir de la simplicité du *non-autre* même, c'est-à-dire de Dieu. La bonté, la grandeur, la vérité, *etc.* qui sont le composé dans le composé, doivent donc nécessairement être autres et composées ; de même qu'en Dieu absolument simple, elles ne sont pas autres mais de manière non composée Dieu lui-même absolument simple, les choses causées sont cause dans la cause[207].

Or, toutes les choses que l'intellect peut concevoir sont ou **48**
non-autre ou autre. Dans le *non-autre*, étant donné qu'il est ce qui peut être[208], absolument simple et parfait, il n'y a pas de diversité. Pour cette raison, l'intellect voit que toute la diversité se rapporte à l'autre. La diversité des modes d'être de l'autre même reçoit pour les uns et les autres différents noms. La bonté, la grandeur, la vérité, etc. constituent donc selon un certain mode de combinaison ce qu'on appelle être, selon un autre mode, ce que l'on appelle vivre, selon un autre encore, ce que l'on appelle intelliger ; et il en va de

207. Cf. *DI* I, 22, 69 ; *DI* I, 24, 77 ; *DI* II, 5, 119, *Ap. DI* 27. Les choses créées sont d'abord en Dieu, non comme elles-mêmes, mais comme Dieu, ou plus exactement comme le Verbe de Dieu. Cf. *M* 5, 85 : « Dieu en effet est le modèle de toutes choses ». Cf. *M* 6, 92 et 94 ; *VS* 38, 111.

208. L'expression latine est ambiguë. On peut traduire qu'il est *ce qu'il* peut être ou qu'il est *ce qui* peut être. Cf. *VS* 13, 34. En tant que *possest*, *pouvoir-est*, Dieu est tout ce qu'il peut être, car il est éternellement ce qu'il est, et ne peut donc être autre qu'il n'est (il est *non-autre*) ; mais il est aussi sans ambiguïté tout ce qui peut être, puisque rien n'existe sans lui : il est tout l'être de chaque être fini, et ce à tout moment de son existence. Cf. *VS* 28, 83. Sauf lorsqu'il est rendu évident par le contexte que seule la première signification est requise, nous choisissons de traduire avec l'expression la plus riche (en effet, s'il est tout *ce qui* peut être, *a fortiori* il est tout *ce qu'il* peut être).

même pour toutes les caractéristiques. Toutes ces choses qui sont, vivent, et intelligent ne sont pas non plus autre qu'une manière diverse de recevoir le *non-autre* même, qui les définit toutes. De cette manière diverse de le recevoir s'ensuit qu'il se reflète plus ou moins brillamment, dans l'une plus clairement, dans une autre plus obscurément, plus clairement et durablement dans les intelligibles, plus obscurément et de manière plus corruptible dans les sensibles, et en elles différemment.

49

Chapitre XVII
Suite

Proclus rapporte dans le premier livre de la *Théologie platonicienne* que Socrate, qui tient les positions de Platon, dit dans *L'Alcibiade* que l'âme intellective, lorsqu'elle regarde à l'intérieur d'elle-même, observe Dieu et toutes choses[209]. En effet, les choses qui lui sont postérieures, elle les voit être des ombres des intelligibles ; mais celles qui lui sont antérieures, [Socrate] dit qu'elles sont observées dans les profondeurs, en quelque sorte les yeux fermés. Car, toutes les choses, dit-il, sont en nous à la manière d'un être animé. Telle est la pensée divine de Platon.

Je crois aussi comme lui que tout est en tout, bien entendu selon son mode. Dans notre intellect, toutes les choses sont donc chacune selon son mode d'être propre. Car la bonté, la grandeur, la vérité et toutes les dix [propriétés][210] sont toutes choses en toutes choses : en Dieu Dieu, dans l'intellect l'intellect, dans les sens les sens[211]. Si donc les choses qui sont en Dieu sont Dieu, les choses qui sont dans l'intellect sont l'intellect, et les choses qui sont en toutes choses sont toutes choses, assurément toutes les choses qui sont dans l'intellect sont l'intellect. Elles y sont donc intellectuellement, soit comme notions, soit en étant connaissables. Et parce que l'intellect est bon,

209. Proclus, *La Théologie platonicienne* I, 3, (éd. H.D. Saffrey, L. G Westerink), Paris, Les Belles Lettres, 1968, p. 7. Platon, *Premier Alcibiade* 133 bc.

210. Cf. *VS* 15, 42, où apparaissent pour la première fois ces dix propriétés : le bien, le grand, le vrai, le beau, le plein de sagesse, le délectable, le parfait, le clair, l'équitable et le suffisant.

211. Cf. ci-dessus, note 207.

grand, vrai, beau, sage, et le reste des dix [propriétés], quand il se considère attentivement, il se voit être tel que je l'ai dit et est comblé au plus haut point, puisqu'il se voit être parfait et se suffisant à lui-même. Comme il est intellectuellement ces déterminations, il est capable par sa bonté intellectuelle d'intelliger la bonté absolue et la bonté contractée[212] ; il en va de même pour la grandeur et pour la vérité ; ainsi, par sa sagesse intellectuelle, il se fait des notions de la sagesse séparée de toutes choses et de la sagesse contractée en toutes choses, et il considère attentivement l'ordre des choses dans sa sagesse et les contemple dans leur ordre.

Par suite, puisque la connaissance est assimilation[213], il trouve **50**
toutes choses en lui-même, comme en un miroir vivant d'une vie intellectuelle[214], qui, en regardant en soi-même les voit toutes assimilées à soi. Et cette assimilation est une image vivante du Créateur et de toutes choses. Or, comme l'intellect est une image vivante et intellectuelle de Dieu (Dieu qui n'est l'autre de quoi que ce soit), par conséquent, quand il entre en lui et se connaît comme étant une telle image, il observe en lui de quelle nature est son modèle. Il le connaît en effet sans aucun doute comme son dieu, dont il est la similitude. Dans sa propre notion de bonté, il connaît la bonté de celui dont il est l'image comme plus grande que ce qu'il peut concevoir ou connaître. De même, en considérant attentivement les choses dans sa propre grandeur, qui les embrasse toutes intellectuellement, il sait que la grandeur exemplaire de son dieu dépasse l'ampleur [de la grandeur][215] qui en est son image, parce qu'elle

212. Nicolas utilise jusque dans ses dernières œuvres le langage de la contraction, considérant toujours que seul Dieu est absolu et que toutes les choses sont contractées ou réduites, déterminées de différentes manières. Tout être fini est contracté. Dieu seul est infini.

213. Il s'agit d'un thème central dans le *De Mente*.

214. Cf. *FD* 3, 65-68 et *VD* 8, 32. Proclus, *La Théologie platonicienne* I, 3, *op. cit.*, vol. I, p. 15.

215. Comme le signale plusieurs fois Jasper Hopkins dans sa propre traduction, *La Chasse de la sagesse* n'a été conservée que sous la forme d'un seul manuscrit, qui n'est pas de la main de Nicolas. C'est sur sa seule base qu'ont donc été établies non seulement les quatre éditions historiques du Cusain, mais également l'édition scientifique et critique de Heidelberg des *Opera omnia*. Or, le texte semble souvent avoir été écrit à la hâte et présenter même des erreurs grammaticales et des fautes de syntaxe. De la sorte, le lecteur, *a fortiori* le traducteur, se voit parfois dans l'obligation d'interpréter le texte pour le rendre compréhensible, au risque de

n'a pas de fin ; et il en va ainsi du reste. Il voit aussi au-dessus de lui des intelligences plus lumineuses et plus capables de saisir la divinité et en-dessous de lui la connaissance sensible plus obscure et moins capable de saisir la divinité.

Combien est satisfaisante la chasse de l'intellect, quand elle se poursuit en lui-même et s'approfondit elle-même sans cesse, cela, les découvertes des théologiens, des philosophes et des mathématiciens nous le montrent, en nous le révélant par de nombreux écrits. Or, selon quel mode Denys a assurément effectué dans le champ de la lumière une chasse excellente, on le trouve dans son livre *Des Noms divins*[216].

51 Chapitre XVIII
Le cinquième champ, à savoir la louange

Lorsque j'eus parcouru ce champ de la lumière, immédiatement le champ très agréable de la louange de Dieu se révéla. En effet, après avoir mis en réserve dans l'escarcelle de mon esprit toutes les proies que j'avais chassées dans le champ de la lumière – parmi lesquelles les dix propriétés précédemment nommées, à savoir la bonté, la grandeur, la vérité, *etc.* –, je les trouvais toutes, et d'autres encore, plantées dans le champ de la louange de Dieu. Et je dis : « puisque ce champ fleuri et plaisant ne produit que ces dix propriétés et de semblables, celles-ci sont donc les dix louanges de Dieu. » Regardant alors en moi-même je remarquai comment l'intellect, en affirmant que la définition qui définit elle-même et toutes choses est bonne, grande, vraie et tout le reste, s'efforce d'exprimer sa louange. En effet, il loua cette définition qui est Dieu parce qu'elle est bonne, parce qu'elle est grande, parce qu'elle est vraie, et ainsi de suite. Que sont donc ces dix propriétés, sinon la louange de Dieu ? Qui est loué par elles, sinon cette louange qui est Dieu ? Ne sont-elles pas toutes louées ? La bonté est louée, la grandeur est louée, la vérité

se tromper. Lorsqu'un ajout est effectué dans la traduction, nous nous efforçons de le matérialiser par des crochets []. Lorsque les ajouts sont antérieurs et relèvent des éditeurs des *Opera omnia*, nous maintenons leur type de crochets <>. C'est typiquement le cas ici.

216. Cf. le Pseudo-Denys l'Aréopagite, *Les Noms divins*, *op. cit.,* en particulier IV, 5 et 6 (*Dionysiaca* I, 172 sqq ; PG 3 , 700 sqq.)

est louée, et il en est de même des propriétés singulières suivantes. Ces dix propriétés et les autres qui sont louées par tout être tirant sa force de l'intellect sont employées à la louange de Dieu et parlent en bien de lui parce qu'il est la source de la louange.

Elles sont donc toutes ce qu'elles sont par les louanges et les 52
bénédictions de Dieu. Pour cette raison, le prophète David, considérant avec attention toutes les œuvres de Dieu, chantait : « Toutes les œuvres du Seigneur, bénissez le Seigneur, louez-le et exaltez-le à jamais[217] ! » Puis il les énumérait une à une : les anges, les cieux et la terre, l'eau et toute les autres créatures qui louent Dieu[218]. Elles ne sont rien en effet, sinon la digne et heureuse louange de Dieu. Car selon le témoignage de Denys, les perfections divines sont connues par la seule participation. Comment en effet elles sont « en leur principe et dans leur fondement », cela, aucun intellect ne peut l'atteindre. En outre, que « nous appelions supersubstantielle cette lumière cachée, ou vie, ou verbe, nous n'intelligeons rien d'autre que les participations et les forces qui émanent de lui en nous, par lesquelles nous sommes liés à Dieu et qui nous dispensent généreusement substance, vie et sagesse[219] », voilà ce que dit Denys.

Avec raison donc, n'importe quelle œuvre de Dieu loue Dieu, parce qu'il est bon, parce que par le don de celui-ci, elle se reconnaît bonne et digne de louange ; et il en va de même pour ce qui est grand, vrai et le reste.

C'est dans le champ de la louange que tous les prophètes ou 53
les voyants et les intellects les plus élevés firent leurs chasses les plus zélées, ce dont les Saintes Écritures et les écrits des saints attestent : toutes les choses y sont rapportées à la louange de Dieu. Lorsqu'en effet Denys traitait des noms divins, il appelait ces noms des louanges de Dieu, et louant par eux Dieu, il les a exprimés dans la louange qu'il a faite de celui-ci, comme dans le chapitre sur la sagesse où l'intellect et la raison sont loués et où il dit que Dieu est loué « par toutes les substances[220] ».

217. Dn 3, 57. Nicolas attribue ce texte à David. Voir note précédente.

218. Cf. *VS* 19, 54. Chaque créature est témoignage de la majesté, de la sagesse et de la puissance de Dieu.

219. Pseudo-Denys l'Aréopagite, *Les Noms divins* II, 17 (*Dionysiaca* I, 94-95. PG 3, 646A).

220. Pseudo-Denys l'Aréopagite, *Les Noms divins*, VII, 3 (*Dionysiaca* I, 405. PG 3, 871A).

J'ai donc attrapé dans ce champ de la louange un savoir très savoureux[221] qui consiste en la louange de Dieu qui[222] a fondé toutes choses à partir de ses louanges[223] en vue de sa louange. De même en effet que les divers hymnes de louange comportent diverses combinaisons harmoniques, de même chaque espèce – à savoir l'espèce humaine, l'espèce du lion, celle de l'aigle et de même de toutes – est un certain hymne spécifique fondé à partir de louanges de Dieu en vue de sa louange.

Les hymnes célestes sont plus gais et féconds en louanges que les hymnes terrestres[224]. En effet, le soleil est une combinaison merveilleuse de louanges de dieu, et n'importe quel hymne en son honneur est beau et singulier parce qu'il possède dans sa singularité quelque chose dont les autres hymnes manquent. Pour cette raison, ils sont tous reçus de Dieu qui dit que toutes les choses qu'il a créées sont bonnes en vertu de leur participation de sa louange et qui les bénit.

De cela, je retire que l'homme, hymne vivant et intelligent, composé par Dieu comme un hymne de louange à Dieu, a reçu davantage de louanges de Dieu que tous les êtres visibles afin de louer Dieu sans relâche plus que les autres. Et en cela seul consiste sa vie : qu'il rende à Dieu ce qu'il a reçu pour être, [à savoir des louanges][225]. Alors il se hâte vers sa fin et il obtient la très heureuse récompense de louanges immortelles.

54

Chapitre XIX
Suite

Toutes les choses louent donc Dieu de leur être. Quand une chose est à ce point parfaite et suffisante qu'en aucune de ses parties elle ne manque de louange, elle loue assurément son auteur de qui seul elle tient ce par quoi elle est louée. Toutes les choses

221. Concernant cette expression, cf. *VS*, *Prologue*, 1.

222. Avec Hopkins, je lis *qui* et non *quae*.

223. Cf. *VS* 18, 53.

224. Il s'agit des créatures terrestres qui, par leur existence, manifestent la gloire du créateur, et de ce fait, pris métaphoriquement, chantent ses louanges.

225. Je choisis de ponctuer différemment le texte latin. Cf. Gn 1, 31 : « Dieu vit que chaque chose qu'il avait créée était bonne ». Cf., ci-dessous, *VS* 19, 54.

créées louent donc naturellement Dieu[226]. Et quand une créature est louée, ce n'est pas elle-même qui est louée, elle qui ne s'est pas faite elle-même, mais en elle son créateur. L'idolâtrie qui rend à la créature des louanges divines est donc délire d'une pensée malade, aveugle et séduite. Car, si à la place de Dieu est honoré ce qui selon sa nature loue son Facteur[227], assurément c'est délirer. Et il n'y a aucune chose qui connaisse un autre Dieu que celui qu'elle loue comme le créateur et dont elle sait qu'il n'y a rien de plus excellent. Toute créature le sait donc et, autant que cela lui suffit, connaît son créateur tout-puissant, le loue et l'écoute, comprend sa parole et lui obéit[228]. Si en effet il disait à une pierre qu'elle vive, assurément elle entendrait, comprendrait et obéirait. « Les morts entendront la parole de Dieu et vivront[229] », comme Lazare[230] mort depuis quatre jours et d'autres morts qui entendirent et vécurent, ainsi que le savent les Chrétiens. Par conséquent, il est certain que l'homme qui possède le libre arbitre[231], quand il cesse

226. Par nature, les créatures étant créées par Dieu sont le témoignage vivant de la bonté, de la sagesse et de la puissance de Dieu.

227. En reprenant le terme technique désignant l'artisan qui fabrique les instruments de musique, nous traduisons le mot latin *factor*. C'est un peu inhabituel, mais Nicolas vient déjà d'utiliser deux termes différents, *opifex* (traduit ici par *auteur*) et *conditor* (traduit ici à défaut par *créateur*) pour désigner Dieu comme *instituteur* des choses créées. Il utilise plus haut le terme de *creator*, traduit simplement par créateur. Cette multiplicité des termes nous semble devoir être respectée autant que faire se peut. Il est aussi intéressant de voir que *opifex* ou *factor* renvoie à un travail et à un savoir-faire quasi technique. Cette valorisation du travail manuel et de la technique par son identification à l'acte créateur de Dieu est aussi un marqueur fort de l'époque et du lieu où Nicolas écrit (l'Italie du *Quattrocento*, qui voit émerger l'idée de l'artisan mais surtout de l'artiste comme *imago dei* et où la pensée même est tributaire d'une activité technique). Cf., sur ces questions, l'ouvrage magistral de Michael Baxandall, *L'œil du Quattrocento. L'usage de la peinture dans l'Italie à la Renaissance* (trad. Yvette Delsaut), Paris, Gallimard, « Bibliothèque des Histoires », 1985, et concernant leur reprise dans l'œuvre de Nicolas de Cues ou chez ses lecteurs, cf. les ouvrages fondamentaux *Kann das Denken mahlen ? Philosophie und Malerei in der Renaissance* (éd. Inigo Bocken et Tilman Borsche), Munich, Fink, 2010 et Elena Filippi, *Denken durch Bilder. Albrecht Dürer als « philosophus »,* Münster, Aschendorff, « Texte und Studien zur europäischen Geistesgeschichte », 2013.

228. Cette obéissance consiste pour chaque créature à être ce que Dieu veut qu'elle soit.

229. Jn 5, 25.

230. Jn 11, 29.43 ; Lc 7, 11et 8, 40.

231. Cf. *VS* 20, 58 ; *VD* 4, 12.

de louer Dieu et d'écouter la parole de Dieu qui parle en lui et en sa conscience[232] et qu'il ne veut pas comprendre et obéir afin de bien agir, cet homme est inexcusable, puisqu'il est blâmé par sa propre nature, et il est indigne de la société des bienheureux qui louent Dieu perpétuellement.

55 J'ai en outre trouvé en chassant dans ce champ que la louange perpétuelle et très heureuse du seigneur et venant du Saint Esprit est indicible. Ceux-ci l'acclament autant qu'ils l'aiment, et plus ils le louent, plus ils parviennent eux-mêmes à une louange plus grande et s'approchent davantage de Celui qui est infiniment digne de louange, bien qu'ils n'arriveront jamais à l'égalité avec lui. En effet, de même que le temps fini ne peut jamais être augmenté au point de devenir semblable au temps infini perpétuel[233], ce qui est perpétuel et a un commencement ne peut jamais devenir égal à ce qui est éternel et sans commencement. Ainsi la damnation perpétuelle des esprits rebelles ne deviendra-t-elle jamais temporelle et finie.

Or, quelle louange les hommes parfaitement accomplis, laudateurs de Dieu, obtiennent-ils, cela, l'observance toujours fidèle qui les élève à la communauté de Dieu et des saints et les accompagne par des louanges divines, l'enseigne. Les hommes parfaitement accomplis louent Dieu dans les hauteurs et rejettent ce qui peut empêcher cette louange, comme l'amour de soi et de ce monde, et il bannissent d'eux-mêmes cet empêchement, en se maintenant dans la religion et en mortifiant l'amour de soi et du monde, imitant le Maître de vérité, le Verbe incarné de Dieu, qui dans la louange de Dieu a enseigné par la parole et l'exemple à endurer volontairement la chose la plus terrible de toutes les choses terribles, à savoir la mort la plus déshonorante[234]. Des martyrs en nombre infini, en le suivant dans la mort, ont obtenu la vie éternelle, et aujourd'hui oh combien nombreux sont les religieux qui, en mourant au monde et se libérant pour louer Dieu, s'efforcent d'être de parfaits laudateurs de Dieu.

232. Cf. *Comp.* 10, 34 et *VD* 7, 28. La voix de la conscience serait la voix de Dieu qui parlerait en et à travers elle.

233. Le temps a été créé par Dieu, il n'est donc pas éternel mais perpétuel.

234. Il s'agit évidemment de la mort du Christ sur la croix : celle-ci était le supplice réservé aux pires criminels. Non seulement c'est une mort de douleur, par asphyxie effroyablement lente, mais c'est donc aussi une mort infamante.

Chapitre XX 56
Suite[235]

Le prophète[236] ordonna de chanter les louanges de Dieu sur un psaltérion à dix cordes. Prêtant attention à cela, j'ai employé seulement dix cordes de la louange : la bonté, la grandeur, la vérité et les autres que j'ai précédemment nommées[237]. Or, le psaltérion est une œuvre de l'intelligence afin que l'homme ait un instrument par lequel il parvienne à des modes[238] doux et agréables. En effet, ces modes qu'il a en lui intellectuellement, il les rend audibles et sensibles. Et puisque ces modes sont dans l'intellect, ceux qui ont un intellect sont charmés d'entendre de leurs oreilles et de manière sensible dans le son ce qu'ils ont de manière non sensible dans l'âme. Par suite, si les voix[239] s'accordent avec les parties[240]

235. Sur l'ensemble de ce chapitre, et plus généralement le lien entre le champ de la louange, la pratique musique et l'éthique, cf. l'excellent article de Christian Trottmann, « La louange, acte intellectuel et acte éthique dans le *De venatione sapientiae* de Nicolas de Cues », in : *Mousikè et aretè. La musique et l'éthique de l'Antiquité à l'âge moderne* (éd. Florence Malhomme et Anne Gabrièle Wersing), Paris, Vrin, « De Pétrarque à Descartes, LXXIV », 2007, pp. 151-166.

236. Ps 143, 9.

237. Cf. *VS* 15, 43.

238. Il faut prendre le mot au sens technique du terme dans la musique médiévale. Celle-ci est en effet une musique modale. Dans un contexte mélodique, il en résulte des arrangements concordants ou discordants, consonants ou dissonants.

239. *Voix* traduit *voces*. Il pourrait aussi s'agit des sons émis par les cordes du psaltérion et définissant les lignes mélodiques. Mais le psaltérion est traditionnellement un instrument d'accompagnement du chant. On peut donc légitimement penser qu'il s'agit de voix humaines, soutenues par le psaltérion.

240. Parties vient ici traduire *numeris*. En effet, *numeri* signifient aussi bien les parties d'un tout que les parties mesurées et ordonnées d'un tout. C'est le cas dans la conception traditionnelle, notamment aristotélicienne, de l'âme dont les parties sont ordonnées les unes aux autres selon leurs fonctions. Ici, les parties harmonieusement disposées vibrent à l'unisson, lorsque la musique est harmonieuse, et par le moyen de la musique l'âme se découvre former une unité : la musique révèle alors à l'âme qu'elle est à l'image du Dieu un. Inversement, si la musique est discordante, le déplaisir qui en résulte pour l'âme indique que cette musique est contraire à sa nature. Nicolas est particulièrement au fait de ces considérations, lui qui à l'été 1450 était dans la suite du pape Nicolas V qui, fuyant la peste qui sévissait à Rome, s'était retiré à Fabiano et légiféra pour la première fois sur l'enseignement de la musique à l'université. En effet, la pratique de la musique était alors associée à la

harmoniques vivantes de l'âme, ils louent le joueur de psaltérion, si elles sont discordantes, ils le blâment.

Trois choses sont nécessaires pour jouer du psaltérion : le psaltérion est composé de deux, la caisse de résonance et les cordes ; le troisième est le musicien. C'est-à-dire : l'intelligence, la nature et le substrat[241]. Le joueur de psaltérion est l'intelligence, les cordes sont la nature qui est mue par l'intelligence et la caisse de résonance qui convient à la nature <est le substrat>. Ces trois éléments se trouvent dans le microcosme[242], c'est-à-dire l'homme, comme dans le monde plus grand[243]. En l'homme, il y a l'intelligence, il y a la nature humaine et un corps qui lui est convenable. Ainsi l'homme est-il un psaltérion vivant ayant en lui tout ce qu'il faut pour chanter les louanges à Dieu, louanges qu'il connaît à l'intérieur de lui-même. En effet, avec le psaltérion et la cithare, avec des cymbales retentissant de joie, tout esprit loue le seigneur[244]. Notre esprit intellectuel possède tous ces instruments vivants en lui.

57 Il faut cependant s'étonner grandement et se demander d'où l'homme doté d'un intellect tient la science de la louange, de ce qui est digne de louange et de ce qui est blâmable[245]. En effet, si cette science n'était pas nécessaire à sa nature pour se nourrir et se conserver, l'homme n'en possèderait pas davantage que l'âne. Car la Providence divine, de même qu'elle ne fait pas défaut pour ce qui est du nécessaire, n'est pas surabondante en ce qui est du

moralisation de l'homme et devait, en tant que telle, être religieusement encadrée. Sur ce sujet, cf. *ACNC*, p. 295-315, en particulier p. 313 *sq*. Cf. aussi, ci-dessus, l'article déjà cité de Christian Trottmann, note 234.

241. *Substrat* vient traduire *subjectum*. La traduction par le terme de *sujet* est de fait très ambiguë. La preuve en est que les traducteurs anglais et allemands utilisent le terme d'objet qui, pour surprendre, est malgré tout plus juste. En effet, ce terme désigne en fait ce qui est donné (presque une matière, d'où notre traduction par *substrat*) et qui va servir de base à l'élaboration de la forme, ici la musique. L'interprétation en ces termes d'intelligence, nature et substrat, est d'autant plus difficile que dans les lignes explicatives suivantes, le terme de *subjectum* est omis dans le codex.

242. Cf. *DI* III, 3, 198. Sur l'homme considéré comme un microcosme cf. par ex. Thomas d'Aquin, *S. Th.* I, 91, 1c.

243. C'est-à-dire le macrocosme.

244. Cf. Ps 150, 3-6.

245. Cf., ci-dessus, n. 231.

superflu. Et puisque nous nous nourrissons et mangeons ce à partir de quoi nous sommes, tout vivant recherche la nourriture qui lui est propre ; quand il la trouve, il la reconnaît[246], et cela, en raison de la conformité de la nourriture avec ce dont il est [formé]. C'est pourquoi, comme l'homme reconnaît naturellement suivant sa nature intellectuelle les choses dignes de louange et qu'il les embrasse et les goûte avec délice comme une nourriture conforme à sa nature, il sait de là qu'il est naturellement [formé] à partir d'elles qu'il loue et embrasse en raison de leur conformité naturelle à son être propre. L'intellect a donc en lui, par un don de la providence divine, toute la science qui lui est nécessaire des principes, grâce auxquels il chasse ce qui est conforme à sa nature, et ce jugement est infaillible[247].

Et puisque ses principes sont dignes de louange, comme le sont les dix propriétés que nous avons souvent citées, et que l'homme lui-même est principié à partir de ceux-ci, afin que, en tant que lui-même louange de Dieu, il loue son créateur, l'homme n'est pas totalement ignorant de son Dieu qu'il sait être digne de louanges et glorieux dans les siècles [des siècles]. Il n'a pas non plus la nécessité d'une autre science, parce qu'il sait tout ce qu'il lui suffit pour faire ces choses pour lesquelles il a été créé. Ainsi, en louant Dieu parce qu'il est bon, il sait assurément que la bonté est digne de louange ; et de même pour la vérité et la sagesse, etc. Et bien qu'il ignore ce que sont ces choses[248], il n'est cependant pas tout à fait dans l'ignorance d'elles, parce qu'il sait bien qu'elles sont dignes de louange, qu'elles sont enveloppées dans la louange de Dieu et qu'elles sont convenables à la louange de Dieu pour autant que l'homme, sans elles, ne saisit pas qu'il ne puisse pas louer Dieu ou quoi que ce soit.

L'homme sait aussi qu'il doit déterminer son libre arbitre[249] **58**
sur des choses dignes de louange, afin d'être lui-même digne de louange, de par son choix comme de par sa nature. La bonté, la vertu, la vérité, l'honnêteté, l'équité, *etc.* sont dignes de louange et elles peuvent être choisies – elles ou leurs contraires – par

246. Cf. *VS* 1, 3 et *Comp.* 2, 3.
247. Cf. *DI* I, 1, 2 ; *M* 4, 77 ; *VD* 7, 28 ; *Comp.* 10, 34.
248. Cf. *QD* 5, 49.
249. Cf. *AT* 21 et 22.

le libre arbitre. Si elles sont choisies, tout l'homme, digne de louange tant par ses dispositions naturelles que par son libre choix, loue parfaitement Dieu. Si en revanche il choisit les vices et des choses contraires à celles qui sont dignes de louange, alors il n'est pas digne de louange et il est ennemi de Dieu et de lui-même[250]. Comment donc peut-il louer Dieu, celui qui est ennemi de la louange ?

Or, celui qui loue toujours Dieu progresse continuellement, comme le cithariste citharisant[251], et il devient toujours plus semblable à Dieu. Et ceci est la fin de l'homme, à savoir devenir plus semblable à Dieu, comme le disait justement Platon[252]. Car, plus il loue Dieu, plus il est agréable à Dieu ; et il est donc lui aussi plus digne de louange et plus semblable à ce qui est digne de louange dans la divinité. Le sage Socrate[253] a justement établi que nous ne savons rien de plus certain que les choses qui sont dignes de louange, et il conseillait de tourner notre zèle seulement vers elles et de délaisser les autres choses comme superflues et incertaines. Il nous a persuadés de nous efforcer à des mœurs dignes de louange, dont nous pouvons tirer par nous-mêmes une science et acquérir par habitude une disposition à la perfection, et ainsi devenir[254] continuellement meilleurs.

250. Cf. *VD* 7, 28.

251. Au sujet de cette forme et de ce néologisme, et sur d'autres semblables, cf. *ACNC*, p. 348-352.

252. Platon, *République*, X, 613ab.

253. Xénophon, *Mémorables*, III, 9, 4 *sq*.

254. Dans tout le paragraphe, nous avons exceptionnellement traduit *fieri* par devenir et non pas, comme nous le faisons un peu de manière rugueuse dans le reste du volume, par *être fait*. En effet, cela ne paraissait pas indispensable ici, puisque ce n'est pas immédiatement associé à la problématique du *posse*. Sur cette question, voir l'introduction générale au volume, p. 21, et l'introduction au *Pouvoir-est*, p. 35. Mais il faut garder à l'esprit que *fieri* est aussi bien *devenir* qu'*être fait*, (que *devenir* suppose donc la mise en œuvre d'une *puissance active (potentia)* ou d'une *force (virtu, vis)* qui va donc *faire (facere)* que ce qui n'était pas *devienne* ou *soit fait (fieri)* et *soit (esse)*) dans la mesure où les paragraphes suivants vont rappeler la problématique du *posse*. Cf., immédiatement, *VS* 21, 59.

Chapitre XXI 59

Le sixième champ, à savoir l'unité

Lorsqu'Aurélius Augustin s'efforçait de chasser la sagesse, il écrivit dans son livre *L'Ordre* que toute l'observation des philosophes a porté autour de l'Un[255]. Après lui, le très savant Boèce, en écrivant le *Traité sur l'unité et l'un*, déclara de manière semblable que la chasse de la sagesse devait se faire là, dans ce champ[256]. Ils suivaient Platon qui affirma que l'Un est le principe premier et éternel[257]. Avant lui, Pythagore de Samos, qui pistait toutes les choses selon la propriété du nombre, affirmait la monade comme principe de tout[258]. Avant toute multiplicité, il y a en effet l'unité[259].

Nous voulons donc explorer mentalement ce champ de l'unité en vue de la chasse. L'unité en effet, même si elle précède le *non-autre*, apparaît cependant proche de lui. Car l'unité et le même semblent participer plus que les autres au *non-autre*. Platon[260] voulait que l'Un soit éternel et il ne voyait rien qui ne soit postérieur à l'Un. En effet, celui-ci est antérieur à la limite et à l'infini, comme dit Denys[261], qui en cela imite Platon, quand – comme le rapporte Proclus[262] – il pose après le premier principe le fini et l'infini comme principe, car tout existant est un mixte des deux : du fini il tient l'essence, et de l'infini la force, ou encore la puissance. Et puisque l'Un est ce qui peut être, qu'il est complètement simple et non multipliable, il apparaît comme enveloppant en lui toutes choses, lesquelles ne demeurent en aucune façon s'il est supprimé. « Car

255. Augustin, *L'Ordre*, II, 18.47-48 (PL 32, 1017).

256. Nicolas attribue faussement cet ouvrage à Boèce. Il est en réalité de Dominique Gundissalinus (PL 63, 1075-1078). Cf. *cod. cus.* 205.

257. Notamment dans *le Parménide*. Cf. Diogène Laërce, *La Vie et doctrine des philosophes*, *op. cit.*, III, 13.

258. Cf. Diogène Laërce, *La Vie et doctrine des philosophes*, *op. cit.*, VIII, 25. Cf., ci-dessus, *VS* 9, 24.

259. Cf. *Princ.* 35, 5 ; *VS* 39, 120 ; *Poss.* 46. Cf. également Proclus, *La Théologie platonicienne*, II, 1, *op. cit.*, vol. II, p. 14.

260. Proclus, *La Théologie platonicienne*, II, 1 ; II, 10 ; I, 11 et II, 4, op. cit.

261. Pseudo-Denys l'Aréopagite, *Les Noms divins* XIII, 3, *op. cit.* (*Dionysiaca* I, 548-549 ; PG 3, 979C).

262. Proclus, *Commentaire du Parménide de Platon*, II, 738, 20-21, *op. cit.*

toutes les choses ne sont que dans la mesure où elles sont une[263]. » Or, il embrasse aussi bien les choses qui sont en acte, que les choses qui peuvent être faites.

60 L'Un a donc plus de capacité[264] que l'être qui n'est que s'il est en acte, bien qu'Aristote dise que l'être et l'Un sont convertibles l'un en l'autre[265]. Or, ce qui poussait Platon à préférer l'Un au reste et à le reconnaître comme principe de toutes choses[266], était que, puisque ce qui est principié ne tient rien de lui-même, mais tout de son principe, il faut que, le principe étant posé, tous les principiés soient posés. Mais lorsque l'être est posé, l'être en puissance, qui est assurément quelque chose, n'est pas posé ; lorsque la vie est posée, l'être à qui manque la vie n'est pas posé et lorsque l'intellect est posé, l'être à qui manque l'intellect n'est pas posé ; et comme on trouve de l'être, de la vie et de l'intellect dans le monde, le principe du monde ne sera ni l'être, ni la vie, ni l'intellect, mais bien ce qui les enveloppe en soi (eux et ce qu'ils peuvent être). Et Platon disait que ce principe est l'Un. En effet l'Un est attesté de la puissance et de l'acte : une est la puissance, un l'acte ; et il en va de même de l'être, de la vie et de l'intellect.

61 Il ne peut pas y avoir non plus de multiplicité qui ne participe pas de l'unité. Car si elle était semblable, elle serait dissemblable en ne participant pas de l'unité. Toutes les nombreuses choses[267] seraient semblables et semblablement dissemblables pour la même raison qui serait qu'elles ne participeraient pas à l'unité[268]. Toutes les choses nombreuses et multiples, tout nombre et tout ce qui peut être dit un cesseraient donc, si l'Un était supprimé, comme cela a été montré dans le *Parménide* de Platon[269]

263. Cf. *PF* 8, 22. Cf. Proclus, *Commentaire du Parménide de Platon*, I, 704, 7-10, *op. cit.* et *La Théologie platonicienne*, III, 9.

264. Mot à mot : il est plus *capable* ; entendons qu'il comprend ou enveloppe plus de possibilités en lui-même (la *capacité* est aussi ce que peut contenir ou renfermer un volume – le terme était moins étrange à Nicolas, fils d'un négociant en vins, qu'à nous ; par ailleurs, il y avait à l'époque toute une mathématique pratique pour mesurer justement ces capacités ou ces contenances).

265. Cf. Aristote, *Métaphysique*, Γ, 2, 1003b 22-24. *VS* 8, 22 et 21, 60.

266. Nicolas résume dans les lignes suivantes le raisonnement platonicien sur la base de Diogène Laërce, *La Vie et doctrine des philosophes*, *op. cit.*, III, 13.

267. Proclus, *Commentaire du Parménide de Platon*, II, 726, 28-41, *op. cit.*

268. Cf. *Princ.* 6 et 7.

269. Cf. Platon, *Parménide*, 166a *sqq.* et 129a *sqq.*

avec une merveilleuse subtilité. L'Un ne peut donc avoir été fait, puisqu'il est antérieur à cet *être-fait*. Il ne peut pas non plus être corrompu, ni altéré, ni multiplié, car il précède tout *pouvoir-être-fait* et est tout ce qui peut être. Mais, comme dit Denys, « l'Un qui est, on dit qu'il est multiplié dans la mesure où il produit de soi plusieurs substances ; cependant, l'Un qui est Dieu, demeure toujours un dans la multiplication et uni dans la procession[270]. » Toutes les choses donc qui peuvent être faites peuvent être faites et seront faites en acte par la participation de l'unité invariable et non multipliable. Et parce qu'il ne peut y avoir qu'une et une seule unité qui, comme dit Denys, est « plus éminente que les sens, incompréhensible à la pensée et antérieure à celle-ci[271] », pour cette raison elle est l'Un qui unit tout, de sorte que quoi que ce soit est pour autant qu'il est un[272]. Il n'y a ainsi qu'un seul Un éternel, antérieur au *pouvoir-être-fait*.

De là ne peut pas être vraie l'affirmation selon laquelle avant le **62**
pouvoir-être-fait il y a des dieux participant à l'Un comme espèce divine. En effet puisque l'Un éternel est non multipliable, parce qu'il est antérieur à la possibilité d'être multiplié, il ne peut y avoir plusieurs dieux dans l'Un en tant que Dieu premier et éternel comme s'ils étaient unis dans l'espèce divine. Car s'il y avait des dieux, ils seraient plusieurs. Ils participeraient donc de manière diverse à la nature divine, ce qui est impossible parce que c'est quelque chose d'éternel et que l'éternité absolument simple est totalement imparticipable. Proclus[273] a ainsi fait de vains efforts dans ses six livres de la *Théologie platonicienne* en voulant explorer à partir de conjectures incertaines les différences des dieux éternels et leur ordre vis-à-vis d'un dieu des dieux, puisqu'il n'y a qu'un seul dieu éternel, qui, vis-à-vis de toutes les choses pour lesquelles Proclus a posé des dieux, est l'administrateur absolument suffisant de ce monde entier.

270. Pseudo-Denys l'Aréopagite, *Les Noms divins*, II, 11, *op. cit.* (*Dionysiaca* I, 113. PG 3, 650B).

271. Pseudo-Denys l'Aréopagite, *Les Noms divins*, I, 1, *op. cit.* (*Dionysiaca* I, 11 ; PG 3, 587B).

272. Cf. *PF* 8, 22. Cf. Proclus, *Commentaire du Parménide de Platon*, I, 704, 7-10, *op. cit.*

273. Cf. Proclus, *La Théologie platonicienne*, II, 11 et III, 1, *op. cit.*.

63 Dans toutes leurs courses à partir de ce monde sensible et de ces choses qui sont nécessaires à celui-ci pour qu'il soit ce qu'il est selon le meilleur mode qu'il puisse être fait, les philosophes-chasseurs apparaissent faire des recherches sur Dieu, sur les dieux, sur le ciel, son mouvement et le destin, les intelligences, les esprits et les idées, et la nature elle-même, comme si toutes ces choses étaient nécessaires à ce monde terrestre et comme si ce monde était la fin de toutes ces activités. Ainsi Aristote parle-t-il de Dieu, comme Platon ; il affirma que Dieu gouverne les cieux avec sa providence[274]. Les cieux, cependant, existent en raison de ce monde et sont mus par les intelligences, pour que les générations et tout ce qui est nécessaire à la conservation de ce monde soient naturellement faits et perdurent en suivant l'ordre et le mouvement du ciel. Mais ils n'ont pas prêté attention au fait que tant d'étoiles innombrables plus grandes que cette terre habitable, et que tant d'intelligences n'ont pas été créées en ayant pour fin ce monde terrestre, mais en vue de la louange du créateur, comme cela a été traité plus haut[275]. Un est donc Dieu tout-puissant, qui a créé toutes choses à sa louange et qui les gouverne de sa providence parfaitement bonne, comme disait bien Épicure[276] qui, bien qu'il ne nia pas qu'il y ait des dieux, dit cependant que ce qui est dit et écrit sur eux est complètement éloigné de la vérité.

Il faut prêter attention à cela que jamais personne n'a affirmé qu'il y a plusieurs dieux sans présupposer l'Un à la multitude, à savoir un dieu des dieux. Fait donc des chasses savoureuses dans ce champ de l'unité celui qui (comme le fit Augustin dans le livre de *La Trinité*) voit ainsi dans l'éternité l'unité féconde, qui génère d'elle-même l'égalité et l'amour unificateur qui procède de l'unité et de l'égalité[277], parce

274. Diogène Laërce, *Les vies et doctrines des philosophes illustres*, V, 32, *op. cit.* Contrairement à ce que suggère ici Nicolas sur la base du texte de Diogène Laërce, le Dieu d'Aristote ne connaît pas de providence. En effet, il n'a de toute évidence ni connaissance ni souci du monde.

275. Cf. *VS* 18, 53.

276. Cf. *VS* 8, 22. Cf. Diogène Laërce, *Les vies et doctrines des philosophes illustres*, X, 76 et 123, *op. cit.* Il est assez savoureux de voir le très rigoriste Nicolas mobiliser ici Épicure. Mais c'est aussi pour lui faire dire quelque chose qu'Épicure ne dit nullement, puisque pour ce dernier, le monde ne se tient pas sous une quelconque influence divine. L'erreur provient de la traduction latine d'Ambrogio Traversari.

277. En fait, cf. Augustin, *La Doctrine chrétienne*, I, 5 (PL 34, 21), pour le trinitaire *unité, égalité, amour*.

qu'elles sont l'éternité absolument simple elle-même. À propos de cela, j'ai noté ailleurs – dans *La Docte ignorance*[278], et dans *La Vision de Dieu* et dans plusieurs autres livres[279] – ce que j'ai pu concevoir.

Chapitre XXII Suite 64

En explorant soigneusement le champ de l'unité, Platon découvrit l'Un qui est cause de tout, antérieur à la puissance et à l'acte[280] issue de la puissance. Et il découvrit que cet un, pour être cause de toutes choses, n'est rien de toutes. Afin d'être la cause de la multiplicité, il n'est pas multiple[281]. Par suite, en niant toutes choses de lui, il le vit de manière ineffable avant toutes choses[282]. Or, le livre du *Parménide* montre comment Platon fit sa chasse de l'Un grâce à la logique. Et Proclus, dans son second livre de la *Théologie platonicienne* conclut et dit[283] : Celui qui croit Platon reste dans les négations. Car l'addition[284] de l'un à l'Un contracte et diminue l'excellence de l'Un, et par cette addition, c'est le *non-un*, plutôt que l'Un, qui se manifeste.

Denys, qui imite Platon, fit une chasse semblable dans le champ de l'unité et il dit que les négations, qui ne sont pas des privations mais des affirmations excellentes et fécondes[285], sont plus vraies que les affirmations[286]. Proclus, cependant, qui cite Origène, vient après

278. Cf. *DI* I, 9 en particulier.

279. Il pourrait s'agir des *Conjectures* II, 17 et du *Jeu de la boule*, II.

280. Proclus, *Commentaire du Parménide de Platon*, VII, 1154, 6-8, *op. cit.*

281. *Ibid.*, VI, 1075, 26-33.

282. *Ibid.*, VI, 1075, 19-24.

283. Proclus, *La Théologie platonicienne*, II, 10, 13-16, *op. cit.*

284. Dire que Dieu est grand, bon, vrai, etc., c'est dire qu'il est plus que un. En ce sens, on peut parler d'une addition qui est une détermination positive. C'est la manière de penser de la théologie affirmative. Mais il faut remarquer que dans le cas de Dieu, c'est aussi une soustraction (puisque c'est dire moins que ce qu'il est puisqu'il est tout le reste que l'on ne dit pas et que d'une certaine manière il n'est ni bon, ni pas bon, en tout cas il n'est pas bon au sens où on le dirait d'un homme). Cf. Proclus, *Commentaire du Parménide de Platon*, VI, 1076, 4-12, *op. cit.*

285. *Fécondes* vient traduire *praegnantes*, qui signifie littéralement *prêtes à produire*, *pleines* ou *grosses de quelque chose d'autre*.

286. La négation est encore une affirmation : l'affirmation de ce qui n'est pas. Cf. *DI*, I, 22-24 sur la théologie négative, supérieure à la théologie positive, mais

Denys[287]. Suivant Denys, du Premier qui est totalement ineffable, il nie l'Un et le bien, bien que Platon appelait le Premier ainsi. Comme je crois qu'il faut suivre et louer ces admirables chasseurs, je renvoie celui qui se voue à l'étude aux pensées qu'ils ont scrupuleusement laissées pour nous dans leurs écrits.

65 Et parce que dans le champ de l'unité, il y a une prairie singulière où se trouve une proie très singulière, nous allons maintenant inspecter cette prairie en vue de la chasse. Or, [cette prairie] s'appelle singularité[288]. Car, puisque l'Un n'est pas autre qu'un, il apparaît singulier, parce qu'il est indivisible en soi et séparé de l'autre. En effet, le singulier embrasse toutes choses ; car toutes sont des choses singulières, et aucune n'est multipliable. Puisque les choses singulières sont toutes les choses et qu'elles sont non multipliables, elles montrent donc que l'Un, qui est la cause de toutes les choses singulières, est maximalement non multipliable ; et que c'est par essence qu'il est singulier et non multipliable ; il est en effet ce qui peut être et la singularité de toutes les choses singulières. Par suite, de même que la simplicité de toutes les choses simples est par soi simple au point qu'il ne puisse y avoir rien de plus simple, de même, la singularité de toutes les choses singulières est par soi singulière au point qu'il ne puisse y avoir rien de plus singulier. La singularité de l'Un et du bien est donc maximale, puisque tout singulier doit nécessairement être un et bon, et ainsi être enveloppé dans la singularité de l'Un et du bien. De même, la singularité de l'espèce est plus singulière que celle de ses individus, et la singularité du tout plus singulière que celle des parties, et la singularité du monde plus singulière que celle de toutes les choses singulières. Par suite, de même que Dieu absolument singulier est maximalement

elle-même à dépasser. Cf. Proclus, *Commentaire du Parménide de Platon*, VI, 1076, 4-12, *op. cit.* Cf. Pseudo-Denys l'Aréopagite, *La Théologie mystique*, I, 2 (*Dionysiaca* I, 571-572. PG 3, 999) et *Les Noms divins*, VII, 2, (*Dionysiaca* I, 395. PG 3, 870A) : « Sane animi sensusque privatio excellentiam in Deo, non defectum, signat … » (Traduction Ambrogio Traversari).

287. Proclus, *La Théologie platonicienne*, II, 8, 4-10, *op. cit.*, et II, 12, 11-14. Nicolas croit encore que Denys est le converti de Paul (Ac 17, 34) et par conséquent que c'est Proclus qui s'est inspiré de Denys. En réalité, c'est le Pseudo-Denys, dont on pense aujourd'hui qu'il vécut autour de 500 EC. qui a largement emprunté à Proclus.

288. La notion de singularité implique l'unicité et la particularité. Tout être fini est singulier puisqu'il ne peut pas être exactement multiplié à l'identique. Cf. *Comp.* 4, 8.

non multipliable, de même, après Dieu, la singularité du monde est maximalement non multipliable, et ensuite celle des espèces, puis celle des individus, dont aucun n'est multipliable.

Chacun se réjouit donc de sa singularité propre, qui est en lui si grande qu'elle n'est pas multipliable, comme [la singularité n'est multipliable] ni en Dieu, ni dans le monde, ni chez les anges. En cela toutes les choses en effet se réjouissent de participer de la similitude de Dieu[289]. Et quand de l'œuf nait la poule, bien que la singularité de l'œuf cesse, mais ne cesse pas cependant la singularité elle-même, puisque l'œuf est singulier, comme la poule, et l'un ne l'est pas d'une autre singularité que l'autre.

Mais une est la cause de toutes les choses singulières, qui les **66**
singularise toutes, qui n'est ni le tout, ni la partie, ni l'espèce, ni l'individu, ni ceci, ni cela, ni rien de nommable, mais qui est la cause absolument singulière de toutes les choses singulières. Puisque le singulier est singularisé par une cause éternelle, il ne peut jamais être détruit en un non-singulier. Par quoi serait supprimé ce qui a été singularité par une cause éternelle ? Ainsi, un bien singulier ne cesse jamais, car tout singulier est bon. De même, un être singulier ne cesse jamais d'être lui, tout être singulier est en acte un être. Et un corps singulier, aussi divisé soit-il, demeure toujours un corps singulier. De même la ligne, la surface, et un tout singulier ne sont divisibles qu'en parties singulières qui étaient comprises dans la singularité du tout. Toute diversité ne concerne donc pas le singulier, mais l'accident se rapportant au singulier, qui en fait tel ou tel singulier. Mais s'il n'y a pas de diversité dans de tels accidents, par exemple dans la qualité ou la quantité, le singulier demeure toujours selon le même mode, comme c'est évident pour les corps célestes. Ainsi Denys disait-il que selon la nature et la substance rien n'est corruptible, sauf ce qui leur arrive[290]. La singularité qui forme et conserve toutes les choses est donc incorruptible. Et toutes les choses recherchent d'un désir tout

289. Tout ce qui est n'est pas directement une similitude de Dieu, mais participe d'une similitude de Dieu. Cf. *VS* 7, 16 ; *NA* 16, 79 ; *FD* 4, 78 ; *QD* 2, 37.

290. Il faut entendre par-là les accidents (*ce qui arrive* traduit *ea accidunt*, de même racine que accidents : un accident est ce qui arrive, fortuitement (ou accidentellement !) et qui n'est pas inhérent à la substance même ou compris dans l'essence même de la chose). Cf. également le Pseudo-Denys l'Aréopagite, *Les Noms divins*, IV, 23, *op. cit.* (*Dionysiaca* I, 273-274. PG 3, 723D).

naturel la cause de leur singularité comme leur bien absolument singulier, suffisant et parfait.

67 Je veux encore ajouter une chose pour toi, une chose qu'entre toutes je vois admirable, et dans laquelle tu vérifieras que toutes les choses à la fois portent en elles la similitude de Dieu. Denys disait justement de Dieu qu'il fallait affirmer et nier à la fois les opposés[291]. Ainsi en te tournant vers l'ensemble des choses, tu le découvriras pareillement. Car puisque ce sont des choses singulières, elles sont également semblables, parce que singulières, et dissemblables, parce que singulières ; < elles ne sont ni semblables, parce que singulières >, ni dissemblables, parce que singulières. Et il en va de même du même et du différent, de l'égal et de l'inégal, du singulier et du pluriel, de l'un et du multiple, du pair et de l'impair, de la différence et de la concordance, et des notions semblables, bien que cela apparaisse absurde aux philosophes qui tiennent au principe « une chose est ou n'est pas »[292], même en théologie.

Fais encore attention à ce que le *pouvoir-être-fait* est singulier[293]. Pour cette raison, tout ce qui a été fait ou est fait, parce qu'il est fait par le *pouvoir-être-fait,* est singulier. La singularité qui peut être imitée est donc le *pouvoir-être-fait*, dans la puissance singulière duquel toutes les choses sont enveloppées de manière singulière et développées à partir d'elle.

La singularité n'est autre qu'une similitude de la lumière éternelle. En effet, la singularité est la distinction. Or, il est [de la nature] de la lumière de discerner et de singulariser. De cela, [j'ai traité] ci-dessus[294], ainsi que dans un livre sur la figure du monde[295], que j'ai composé très récemment dans la ville d'Orvieto[296].

291. Cf. Pseudo-Denys l'Aréopagite, *La Théologie mystique*, I, 2, *op. cit.* (*Dionysiaca* I, 571-572. PG 3, 999).

292. Cf. *Aeq.* 26 ; *VS* 22, 67 ; *Comp.* 11, 36.

293. Cf. *VS* 27, 82.

294. Cf. *VS* 15-17.

295. Alors que certains pensaient que l'ouvrage auquel Nicolas fait ici référence sous l'expression de *Figure du monde* était *le Jeu de la boule*, Raymond Klibansky et Hans-Gerhard Senger montrent que cela n'est pas possible et optent donc pour l'existence d'une œuvre qui serait encore perdue et qui pourrait s'intituler *De figura mundi*. Cf. l'édition majeure des *Opera omnia*, Vol. XII [*De Venatione Sapientiae, De Apice Theoriae* (Hamburg: Meiner, 1982)], pp. 155-156, n. 11.

296. Mot-à-mot : l'ancienne cité (in *Urbe Veteri*), c'est-à-dire *Orvieto*.

CHAPITRE XXIII 68
LE SEPTIÈME CHAMP, À SAVOIR L'ÉGALITÉ[297]

Pénétrons dans le champ de l'égalité, où les chasses sont abondantes. Il est certain que rien de ce qui est en acte est multipliable[298]. L'égalité en effet qui est ce qu'elle peut être, puisqu'elle est antérieure à l'autre et à l'inégal, ne se trouve que dans le champ de l'éternité. Cependant, l'égalité qui peut être faite plus égale[299] résulte du *pouvoir-être-fait*. Par suite, l'égalité qui est en acte ce qu'elle peut être, est non multipliable. Elle est en effet engendrée dans l'éternité par l'unité éternelle. Il ne peut donc y avoir plusieurs choses absolument égales. Car alors elles ne seraient pas une pluralité, mais l'égalité même. En effet, la bonté, la grandeur, la beauté, la vérité et le reste, qui sont dans l'éternité l'éternité même, sont si égales qu'elles sont l'égalité qui est l'éternité ; pour cette raison elles ne sont pas plusieurs. De même, il ne peut y avoir plusieurs choses éternelles, puisque l'éternel est le *pouvoir-est* lui-même, à savoir ce qui peut être absolument. Et ainsi, toutes les choses éternelles ne sont pas plusieurs choses éternelles, comme la bonté éternelle, la grandeur éternelle, la beauté éternelle, la vérité éternelle, l'égalité éternelle ne sont pas plusieurs choses éternelles. Il n'y a donc pas plusieurs choses égales, parce qu'elles sont si égales qu'elles sont l'égalité absolument simple elle-même, qui précède toute pluralité.

L'égalité de n'importe quoi existant en acte n'est pas multi- 69
pliable. En effet, la précision qui consiste, comme le nombre, à être indivisible, n'est pas multipliable, pas plus que le quatre ou le cinq. Par suite, l'humanité ne se multiplie pas dans une multiplicité d'hommes, comme l'unité ne se multiplie pas dans une

297. Les chapitres 21 à 26 se concentrent sur la Trinité (le Père, le Fils et le Saint-Esprit) pensée comme unité *(unitas),* égalité ou égalité de l'unité (*aequalitas* ou *unitatis aequalitas*) et lien entre les deux *(utrius nexus).* L'unité est le Père, l'égalité est le Fils engendré, et le lien est le Saint-Esprit qui procède du Père et du Fils. Cf. en particulier *DI* I, 7-9. Dans la mesure où chaque être créé se révèle constitué d'une unité, d'une égalité et d'un lien entre les deux, il est l'image ou la similitude de Dieu (Cf. *VS* 23, 70 et 25, 72).

298. Cf. *Comp.* 4, 8 ; *VS* 22, 65.

299. Cf. *DI* I, 3, 9 ; *DI* I, 17, 49 ; *DI* II, 1, 91-94 ; *M* 3, 69.

multiplicité d'uns. L'humanité elle-même ne peut pas non plus être participée de manière égale dans une multiplicité d'hommes, à qui elle donne le nom d'hommes. En effet, ce sont des hommes par leur participation de l'humanité non multipliable – participation inégale qui fait qu'ils sont multiples. Et de même que l'humanité, telle qu'elle est, est non multipliable, cet homme-ci et toutes les autres choses. Tout composé est aussi composé de parties inégales. Ainsi, le nombre composé ne peut être composé que du pair et de l'impair, et un chant harmonieux du grave et de l'aigu.

70 Il est évident que les choses égales, qui ne sont pas l'égalité absolue elle-même[300], peuvent être faites plus égales. Et ce *pouvoir-être-fait* de toutes les choses n'est défini et déterminé que par l'égalité même qui précède le *pouvoir-être-fait*, égalité qui seule est *non-autre* que toutes choses, toutes choses étant inégalement inégales entre elles, bien qu'aucune d'entre elles ne soit dépourvue d'égalité, par laquelle chacune est ce qu'elle est de manière égale, parce qu'elle n'est ni plus, ni moins que ce qu'elle est, totalement *non-autre* que ce qu'elle est. Car l'égalité est ce verbe du *non-autre* lui-même, c'est-à-dire de Dieu créateur, nommant et déterminant soi-même et toutes choses[301].

Toutes les choses inégales entre elles participent donc de l'égalité en tant que forme d'être de chacune, et en cela elles sont égales ; mais parce qu'elles en participent de manière inégale, elles sont inégales. Ainsi, toutes concordent et diffèrent à la fois. Chaque espèce est une unité qui unit en elle toutes les choses appartenant à son espèce, elle est de même une égalité qui forme de manière égale toutes les choses unies ; elle est semblablement le lien de toutes les choses entre elles.

Et parce que j'ai largement écrit à Rome sur l'égalité[302], ce que j'en dis ici suffit ainsi.

300. Seul Dieu est l'égalité absolue.

301. Cf. *VS* 14, 39 ; *NA* 1, 5. Cf. aussi Anselme de Canterbury, *Monologion* 11 et 33-34.

302. Il s'agit du *De Aequalitate*, écrit en 1459. Pour une analyse extrêmement fouillée de cet opuscule et son importance pour l'œuvre cusaine, cf. Harald Schwaetzer, *Aequalitas...*, *op. cit.*

CHAPITRE XXIV 71
LE HUITIÈME CHAMP, À SAVOIR LE LIEN

Faisant maintenant la chasse dans le champ du lien, nous remarquons que le lien est constitué avant toute division. Nous voyons donc que cette éternité indivisible est ce qu'elle peut être, qu'elle précède le *pouvoir-être-fait* et qu'elle procède très directement de l'unité éternelle et de son égalité[303]. De même en effet que la division de la multiplicité et de l'inégalité, le lien d'amour procède de l'unité et de l'égalité. Puisque celles-ci sont antérieures à la multiplicité dans l'éternité indivisible et absolument simple, leur lien sera aussi de manière semblable éternel. L'unité et l'égalité engendrée d'elle, ainsi que le lien entre les deux, antérieurs au *pouvoir-être-fait* et à la multiplicité divisible, sont donc l'éternité simple. En effet, l'unité éternelle, son égalité éternelle et le lien éternel entre les deux ne sont pas plusieurs éternités divisées, mais l'éternité elle-même non multipliable, totalement indivisible et inaltérable.

Et bien que l'unité qui engendre ne soit pas l'égalité engendrée par elle, ni le lien qui procède des deux, cependant elle n'est pas une autre unité, une autre égalité, un autre lien[304], puisqu'ils sont le *non-autre*, qui est antérieur à l'autre. De même donc que l'unité éternelle, qui est ce qui peut être, enveloppe en elle toutes les choses de manière unitaire, et que l'égalité enveloppe en elle toutes les choses de manière égale, de même le lien entre les deux lui aussi unit toutes les choses en lui.

Toutes les choses donc, qui sont parce qu'elles sont ce qu'elles 72
sont à partir de cette Trinité éternelle – qui est ainsi appelée, bien que de manière moins appropriée –, toutes ces choses, je les vois imiter la Trinité. En chaque chose en effet, je vois l'unité, l'entité et le lien entre les deux, afin que cette chose soit en acte ce qu'elle est : l'entité, qui est aussi la forme d'être, est l'égalité de l'unité. Car l'unité, en unissant, engendre de soi l'égalité à soi-même. L'égalité de l'unité n'est que l'espèce ou la forme d'être, qui est appelée entité parce qu'en grec « entité » dérive de « un »[305]. Toute réalité

303. Cf. note 286 sur le trinitaire.

304. Cf. Anselme de Canterbury, *De incarnatione Verbi* 2.

305. Cf. *DI* I, 8, 22. Nicolas considère la liaison et l'articulation de *ων, οντοςω (entitas)* et *εν (unum)*.

existante n'est donc autre qu'une unité et son égalité, qui est aussi entité et lien entre les deux. L'unité est ce qui lie très étroitement[306] ce qui peut changer, l'égalité est la formation de ce qui est uni et de ce qui lie très fermement cette unité, et le lien entre les deux est la liaison amoureuse. Si le *pouvoir-être-fait* n'était pas lié très étroitement par ce qui l'unit loin de ce qui peut changer de manière confuse, il ne serait pas capable d'avoir de la beauté[307], c'est-à-dire de recevoir une espèce ou une forme. Et puisqu'il est étroitement lié par l'unité qui met en œuvre toutes choses en vue de [sa] fin, pour cette raison la forme qui réclame, ou qui mérite, un tel lien étroit, est engendrée par l'unité même. C'est pourquoi d'elles résulte un lien d'amour entre elles deux.

73

Chapitre XXV
Suite

Tu vois désormais que l'amour, qui est le lien de l'unité et de l'entité[308], est très naturel. En effet, il procède de l'unité et de l'égalité, qui sont son principe très naturel. D'eux en effet émane le lien, dans lequel ils se conjoignent très désireux l'un de l'autre. Rien n'est donc privé de cet amour, sans lequel aucune chose ne persisterait. L'esprit invisible de la liaison[309] pénètre alors toutes les choses. Toutes les parties du monde sont conservées entre elles par cet esprit et sont conjointes au monde entier. Cet esprit conjoint l'âme au corps ; s'il s'en retire, la vivification cesse.

La nature intellectuelle ne sera jamais privée d'un tel esprit de liaison, puisque cette dernière est de nature spirituelle[310]. En effet,

306. « ce qui lie très étroitement » est une périphrase traduisant *constrictio*.

307. L'adjectif latin *speciosus*, dérivé de *species* (espèce), signifie avoir un bel air, un bel aspect ou une belle apparence. Jasper Hopkins fait justement remarquer que, comme les Grecs anciens, Nicolas considère que la beauté est directement liée à la présence d'une forme.

308. Ici l'entité apparaît comme égalité de l'unité. En *VS* 24, 72, Nicolas soulignait que l'égalité de l'unité était entité.

309. Cf. *DI* I, 8, 26 ; *VD* 17, 79 ; CA II, 7, 104. L'esprit de la liaison est l'esprit d'amour ou de la liaison amoureuse.

310. Le vocabulaire de Nicolas n'est pas très serré : il use indifféremment de *nexus* (lien), *unio* (union) et *conexio* (liaison). La notion de *nexus* vient des

comme l'unité et l'entité intellectuelle sont de nature intellectuelle, elles sont très étroitement liées par un lien intellectuel. Mais le lien de l'amour intellectuel ne peut ni cesser, ni périr puisque l'acte d'intelliger se nourrit de la sagesse immortelle. Le lien naturel de la nature intellectuelle, encline à la sagesse, non seulement conserve la nature intellectuelle, afin qu'elle soit, mais l'adapte à ce qu'elle aime naturellement, afin de l'y conjoindre. L'esprit de la sagesse descend donc dans l'esprit de l'intellect[311], comme ce qui est désiré dans ce qui le désire, selon l'ardeur du désir, et tourne vers soi l'esprit de l'intelligence qui est lié à lui par amour – « à l'image du feu », comme dit Denys[312], qui l'assimile « à toutes les choses qui lui sont unies selon l'aptitude de chacune ». Et dans ce lien d'amour, l'intellect est heureux et vit heureusement.

Cela, peu de philosophes le connurent. On ne trouve pas en effet qu'ils aient connu le principe de la liaison, sans lequel rien ne subsiste et toute nature intellectuelle serait privée de félicité. Mais parce qu'ils faillirent sur ce point, ils n'atteignirent pas la vraie sagesse. Ailleurs, y compris dans divers sermons, j'ai dit et écrit beaucoup de choses sur ce sujet, de sorte que ce que j'en ai reconsidéré ici suffit ainsi.

Chapitre XXVI 74
Suite

Maintenant je vais te soumettre une manuduction mathématique[313], afin de te faire voir que la Trinité dont on a parlé, puisqu'elle est l'unité, est ce qu'elle peut être, bien qu'elle soit antérieure à tout intellect et qu'elle n'est comprise par toute pensée humaine que de manière incompréhensible. Dans cette manuduction, Dieu apparaît

Chartrains. En *DI* II, 7, 130, l'Esprit Saint est désigné comme *nexus infinitus* et en *DI* I, 9, 26, il est désigné par le terme de *conexio*. En *DI* I, 10, 28, Nicolas écrit explicitement *unio sive conexio* (union, c'est-à-dire liaison). Cf. encore *DI* II, 12, 174.

311. Nicolas utilise deux expressions, *spiritum intellectus* (esprit de l'intellect) et *spiritum intelligentiae* (esprit de l'intelligence) pour dire la même chose.

312. Pseudo-Denys l'Aréopagite, *La Hiérarchie ecclésiastique*, II, 1 (*Dionysiaca* II, 1113, PG 3, 394A).

313. Nous gardons le terme latin de manuduction. En effet il s'agit proprement d'un concept cusain. Cf., *supra*, p. 57 et 92. Cf. *ACNC*, p.223-224, 314-316.

antérieur tant au *pouvoir-être-fait* qu'à ce qui est impossible, comme s'il était ce quelque chose auquel l'impossible succède[314].

Je pose préalablement que la ligne droite est plus simple que la courbe, puisque la courbe dérivant de la droite ne peut être conçue sans la concavité et la convexité. Je présuppose ensuite que la première figure rectiligne finie est le triangle, auquel se réduisent tous les polygones comme dans la figure la plus antérieure et la plus simple, avant laquelle il n'y en a aucune à laquelle elle puisse se réduire[315]. Or, puisqu'il n'y a pas de ligne sans longueur, alors la ligne qui n'est pas aussi longue que la longueur par rapport à laquelle il ne peut y en avoir de plus grande, cette ligne est imparfaite. C'est pourquoi, si le Premier principe[316] pouvait être figuré, il serait un triangle parfait de trois côtés parfaits, comme l'intellect le verrait dans le *pouvoir-être-fait* d'un triangle sensible de la manière suivante.

75 Soit la droite *ab*. Sur un de ses points, par exemple *c*, décris le quart de cercle dont le rayon serait *cb*. Trace l'autre rayon *cd*. Soit *db* l'arc du quart de cercle, dont la moitié est au point *f*. Trace la corde *db*. Étends ensuite *cd* et *cb* à l'infini. Et sur *c*, décris un quart de cercle plus grand, soit *gh*, dont la moitié est au point *i*. Trace encore, comme précédemment, la corde *gh* et tire la tangente[317] à l'arc *gh*, soit *kil*.

Il est certain que la figure triangulaire *cdfb* possède en son centre un angle droit et, par rapport à l'arc, deux angles, dont chacun est

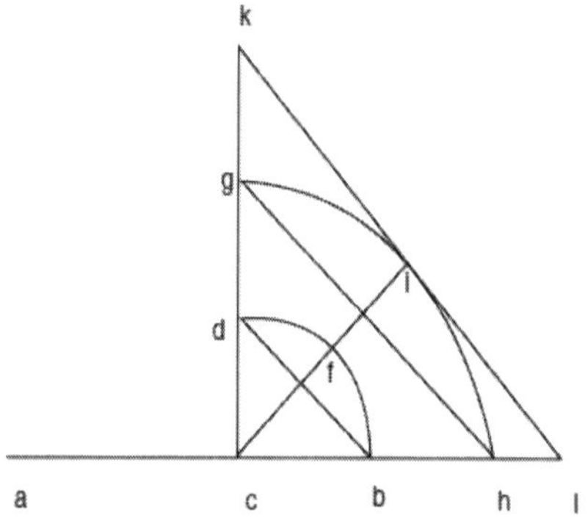

314. Parfois, Dieu est décrit comme au-delà de la coïncidence des opposés, parfois il est tel qu'en lui toutes les différences ou les contradictoires coïncident.

315. Cf. *DI* I, 20, 60.

316. Il s'agit évidemment de Dieu.

317. Mot-à-mot : la droite circonscrite.

plus grand qu'un demi-angle droit, et d'autant plus grand qu'il tombe au-delà de la corde et à l'intérieur de l'arc qui forme ces angles. Et parce que dans le plus grand cercle, à savoir *cgih*, les angles de l'arc sont plus grands que dans le plus petit cercle (l'angle d'incidence qui tombe sur la corde *gh* est plus grand que celui qui tombe sur la corde *db*), il est pour cette raison certain que ces angles formés par le rayon[318] et l'arc peuvent devenir toujours plus grands quand l'arc est celui d'un plus grand cercle. S'il était donc possible de dessiner l'arc du cercle le plus grand[319], qui ne pourrait être plus grand, alors ces angles par rapport à l'arc seraient nécessairement ce que peuvent être des angles aigus, et ainsi ce seraient des angles droits. Si en effet un angle aigu ne peut pas être plus grand, alors c'est un angle droit. Et que l'arc qui tombe sur les deux droites que sont les rayons forme deux angles droits, cela n'est pas possible à moins que cet arc soit une ligne droite.

Soit donc le triangle *ckl*, que je considère mentalement tel que **76**
ci-dessus. Assurément, comme *ck* est le rayon d'un cercle qui ne peut être plus grand, la ligne *ck*, qui ne peut être plus grande sera aussi un rayon. Et il en sera de même de *cl*. Or, l'arc *kl* ne peut pas être plus petit. Car comment du quadrant serait-il plus petit que le rayon du cercle ? Toutes lignes qui forment les côtés d'un triangle seront donc égales. Et puisque chacune d'elle est la plus grande, pour cette raison, si tu ajoutais à un côté quelconque du triangle un autre ou les deux autres côtés, il ne deviendrait pas plus grand[320]. Chaque côté est donc égal à chaque autre côté, et à deux et à tous à la fois.

Ensuite, l'angle externe, à savoir *kca*, est égal aux deux angles internes opposés à lui. Parce que *ack* est comme *ckl*, les deux angles droits *ckl* et *clk*[321] sont comme *kcl*. Et parce que tout triangle possède trois angles égaux à deux droits, et que chacun des angles mentionnés est égal à deux droits, chaque angle est donc égal à tous les trois. De même, chaque angle est égal à un autre, et il est égal

318. Il s'agit ici des rayons *cd*, *cb*, *cg* ou encore *ch*.

319. Le cercle maximal est le cercle infini, de rayon infini. Cf. *DI* I, 13, 36. Nicolas met en œuvre ici la méthode de la transomption ou de l'analogie extrapolative, pour reprendre l'expression de Jean-Claude Lagarrigue.

320. L'infini ajouté à l'infini donne encore l'infini. Pour des passages analogues, cf. *DI* I, 14, 37 et *CT* 3.

321. Les deux angles sont droits parce que le triangle est infini.

à deux autres et il est égal à tous les trois, et <ce triangle> serait l'enveloppement de toutes les figures figurables, en tant que principe, et il serait leur résolution, en tant que leur fin et leur mesure la plus précise. Si le *pouvoir-être-fait* était si parfait qu'il amenait totalement l'être en acte (de sorte qu'il soit le *pouvoir-est*), alors, évidemment, toutes ces conséquences arriveraient nécessairement ainsi[322].

77 Or, je suis très certain que, si je vois ces choses comme d'une certaine façon nécessaires, elles sont d'une manière incomparablement plus vraie en acte dans le *pouvoir-est*[323]. On ne peut en effet voir de manière rationnelle rien à quoi le *pouvoir-est* fait défaut, puisque toutes les choses compréhensibles et celles qui excèdent toute compréhension existent parfaitement en acte, selon le bienheureux Anselme affirmant avec beaucoup de vérité que Dieu est plus grand que [tout] ce qui peut être conçu[324]. Plus clairement encore, Saint Thomas le dit dans le livre sur *L'Éternité du monde* en affirmant que : « Puisqu'il appartient à la toute-puissance de Dieu de dépasser tout intellect et toute faculté, celui qui dit que l'on peut connaître dans les créatures quelque chose qui ne pourrait être fait par Dieu, porte expressément atteinte à la toute-puissance[325]. » Je vois alors que le triangle maximum se tient ainsi dans le *pouvoir-est* éternel en acte, tel que je l'ai dit précédemment. Le *pouvoir-est* est donc antérieur à toute quantité corporelle, puisqu'on ne peut trouver le *pouvoir-est* dans la quantité corporelle, qu'elle soit discrète ou continue, mais qu'il est bien plutôt antérieur à tout sensible et intelligible et à tout fini. En effet, dans toutes ces choses qui peuvent être conçues, on ne trouve pas la trinité qui est l'unité, ou encore l'unité qui est la trinité.

78 Tu vois aussi que le *pouvoir-être-fait* d'une nature n'atteint pas sa limite en cette même nature[326], parce que le *pouvoir-est* et le *pouvoir-être-fait* sont d'une nature différente. Par exemple, si ce qui peut être chauffé doit être ce qu'il peut être, il ne sera pas ce

322. Il n'existe pas de triangle infini en acte. Cf. *Ap. DI* 32 ; *DI* I, 6, 15 ; *DI* II, 1, 91 ; *DI* II, 1, 97 ; *DI* II, 6 ; 125.

323. Cf. *VD* 1, 6.

324. Cf. Anselme de Canterbury, *Proslogion* c. 2, et *Monologion* c.15.

325. Thomas d'Aquin, *De l'éternité du monde*, 3.

326. Cf. *Poss.* 8.

qui peut être chauffé, mais seulement ce qui est chauffant. Le bois peut être chauffé de plus en plus. Mais quand il est chauffé au point qu'il ne peut plus être chauffé, alors de la puissance jaillit le feu en acte, qui ne peut plus être chauffé mais qui est seulement ce qui chauffe. Et si dans une chose qui peut être chauffée, on parvient plus rapidement que dans une autre à ce qui chauffe, c'est parce que l'une arrive plus rapidement que l'autre à la limite de sa capacité à être chauffée. Mais ce qui jamais n'est chauffé au point de ne pouvoir devenir plus chaud, n'arrive jamais à la limite pour devenir feu. Ce qui est chauffant dans ce qui peut être chauffé est seulement chauffant en puissance. Quand donc de la puissance il passe à l'acte, rien d'essentiellement nouveau ne commence. En effet, la même chose passe d'un mode d'être à un autre. Donc, puisque dans toute chose qui peut être chauffée le feu est en puissance, bien qu'il le soit dans l'une dans une puissance proche, et dans l'autre dans une puissance lointaine, il apparaît que le feu est caché dans toute chose de ce monde. Toutes les choses en effet sont ou le feu qui chauffe ou ce qui peut être chauffé par le feu. Mais, puisque le feu ne peut pas être refroidi, bien que le feu en acte puisse s'éteindre ou étouffer, pour cette raison l'eau n'est pas en puissance dans le feu, et, comme le dit Denys[327], le feu est inaltérable.

C'est la raison de la règle de la docte ignorance[328], à savoir que **79**
dans les choses susceptibles de plus ou de moins l'on ne parvient jamais au maximum absolument ou au minimum absolument, bien qu'on parvienne à un maximum et à un minimum en acte. Quand en effet ce qui peut être chauffé parvient au maximum absolument simple, il n'est plus ce qui peut être chauffé mais ce qui est chauffant. Car ce qui est chauffant est le maximum de ce qui peut être chauffé. Ainsi, ce qui est refroidissant est le maximum de ce qui peut être refroidi, et naturellement ce qui est mouvant est le maximum de ce qui peut être mû, et de manière générale ce qui est faisant dans la nature est le maximum de ce qui peut être fait[329].

327. Cf. Pseudo-Denys l'Aréopagite, *La Hiérarchie céleste*, XV, 2, *op. cit.* (*Dionysiaca* II, 997 ; PG 3, 330B).

328. Cf. *DI* I, 3 et 4. Sur la signification de cette règle et son usage dans la démarche cusaine, cf. *ACNC*, p. 37 *sq.*

329. La traduction, il est vrai, très peu élégante, est littérale. Mais on retrouve ici sous-jacents les concepts cusains de *posse-facere, pouvoir faire*, et de *posse fieri*,

Ce qui peut être fait n'est pas en puissance ce qui fait, mais dans ce qui peut être fait est en puissance ce qui fait. En effet, ce qui peut être fait ne devient jamais ce qui fait, mais la puissance de ce qui fait parvient à l'acte à la limite de ce qui peut être fait. Par suite, ce qui peut être chauffé ne devient jamais le feu qui chauffe, bien que le feu existant en puissance dans ce qui peut être chauffé parvient à l'acte à la limite de ce qui peut être chauffé.

Et de même, à la limite des intelligibles apparaît l'intellect agent[330]. Or, la limite des intelligibles est l'acte [de l'intellect agent]. Ainsi, l'intelligible en acte est l'intellect en acte, et le sensible en acte est le sens en acte. À la limite de ce qui peut être illuminé apparaît alors la lumière qui illumine, et à la limite de ce qui peut être créé, le créateur qui crée, qui peut être vu dans les choses qui peuvent être créées ; mais il n'est en acte qu'à la limite des choses qui peuvent être créées, qui est la limite illimitée[331], ou l'infini. Grande est donc la chasse au filet de cette règle souvent nommée.

80

Chapitre XXVII
Le neuvième champ, à savoir la limite[332]

Le champ près du lien, que j'appelle la limite, est très giboyeux en proies désirées ; il est très approprié à la chasse, il est très grand et sans limite, parce qu'il n'y a pas de fin à son étendue. En effet, il n'a ni commencement ni fin ; mais il possède en lui les commencements, les milieux et les fins de toutes les choses délimitables, de même que, racine de la toute-puissance, il contient toute chose en son pouvoir *(virtu)*, il enveloppe toutes choses et détermine toutes choses. Les choses singulières consistent en leur précision, de sorte

pouvoir-être-fait et il faut donc garder en mémoire ce champ lexical et les concepts cusains qui y sont associés.

330. Nicolas n'a jamais rien dit de plus concernant la distinction entre intellect agent et intellect passif.

331. Ou encore : la limite sans limite. Nicolas utilise constamment le mot latin *terminatus*, de manière interchangeable avec le mot *finis.*

332. *Terminus* a de multiples significations : *limite, limitation, délimitation, fin, terme*... Il arrive également à Nicolas d'utiliser dans le même sens le mot *finis.* Il est donc très difficile de maintenir une seule traduction, particulièrement dans ce chapitre.

qu'elles ne sont pas autres que ce qu'elles sont. Mais la limite sans limite est la fin de toutes les choses qui peuvent êtres finies, et la précision et la délimitation de toutes les choses précises. La limite qui est tout ce qui peut être est antérieure à toute limite des choses qui peuvent être faites. Elle détermine donc toutes les choses et définit les choses singulières. En effet, la limite du *pouvoir-être-fait* lui-même est assurément sans limite, possédant antérieurement en elle de manière déterminée toutes les choses qui peuvent être faites ; elle est donc la limite de toutes choses et de toutes sciences.

Mais qu'est-ce qui pose la limite, sinon la pensée et la sagesse ? **81**
La pensée en effet, comme le vit très bien Anaxagore[333], détermine la possibilité confuse, et distingue et meut toutes choses pour que celles-ci parviennent à leur limite qu'elle a prédéterminée pour elles. Elle a défini ces modèles des choses[334] qui sont – comme le vit très bien Denys en écrivant *Les Noms divins*[335] – les raisons des choses qui préexistent en elle, selon lesquelles la sagesse divine les a toutes prédestinées ou prédéterminées et produites. Que sont-ils d'autres, ces modèles, à propos desquels tu entendais quelque chose tout à l'heure[336], sinon les limites déterminant toutes choses ? D'eux tous, la pensée divine est certainement la limite. Elle les a en effet déterminés rationnellement en elle-même. Si tu tournes ton attention vers ce qui est antérieur au *pouvoir-être-fait* et que tu considères d'une manière humaine que Dieu a conçu de toute éternité de vouloir créer, alors assurément (puisque rien n'aurait été créé – ni le ciel, ni la terre, ni les anges, ni quoi que soit d'autre) ces modèles n'étaient pas plus créables que d'autres qui n'avaient rien de commun avec eux, et desquels nous ne pouvons nous faire aucun concept[337]. Mais

333. Diogène Laërce, *Les vies et doctrines des philosophes illustres*, II, 6 et 8 (fol. 26v), *op. cit.*

334. Comme en *M* 3, 73, Nicolas parle de modèles *(exemplaria)* présents dans la pensée divine. Mais ces modèles ont eux-mêmes pour unique modèle Dieu, qui est la forme des formes de toutes choses, ou encore la forme de toutes les choses formables. Le modèle alors est le verbe exemplaire, c'est-à-dire le verbe de Dieu, ou la deuxième personne de la Trinité.

335. Pseudo-Denys l'Aréopagite, *Les Noms divins*, V, 9, *op. cit.* (*Dionysiaca* I, 360 sqq. ; PG 3, 824)

336. Cf. *VS* 1, 3 et 17, 50.

337. Si Dieu a certes créé l'homme en le rendant capable de conceptualiser, l'homme n'est cependant pas capable de tout conceptualiser, et en particulier de

Dieu même détermina dans son concept qu'il créerait ce monde, c'est-à-dire cette belle création que nous voyons.

82 Toutes les choses reçurent donc de la détermination de la pensée [divine] en elle-même la délimitation de leur être en ceci ou cela. Et selon ce concept éternel, en créant le *pouvoir-être-fait*, elle détermina celui-ci en vue de ce monde et de ses parties, tel qu'il avait été préconçu dans l'éternité. En effet, le *pouvoir-être-fait* n'a pas été créé inconstant et indéterminé, mais en vue d'une fin et d'une limite : pour que soit ce monde-ci et non un autre.

Ce concept donc, qui est aussi appelé verbe mental ou encore sagesse, est la limite dont il n'y a pas de limite. En effet, une autre pensée ne précéda pas la pensée divine elle-même, qui aurait déterminé celle-ci à créer ce monde. Mais parce que la pensée éternelle est libre de créer ou de ne pas créer, d'une façon ou d'une autre, il détermina en lui-même, de toute éternité, sa toute-puissance comme il le voulait.

En effet, la pensée humaine, qui est une image de la pensée absolue et qui est humainement libre, pose dans son concept des limites à toutes les choses, parce que la pensée mesure toutes les choses avec ses notions[338]. Elle pose ainsi une limite aux lignes, qu'elle fait longues ou courtes, et elle pose sur ces lignes autant de points-limites qu'elle veut. Et ce qu'elle se propose de faire, elle le détermine d'abord en elle-même et elle est la limite de toutes ses œuvres. Mais toutes les choses qu'elle fait ne la limitent pas au point qu'elle ne puisse faire davantage, et elle est selon son mode une limite sans limite[339]. J'ai écrit sur cela dans mon livre *De la pensée*[340].

83

Chapitre XXVIII
Suite

Il est donc évident que la sagesse divine se cache dans ce champ et doit y être trouvée par une chasse consciencieuse. Car cette sagesse divine est ce qui posa des limites à la mer et à la terre

conceptualiser ce dont il ne fait pas l'expérience. Il ne semble donc pas capable d'avoir des concepts innés. Cf. *M* 4, 77.

338. Cf. *M* 7, 99 ; *Aeq.* 13.

339. Cf. *VS* 27, 80.

340. Il s'agit du troisième livre du *Profane*, le *De idiota de mente*, écrit en 1450.

ferme, au soleil, à la lune, aux étoiles et à leurs mouvements, et pour chaque créature elle détermina une loi que celle-ci ne peut outrepasser. Elle a déterminé l'espèce, la région et le lieu de chaque chose singulière. Elle a posé la terre au milieu et l'a déterminée à être pesante et à se mouvoir vers le centre du monde, de façon à subsister ainsi toujours au milieu et à ne pas s'écarter vers le haut ou vers le bas. Elle a déterminé pour chaque créature sa mesure, son poids et son nombre[341]. Et ainsi la pensée divine a déterminé toutes choses avec la plus grande sagesse, de sorte qu'aucune ne manque de raison pour être de la façon dont elle est et non d'une autre[342] ; et s'il en était autrement, toutes les choses seraient confuses. La pensée divine est donc la mesure et la limite de toutes choses, parce qu'elle est la raison et la définition de soi et de toutes choses.

Le *pouvoir-être-fait* de la perfection et de la limitation des **84** espèces n'est donc pas limité en elles-mêmes, mais par leur limite sans limite[343]. C'est pourquoi, elles n'ont pas de modèles si ce n'est la pensée divine, par laquelle elles sont ce qu'elles sont et en vue de laquelle elles sont limitées. Car la pensée divine est la raison qui ne peut être plus grande et plus parfaite ; c'est pourquoi elle est aussi la pensée même. En effet, une raison est d'autant plus parfaite que la pensée ou l'intellect[344] brille en elle. La pensée brille donc de différentes manières dans différentes raisons, dans l'une plus parfaitement que dans une autre. La raison qui ne peut pas être plus parfaite, puisqu'elle est tout ce qu'elle peut être, est donc la pensée éternelle même. Les raisons de toutes choses – c'est-à-dire leurs modèles – se retournent donc vers la raison éternelle, dans laquelle elles sont le plus parfaitement délimitées, parce qu'elles ne sont des raisons valides et parfaites que dans la mesure où elles participent de cette Raison éternelle, qui est la pensée éternelle, et par la participation de laquelle elles sont ce qu'elles sont. La diversité des modèles ne résulte donc que d'une diversité de participation des raisons qui participent diversement de la raison éternelle.

Toutes les choses qui sont déterminées spécifiquement par leurs **85** modèles, sont contentes parce que leur *pouvoir-être-fait* est déter-

341. Cf. Sg 11, 21.
342. Cf. Anselme de Cantorbéry, *Cur Deus Homo* II, 10.
343. Le pouvoir-être-fait est délimité par Dieu qui délimite donc les espèces.
344. Cf. *M* 1, 57 et 5, 80.

miné dans leurs espèces. Dans ces espèces, elles participent de la raison éternelle[345] et de la pensée divine[346] qui est la plus parfaite créatrice de toutes choses. Comme une espèce est une détermination spécifique du *pouvoir-être-fait* même, elle montre que sont de la même espèce les choses dont le *pouvoir-être-fait* serait limité en la même espèce, si cela était possible[347]. Tous les hommes sont ainsi de la même espèce parce que si tout homme était fait ce que l'homme peut être fait, la perfection du *pouvoir-être-fait* de chacun serait délimitée dans la raison exemplaire, c'est-à-dire dans l'homme intelligible. Il en va de même de tous les cercles : chacun d'eux, s'il était fait aussi parfait qu'un cercle peut être fait, serait délimité dans cette raison exemplaire de l'équidistance du centre à la circonférence ; pour cette raison, ils seraient tous de la même espèce. Et ceux qui ne firent pas attention à cela se sont souvent trompés en niant être de la même espèce des choses qui l'étaient, et en affirmant être de la même espèce des choses qui ne l'étaient pas.

86

Chapitre XXIX
Suite

Puisque notre pensée n'est pas le principe des choses et ne détermine pas leurs essences – cela en effet appartient à la pensée divine –, elle est le principe de ses propres opérations, qu'elle détermine, et dans sa force *(virtu)* toutes les choses sont enveloppées de manière notionnelle. La plupart des chasseurs s'épuisèrent en vain en cherchant à saisir les essences des choses[348]. En effet, l'intellect ne saisit rien qui ne se trouve en lui[349]. Or, ce ne sont pas les essences et les quiddités des choses qui sont elles-mêmes

345. Il s'agit ici du Verbe de Dieu, la deuxième personne de la Trinité, ou le Fils.

346. Au sens strict, les choses réelles ne participent que d'une similitude de Dieu.

347. Mot-à-mot : si cela se faisait.

348. Cf. *Ber.* 43.

349. La pensée perçoit les objets réels par appréhension de leurs similitudes formelles (c'est-à-dire grâce à leurs espèces sensibles qui sont des images sensibles des choses). L'intellect abstrait alors des formes conceptuelles (ou encore les espèces intelligibles). Cf. *VS* 36, 107. Voir également la note 7 dans la présente édition du *Compendium*.

en lui, mais seulement des notions des choses, qui sont des assimilations et des similitudes des choses. En effet, c'est la force de l'intellect que de pouvoir s'assimiler à toutes les choses intelligibles. Ainsi, il y a en lui des espèces, ou des assimilations des choses. À cause de cela, on l'appelle le lieu des espèces. Mais il n'est en rien l'essence des essences. Il recherche donc inutilement dans sa propre intellection les essences des choses qui n'y sont pas. De même, en effet, que la vue n'a, dans sa force *(virtu)* et sa puissance, que les espèces ou les formes visibles, et l'ouïe les espèces et les formes audibles, l'intellect n'a dans sa force *(virtu)* et sa puissance que les formes < intelligibles >, < c'est-à-dire > les espèces intelligibles. Dieu seul, en revanche, embrasse dans sa force *(virtu)* et sa puissance causale les essences et les formes causales de toutes les choses.

C'est pourquoi, bien que toutes les choses soient de manière **87**
visible dans la vue, la vue ne peut cependant pas atteindre les choses intelligibles qui sont antérieures à sa faculté *(virtu)* et la dépassent, ni les choses audibles qui ne sont pas incluses en sa puissance. Elle les atteint cependant parfois de manière indirecte dans les signes et les écrits visibles, mais elle n'atteint jamais, directement ou indirectement, les intelligibles[350], car elle est postérieure à ceux-ci et d'une faculté insuffisante pour les appréhender. De même, l'intellect ne peut jamais atteindre, afin de les intelliger, les formes essentielles et les quiddités des choses, puisqu'elles sont antérieures à sa faculté *(virtu)* notionnelle et qu'elles la dépassent, même s'il peut faire des conjectures sur elles à partir de ce qu'il intellige. Seul Dieu, créateur et donneur de ces formes essentielles, les regarde en lui-même. Dieu, en effet, à proprement parler, n'intellige pas : Il *essentie*[351]. Et cela signifie que c'est la détermination de toutes choses. Car le *pouvoir-être-fait* d'intelliger n'a de limite que dans l'intellect qui est ce qu'il peut être. Pour cette raison, son intelliger n'a pas son origine dans les choses, mais les choses sont issues de lui. Notre intellect, en revanche, intellige quand il s'assimile à toutes choses[352]. En effet, il n'intelligerait rien s'il ne s'assimilait pas aux intelligibles

350. Cf. *Comp.* 10, 34.

351. Néologisme courant chez le Cusain. Cf. par exemple *PF* 22, *Crib. A* 94.

352. Nicolas professe ici une thèse très aristotélicienne : l'intellect s'assimile soi-même à toutes les choses qu'il intellige.

afin de lire en lui-même ce qu'il intellige, c'est-à-dire [de le lire] en sa parole [intérieure] ou en son concept. L'intellect ne peut pas non plus atteindre en lui-même sa propre quiddité et essence, si ce n'est selon le mode avec lequel il intellige les autres choses : en formant – s'il peut – une assimilation intelligible de lui-même[353]. Ainsi la vue ne se voit-elle pas elle-même. En effet, si la vue ne se rendait pas visible, comment se verrait-elle ? Mais c'est bien à partir de cela – parce que l'homme voit d'autres choses – qu'il saisit que la vue est en lui ; il ne voit pourtant pas la vue. Ainsi, l'homme se sachant intelliger intellige, parce qu'il y a en lui un intellect, bien qu'il n'intellige pas ce qu'est celui-ci[354]. Ces points ont été abordés plus haut, là où a été citée la réponse à l'Indien[355]. En effet, puisque l'essence divine est inconnue, par conséquent aucune essence des choses ne peut être comprise par la connaissance.

88 Et prends garde à la façon dont j'ai dit plus haut[356] que les notions des choses suivent les choses. La faculté intellective s'étend donc aux notions des choses et, pour cette raison, suit les essences des choses. Mais l'essence de cette faculté est antérieure à la faculté elle-même et aux essences sensibles moins nobles, qui viennent après elle. En effet, l'essence de l'âme intellective n'est pas sa faculté et sa puissance. Cela peut être seulement vrai en Dieu, qui est antérieur à la différence de l'acte et de la puissance, comme cela est apparu suffisamment manifeste plus haut[357]. En effet, nous ne savons pas tout ce que l'homme peut savoir. Toi en effet, tu n'es pas grammairien, ni rhéteur, ni logicien, ni philosophe, ni mathématicien, ni théologien, ni mécanicien, ni toutes ces choses que pourtant, puisque tu es un homme, tu pourrais être fait[358]. Bien qu'en toi le *pouvoir-être-fait* homme est en acte déterminé de la manière dont tu es – et cette détermination est ton essence –, le

353. Cf. *Conj.* II, 17 en son ensemble. La pensée humaine n'a pas une connaissance précise de sa propre quiddité. Seul Dieu a une connaissance précise de tout.

354. L'homme ne saisit pas exactement ce qu'est son intellect.

355. Cf. *VS* 12, 31.

356. Cf. *VS* 29, 87.

357. Cf. *VS* 13, 35.

358. Nous préférons maintenir la littéralité de la traduction ; en effet, elle permet de garder à l'esprit que tout devenir n'est rien d'autre que la manifestation (en acte) d'un pouvoir-être-fait.

pouvoir-être-fait homme[359] n'est d'aucune manière en toi parfait et déterminé.

Par suite, considérant ce *pouvoir-être-fait* infini et illimité, les Platoniciens, comme le rapporte Proclus[360], disaient que toutes les choses sont issues du fini, ou encore du déterminé, et de l'infini ; et ils rapportaient le fini à une essence déterminée, et l'infini à la puissance et au *pouvoir-être-fait*.

Chapitre XXX 89

Le dixième champ, à savoir l'ordre

Lorsque Denys, plus clairvoyant que tous les autres, découvrit en cherchant Dieu qu'en lui les contraires sont conjointement attestés comme vrais et que la privation est une excellence[361] – il est en effet appelé la substance non substantielle de toutes les choses, qui transcende toute substance[362] –, il dit alors dans le chapitre sur la sagesse :

« Concernant ces points, nous devons nous demander comment nous connaissons Dieu qui n'est ni intelligible, ni sensible, ni absolument aucun des intelligibles. Peut-être dirons-nous avec vérité cela : que nous ne connaissons pas Dieu par sa nature ; celui-ci est, de fait, inconnu et l'emporte sur toute raison et tout sens. Mais, à partir de la disposition très ordonnée de toutes les créatures, telle qu'elle est produite par Dieu et manifestant pour soi certaines images et similitudes de ses modèles divins, nous nous élevons par cette voie et de manière ordonnée, de toutes nos forces, vers ce qui transcende toutes choses, dans la privation la plus éminente de tout et la cause de tout. Pour cela, Dieu est reconnu et dans toutes les

359. *Posse fieri* est parfois suivi d'un génitif , parfois d'un accusatif, selon qu'il s'agit du *pouvoir-être-fait* (puissance passive) du créé, ou du passage de ce qui est en puissance à l'acte. Nous considérons ici qu'il s'agit de la deuxième signification. Aucune créature ne peut parvenir à la limite de ce qu'elle est capable d'être en puissance.

360. Cf. Proclus, *La Théologie platonicienne,* III, 8 et 9, *op. cit.*

361. Cf. Pseudo-Denys l'Aréopagite, *La Théologie mystique*, I, 2 (*Dionysiaca* I, 571-572 ; PG 3, 999) et *Les Noms divins*, VII, 2 (*Dionysiaca* I, 395 ; PG 3, 870).

362. Pseudo-Denys l'Aréopagite, *Les Noms divins* II, 4 (*Dionysiaca* I, 76 ; PG 3, 642A).

choses, et séparément de toutes, Dieu est connu et par la science et par l'ignorance. De lui, il y a et intelligence, et raison, et notion, et toucher, et sensation, et opinion, et imagination, et nom et toutes autres choses, mais il n'est ni intelligé, ni dit, ni nommé, et il n'est aucune des choses qui sont et il n'est connu dans aucune créature ; et il est toutes choses en toutes choses et rien en rien ; et à partir de toutes choses, de toutes choses il est connu, à partir de rien, il n'est connu de personne. Et assurément nous disons cela de Dieu très justement ; il est célébré et loué par toutes les substances selon l'analogie et la raison de toutes les choses dont il est l'auteur[363].

En outre, la très divine connaissance de Dieu est aussi connue par ignorance (selon une union qui dépasse l'intellect) quand l'intellect, se séparant de tous les êtres, et prenant ensuite congé de lui-même, s'unit aux rayons sur-resplendissants et qu'alors, là, il est illuminé par la profondeur insondable de la sagesse. [La pensée divine] doit aussi être connue, comme je l'ai dit, à partir de toutes choses. En effet, elle est, selon la Parole, faiseuse de toutes choses ; elle harmonise toujours toutes choses et elle est la cause indestructible de l'harmonie et de l'ordre de toutes choses, reliant toujours les fins des premières choses aux commencements des suivantes et faisant de l'univers un seul bel ensemble harmonieux[364]. »

90 Ces choses m'ont paru grandes et embrasser au maximum l'ensemble de la chasse de cet homme divin ; pour cette raison, j'ai jugé qu'il devait être cité ici. L'apôtre Paul, maître de ce même Denys, disait que la différence entre les choses qui viennent de Dieu et les autres consiste en ce que celles qui viennent de Dieu sont ordonnées[365]. Ailleurs[366], Denys a justement admis que Dieu est l'ordre des choses ordonnées. À la limite des choses qui peuvent être ordonnées apparaît donc l'auteur de l'ordre. Car, puisque ce monde devait être beau et que ses parties ne pouvaient pas être précisément semblables mais diverses, afin que l'immense beauté brille plus parfaitement dans la diversité, parce que toutes les parties, aussi

363. Pseudo-Denys l'Aréopagite, *Les Noms divins*, VII, 3 (*Dionysiaca* I, 402-405, PG 370C-381B). Nicolas suit différentes traductions, ici celle d'Ambrogio Traversari.

364. Pseudo-Denys l'Aréopagite, *Les Noms divins* VIII, 3 (*Dionysiaca* I, 406-408 ; PG 3, 871B). Ici, Nicolas suit la traduction de Robert Grosseteste.

365. Rom 13, 1 ; Cor 14, 33 et 14, 40.

366. Pseudo-Denys l'Aréopagite, *Les Noms divins* V, 5 (*Dionysiaca* I, 340 ; PG 3, 819C).

peu diverses étaient-elles, n'étaient pas dépourvues de beauté, il plût au créateur de créer à la fois dans une diversité un possible ordonnancement[367], tel que l'ordre, qui est la beauté absolue même, brillât en toutes choses. Par cet ordre, les choses les plus hautes des parties les plus basses étaient reliées harmonieusement aux plus basses des parties les plus hautes et s'accorderaient ensemble pour la beauté unique de l'univers ; par cet ordre, toutes les choses, contentes de leur propre position *(gradu)* par rapport à la fin de l'univers jouissent de la paix et de la quiétude, en comparaison desquelles il n'y a rien de plus beau.

La partie la plus basse de l'homme, le pied, est en effet contente 91
de ce qu'elle est la plus basse et qu'elle est pied, de même que l'œil est content de ce qu'il est œil et qu'il est dans la tête, parce qu'ils voient qu'ils sont des parties nécessaires à la perfection de l'homme et à sa beauté, s'ils sont ainsi ce qu'ils sont et s'ils sont à leurs places dans l'ordre. En dehors de ces lieux, ils ne sont ni beaux, ni nécessaires, ils n'aperçoivent pas la beauté parfaite de tout le corps, et ils n'apportent pas leur part à la complète beauté de celui-ci, et en étant difformes ils rendent tout corps difforme. La grandeur est donc ordonnée en eux afin d'être belle, afin qu'à partir d'eux et des autres parties du corps, la grandeur de celui-ci apparaisse belle. La proportion de chaque partie par rapport à une autre et au tout est donc ordonnée par l'Ordonnateur de toutes choses qui a créé l'homme beau. Telle est en effet cette proportion sans laquelle le rapport du tout et des parties au tout n'apparaîtrait jamais belle et parfaitement ordonnée.

Chapitre XXXI 92
Suite

Afin de voir l'ordre dans l'éternité, considère encore ceci : puisque toutes les choses, pour passer du *pouvoir-être-fait* à l'acte, présupposent l'ordre par lequel ce possible *être-fait* soit fait, assurément cet ordre, qui est tout ce qu'il peut être, est éternel. En effet, si l'ordre était fait, il serait assurément passé de manière

367. Il s'agit d'un terme administratif du latin médiéval. Cf. Cange.

ordonnée du *pouvoir-être-fait* à l'acte. Ainsi il aurait été avant d'avoir été. L'ordre n'a donc ni commencement ni fin. L'ordre est donc éternel.

Mais comment l'ordre est-il dans le principe parfaitement simple des choses, s'il n'est pas le principe lui-même ? Est-il tant le principe sans principe que le principe du principe, ou le principe qui procède de [ces] deux[-là] ? Sans ceux-ci, en effet, l'ordre ne peut pas apparaître dans le principe, puisqu'il est de l'essence de l'ordre d'avoir commencement, milieu, et fin. Si ceux-ci étaient niés dans la simplicité du principe éternel qui est aussi l'ordre éternel, l'ordre serait nié ; si celui-ci est supprimé, rien ne reste, puisque ce qui est privé d'ordre et de beauté ne peut être. En effet, comment un être manquant d'ordre et de beauté passerait-il du pouvoir à l'acte ? Et si le principe manque d'ordre, d'où les principiés tiennent-ils un ordre ?

93 Je vois encore ceci : De ce qu'il y a un principe sans principe, un principe du principe et un principe procédant de [ces] deux[-là], il y aura aussi un principié sans principié antérieur, un principié de principié, et un principié procédant de [ces] deux[-là]. Le principié sans principié antérieur est l'essence, le principié de principié est la force *(virtu)*, et le principié procédant des deux autres est l'opération. Certes, ceux-ci se trouvent en toutes choses, afin que toutes participent de l'ordre divin. Et ce monde entier est fait de réalités intellectuelles, vivantes et existantes[368]. La nature intellectuelle est la plus élevée, n'ayant pas avant elle un principié plus ancien. La nature vivante est intermédiaire, ayant avant elle la nature intellectuelle qui est son hypostase. La nature de l'existence procède en revanche des deux [autres]. Dans la première nature sont enveloppées les suivantes ; car elle intellige, vit et existe. La deuxième nature vit et existe ; en elle est donc enveloppée la troisième nature (comme celle-ci l'est dans la première nature) qui existe seulement. L'exister et le vivre de la première nature est son intelliger. L'exister et l'intelliger de la deuxième nature est son vivre. L'intelliger et le vivre de la troisième est son être.

368. Pseudo-Denys l'Aréopagite, *Les Noms divins*, IV, 23 (*Dionysiaca* I, 278 et 282 ; PG 3, 276B et 276C). Proclus, *Commentaire du Parménide de Platon*, IV, 902, *op. cit.* Thomas d'Aquin, *Commentaire des Noms divins du Pseudo-Denys*, IV, Lectio 1. Cf. *Princ.* 8 et *AT* 5.

Le divin Denys décrivit ce qu'est la participation à l'ordre divin dans la hiérarchie des anges et ce qu'elle est dans la hiérarchie ecclésiastique[369]. Quelle est la participation des espèces à l'ordre et dans chaque espèce, quel est [l'ordre] dans les corps célestes et leurs mouvements temporels et dans les mouvements temporels des êtres animés, quelle est la participation à l'ordre dans toutes les choses qui tirent leur origine de la pensée humaine – dans les pouvoirs, dans les régimes et dans les gouvernements des choses privées et publiques, dans les arts mécaniques et les sciences libérales – et avec quelles règles parfaitement ordonnées et quels modes toutes les choses procèdent-elles, sont-elles trouvées, consignées et communiquées de belle manière – celui qui étudie le voit et l'admire. 94

Le jeune Ménon, interrogé suivant l'ordre qu'observait celui qui l'interrogeait, répondit correctement à toutes les questions de géométrie, et comme si, avec l'ordre, il avait eu la science innée, ainsi que Platon le rapporte dans son livre du *Ménon*[370]. Celui qui, en effet, sait ramener dans l'ordre ce qu'il étudie et recherche, celui-là progresse.

Il n'est ni un orateur, ni un expert en autre chose, si son discours manque d'ordre. Sans ordre, en effet, il ne comprend pas, et il n'est pas compris par un autre. L'ordre, en effet est la splendeur de la sagesse, sans lequel celle-ci ne serait ni belle, ni claire, et n'œuvrerait pas avec sagesse. La mémoire recueillie avec ordre se souvient facilement, comme cela est évident dans l'art de la mémoire fondé sur l'ordre des lieux. Le lecteur, pour mémoriser et saisir, distingue ce qui doit être dit et ordonne ce qu'il a distingué. Il est ainsi évident que l'ordre participe beaucoup de la lumière de la sagesse.

Chapitre XXXII 95
Suite

La sagesse suprême a donc établi un ordre dans le ciel, la terre et toutes les choses, afin que cette sagesse se dévoile elle-même selon le meilleur mode avec lequel la créature est capable [de recevoir

369. Pseudo-Denys l'Aréopagite, *La Hiérarchie céleste* (*Dionysiaca* II, 725-1039 ; PG 3, 120-369) et *La Hiérarchie ecclésiastique* (*Dionysiaca* II, 1069-1476 ; 369-584).
370. Platon, *Ménon,* 82b-85c.

cette révélation]. En effet, l'ordre d'une armée montre la prudence du capitaine qui l'a ordonnée, plus que toutes les autres actions qu'il mène. L'ordre de l'univers est donc la première image, et la plus précise, de la sagesse éternelle et incorruptible ; par lui, toute la machine du monde demeure dans la beauté et dans la paix.

Quelle belle sagesse éternelle a placé l'homme (qui est l'union de l'univers et un microcosme) au sommet de la nature sensible et au plus bas de la nature intelligible, liant en lui comme en un intermédiaire les choses temporelles inférieures et les choses perpétuelles supérieures ! Elle l'a situé sur l'horizon[371] du temps et de la perpétuité, comme l'exigeait l'ordre de la perfection. Nous expérimentons en nous-mêmes, qui avons en commun avec les autres animaux les sens, qu'en plus de ceux-ci nous possédons une pensée qui connaît et loue l'ordre. Et en cela nous savons que nous sommes capables d'atteindre l'Ordonnatrice de toutes choses, la sagesse immortelle, et nous savons que nous sommes liés à Dieu avec les intelligences. De même en effet que dans cette partie qui nous lie aux autres animaux, nous échoit la nature animale, de même dans cette partie qui nous lie à la nature intellectuelle, nous participons de la nature intellectuelle ; et pour cette raison, [notre] esprit lié aux intelligences perpétuelles n'est pas détruit par la mortalité de [notre] animalité[372].

96 Nous savons bien que la nature mortelle, une fois dégagée de la possibilité de mourir, du fait du lien par lequel elle est liée au mortel, peut ressusciter à la vie de l'esprit immortel, dans la puissance *(virtu)* du Verbe de Dieu, par qui tout a été fait[373], incarné dans l'homme Jésus-Christ – en lui l'humanité non seulement est moyen de la liaison des natures inférieures et supérieures[374], des natures temporelles et perpétuelles, mais aussi de Dieu créateur et de l'éternelle immortalité – si nous avons été conformes à notre Médiateur ; ce qui arrive par la foi et l'amour[375]. Et qu'y a-t-il de plus beau que l'ordre merveilleux de la régénération par laquelle on

371. Cf. *Aeq.* 15. Cf. Albert le Grand, *Super Dionysium de Divinis Nominibus* I, 67, 8. Cf. Thomas d'Aquin, SCG II, 80.13.

372. Cf. M15.

373. Jn 1,3 ; Col 1, 16.

374. La nature inférieure est la nature des sensibles, corruptible et temporel, et la nature supérieure est la nature intellectuelle, perpétuelle. Cf. *DI* III, 3, 197.

375. Cf. *VD* 24, 109.

arrive à cette résurrection de la vie qui est décrite dans les Saints Évangiles[376] ? Nous avons dit quelque chose sur les champs de chasse de la sagesse, mais là, la sagesse incarnée a manifesté par l'exemple sa voie par laquelle celui qui est mort est parvenu à la résurrection de la vie, qui est tout ce qui est recherché.

Nous désirons la sagesse afin d'être immortels. Mais puisqu'aucune sagesse ne nous délivre de cette mort sensible et horrible, la vraie sagesse sera celle par laquelle cette nécessité de mourir sera transformée en vertu[377] et nous fera un chemin sûr et sans crainte vers la résurrection de la vie ; ce qui arrivera seulement à ceux qui s'en tiennent à la voie de Jésus et à sa force. Là, nous devons donc établir notre ultime étude, et c'est dans cette seule voie sans crainte qu'est la chasse dont résultera la possession très certaine de l'immortalité.

Chapitre XXXIII 97
La force des mots

Si, dans une profonde méditation, tu pèses toutes ces choses, tu découvriras que les chasseurs ont pris soin d'examiner scrupuleusement la force des mots, comme si un mot était la figuration précise des choses. Mais, parce que les mots ont été imposés aux choses par le premier homme à partir d'une raison[378] que l'homme a conçue, les mots ne sont pas précis au point qu'une chose ne puisse pas être nommée avec un mot plus précis encore. En effet, la raison que l'homme conçoit n'est pas la raison de l'essence de la chose, qui précède toute chose. Et si quelqu'un connaissait le nom de cette raison, il nommerait de manière appropriée toutes choses et possèderait la science très parfaite de toutes[379]. Par suite, il n'y a pas de divergence dans la raison substantifiante des choses, mais dans les mots attribués diversement aux

376. Cf. 1 Pr 1, 3 ; Tit 3, 5 ; Mt 19, 28.

377. Cf. Saint-Jérôme, *Lettres* 54.6 (PL 22, 552).

378. Il s'agit ici de ce qui est conçu, de ce qui constitue l'être de quelque chose, sa nature, sa forme. Mais, pour éviter toute confusion, nous décidons de traduire, par raison. En effet, cette *ratio* est aussi ce qui est saisie par la raison *(ratio)* humaine qui s'assimile à elle. Cf. *VS* 107 où raison est expressément identifiée à espèce. Cf. également, dans ce volume, la note 7 consacrée à la notion d'espèce dans la théorie de la connaissance, dans *Le Compendium*.

379. Cf. *M* 3, 69.

choses à partir de raisons différentes. Et toute diversité entre ceux qui disputent[380] provient de [leur] figuration des essences des choses, qui est semblablement diverse. Comme Platon l'écrit très finement dans ses *Lettres* au tyran Denys : la vérité précède les mots, les phrases ou encore les définitions des mots, et les figurations sensibles[381], comme il en donne l'exemple avec le cercle dessiné, son nom, sa définition et son concept. Pour cette raison, Denys l'Aréopagite recommande de prêter davantage attention à l'intention qu'à la force des mots[382], bien que lui-même dans *Les Noms divins* – comme aussi Platon – s'en tient beaucoup à la signification des noms.

98 Personne ne fut autant attentif qu'Aristote à rechercher avec soin la force des mots[383], comme si celui qui avait imposé les noms de toutes choses était parfaitement compétent pour exprimer dans ses mots ce qu'il savait, et comme si atteindre cette science était obtenir la science parfaite de tout ce qui est connaissable. Pour cette raison, il affirma que c'est dans la définition, qui est l'explication du mot, que se trouve la lumière de la science.

Je crois que cela se passe ainsi dans la science humaine, qui, comme on le croit, fut d'abord et de manière excellente possédée par le premier Adam, c'est-à-dire l'homme[384]. Et pour cette raison, la science, qui est confortée par la force des mots, est très agréable à l'homme dans la mesure où elle est conforme à sa nature. Or, il faut que le chasseur de cette sagesse divine nie de Dieu les mots humains imposés par l'homme. La vie en effet, qui s'étend à tous les vivants, n'atteint pas Dieu, qui est cause de toute vie. Il en va de même pour tous les mots[385].

On doit également prêter soigneusement attention aux distinctions que font les chasseurs qui interprètent les mots. Par exemple, Saint Thomas, dans ses commentaires du livre de Denys, *Les Noms divins*,

380. Il faut prendre ce terme au pied de la lettre, c'est-à-dire le mettre aussi en rapport avec la *disputatio* qui est l'exercice par excellence de la scolastique.

381. Cf. Platon, *Lettres*, VII, 342a-344a (la lettre est adressée à Dion, non à Denys lui-même). Cf. *Ber* 55 et 72 ; *CT* 1.

382. Cf. Pseudo-Denys l'Aréopagite, *Les Noms divins*, IV, 11, *op. cit.* (*Dionysiaca* I, 202 ; PG 3, 707B).

383. Cf. Diogène Laërce, *Vies et doctrines de philosophes illustres*, V, 28 *sq.*, *op. cit.* (fol. 85[rf]).

384. Cf. *Comp.* 3, 6.

385. Cf. *VS* 14, 39 et 22, 64.

indique qu'il faut considérer trois choses à propos des substances des choses existantes[386]. La première, le singulier (par exemple, Platon) « embrasse en soi les principes » derniers et individuants. « La deuxième est l'espèce ou le genre (comme homme ou animal), dans lesquels les principes derniers sont enveloppés en acte, mais les principes singuliers y sont, eux, en puissance. *Homme* en effet est dit de ce qui possède l'humanité sans la précision des principes individuants. » La troisième « est l'essence elle-même » (comme l'humanité) « dans le nom de laquelle sont seulement compris les principes de l'espèce. Rien en effet des principes individuants ne concerne la raison[387] de l'humanité, puisque "humanité" signifie précisément ce par quoi un homme est un homme. Aucun des principes individuants n'est de cette manière. Par suite, dans le nom "humanité" n'est inclus aucun principe individuant, ni en acte, ni en puissance, et dans cette mesure on l'appelle nature. »

Le voici, cet homme très docte qui a rendu clair beaucoup de choses **100**
avec cette distinction des mots, qui ailleurs sont trouvés obscurs. Combien aussi Aristote se donna du mal pour distinguer les mots, sa *Métaphysique* le montre[388]. Par suite, par le biais des distinctions de mots, auxquelles s'occupèrent beaucoup d'hommes très doctes, de nombreuses différences entre les écrivains ont été harmonisées.

Mais cette recherche, qui est la nôtre, de la sagesse ineffable, qui précède [à la fois] celui qui impose les mots et tout ce qui est nommable, se trouve davantage dans le silence et la vue que dans le bavardage et l'écoute. Elle présuppose que ces mots humains qu'elle utilise, ne sont ni précis, ni angéliques, ni divins ; mais elle les prend, puisqu'autrement elle ne peut pas exprimer de concept, ayant pourtant présupposé qu'elle ne veut pas avec ces mots signifier quelque chose pour la signification de laquelle les mots sont imposés, mais la cause de celle-ci ; [ayant présupposé aussi] que les mots sont intemporels[389], puisqu'elle veut figurer l'éternité par leur moyen.

386. Thomas d'Aquin, *In Librum Beati Dionysii de Divinis Nominibus*, V, Lectio 1, n. 626, *op. cit.* Cf. aussi Pseudo-Denys, *Les Noms divins*, V, 4, *op. cit.*

387. Cf. *VS* 36, 107 où raison est identifiée à espèce.

388. Cf., par exemple, Aristote, *Métaphysique*, Δ.

389. Mot-à-mot : *« verbum nullius temporis esse »* « le verbe n'est d'aucun temps », mais *« per ipsa »* est au pluriel et désigne de toute évidence *« les mots »*, dont il a été question dans le paragraphe.

101

Chapitre XXXIV
La capture de la proie

Après avoir ainsi parcouru les dix champs, il reste maintenant à rassembler ce que j'ai capturé. J'ai assurément fait une grande chasse afin de rapporter une grande prise. En effet, n'étant pas satisfait de quelque chose de grand qui pourrait être encore plus grand, j'ai recherché la cause de la grandeur, puisqu'elle ne peut être plus grande. Car si celle-ci pouvait être plus grande, elle serait plus grande que ce qui est causé par elle. Ainsi, ce qui vient après serait antérieur à ce qui vient avant. Nécessairement donc, la cause de la grandeur est ce qu'elle peut être. Or, appelons, dorénavant, grandeur la cause de la grandeur. La grandeur précède donc le *pouvoir-être-fait*, puisqu'elle ne peut pas être faite autre dès lors qu'elle est tout ce qu'elle peut être[390]. La grandeur est donc l'éternité qui n'a ni commencement ni fin, puisqu'elle n'a pas été faite, car avant tout être fait il y a le *pouvoir-être-fait* que la grandeur précède. Et parce que celle-ci est attestée de Dieu et de toute créature, comme on l'a découvert plus haut dans le champ des louanges[391], appliquons-la donc aux choses sensibles et intelligibles, puis aussi à celles qui sont dignes de louange, afin de voir si nous pourrons montrer comment elle est capturée par les sens ou par l'intellect.

102 À cette fin, je dessine la ligne *ab* et je dis que la ligne *ab* est grande parce qu'elle est plus grande que la moitié d'elle-même et qu'elle peut être faite plus grande par son extension ou son augmentation, mais qu'elle ne sera pas faite la grandeur qui, en tant que telle, est ce qui peut être. La ligne, si elle était si grande qu'elle ne pourrait pas être plus grande, serait ce qu'elle peut être ; et elle n'aurait pas été faite, mais serait éternelle, et serait antérieure au *pouvoir-être-fait* ; et elle ne serait pas une ligne, mais l'éternelle grandeur[392]. Ainsi, je vois que tout ce qui peut être fait plus grand, puisque cela est postérieur au *pouvoir-être-fait*, n'est jamais fait ce qu'il peut être. Mais parce que la grandeur est ce

390. Cf. *VS* 3, 8 ; *DI* II, 1, 97 ; *DI* III, 3, 201 ; *Poss.* 8.
391. Cf. *VS* 18, 51 et 20, 56.
392. L'infini transcende toute conceptualisation positive. Cf. *VD* 13, 58.

qui peut être, alors elle ne peut être ni plus grande ni plus petite. Pour cette raison, elle n'est ni plus grande ni plus petite que toute chose grande et toute chose petite, mais elle est la cause efficiente, formelle et finale et mesure parfaitement adéquate de toutes choses, grandes et petites. Elle est en toutes choses, grandes et petites, toutes choses et, en même temps, aucune de toutes, car toutes les choses grandes et petites sont postérieures au *pouvoir-être-fait* que la grandeur précède.

Par suite, puisque la surface, le corps, la quantité continue et 103
discrète, c'est-à-dire le nombre, et la qualité, les sens et l'intellect, le ciel et le soleil et toutes les choses qui ont été faites ne sont pas dépourvus de grandeur, en toutes ces choses le *pouvoir-est*[393] – que j'appelle grandeur – est ce qu'elles sont et aucune d'elles. Il est donc de manière conjointe toutes les choses et aucune de toutes. Il est aussi le vrai parce que les grandes choses sont grandes par la grandeur. Alors, à ce qui précède le *pouvoir-être-fait* ne convient pas ce nom de « grandeur » qui est le nom de la forme des grandes choses, puisque ce n'est pas une forme, mais la cause absolue des formes et de toutes choses. En effet, de tous les noms des choses qui peuvent être nommées, aucun ne lui convient, bien que son nom ne soit autre que n'importe quel nom nommable et que ce qui reste innommable soit nommé dans tout nom[394].

Chapitre XXXV 104
Suite

Par conséquent, puisque je vois que le bien est grand et qu'il peut être fait un bien plus grand, (dès lors qu'un bien est donné plus grand qu'un autre), pour cette raison, un bien qui est un bien de telle sorte qu'il ne puisse y avoir un plus grand bien que lui – puisqu'il est le *pouvoir-est* lui-même –, d'après ce que nous venons de dire immédiatement[395], ce bien est la cause de la grandeur. De même, le beau qui ne peut pas être plus beau est la cause de la grandeur. Et de même, le vrai qui ne peut pas être plus vrai est la cause de

393. Cf. l'ensemble de *VS* 13.
394. Cf. *DI* I, 5, 13.
395. Cf. *VS* 34, 103.

la grandeur. De même, le sage qui ne peut pas être plus sage, est la cause de la grandeur ; et ainsi par conséquent des dix [propriétés][396] dignes de louange.

Et, sur le même mode, le grand qui est si bon qu'il ne peut pas y en avoir de meilleur, est la cause de la bonté. Et le beau qui est si bon qu'il < ne > peut pas y en avoir de meilleur, est la cause de la bonté ; et il en va ainsi par conséquent du reste.

Je vois donc que le *pouvoir-est* lui-même est la cause de la bonté, de la grandeur, de la beauté, de la vérité, de la sagesse, du plaisir, de la perfection, de la clarté, de l'équité et de la suffisance. Et la limite du *pouvoir-être-fait* neuf d'entre eux montre que le *pouvoir-est* est la cause du dixième. Car la limite du *pouvoir-être-fait* de la grandeur de la bonté, de la beauté, de la vérité et du reste montre que le *pouvoir-est* est la cause de la grandeur. Et la limite du *pouvoir-est-fait* de la bonté de la grandeur, de la beauté, de la vérité et des autres montre que le *pouvoir-est* est la cause de la bonté. Ainsi, par conséquent, les neuf [propriétés] montrent toujours que le *pouvoir-est* est la cause de la dixième.

105 Voyant donc que la cause de toutes les [propriétés] dignes de louange est le *pouvoir-est* et que les dix propriétés dignes de louange sont dignes de louange par leur participation de la louange, j'appelle le *pouvoir-est* louange, qui est ce qu'elle peut être, parce qu'elle est la source et la cause de ce qui est digne de louange. Pour cette raison, je ne loue pas malencontreusement le *pouvoir-est* comme louange, puisque le grand prophète Moïse dit dans son cantique : « Le Seigneur est ma louange[397]. » Et parce que je vois Dieu comme la cause essentielle de tout ce qui est digne de louange, pour cette raison aussi je vois, comme Denys cité plus haut, que les essences ou les subsistances de toutes les choses qui ont été faites ou auront été faites sont ce qu'elles sont par leur participation de ce qui est digne de louange.

Voilà donc ce que j'ai pris à la chasse : mon Dieu est celui qui est digne de louange à travers tout ce qui est digne de louange, non en tant qu'il participe de la louange, mais en tant que louange absolue elle-même, digne par elle-même de louange et cause de

396. Cf. *VS* 15, 42, où les dix propriétés sont listées pour la première fois.
397. Ex 15,2.

tout ce qui est digne de louange et, pour cette raison, antérieur et plus grand que tout ce qui est digne de louange, parce qu'il est la limite et le *pouvoir-est* de tout ce qui est digne de louange ; et toutes les œuvres de Dieu sont dignes de louange, parce qu'elles sont constituées par la participation des [propriétés] dignes de louange, à travers lesquelles Dieu est loué en tant que cause et tout ce qui est digne de louange en tant que causé. Et je sais que mon Dieu, plus grand que toute louange, ne peut être loué, tel qu'il est digne de louange, par aucune réalité digne de louange.

Et à tout un chacun qui s'efforce de le louer toujours et encore mieux, il se révèle afin que celui-ci voit qu'Il est digne de louange, glorieux et super-exalté dans les siècles des siècles : non seulement dans la bonté, par laquelle il se communique à tous, ou dans la grandeur qu'il distribue à tous, ou dans la beauté qu'il offre à tous, ou encore dans la vérité dont nul n'est privé, ou encore dans la sagesse qui ordonne toutes choses, ou encore dans la délectation par laquelle toutes les choses se réjouissent d'elles-mêmes, ou encore dans la perfection de laquelle toutes se glorifient, ou encore dans la clarté qui illumine toutes choses, ou encore dans l'équité qui purifie toutes choses, ou encore dans la suffisance par laquelle toutes se reposent et sont satisfaites, ou dans les autres participations divines ; mais [toutes choses] louent le Dieu des dieux en Sion, le contemplant dans sa lumière révélée.

Chapitre XXXVI 106
Suite

Si tu réfléchis bien, la vérité, le vrai et le vraisemblable sont tout ce que voit l'œil de la pensée. La vérité est tout ce qui peut être, elle ne peut ni être augmentée, ni être diminuée, mais demeure éternellement. Le vrai est la similitude perpétuelle, intellectuellement participée, de la vérité éternelle. Et parce qu'une chose vraie est plus vraie et plus claire qu'une autre, le vrai qui ne peut être plus vrai est la vérité absolue et éternelle. La vérité éternelle est en effet l'acte de ce qui peut être attesté, attestant en acte d'elle et de toutes choses. Le vraisemblable est, cependant, la similitude temporelle du vrai intelligible. De même, le sensible est la similitude du vrai, parce qu'il est l'image de l'intelligible, comme Denys le disait bien[398] ; ce que Platon avait déjà vu auparavant[399].

L'intellect est donc vrai, aussi bien que bon et grand, et aussi le reste des dix [propriétés], parce qu'il est la participation intellectuelle de celles-ci. Et au-delà de cela, il est également vrai en intelligeant, quand il est adéquat à la chose intelligée. La chose intelligible est en effet alors vraiment intelligée quand son intelligibilité est tellement épurée de tout ce qui lui est étranger qu'elle est en acte la vraie espèce intelligible (c'est-à-dire la raison) de la chose. L'intellect est alors vrai en acte, parce que l'intellect est identique à ce qui est intelligé.

107 Ce qui est corruptible n'est intelligé que par son espèce incorruptible. L'intellect abstrait en effet du sensible l'espèce intelligible. Car l'espèce ou la raison intelligible du chaud n'est pas chaude, ou celle du froid n'est pas froide – et il en va ainsi du reste –, mais elle est séparée de toute altérabilité afin de représenter vraiment la forme de la chose comme son vrai modèle[400]. Et parce que c'est seulement cette espèce (ou raison) incorporelle et immatérielle de la chose qui est en acte intelligible et qui est transformable en intellect en acte, il est évident que l'intellect est plus élevé et plus pur que tout ce qui est temporel et corruptible, et qu'il est par nature perpétuel[401]. Ce que tu perçois aussi très clairement quand tu vois que les choses épurées de toute matière corruptible (qui n'ont pas besoin d'être abstraites) sont intelligée plus vite. Ainsi, selon Proclus, l'Un absolu est intelligible par soi et conforme à l'intellect, comme la lumière à la vue, et comme les autres intelligibles connus par soi[402] que sont les principes en mathématiques et dans les autres sciences. Ils sont l'espèce, c'est-à-dire la raison intelligible, d'eux-mêmes.

398. Pseudo-Denys l'Aréopagite, *Les Noms divins* I, 1 et VII, 3, *op. cit.* (*Dionysiaca* I, 9 et 403 ; PG 3, 587B, 870D-871A).

399. Cf. Platon, *Parménide*, 132C.

400. Les concepts empiriques sont des représentations vraies, bien que non précises, des quiddités des choses réelles. Cf. *Comp.* 4-5 et *M* 2, 64-68.

401. Cf. *M* 15 en son ensemble.

402. Cf. *Comp.* 11, 36.

CHAPITRE XXXVII 108
EXPLICATION

Je vais répéter une chose que j'ai très souvent dite, puisqu'elle est la raison de toute notre chasse. Et c'est ceci : puisque ce qui a été fait résulte du *pouvoir-être-fait*, il n'a jamais été fait de telle sorte que le *pouvoir-être-fait* soit en lui totalement limité. Car, même si le *pouvoir-être-fait* est limité selon ce qu'il est en acte, il ne l'est pas absolument. Par exemple, dans Platon le *pouvoir-être-fait* homme est limité ; le *pouvoir-être-fait* homme n'est pourtant pas totalement limité dans Platon, mais seulement ce mode de limitation qu'on appelle platonicien. Et il reste d'innombrables autres modes, et même plus parfaits, et même en Platon le *pouvoir-être-fait* de l'homme n'est pas porté à sa limite. En effet, un homme peut faire beaucoup de choses (par exemple être musicien, géomètre, mécanicien) que Platon ne fut pas.

Par suite, le *pouvoir-être-fait* n'est absolument pas délimité si ce n'est dans le *pouvoir-est*, qui est à la fois son principe et sa fin, comme en atteste Denys[403] : en effet, le nombre est délimité dans la monade, qui est à la fois son principe et sa fin. En effet, le principe de tout nombre est la monade, et de même sa fin est la monade. – cependant, le *pouvoir-être-fait* est délimité en acte dans le monde où il n'en est pas de plus parfait et de plus grand en acte. La règle dit ainsi : « Dans les choses qui admettent du plus grand, on n'arrive pas au maximum absolument, mais bien au maximum en acte[404]. » Ainsi, dans la quantité qui admet du plus grand, on n'arrive pas à la quantité maximale par rapport à laquelle il ne pourrait y en avoir de plus grande, parce que ce maximum, qui ne peut pas être plus grand, précède la quantité. On arrive bien pourtant à la quantité maximale en acte, comme l'est la quantité de l'univers.

Or, ce qui a été fait est toujours singulier et non répétable, comme 109
tout individu ; mais il n'est pas toujours incorruptible, sauf s'il est le Premier. Ce qui en effet imite le Premier, puisqu'il est ce qu'il

403. Pseudo-Denys l'Aréopagite, *Les Noms divins*, V, 6 et XIII, 3 (*Dionysiaca* I, 343, 549-550 ; PG 3, 820D, 979C-982A).

404. *DI* I, 3, 9. Cf. *VS* 26, 79. Il s'agit de la règle dite de la docte ignorance. À son sujet voir aussi *ACNC*, p. 37 *sq*.

est par participation du Premier, est corruptible. Il ne peut en effet participer de la singularité incorruptible de celui-ci, [singularité] qui est non multipliable. Et que les premières choses [faites], dont l'être ne dépend pas de la participation de quelque chose qui a été fait antérieurement, soient incorruptibles, cela s'explique par le fait que le *pouvoir-être-fait* est déterminé en elles de manière spécifique. Pour cela, les êtres intelligibles et les corps célestes sont incorruptibles, comme les natures intellectuelles et le soleil, la lune et les étoiles. Or, que le soleil, la lune et les étoiles soient les premières choses faites, Moïse le rapporte clairement dans la Genèse : elles ont été faites par Dieu afin de briller toujours[405]. Toujours et sans interruption : cela est nécessaire au monde visible, si sa visibilité ne doit cesser. Pour cette raison, il est nécessaire que les choses qui ont été faites pour briller toujours demeurent ainsi. C'est pourquoi elles n'ont pas été faites après quelque chose fait antérieurement par la participation de quoi elles seraient ce qu'elles sont. Ainsi le *pouvoir-être-fait* soleil, lune et étoiles est déterminé dans ces individus que nous voyons.

Mais les individus de nature sensible imitent les modèles intelligibles et – comme le dit Denys[406] – sont leurs images ; même si, en raison de leur singularité, ils ne sont pas multipliables, pourtant puisqu'ils sont des images des intelligibles par la participation desquels ils sont ce qu'ils sont, et puisque les intelligibles ne peuvent pas être imités précisément par des sensibles, ils participent diversement et de manière temporelle de ceux qui sont perpétuels. C'est pourquoi, conformément à cela, ils ne peuvent être perpétuels.

110

Chapitre XXXVIII
Résumé

À présent, pour exprimer plus clairement ce que je veux au moyen d'un résumé qui répète ce qui a été dit, j'ajoute ceci : il est certain que le *pouvoir-être-fait* se rapporte à quelque chose qui le précède. Et pour cette raison, parce qu'il précède le *pouvoir-*

405. Gn 1, 14-18.

406. Pseudo-Denys l'Aréopagite, *Les Noms divins*, VII, 3 (*Dionysiaca* I, 403 ; PG 3, 870D-871A). I, 1 (*Dionysiaca* I, 9 ; PG 3, 587)

être-fait, il ne peut être fait. Il n'a pas non plus été fait, puisque rien n'a été fait qui ne pouvait être fait. Ce qui a été fait résulte donc du *pouvoir-être-fait*. Or, puisque ce à quoi le *pouvoir-être-fait* se rapporte et < qu' >il présuppose précède [le *pouvoir-être-fait*], il est nécessairement éternel. Par suite, puisque l'éternel ne peut pas être fait, il sera nécessaire qu'à tout le moins l'éternel ne soit pas autre que ce qui est affirmé dans le *pouvoir-être-fait*. Il est donc le principe et la fin du *pouvoir-être-fait* lui-même.

De là, ce qui a été fait est la représentation de ce qui est éternel et infaisable. Il est évident que le *pouvoir-être-fait* monde se rapporte au monde archétypal dans la pensée éternelle de Dieu[407]. Et parce que l'éternité n'est ni répétable, ni multipliable, ni quelque chose signifiant une possibilité – puisqu'elle précède le *pouvoir-être-fait* –, pour cette raison, de même qu'elle n'est ni intelligible, ni sensible, elle n'est ni pleinement représentable, ni imaginable, ni assimilable. C'est pourquoi le *pouvoir-être-fait* n'est pas enfin délimité dans quelque chose qui résulte de lui, mais sa délimitation le précède.

Je vois donc que toutes les choses qui peuvent être faites ne **111**
possèdent que ce modèle simple qui n'est autre que tout ce qui peut être fait, puisqu'il est l'acte de tout pouvoir ; et [je le vois] puisqu'il est l'acte de tout pouvoir et qu'il ne peut être autre ni plus grand, ni plus petit, ni autrement ni selon un autre mode. Pour cette raison, il est la cause, le modèle, la mesure, le mode et l'ordre de toutes les choses qui sont, vivent et intelligent ; et rien ne peut être trouvé dans toutes les choses et dans chaque chose singulière qui ne soit et ne procède de lui comme d'une cause. Et parce que toutes les choses ne sont la représentation que de lui seul, toutes les choses sont tournées vers lui, toutes le désirent, le proclament, le louent, le glorifient et crient que c'est le bien infini rayonnant en toutes choses et par la participation duquel elles sont ce qu'elles sont.

À partir donc de toutes les choses qui sont en acte, je suis amené à conclure que lui, qui est la limite sans limite[408], il ne peut être saisi par aucune délimitation ou aucun acte de quelque intellect que ce soit, puisque l'intellect et toutes choses en sont une image et une similitude. Je vois en effet que toutes les choses qui sont en acte

407. Cf., ci-dessus, note 105.
408. Cf. *VS*. 27, 82 et 28, 84.

présentent une image de ce modèle qui est le leur, en comparaison duquel elles ne sont pas en acte[409] et elles ne sont pas son image parfaite, puisque toute image de toute chose peut être plus parfaite et plus précise encore.

112 Je le vois cependant, dans la limite à laquelle la perfection et la précision de l'image sont limitées, éloigné d'une distance infinie. Je vois ainsi que l'acte de la vie est son image la plus noble. Mais puisque la vie peut être plus parfaite et plus pure sans mélange et sans ombre, je vois de loin dans la délimitation de la simplicité et de la précision que la vie éternelle est le modèle de toute vie, qu'elle est la vraie vie qui fait toute vie, par rapport à laquelle toute cette vie d'ici-bas est moins qu'un feu peint par rapport au vrai feu.

Ensuite, j'aperçois l'acte de l'intellect qui est une certaine similitude de son modèle divin et éternel. Je vois que la limite de cette similitude vivante et intelligente (qui montre une similitude précise de Dieu[410]) est distante à l'infini de tout acte de l'intellect.

Et je dis : tout ce qui peut être, et tout ce qui peut être et vivre, et tout ce qui peut être, vivre et intelliger n'est pas une image aussi précise du modèle éternel que l'exigerait sa similitude, de là je vois alors Dieu au-delà de toutes les choses qui sont ou peuvent être faites, au-delà de leur être aussi bien que de leur vivre et de leur intelliger toutes choses, puisqu'il est plus grand que tout ce qui peut être ou vivre ou intelliger[411] ; et il est d'autant plus excellent et plus parfait que toutes ces choses, que la vérité surpasse son image et sa similitude. En effet, la vérité est l'hypostase de son image et de sa similitude, et elle n'est pas autre qu'elles. En effet, elles en sont des copies, qui subsistent et participent de la vérité de leur modèle pour autant qu'elles l'imitent et le représentent.

113 Toutes ces choses que je vois ainsi et qui ne peuvent nullement être exprimées ou écrites telles que je les vois, ne peuvent pas être réduites par moi de manière plus brève que cela : la limite du *pouvoir-être-fait* toutes choses est le *pouvoir-faire* toutes choses[412].

409. Cf. *QD* 3, 45. Cf. Anselme de Canterbury, *Monologion* 31 ; *Proslogion* 22.

410. Cette limite qui montre la similitude précise de Dieu, est le Verbe de Dieu. Cf. Hb 1, 3 et Col 1, 15. Cf. *DI* III, 4, 203.

411. Cf. Pseudo-Denys, *Les Noms divins*, IV, 23 (*Dionysiaca* I, 278 et 282 ; PG 3, 726B et 726C). Cf., ci-dessus, n. 369.

412. Cf., ci-dessous, n. 415.

Ainsi, la limite du *pouvoir-être-fait* déterminé est le *pouvoir-faire* déterminé, comme la limite du *pouvoir-être-fait* chaud est le *pouvoir-faire* chaud. En effet, le feu, qui est dit la limite du *pouvoir-être-fait* chaud, peut faire les choses chaudes. Et de même, le *pouvoir-être-fait* lumineux est déterminé dans le *pouvoir-faire* les choses lumineuses, comme on le dit du soleil dans les sensibles et, dans les intelligibles, de l'intellect divin, c'est-à-dire du Verbe, qui illumine tout intellect. Et la limite du *pouvoir-être-fait* parfait est le *pouvoir-faire* les choses parfaites, et le *pouvoir-être-mû* est le *pouvoir-mouvoir*. C'est pourquoi ce qui est désiré, et que toutes choses désirent, parce qu'il est la limite des choses désirables, est la cause de tout désir et la limite de toutes les choses préférables et la cause de toute préférence.

De là, il est évident que : puisque la délimitation de tout *pouvoir-* **114**
être-fait est le Tout-puissant qui peut faire toutes choses, alors il peut également faire le *pouvoir-être-fait*. Et, ainsi, il est la limite de ce dont il est le principe, et le *pouvoir-être-fait* n'est pas antérieur au Tout-puissant, tandis que dans toutes les choses qui ont été faites le *pouvoir-être-fait* apparaît antérieur, à savoir aussi bien le *pouvoir-être-fait* absolument, dont le commencement et la fin sont le Tout-puissant, que le *pouvoir-être-fait* contracté à ce qui est fait, dans lequel le *pouvoir-être-fait* est délimité, quand il est fait en acte tel qu'il pouvait être fait telle chose.

Et cette détermination est celle du Créateur du *pouvoir-être-fait* qui, puisqu'il est tout-puissant, est seul à déterminer que le *pouvoir-être-fait* soit fait ainsi ou ainsi. Et parce que le *pouvoir-être-fait* n'est déterminé que par le Tout-puissant, toute détermination du *pouvoir-être-fait* dans ce qui est fait n'est pas la limite du *pouvoir-être-fait*, à moins d'être celle que peut faire le Tout-puissant ; mais cette détermination de ce *pouvoir-être-fait* est contractée de manière singulière à cela qui est la nature et la substance de ce qui a ainsi été fait.

115

Chapitre XXXIX
Épilogue

Parce que rien n'a été fait qui ne pouvait être fait, et que rien ne peut se faire soi-même, il s'ensuit que le pouvoir est triple : à savoir le *pouvoir-faire*, le *pouvoir-être-fait* et le *pouvoir-avoir-été-fait*[413]. Avant le *pouvoir-avoir-été-fait* il y a le *pouvoir-être-fait* ; avant le *pouvoir-être-fait* il y a le *pouvoir-faire.* Le *pouvoir-faire* est le principe et la délimitation du *pouvoir-être-fait.* Le *pouvoir-avoir-été-fait* a été fait à travers le *pouvoir-faire* à partir du *pouvoir-être-fait*[414].

Le *pouvoir-faire*, puisqu'il est antérieur au *pouvoir-être-fait*, ni n'a été fait ni ne peut être fait autre. Il est donc tout ce qui peut être. Il ne peut donc être plus grand, et cela, nous l'appellons le maximum ; il ne peut être plus petit, et cela, nous l'appelons le minimum ; il ne peut être autre. De toutes choses, il est donc la cause efficiente, formelle, c'est-à-dire exemplaire, et finale, puisqu'il est la limite et la fin du *pouvoir-être-fait* et, pour cette raison du *pouvoir-avoir-été-fait.* Dans le *pouvoir-faire,* toutes choses qui peuvent être faites et qui ont été faites sont donc antérieurement, comme dans [leur] cause efficiente, formelle et finale ; et le *pouvoir-faire* est en toutes choses comme la cause absolue dans les choses qui sont causées.

116 Mais le *pouvoir-être-fait* est, dans toutes les choses qui ont été faites, ce qui a été fait ; car rien n'a été fait en acte, sinon ce qui pouvait être fait ; mais selon un autre mode d'être : selon un mode plus imparfait dans la puissance, et plus parfait dans l'acte. Le *pouvoir-être-fait* et le *pouvoir-avoir-été-fait* ne sont donc pas différents en essence. Mais le *pouvoir-faire*, bien qu'il ne soit pas autre, puisqu'il est cependant la cause de l'essence, n'est pas l'essence. L'essence est en effet ce qu'il a causé[415].

Or, puisque le *pouvoir-être-fait* n'est pas le *pouvoir-avoir-été-fait*, le pouvoir-être-fait n'est pas fait par le *pouvoir-être-fait* ; mais avant le *pouvoir-être-fait* il n'y a rien sinon le *pouvoir-faire.*

413. Le *pouvoir-avoir-été-fait (posse factum)* doit être distingué du *pouvoir-est (possest).* Ici, Dieu est rapporté au *pouvoir-faire (posse facere)* qui dénote une certaine puissance.

414. Cf. *M* 11, 130 et *AT* 18 et 26.

415. Mot-à-mot : son causé *(suum causatum).*

Du néant donc, on dit donc que le *pouvoir-être-fait* est fait[416]. Ainsi disons-nous que le *pouvoir-faire* précède le néant (mais non [que] le *pouvoir-être-fait* [précède le néant]). Du néant donc, nous disons que le *pouvoir-être-fait* a été créé – puisqu'il a été produit par le *pouvoir-faire*, mais qu'il n'a pas été fait[417].

Or, puisque nous appelons ce *pouvoir-faire* absolu le Tout-puissant[418], nous disons que le Tout-puissant est éternel, qu'il n'a été ni fait ni créé[419], et qu'il ne peut être ni réduit à néant, ni être fait autrement qu'il n'est, parce qu'il est antérieur au néant et au *pouvoir-être-fait*. Et de lui, nous nions toutes les choses qui sont nommables, puisque celles-ci résultent du *pouvoir-être-fait*. En effet, le nommable présuppose le *pouvoir-être-fait* (c'est-à-dire [le *pouvoir-être-fait*] quelque chose qui puisse être nommé).

Le *pouvoir-être-fait* n'atteint sa limite que dans le *pouvoir-faire* ; **117**
pour cette raison, il ne sera jamais réductible au néant. En effet, si cela était fait, cela pourrait être fait[420]. Comment alors le *pouvoir-être-fait* serait-il réduit au néant ? Il est donc perpétuel, puisqu'il a un commencement et qu'il ne peut pas être réduit au néant, mais que sa fin est son commencement. Or, puisque, parmi les choses qui peuvent être faites, les unes sont premières et les autres sont postérieures aux premières et imitent les premières ; puisque dans les premières, le *pouvoir-être-fait* de celles-ci est en acte et complet, pour cette raison, elles sont, comme le *pouvoir-être-fait*, perpétuelles. Dans celles qui suivent, le *pouvoir-être-fait* n'est pas complet et parfait, si ce n'est dans une imitation de ce qui est complet ; pour cette raison, ces choses-là ne sont pas perpétuelles, mais elles imitent les choses qui sont perpétuelles. Or, ce qui n'est pas perpétuel et

416. Nicolas professe bien ici la doctrine de la création *ex nihilo*, c'est-à-dire d'une création non à partir de la substance de Dieu, ni à partir d'une matière préexistante. Sur la question, cf. Graziella Federici-Vescovini, *Nicolas de Cues*, Paris, Vrin, 2016, p. 184-185.

417. Il y a là une des nombreuses difficultés du texte : être fait suppose d'être fait par le *pouvoir-être-fait*. Or, Nicolas a précédemment affirmé, en *VS* 3, que le *pouvoir-être-fait* n'était pas fait par lui-même, qu'il n'était donc pas fait ; il est en effet créé du néant.

418. Très clairement ici, Nicolas affirmer le lien entre le pouvoir *(posse)* et la puissance *(potentia, potens)*.

419. Pseudo-Athanase, *Symbole Quicumque* (Denzinger, 75, p. 42).

420. Cf. *VS* 3, 7.

stable mais qui change, est instable et temporel. Ces affirmations répètent brièvement ce qui a déjà été préalablement dit[421].

118 Cependant, puisque dans l'art de cette chasse générale de la sagesse, nous nous appuyons plus fermement sur des réalités particulières, appliquons cette forme de chasse à quelque chose de sensible ; soit la chaleur. Et disons : le pouvoir est triple, à savoir le *pouvoir-faire* chaud, le *pouvoir-être-fait* chaud et le *pouvoir-avoir-été-fait* chaud. Et avançons pour la forme contractée du particulier selon le même mode que nous avons utilisé plus haut de façon générale. Et disons : le *pouvoir-avoir-été-fait* chaud est précédé du *pouvoir-être-fait* chaud, mais le *pouvoir-être-fait* chaud ne peut se faire chaud en acte. Avant le *pouvoir-être-fait* chaud, il y a donc le *pouvoir-faire* chaud. Et parce que le *pouvoir-faire* chaud précède le *pouvoir-être-fait* chaud, alors il est tout ce qui peut être chaud, et ainsi il ne peut être ni plus grand, ni plus petit, ni autre. Il est donc, pour toutes les choses chaudes, le créateur de ce *pouvoir-être-fait* chaud et produit à partir du *pouvoir-être-fait* tout ce qui est chaud en acte ; il est aussi la cause efficiente, formelle et finale de toutes les choses chaudes. Il est aussi, dans toutes les choses chaudes, comme la cause dans le causé, et toutes les choses chaudes sont en lui comme le causé dans la cause. Vis-à-vis des choses chaudes, il sera sans principe et sans fin, et il ne sera jamais l'essence des choses chaudes, mais la cause de [leur] essence, et il ne pourra être nommé avec aucun des noms des choses chaudes.

119 Et le *pouvoir-être-fait* chaud a un commencement mais pas de fin. Il y a quelques choses chaudes dans lesquelles le *pouvoir-être-fait* est complet, et qui durent toujours. D'autres en résultent et sont instables, et la chaleur en elles vient à manquer. Et bien que certains appellent ce chaud qui est tout ce qui peut être chaud un feu ardent sensible, il ne l'est pourtant pas, puisque toute la chaleur d'un quelconque feu sensible n'est pas la fin de tout *pouvoir-être-fait* chaud, car toute chaleur sensible peut être plus grande. Mais ce que nous appelons feu est enflammant – selon Platon[422] – ou enflammé, et il n'est pas autant enflammé qu'il pourrait l'être. Le feu par soi précède donc tout ce qui est inflammable et ce qui est enflammé – ce dont il est la cause –, et il est totalement invisible et inconnu

421. Cf. *VS* 37, 109.
422. Platon, *Timée* 49d. Cf. *VS* 26, 78.

avant tout feu sensible ; c'est pourquoi il est une similitude de la première cause, comme Denys l'explique amplement[423]. Cela, un saint l'a vu, qui disait que Dieu est un feu qui consume[424].

Or, avant ce feu sensible, il y a le mouvement et la lumière. Car c'est par le mouvement que ce qui est inflammable est enflammé, et une lumière accompagne ce [mouvement]. Ainsi en est-il et de l'illuminé comme du chaud, et de la lumière comme du feu ; et de même, ni le soleil ni quoi que ce soit de sensible n'est la lumière, qui est la cause des choses illuminés ; toutes ces choses sont illuminées, et non la lumière elle-même. Il en est aussi de même du froid, de l'humide, et de tout ce en quoi il y a une participation selon le plus ou le moins.

En effet, l'unité est le principe de la multiplicité, comme dit Proclus[425] ; et, comme le veut Aristote[426], ce qui est maximalement tel est le principe de toutes les choses telles, et ce qui est tel par soi est le principe de toutes les choses qui sont telles par participation ; et ce qui est simple par soi est le cause de toutes les choses qui sont telles par soi, comme l'affirment les Platoniciens[427] ; et ce qui est par soi sans addition est la cause de toutes les choses qui sont par soi avec addition[428]. Et ce qui est par soi est la cause de toutes causes et de chacune, comme, plus haut, ce principe de toutes choses a été nommé de diverse manière selon les diverses différences entre les choses qui y participent, bien qu'il soit antérieur à tout ce qui est nommable.

Ce sont les dires des Platoniciens et des Péripatéticiens, qui doivent être correctement compris [en tant que concernant] principe et cause. Car il n'y a qu'un seul et unique principe causal, que j'appelle *pouvoir-est*, en vue duquel tout *pouvoir-être-fait* est

423. Pseudo-Denys l'Aréopagite, *La Hiérarchie céleste*, XV, 2 (*Dionysiaca* II, 994-1000 ; PG 3, 329BC, 330A-C).

424. Cf. Hb 12, 29.

425. Cf. Proclus, *La Théologie platonicienne*, II, 1 et 4, *op. cit.*

426. Cf. Aristote, *Métaphysique,* α, 1, 993b 24-27 et *Analytiques postérieures* A, 2, 72a 29. Cf. Albert le Grand, *Physique,* II, 1, 3. Cf. *VS* 8, 19 et *DI* I, 17, 47.

427. Cf. *VS* 8, 20.

428. Les additions sont des restrictions, et à ce titre des déterminations ou des qualifications. Une chose peut ainsi être bonne par soi ou belle par soi, alors qu'une autre peut être bonne ou belle d'un certain point de vue, ou selon un certain mode. Cf. *Ber* 12, 13 ; *AT* 17.

déterminé[429] ; bien que le premier dans l'ordre est aussi appelé principe des autres, qui en suivent, et qu'il est appelé maximalement tel, grâce à la participation de laquelle les autres sont, il n'est pourtant pas le maximum de manière absolue, mais le maximum de telle manière.

121 À partir de là, tu pourras aussi partir à la chasse à l'ordre de ce qui est antérieur et de ce qui est postérieur. Car ce qui est 'par soi' précède toutes les choses qui en participent, comme ce qui est chaud en soi est antérieur par exemple à ce qui est enflammé, à l'air chaud, à l'eau chaude et à la terre chaude et à tout *pouvoir-être-fait* chaud. Et, pour cette raison, le feu ne peut être fait ni humide, ni froid, ni terreux ou sec ; en effet, il précède ces [déterminations]. Et parce que l'eau est par soi froide[430], elle est antérieure à la terre qui peut être faite froide. Et, de même, elle n'est pas postérieure à l'air, parce que l'air peut de manière semblable être fait froid. Ainsi, l'air est antérieur à la terre, parce qu'il est par soi humide ; et la terre peut être faite humide et n'est pas postérieure à l'eau, qui peut de manière semblable être faite humide. Ainsi, la terre est le dernier d'entre les éléments et le feu le premier. Mais l'air et l'eau tiennent à la fois le milieu, et l'un n'est pas antérieur à l'autre dans l'ordre, mais ils sont à la fois l'un avec l'autre. Pour cette raison, comme l'eau se conjoint à la terre sans intermédiaire, de même l'air à la terre sèche, bien que l'amitié du feu pour l'air et de l'eau pour la terre soit plus grande. Et parce que l'eau se change en air, et l'air en eau, et qu'ils peuvent se mélanger de diverse manière, participer à la chaleur du feu et être solidifiés par la terre, il faut que les choses qui sont générées proviennent d'eux.

122 Et, par conséquent, parce que la terre, l'eau, l'air, le feu, la lune et les étoiles participent de la lumière, la lumière sera par soi la cause de toutes les choses lumineuses. Certains l'appellent le soleil parce que, parmi les choses sensibles lumineuses, il est lumineux au maximum. Ainsi l'appelle-t-on cause de toutes les choses

429. Le *pouvoir-est* est à la fois le principe, l'origine et la fin de toutes choses créées.

430. Nicolas suit ici Aristote et Albert le Grand. Cf. Aristote, *De generatione et corruptione*, II, 3-4, et Albert le Grand, *De generatione et corruptione*, II, 1et 2 (II, 1,7 ; II, 1, 12 ; II 2, 2-4. Les quatre éléments peuvent être transformés en les autres par modification des proportions du froid, du chaud, de l'humide et du sec. Cf. également *ACNC*, p. 326 *sq*.

qui participent de la lumière, en tant qu'elles sont lumineuses de manière sensible[431]. Mais puisqu'il n'est pas la lumière, mais qu'il est lumineux, comme il a été dit précédemment[432], il résulte que la lumière est la cause du soleil et de toutes les choses lumineuses ; elle n'est en effet rien de toutes ces choses. C'est pourquoi le soleil, lumineux au maximum, n'est ni sec, ni froid, ni humide, ni chaud, il n'est pas de la nature de la lune, ni de Vénus, ni de Mercure, ni de Jupiter, ni de Saturne[433], et il n'est de la nature d'aucune étoile[434] ni de quoi que ce soit de visible ; mais il est le principe de toute lumière, qu'elle soit celle des éléments, ou des minéraux, ou des végétaux ou des êtres capables de sensibilité[435].

Ainsi, la sagesse par soi, qui est la lumière intelligible, est **123** antérieure à tout ce qui peut participer de cette lumière, que ce soit ce qu'on appelle les sens, ou l'imagination, ou le jugement, ou la raison, ou l'âme intellective, ou l'intelligence ou quelque autre nom que l'on utilise. Elle est aussi antérieure à toutes les choses sensibles et intelligibles, à toute distinction et à tout ordre, elle qui est cause de tout. Or, le soleil est sensible parce qu'il est visible ; il précède donc les sens eux-mêmes. Mais parce que la lumière visible par soi est la cause matérielle des choses visibles, et parce que la vue en acte est le visible en acte, pour cette raison la vue est la cause formelle des choses visibles, parce que *pouvoir-voir* est la cause du *pouvoir-être-vu*. Et ainsi apparaît clairement comment la lumière sensible est conjointe à la lumière intelligible dans la vue, en tant qu'extrêmes l'une de l'autre, à savoir : le niveau le plus élevé de la nature inférieure et corporelle est conjoint au niveau le plus bas de la nature supérieure et capable de connaissance.

Ce n'est pas sans raison que tout le monde loue le grand Platon, **124** qui s'élève, par similitude, du soleil à la sagesse[436]. Et il en va de même du grand Denys, qui s'élève, par les similitudes des propriétés

431. Cf. Albert le Grand, *Commentaire des Noms divins de Denys*, V, 35, *op. cit.*

432. Cf. *VS* 39, 119-120.

433. Albert le Grand, *De generatione et corruptione*, II, 3, 5, *op. cit.*

434. Pour Nicolas, les planètes sont aussi des étoiles, mais elles ne sont pas fixes. Cf. par exemple, *DI* II, 12, 166.

435. Cf. Albert le Grand, *Physique*, II, 1, 5, *op. cit.*

436. Cf. Platon, *République*, VI, 509a-510b. Cf. également 516b et 519c où la vision du Bien est comparée à la vision du soleil. Cf. 532b *sq.*

qu'il explicite[437], du feu à Dieu et du soleil au Créateur. Et il en va de même de Grégoire le Théologien dans ses Sermons théologiques *Contre les Eunomiens*[438], qui conseille de faire de même, parce que, dans ce monde, où pour une part nous connaissons, pour une part nous prophétisons, comme le rapporte le divin Paul[439], il faut s'élever en image et par énigme.

Par ces propos, je crois avoir exposé, autant qu'il m'a été possible, le concept brut et peu raffiné de mes chasses [de la sagesse] et je les soumets toutes à celui qui observera mieux que moi ces hauts mystères.

437. Pseudo-Denys l'Aréopagite, *La Hiérarchie céleste* XV, 2 (*Dionysiaca* II, 994-1000 ; PG 3, 330A-C) et *Les Noms divins* IV, 4-5 (*Dionysiaca* I, 163 sqq ; PG 3, 697D).

438. Grégoire de Nysse, *Oratio* XXVIII, 20 (PG 46, 51C) et *Contre les Eunomiens*, L. X-XII (PG 45, 832AB et 945 AB).

439. 1 Cor 13, 12.

Le Compendium
(1463)
et
La Cime de la contemplation
(1464)

Introduction
L'ULTIME NOM DE DIEU

Le Compendium et *La Cime de la contemplation* sont les deux dernières œuvres connues de Nicolas de Cues. Elles présentent le dernier stade de la métaphysique de la puissance que Nicolas a engagée depuis 1460 avec *Le Pouvoir-est*. Ce dernier stade est caractérisé par la mise en œuvre d'un nouvel essai de nomination de Dieu : non plus *possest*, *pouvoir-est*, mais *posse ipsum*, *pouvoir-même*.

Il est très difficile de savoir dans quel rapport chronologique ces deux ouvrages se trouvent et à quelle date ils ont été composés, mais il est clair qu'aussi différents soient-ils dans leurs perspectives, ces deux opuscules sont intimement liés par la mise en œuvre de ce dernier nom que Nicolas a trouvé. *Le Compendium,* citant *Le Jeu de la boule*[1], a nécessairement été composé après 1463. Mais il est difficile d'en savoir plus, le destinataire de l'ouvrage n'est pas connu avec certitude : si l'on en croit ce que dit le Cusain[2], il s'adresse à un philosophe débutant ou un laïc, ce qui fait hésiter Vansteenberghe[3] entre Albert de Bavière et Pierre d'Erkelenz ;

1. Cf. *Comp.* 12, 37.

2. Cf. *Comp.* 9, 25 : « Telles sont donc ces quelques choses faciles et suffisantes pour tes observations, car tu es un homme simple. » Toute la question est de savoir comment interpréter cette qualification. Si l'on en croit la manière dont le Cardinal présente Pierre dans le dialogue de la *Cime*... (Pierre y dit « J'ai honte de mon inexpérience », *AT*, 2), il pourrait tout à fait s'agir de ce dernier.

3. Cf. Edmond Vansteenberghe, *Le Cardinal Nicolas de Cues...* , *op. cit.*, p. 276-277.

selon l'interlocuteur, *Le Compendium* pourrait avoir été composé à l'automne 1463, ou quelques mois plus tard s'il s'agissait de Pierre, mais avant Pâques 1464, date à laquelle celui-ci fut ordonné prêtre par Nicolas[4]. Une date analogue peut être obtenue pour la *Cime de la contemplation*, si l'on considère que Nicolas signale dans les premières lignes du texte que son interlocuteur, à n'en pas douter cette fois Pierre d'Erkelenz, est maintenant à son service depuis 14 ans[5]. Or, l'on sait par ailleurs que Nicolas a pris Pierre à son service en 1449. Si l'on prend en outre au sérieux que le dialogue se tient quelques jours après Pâques, cela mène à une rédaction en avril 1464.

Compendium et théorie de la connaissance

Nicolas présente lui-même *Le Compendium* comme un résumé de ses doctrines et une introduction à ses ouvrages antérieurs, permettant à son interlocuteur de pénétrer dans son œuvre :

> « Tu possèdes maintenant ce que nous avons exprimé ailleurs, de manière plus étendue, dans des opuscules nombreux et variés que tu pourras lire après ce Compendium[6]. »

Mais, comme pour *La Chasse de la sagesse*, il est difficile de ne pas y voir un nouvel essai de pensée. La notion de *pouvoir-est* a totalement disparu de l'opuscule et à sa place surgit, à la fin du *Compendium*[7], la notion de *pouvoir-même*, de *posse ipsum*. Mais surtout, *Le Compendium* adopte un point de vue clairement différent sur la métaphysique de la puissance que le *Pouvoir-est* et *La Cime de la contemplation*, et dans une moindre mesure, que la *Chasse de la sagesse*. Son intérêt est sans conteste gnoséologique et renoue

4. Ordination dont il n'est fait nulle mention dans *Le Compendium*, mais seulement dans *La Cime de la contemplation*, 1.

5. Cf. *AT*, 1.

6. Cf. *Comp.*, Conclusion, 44.

7. Cf. *Comp.* 10, 31. L'apparition tardive dans *Le Compendium* de la notion du *pouvoir-même* et sa ressaisie immédiate dès le début de *La Cime de la contemplation* (*AT*, 4), plaident pour la composition du *Compendium* juste avant *La Cime de la contemplation*.

en ce sens avec *Les Conjectures* ou les dialogues du *De idiota*, en particulier *La Pensée*. Harald Schwaetzer[8] montre de façon décisive que Nicolas cherche ici à concilier ses considérations ontologiques sur le pouvoir et la puissance avec l'aspect gnoséologique de son opuscule sur *L'Égalité* (1459), en particulier dans les chapitres 10 à 12.

C'est dans ce contexte qu'est développé le nom de *posse ipsum*, de *pouvoir-même*. Ce nom signifie, contrairement au *possest*, que le pouvoir qui peut tout (Dieu donc) enveloppe en lui l'être. Nous avions vu dans l'introduction au *Pouvoir-est* que celui-ci manifestait la coïncidence de la puissance et de l'acte, du pouvoir et de l'être, et en tant que tel, nous avions montré qu'il enveloppait en lui tout l'être et le non-être, auxquels par conséquent il était antérieur. Par-là même, le nom de *possest* manifestait son inadéquation avec ce qu'il nommait, donnant trop d'importance à l'être. Au contraire, il apparaissait bientôt que rien n'était plus puissant que le pouvoir, et que par conséquent un nom plus adéquat du premier principe se révélait dans la notion de *posse* : tout ce qui est ou peut être, est en fait enveloppé dans le *pouvoir*.

Or, en tant que tout-puissant, le pouvoir manifeste son égalité à lui-même. Le ternaire que découvre maintenant Nicolas en *Comp. 29* est « le pouvoir, l'égal, l'un », en lieu et place du ternaire « l'unité, l'égalité, le lien », jusque-là utilisé par le Cusain, et hérité d'Augustin et des Chartrains. La place inhabituelle de l'Un (ou l'unité) dans le ternaire choque mais elle fait sens si l'on replace la considération dans un contexte gnoséologique.

En effet, d'un point de vue ontologique, la détermination du *posse* comme le principe enveloppant l'être et le non-être le place au-delà de ceux-ci. L'égalité au contraire est un pur prédicat relationnel, alors que l'unité a clairement une prétention ontologique.

Mais d'un point de vue gnoséologique au contraire, l'unité est conçue ici comme dérivant d'une égalité saisie (par négation de toute altérité) : dès lors, du présupposé absolu du *posse* s'ensuit le présupposé de tout acte de connaissance, l'égalité, d'où s'ensuit le présupposé de tout connu, l'unité (qui constitue l'objet). Connaître, c'est comparer, mesurer, ramener de l'inconnu à du

8. Harald Schwaetzer, *Aequalitas…*, *op. cit.*, p. 138-142.

connu[9]. Mais comparer suppose que les comparés puisse être comparables, c'est-à-dire en quelque sorte égalisables ; par suite, l'égalité est bien le fondement de la connaissance, dans laquelle ce qui est mis en relation et identifié constitue un « quelque chose », donc une unité. Alors que le *possest* était le nom adéquat pour penser le Premier et le monde d'un point de vue ontologique, le *posse* permet donc de penser non seulement d'un point de vue ontologique mais aussi d'un point de vue gnoséologique :

> « Or, aucune de toutes les choses qui ne sont pas ce pouvoir lui-même ne peut être ni être connue sans lui. Quelles qu'elles soient, les choses qui peuvent être ou être connues sont enveloppées dans le pouvoir lui-même et sont à lui[10]. »

La compréhension gnoséologique du *posse* permet par-là même de comprendre pourquoi Nicolas ajoute ici au ternaire un quatrième principe, « le semblable ». Le pouvoir crée par l'égalité, par conséquent l'égalité crée par la similitude. La similitude est en quelque sorte l'égalité démultipliable, tandis que l'égalité demeure dans le principe même. Ce qui est donc saisi au moyen de la similitude est l'égalité même, le principe de la similitude :

> « L'objet donc de toute puissance cognitive ne peut donc être que l'égalité elle-même, qui peut se montrer dans sa propre similitude[11]. »

Mais en tant que l'égalité est aussi considérée en elle-même, elle est ontologiquement identique à l'Un. C'est seulement en tant qu'elle est considérée à l'occasion du monde, qu'elle est saisie dans sa similitude et appréhendée d'un point de vue gnoséologique. Toute connaissance, en tant qu'elle participe de l'égalité, se trouve aussi et du même coup participer à l'automanifestation du pouvoir (ou du Principe, ou de Dieu).

Par-là se trouve aussi fondée la prééminence de l'activité intellectuelle dans la philosophie cusaine : l'intellect saisit la similitude comme image de l'égalité et voit l'égalité. Chaque objet de

9. *DI* I, 1, 2.
10. *Comp.* 9, 29.
11. *Comp.* 9, 32.

connaissance est dès lors apparition de cette égalité et donc de son principe. L'intellect se fait donc cosmographe[12]. L'intellect saisit en soi-même cette égalité dans la similitude et se reconnaît ainsi comme l'apparition vivante de l'égalité et par-là du pouvoir : il est le signe de cette égalité. Le reconnaître, c'est déjà reconnaître sa nature divine, c'est déjà remonter vers son principe.

Pas étonnant dès lors que *Le Compendium* présente une véritable théorie du signe[13]. En effet, le signe est la condition indépassable de la connaissance humaine. Ce ne sont pas les choses que nous connaissons mais les signes, qui sont des similitudes des choses.

La Cime de la contemplation

C'est dans *La Cime de la contemplation* que la notion de *posse*, et plus exactement de *posse ipsum*, de *pouvoir-même*, va être pleinement développée. Cela arrive de manière presque polémique puisque le dialogue entre Nicolas et son secrétaire, Pierre d'Erkelenz, met en scène l'incompréhension de ce dernier et son incrédulité face à un Nicolas fébrile de trouver encore quelque chose de nouveau après ses considérations sur le *possest* que Pierre croyait définitives. Le début de dialogue est presque orageux et belliqueux entre les protagonistes. Nicolas revendique expressément la possibilité de trouver mieux encore, et d'une certaine façon, il s'applique la règle de la docte ignorance : quel que soit le point où il est parvenu dans sa réflexion, il doit pouvoir trouver mieux et plus exact. Là encore, il y a la volonté de ressaisir ce qu'il a autrefois pensé, mais non pour l'établir : pour le réfléchir.

> Lorsque donc, il y a déjà plusieurs années, j'ai vu qu'on devait chercher [la quiddité] par-delà toute puissance cognitive et avant toute diversité et opposition, je n'ai pas prêté attention au fait que la quiddité, subsistant en soi, constitue la subsistance invariable de toutes les substances ; que, pour cette raison, elle n'est ni multipliable ni divisible, et qu'il n'y a par suite pas différentes quiddités pour différents êtres, mais pour tous une seule et même hypostase. J'ai vu ensuite qu'il était nécessaire

12. Cf. *Comp.* 8, 22 *sq.*

13. Cf. à ce sujet Graziella Federici-Vescovini, *Nicolas de Cues*..., *op. cit.*, p. 151 *sq.*

> d'admettre que cette hypostase ou encore cette subsistance des choses peut être. Et parce qu'elle peut être, assurément elle ne peut être sans le *pouvoir-même*. Comment en effet pourrait-elle sans le pouvoir ? Pour cette raison, le *pouvoir-même* sans lequel rien ne peut quoi que ce soit est ce en comparaison de quoi il ne peut rien être de plus subsistant. C'est pourquoi il est ce quelque chose recherché, ou encore la quiddité même, sans laquelle aucune chose ne peut être[14].
> Tu verras ci-après que le *pouvoir-même*, en comparaison duquel il ne peut rien être de plus puissant, ni d'antérieur ni de meilleur, est beaucoup plus apte que le *pouvoir-est* ou un quelconque autre nom à nommer ce sans quoi absolument rien ne peut être, ni vivre, ni intelliger. Si en effet il peut être nommé, assurément le *pouvoir-même*, en comparaison duquel il ne peut être rien de plus parfait, le nommera au mieux[15].

Entre 1439, date du début de la rédaction de la *Docte ignorance*, et 1464, date à laquelle il écrit, Nicolas a donc cherché la quiddité de toute la réalité. La multiplicité s'est révélée la manifestation de l'unité cherchée. Dans le même temps, ce qu'il pensait d'abord caché et très difficile à atteindre, la vérité, était à portée de main : « elle crie sur les places publiques[16] ». Cette connaissance tant recherchée, c'est, dit encore Nicolas, le *posse ipsum, le pouvoir-même*. Si dans *Le Compendium* ce *pouvoir-même*, réfléchi dans son rapport à l'égalité, s'est trouvé être le principe de tout savoir, *La Cime de la contemplation* se doit de montrer maintenant qu'il est également le principe ontologique de tout ce qui est et peut être.

Le *pouvoir-même* se distingue en effet du *pouvoir-est* par sa simplicité et sa facilité, de sorte que tout un chacun, même un enfant[17], est capable de le saisir : rien n'est plus connu et certain que ce *pouvoir-même*, qui est présupposé en tout. Il ne peut y avoir là le moindre doute, toute question sur le pouvoir du pouvoir, et donc sur son existence, est tout simplement absurde[18]. Qui pose une question ou qui affirme et nie, c'est-à-dire détermine quelque chose présuppose le pouvoir. Le *pouvoir-même* embrasse tout. Rien ne peut lui être ajouté. Rien ne peut lui être retiré. Nous sommes donc dans une

14. *AT*, 4.
15. *AT*, 5.
16. *AT*, 5.
17. *AT*, 6.
18. *AT*, 6.

philosophie où l'être n'ajoute rien au principe. Toute détermination constitue seulement une de ses apparitions. Ce point justifie et la théologie négative, et la théologie positive : chacune le manifeste.

Lorsque Pierre interroge Nicolas, il a donc déjà présupposé ce qu'il cherche. Sa question n'a pas de sens, sauf à interroger la question. Ce point n'est pas nouveau. Nicolas avait déjà développé une thèse analogue dans *Les Conjectures*, I, 5, 9[19]. La question qui est visée, ici et là, n'est pas seulement la question, presqu'innocente ou quotidienne, de Pierre. C'est aussi, à ne pas en douter, la *Quaestio*, la forme même de la dispute scolastique. En effet, Nicolas lui oppose une autre méthode, pour apprendre et pour lire, qu'il expose ici expressément pour la première fois : la méthode de la *resolutio*, qui ne consiste pas dans l'exacerbation de la distinction et la différence, mais dans la recherche de la concordance qui se situe dans le présupposé, puisque c'est dans ce qui est commun, un sous la diversité des choses, que se trouve le principe de toutes choses. Alors nous verrons le principe dans toutes.

Alors même donc qu'il s'agissait de redéployer le fil ontologique du dernier nom divin, Nicolas nous emmène à nouveau dans des considérations gnoséologiques : comment connaître le Principe ou le *Pouvoir-même* ? Comment apprendre à le connaître ? C'est l'occasion pour lui de redéployer l'ensemble de sa théorie de la vision. Mais précisément, cette théorie n'est pas gnoséologique. La vision mentale, la vision intellectuelle, précisément advient lorsque la pensée ou l'intellect ne connaît pas – mais voit :

> « La vision simple de la pensée n'est pas une vision compréhensive, mais la pensée s'élève de la vision compréhensive à la vue de l'incompréhensible[20]. »

La vision en effet du *pouvoir-même* surpasse ainsi la connaissance, par laquelle l'intelligible lui-même est vu :

> « Ce *pouvoir-voir* de la pensée, au-delà de toute force et de toute puissance de compréhension, est le pouvoir suprême de la pensée[21]. »

19. Cf. *ACNC*, p. 131-149.
20. *AT*, 11.
21. *AT*, 11.

LE COMPENDIUM

CHAPITRE 1

Reçois ce bref *Compendium* contenant une chose qui devrait attirer ton attention[1]. Si tu désires progresser, tiens d'abord pour assuré qu'est vrai ce que confirme tout homme sain d'esprit[2], par exemple que le singulier n'est pas le pluriel, et que l'un n'est pas le multiple ; pour cette raison, l'un ne peut être en son unicité, comme il est en soi, dans de multiples choses[3], mais seulement d'une manière selon laquelle il peut se communiquer à de multiples choses. On ne peut ensuite nier que, par nature, une chose soit avant 1

1. Le destinataire du *Compendium* est à ce jour inconnu. Il a cependant été conjecturé qu'il s'agirait de Pierre d'Erkelenz, le secrétaire de Nicolas. Cf. notamment Erich Meuthen, « Peter von Erkelenz », in : *Zeitschrift des Aachener Geschichtsvereins*, 84/85, 1977-78, pp. 701-744.

2. Mot-à-mot : « la pensée saine de tout homme ». Exceptionnellement, et en raison de l'expression consacrée, nous traduisons *mens* par *esprit*. De manière générale et sauf indication explicite de notre part, nous traduisons *mens* par *pensée*, *mentalis* par *mental* ; nous n'optons pas pour la traduction de *mens* par *esprit*, comme nous nous en sommes expliqué dans notre article « Actualité de Nicolas de Cues. Publications francophones récentes », in : *Études philosophiques*, oct. 2013, n°4, p. 575-599. Ce choix est d'autant plus important pour le texte du *Compendium*, où Nicolas fait par ailleurs divers usages du terme de *spiritus*. Cf. *DI* I, 1, 2 : « S'agissant du vrai qu'il désire insatiablement atteindre grâce à une enquête soigneuse passant tout en revue, l'intellect, quand il est sain et libre, s'en saisit et apprend à le connaître par une étreinte amoureuse, car nous ne mettons pas en doute que ce qui s'impose à l'assentiment de tout esprit sain est très vrai. » (trad. Jean-Claude Lagarrigue, Paris, Cerf, « Sagesses chrétiennes », 2010, p. 76). Sauf mention contraire, nous citerons dorénavant cette traduction *(trad. Lagarrigue)*. Cf. également *VS* 15, 42.

3. L'idée que l'Un peut être en plusieurs autrement qu'il n'est en soi-même est largement développée en *VS* 22, 64-23, 70.

d'être connaissable[4]. Le mode d'être[5] ne peut donc être atteint ni par les sens, ni par l'imagination, ni par l'intellect, puisqu'il les précède tous[6]. Mais toutes les choses qui sont atteintes par un quelconque mode de connaissance signifient seulement ce mode d'être antérieur. Il s'ensuit qu'elles ne sont pas la réalité elle-même, mais elles en sont seulement des similitudes, des espèces[7], ou des signes. Il n'y a

4. Si Nicolas reprend la thèse classique d'Aristote (*Cat.*, 7 b 23) et de Thomas (*De la vérité*, I, 1) quant à la priorité de l'être sur la connaissance, il lui donne un tout autre sens. En effet, pour Nicolas, cette priorité résulte de ce que le mode d'être n'est pas saisissable par la connaissance humaine et précède toute connaissance. Ce ne sont pas les êtres qui sont objets de notre connaissance, mais leurs signes et leurs images.

5. Dans la *Docte ignorance* II, 7, 130, Nicolas distingue quatre modes d'être : 1) Dieu comme « nécessité absolue » ; 2) la nécessité de la liaison « dans laquelle les vraies formes en soi des choses se trouvent avec leur distinction et leur ordre naturel » ; 3) les choses dans leur possibilité déterminée comme effectivement celle-ci ou celle-là ; 4) l'absolue possibilité. Dans *Les Conjectures*, Nicolas effectue une toute autre distinction. Cf. Jocelyne Sfez, *L'Art des conjectures de Nicolas de Cues*, Paris, Beauchesne, « Le Grenier à sel », 2012, p. 15 *sq.* (dorénavant cité *ACNC*) et Josef Koch, *Die* Ars conjecturalis *des Nikolaus von Kues*, Cologne-Opladen, Arbeitsgemeinschaft für Forschung des Landes Nordrhein – Westfalen, « Geisteswissenschaften », 16, 1956, p. 33. Dans *Le Béryl*, 36, Nicolas cite trois modes d'être : « Platon a vu d'abord toutes choses en Dieu selon un mode d'être premier et très simple, de même que toutes les choses sont dans la puissance effective et omnipotente [de Dieu]. Deuxièmement, il a vu que toutes les choses sont comme dans le plus sage créateur de l'ordre. Et il appelle ce mode d'être le second mode. Troisièmement, il a vu que toute les choses sont comme dans l'instrument de l'exécuteur, c'est-à-dire dans le mouvement, car dans le mouvement les choses qui sont créées sont conduites à leur achèvement (...) » (trad. Maude Corrieras, Paris, Ipagine, 2010, p. 53). Sauf mention contraire, nous citerons dorénavant cette traduction *(trad. Corrieras)*. Cf. encore *LG* II, 118, *Princ.* 39 et *AT*, 15, dans lesquels Nicolas souligne que Dieu est le *Pouvoir-même* qui se révèle selon plusieurs modes d'être ; ou encore *VS* 26, 78 où le passage de la puissance à l'acte est pensé comme le passage d'un mode d'être à un autre. Ici, dans *Le Compendium*, le mode d'être est saisi de manière générale et il est surtout opposé au mode de connaissance. Il y a certes différents modes de connaissance (les sens, l'imagination, l'intellect), mais ils ne permettent pas d'atteindre la connaissance de l'essence du mode d'être.

6. Il est très remarquable que Nicolas ne cite ici que les sens, l'imagination, et l'intellect et non la raison. En effet, dans ses écrits antérieurs, en particulier dans *Les Conjectures*, la différence entre raison et intellect est tout à fait centrale. Cf. *ACNC*, p. 84 *sq.*, 125 *sq.* et 147 *sq.* Cette distinction n'est pas reprise ici, bien que Nicolas maintienne que l'accès à l'essence est proscrit à la connaissance humaine, qui reste essentiellement conjecturale. Cf., ci-dessous, *Comp.* 13, 40 et la note 187 y afférant.

7. Nous choisissons de traduire littéralement le terme de *species* par *espèce.* En effet, il s'agit d'un terme technique utilisé dans les débats sur les théories de la vision

donc pas de science du mode d'être[8], bien qu'il paraisse très certain qu'un tel mode soit[9].

à l'époque de Nicolas de Cues. Cf. *ACNC*, p. 191 *sq*. Pour une vision d'ensemble des théories en question, on se reportera avec profit aux ouvrages de Graziella Federici-Vescovini, *La teoria della luce e della visione ottica dal IX al XV seculo. Studi sulla prospettiva medievale e altri saggi*. Milan, Morlacchi, 2003^2 (1965) et David C. Lindberg, *Theories of Vision From Al-Kindi to Kepler*, Chicago, The University of Chicago Press, 1976. D'autres traducteurs (Jasper Hopkins pour la traduction anglaise du *Compendium*, Graziella Federici-Vescovini et Joël Biard pour l'édition des *Questiones super Perspectiva communi* de Blaise de Parme) optent aussi légitimement pour *forme*. D'autres encore (Bruno Decker et Karl Bormann pour la traduction allemande du *Compendium*, Joël Biard dans *Le langage mental du Moyen Âge à l'âge classique* (2009, p. 11)) optent pour *image*. Ces traductions, pour exactes qu'elles soient, diluent le terme technique. Si Jean Devriendt utilise le terme d'*aspect* (*Comp.* 1) qui traduit habituellement l'*aspectus* étudié par les penseurs médiévaux de la vision, il ne paraît pas conséquent lorsqu'il traduit ensuite assez systématiquement par *genre* (*Comp.* 8). Cette confusion malencontreuse nous semble cependant résulter du lien implicite que Nicolas suggère entre la perception sensible qui passe par la saisie de la *species* de l'objet et son appréhension rationnelle qui suppose sa catégorisation en terme d'espèce.

Nicolas s'oppose ici très clairement à la théorie de la connaissance selon laquelle l'être extra-mental peut être objet de la connaissance humaine. C'est le cas pour Thomas d'Aquin par exemple (*S. Th.* I, q. 85 a. 2). Pour Nicolas au contraire, la chose n'est pas connue en elle-même, mais seulement par son image ou ses signes. *Species* peut ainsi également désigner plus précisément une représentation (ce qui suppose un traitement mental de la première *species* reçue par les sens). Ailleurs, il est utilisé pour signifier une forme ou une image perceptive, une forme intellectuelle ou un concept, une espèce (en opposition aux notions de genre et de particulier), une forme spécifique, ou un aspect extérieur. On trouve une telle équivocité du terme déjà chez Boèce, *In Porphyrium Commentaria*, Livre III, dans la section sur la *species* (PL 64 : 99 BC). Cf. également Jean Jolivet « Quand Boèce aborde Porphyre », in : *Boèce, ou la chaîne des savoirs*. Actes du colloque international de la Fondation Singer-Polignac du 8-12 juin 1999 (éd. Alain Galonnier). Louvain, Peeters, « Philosophes médiévaux, XLIV », 2003. La polysémie du terme, visiblement admise par Nicolas de Cues, a évidemment une incidence sur la position de l'auteur quant à la querelle des universaux.

8. Cf. *DI* I, 3, 10 : « La quiddité des choses (...) est inaccessible dans sa pureté ; elle est, certes, recherchée par tous les philosophes, mais aucun ne la trouve telle qu'elle est. » ; *Conj.* I, 11, 55 : « Rien n'est donc atteint tel qu'il est, si ce n'est dans sa vérité propre, par laquelle il est. Et c'est donc dans l'intellect divin seul par lequel tout être existe, que la vérité de toutes les choses, telle qu'elle est, est atteinte (…) » ; *Conj.* II, 5, 97 : « (…) aucune science n'atteint la composition précise des éléments » ; cf. également *VS* 12, 31.

9. La position épistémologique de Nicolas est assez complexe : si le mode d'être des choses est inconnu, comment peut-il affirmer comme en *M* 11, 141 que « la similitude est expresse entre le mode d'être de toutes les choses en tant qu'elles sont en acte et en tant qu'elles sont dans la pensée » ? La réponse est donnée ici

2 Nous avons donc une vision mentale qui porte son regard sur ce qui est antérieur à toute connaissance. C'est pourquoi celui qui se donne du mal à trouver dans la connaissance ce qu'il voit de cette manière se fatigue en vain, tout comme celui qui s'efforcerait de toucher aussi de la main une couleur qui est seulement visible. La vision mentale[10] se rapporte donc à ce mode d'être, comme la vision sensible à la lumière[11] : [la vision sensible] voit très certainement que la lumière est mais elle ne la connaît pas[12]. [La lumière] précède en effet toutes les choses qui peuvent être connues par une telle vision[13]. De plus, les choses qui sont connues par celle-ci, sont les signes de la lumière elle-même[14]. En effet, les couleurs qui sont connues par la vision, sont les signes et les

en *Comp.* 1 et 2 : l'homme n'a pas et ne peut avoir de connaissance exacte du mode d'être, mais il peut malgré tout en avoir une, inadéquate, approximative : « puisqu'aucun signe ne désigne le mode d'être aussi précisément qu'il pourrait être désigné, si l'on doit parvenir à la connaissance selon le meilleur mode avec lequel cela peut être fait, il est nécessaire que cela soit fait par divers signes de sorte que l'on puisse obtenir la meilleure notion » (*Comp.* 2, 3). L'homme est donc capable de connaissance : 1) il connaît l'existence des choses ; 2) il connaît plusieurs choses d'elles, même s'il n'a pas une connaissance adéquate, complète d'elles ; 3) s'il ne connaît pas les choses en elles-mêmes, il les connaît à travers des représentations mentales.

10. Dans les *Conj.* II, 1, 72, Nicolas détaille les différents modes de vision : la *visio sensibilis,* la *visio rationalis,* la *visio intellectualis,* ou *intellectiva* (Sermon X), et la *visio divina.* Pour des raisons d'élégance, nous traduirons ici systématiquement par *vision mentale*, et nous emploierons indifféremment *vision des sens* ou *vision sensible.*

11. Cf. Aristote, *Métaphysique*, α, 1, 993b 9-11 : « Le rapport des yeux des chauves-souris à la lumière du jour est le même que celui de l'intelligence de notre âme aux choses les plus manifestes de toutes par nature. » (trad. Marie-Paule Duminil et Annick Jaulin). Cette analogie se trouve déjà au seuil de l'œuvre, en *DI* I, 1, 4.

12. Cf. *DI* II, Prol., 90 : « Il convient donc qu'au-dessus des limites de notre appréhension, nous soyons savants dans une certaine ignorance, afin que – ne saisissant pas précisément la vérité telle qu'elle est –, nous soyons du moins conduits à voir qu'elle existe, cette Vérité que nous ne sommes pas à présent capables de comprendre. »

13. Cf. *QD* 2, 35 : « La lumière est donc ignorée par l'œil, et cependant elle est délectable à la vue. » (trad. Jean-Claude Lagarrigue). Sauf mention expresse, nous citerons dorénavant cette traduction. En traduisant *lumen* par *couleur*, la traduction Pasqua rend incompréhensible le paragraphe.

14. Cf. *AT* 8 : « Dans toute couleur et dans toute chose visible il n'y pas d'autre hypostase que la lumière qui apparaît de manière diverse dans les divers modes d'être des couleurs. »

limites de la lumière dans le diaphane[15]. Suppose donc que le soleil soit le père de la lumière sensible et conçois par analogie que Dieu, Père des choses, soit la lumière inaccessible à toute connaissance[16], et en outre que toutes les choses soient les reflets éclatants de cette lumière, auxquels la vision mentale se rapporte comme la vision sensible se rapporte à la lumière du soleil[17]. Et là, fixe ton attention sur le mode d'être qui est situé au-delà de toute connaissance.

Chapitre 2

Une chose donc, quand elle tombe sous la connaissance, est 3
appréhendée par des signes. Il faut donc que tu cherches les différents modes de connaissance dans divers signes. Car, puisqu'aucun signe ne désigne le mode d'être aussi précisément qu'il pourrait être désigné, si l'on doit parvenir à la connaissance selon le meilleur mode avec lequel cela peut être fait[18], il est nécessaire que cela soit fait par divers signes de sorte que l'on puisse obtenir la meilleure notion, de même qu'une chose est mieux connue à partir des cinq

15. Le terme *diaphane* est alors un néologisme issu du grec. Cf. Aristote, *De l'âme* II, 7, 418 b 3 sqq. : « Il y a donc du diaphane. J'appelle diaphane ce qui est visible, sans toutefois être visible par soi absolument, mais grâce à une couleur qu'il tient d'autre chose, tels sont l'air, l'eau et de nombreux corps solides. » Cf. également *QD* 2, 34 : « La couleur n'est rien d'autre que la limite de la lumière dans le diaphane » (notre traduction). On retrouve la même idée en *DPL* 2, 100.

16. 1 Tm 6, 16.

17. Cf. *VS* 39, 124.

18. Malgré sa lourdeur, nous maintenons la littéralité de la traduction « avec lequel cela peut être fait », qui renvoie à un *posse fieri*, à un *pouvoir-être-fait* qui est un des modes du *posse ipsum*, du *pouvoir-même*, nouveau nom de Dieu. Sur l'expression *« meliori modo quo fieri potest »*, cf. Gerda Freiin von Bredow, « Der Sinn der Formel "meliori modo quo" », in : *MFCG*, 6, 1967, p. 21-26. Cette idée est liée au caractère conjectural de la connaissance humaine : elle ne peut être précise au point qu'elle ne puisse pas l'être encore davantage (Cf. *Comp.* 11). L'effort humain consiste dans l'amélioration de cette précision. Cf. *Comp.* 28. Cf. également *DPL* 1, 93. Cf. aussi, ci-dessus, note 9. Nicolas nie non pas que nous puissions avoir une connaissance des objets du monde extérieur, mais que nous en ayons ou puissions en avoir une connaissance parfaite ou adéquate. Une telle connaissance n'est possible qu'à Dieu. De la même manière, les signes ne désignent pas et ne peuvent pas désigner parfaitement le mode d'être d'une chose.

signes sensibles qu'à partir d'un seul ou de deux. Or, il appartient à l'être accompli d'une chose de pouvoir connaître : par exemple, puisqu'un animal parfaitement accompli ne peut vivre sans aliment, il est nécessaire qu'il connaisse sa nourriture. Comme celle-ci ne se trouve pas en tout lieu, l'animal possèdera nécessairement un moyen de se mouvoir d'un lieu en un autre et de la chercher[19]. Il s'ensuit qu'il possède tous les sens pour atteindre – par la vue, l'ouïe, l'odorat, le goût et le toucher – la nourriture qui lui convient.

4 Et puisque les animaux d'une même espèce se soutiennent et s'aident mutuellement afin de mieux vivre, il faut qu'ils connaissent leur espèce et qu'ils s'écoutent et se comprennent mutuellement, autant que l'exige la perfection de l'espèce[20]. En effet, c'est d'un certain cri que le coq appelle les poules quand il a trouvé un aliment[21], et d'un autre qu'il les prévient de la présence d'un rapace qu'il perçoit à son ombre, afin qu'elles fuient. Et parce qu'à l'animal le plus noble, une plus grande connaissance est nécessaire pour bien se porter, il faut donc qu'entre tous, l'homme ait la plus grande connaissance. Car sans les arts mécaniques et libéraux[22], et sans les sciences morales et les vertus théologales[23], il ne subsiste ni de manière bonne, ni de manière heureuse. Donc, puisque la connaissance est plus nécessaire à l'homme qu'au reste des animaux, il s'ensuit que « tous les hommes désirent par nature savoir[24] ». La transmission d'une doctrine leur convient afin que l'ignorant soit instruit par un plus savant. Puisque [cette transmission] ne peut être effectuée qu'au moyen de signes, venons-en à la connaissance des signes.

19. On trouve le même argument chez Thomas d'Aquin, *S. Th.* I, q. 78, a. 1. Cf. également Aristote, *De l'âme* III, 12, 434 a 22 *sq.*

20. Cf. aussi *DI* II, 12, 166 et *LG* 2, 119.

21. Cf. Augustin, *La Doctrine chrétienne*, II, 4 (CSEL LXXX 34, 25 *sq.*).

22. Cf. Sermon CCXVI, 12. Cf. Hugues de Saint-Victor, *Didascalicon*, II, 20-27 : « Les sept arts mécaniques comprennent : la fabrication de la laine, l'armement, la navigation, l'agriculture, la chasse, la médecine et le théâtre. » Définis par Boèce et Cassiodore, les arts libéraux qui constituent la majeure partie de l'enseignement dans les écoles après Alcuin, sont composés de la grammaire, la rhétorique, la dialectique *(trivium)* d'une part, et de l'arithmétique, la géométrie, l'astronomie et la musique *(quadrivium)* d'autre part. Cf. aussi *LG* II, 93.

23. D'après 1 Cor 13, 13, les vertus théologales sont la foi, l'espoir et l'amour (ou la charité).

24. Aristote, *Métaphysique*, A, 1, 980a 21.

Tous les signes sont sensibles[25] et ils désignent les choses soit 5
naturellement soit par convention[26] : par nature, en tant qu'ils sont des signes par lesquels un objet est désigné dans la perception sensible ; mais par convention, en tant que ce sont des paroles, des mots écrits, et tout ce qui est saisi soit par l'ouïe, soit par la vue, et qui désigne une chose, conformément à ce qui a été établi. Les signes naturels sont connus naturellement, sans [recours à] aucun autre maître [que la perception sensible]. Ainsi un signe désignant une couleur est-il connu de tous ceux qui voient, et un signe désignant un son par tous ceux qui entendent – et il en va de même des autres sens – comme le rire désigne la joie, les gémissements et les larmes la tristesse, *etc.*[27]. Les autres signes, en revanche, qui ont été établis par convention en vue de désigner [des choses], se font connaître à ceux qui ne connaissent pas cette disposition seulement par le moyen de l'art ou de la doctrine. Et puisqu'il est nécessaire que tous les signes par lesquels la connaissance doit être transmise soient connus du maître et du disciple, la première doctrine portera sur la connaissance de tels signes. Cette doctrine est première parce que sans elle rien ne peut être transmis et que dans sa perfection est inclus tout ce qui peut être transmis.

25. Les signes sensibles dont il est maintenant question s'opposent aux signes de l'imagination et aux signes intellectuels dont traitera ensuite Nicolas. Cf. *Comp.* 9 et 10 ; 18 et 23.

26. Sur la distinction par nature/par convention, cf. Aristote, *De l'interprétation* ,16a 19. Cf. également Augustin, *La Doctrine chrétienne*, II, 2 que Nicolas reprend ici. Cf. *Œuvres complètes, La Doctrine chrétienne*, vol. 11.2 (trad. Madeleine Moreau, notes compl. Isabelle Bochet et Goulven Madec), Paris, Institut des études augustiniennes, 1997.

27. Par signes naturels, Nicolas comprend aussi bien la *species*, c'est-à-dire le signe de l'objet, que les expressions naturelles des affects humains, c'est-à-dire les *signa manifestativa*. Cf. Augustin, *La Doctrine chrétienne*, I, 1, *op. cit.* et Thomas d'Aquin, *In Peri hermeneias*. I l. 2, n. 8 (I 13b). Trad. fr. : *Commentaire du Peryermenias, « Traité de l'interprétation » d'Aristote* (trad. Bruno et Maylis Couillaud). Paris, Les Belles Lettres, « Sagesses médiévales, 1 », 2004.

CHAPITRE 3[28]

6 Or, il faut que nos premiers parents, qui furent créés de manière parfaite, aient reçu de Dieu non seulement une perfection de nature mais aussi celle de la science de tels signes[29], par lesquels ils s'exposèrent mutuellement leurs conceptions et transmirent cette science à leurs enfants et à leur postérité. Par suite, nous voyons que les enfants, aussitôt qu'ils peuvent s'exprimer, sont capables de l'art du discours, parce que cette science est la première et la plus nécessaire pour bien se porter. Et il ne semble pas absurde de croire que le premier art humain du discours fut très riche en de nombreux synonymes au point que toutes les langues, divisées par la suite, y fussent contenues. En effet, toutes les langues humaines dérivent de cette première langue de notre parent Adam, à savoir d'un homme[30]. Et de même qu'il n'y a pas de langue qu'un homme ne comprenne, de même Adam, pareil à tout homme, n'en aurait ignoré aucune s'il l'avait entendue[31]. En effet, nous lisons qu'il imposa lui-même les noms[32]. Pour cette raison, aucun mot de quelque langue que ce

28. Cf. en particulier *FD* 4, 74 et *VS* 12, 33.

29. L'ensemble de ce chapitre est écrit sous l'autorité implicite d'Augustin et de sa théorie du signe. Le lecteur pourra se rapporter à l'incontournable *Introduction à l'étude de Saint Augustin* d'Étienne Gilson, Paris, Vrin, 1929 ou encore à Dominique Doucet, *Augustin : l'expérience du verbe*, Paris, Vrin, « Bibliothèque des philosophes », 2004. Il consultera avec profit l'étude de B. Darrell-Jackson, « The Theory of Signs in St Augustine's De doctrina christiana », in : *Revue des études augustiniennes*, XV, 1969, pp. 9-49 et J. Engels, « La doctrine du signe chez Saint Augustin », in : *Studia patristica*, VI, 1962, pp. 366-373. Cf. aussi, plus loin, Jean-Louis Chrétien, *Saint Augustin et les actes de parole*, Paris, PUF, « Épiméthée », 2015. Sur l'état de la réflexion sur le signe lorsque Nicolas s'en empare, il peut être très utile de consulter l'ouvrage de Joël Biard, issu de sa thèse d'État, *Logique et théorie du signe au XIVe siècle*, Louvain, Peeters, « Études de philosophie médiévale, LXIV », 1989.

30. Cf. *DG* 2, 159 et 4, 172. Cf. Augustin, *Contre la seconde réponse de Julien* VI, 31 [*Contra Iulianum : Opus imperfectum.* (éd. Michaela, Zelzer). Tomus posterior, Libri IV-VI, Vienne, Verl. der Österreichischen Akademie der Wissenschaften, 2004 (CSEL 85, 2)].

31. Cf. Gn 11,1 : « La terre entière se servait de la même langue et des mêmes mots. » Cf. aussi Augustin, Sermon 266, 2.

32. Cf. Gn 2, 19-20 : « Le Seigneur Dieu modela du sol toute bête des champs et tout oiseau du ciel qu'il amena à l'homme pour voir comment il le désignerait.

soit n'a été établi à l'origine par un autre. Il ne faut pas non plus s'émerveiller d'Adam, car il est certain que par un don de Dieu beaucoup d'hommes ont eu d'un coup l'expérience de toutes les langues[33]. Et il n'y a aussi aucun art plus naturel et plus facile que celui de parler, puisqu'il ne fait défaut à aucun homme accompli.

Il n'y a aucun doute non plus que nos premiers parents aient 7
possédé l'art d'écrire des mots, ou encore l'art de désigner, car cet art apporte beaucoup d'aide au genre humain. En effet, grâce à lui les choses passées et absentes se font présentes. Par suite, de même qu'une première science est de désigner les choses avec des mots perçus par l'ouïe, une deuxième science est de désigner les choses en des signes visibles des mots placés sous nos yeux. Et celle-ci est plus éloignée de la nature, les enfants l'atteignent plus tardivement et seulement quand l'intellect commence à se fortifier en eux. Elle tient donc plus de l'intellect que la première. Ces arts[34], dont le premier est plus proche de la nature, et le second plus proche de l'intellect, prennent donc place entre la nature et l'intellect qui est créateur des arts. Or, l'intellect produit en l'homme le premier art au moyen d'un signe sensible à l'ouïe, à savoir un son, parce que l'animal s'efforce d'exposer naturellement ses affects par ce signe[35]. Par suite, l'art articule et diversifie le signe confus afin de mieux communiquer les différents désirs. Il aide ainsi la nature[36]. Et puisque ce signe, auquel est consacré cet art, cesse avec l'énonciation, échappe à la mémoire et n'atteint pas ceux qui sont éloignés, l'intellect y remédie par un autre art, à savoir l'art d'écrire et le place sous le signe sensible de la vue[37].

Tout ce que désigna l'homme avait pour nom "être vivant" ; l'homme désigna par leur nom tout bétail, tout oiseau du ciel et toute bête des champs (...). »

33. Il s'agit évidemment d'une référence à l'événement de la Pentecôte, par lequel, l'Esprit Saint descendant sur chacun des apôtres, ceux-ci furent dotés du don des langues pour évangéliser toute la terre. Cf. Ac 2, 4 sq. : « Ils furent tous remplis d'Esprit Saint et se mirent à parler d'autres langues, comme l'Esprit leur donnait de s'exprimer (...) »

34. Il s'agit, pour le premier, de l'art du discours, ou de la parole, celui qui consiste à parler, et, pour le second, de l'art d'écrire.

35. Cf. *Comp.* 2, 5.

36. Cf. Aristote, *Politique* I, 2, 1253 a 9-15, et de même, Thomas d'Aquin *De regimine principium*, I, 1.

37. Cf. Augustin, *La Doctrine chrétienne*, II, 8, (CSEL LXXX 35, 25-28). Cf. Thomas d'Aquin, *In Peri hermeneias* I 1.2 n.2. Trad. fr. : *Commentaire du*

Chapitre 4

8 Or, celui qui considère la façon dont les signes sensibles parviennent d'un objet aux sens, trouvera que les choses corporelles resplendissent en acte ou par disposition ; en acte en tant que lumineuses, par puissance en tant que colorées[38]. Et aucune chose corporelle n'est totalement dépourvue de lumière ou de couleur, laquelle dérive de la lumière[39]. Cependant, à moins d'être secondée par la lumière, la couleur n'émet pas de soi un éclat perceptible à notre vue. Or, l'éclat est projeté, d'un coup et d'objets très éloignés, en ligne droite ; le sens de la vue est naturellement adapté pour sa perception. Le son[40], en revanche, se diffuse, à partir d'objets éloignés, de manière circulaire, et pour cette sensation, le sens de l'audition a été créé. Une odeur se propage encore de moins loin et elle est perçue par l'odorat, alors que par le toucher sont perçues des choses tangibles plus proches et par le goût est perçue la saveur interne.

Peryermenias, « Traité de l'interprétation » d'Aristote (trad. Bruno et Maylis Couillaud), *op. cit.*

38. L'ensemble de ce chapitre se tient sous l'autorité implicite d'Aristote et reprend une part des analyses du *De anima*. Cf. *De anima* II, 7 418a 31-b1. La distinction aristotélicienne acte/puissance est ici équivalente à la distinction acte/disposition, ce qui est inhabituel. Dans l'édition mineure allemande des *Œuvres complètes* du Cusain, les traducteurs Bruno Decker et Karl Bormann renvoient à Aristote, *Métaphysique*, Δ, 12, 1019a 26 pour expliquer cette modification : « Tous les états selon lesquels les choses ne sont aucunement affectées ni changées, ni faciles à faire bouger pour le pire sont appelées puissances. Car les choses se cassent, s'usent, se plient, en un mot se corrompent, non du fait d'une puissance, mais d'un manque de puissance et de quelques défauts (...) ». L'*hexis*, que l'on traduit généralement par attitude ou disposition, et dont on retrouve ici le sens sous le terme d'*habitus*, précisément employé ici par le Cusain, est donc considérée comme un des sens de puissance.

39. Cf. Aristote, *Du sens et des sensibles*, I, 437a 7, in : *Petits traités d'histoire naturelle* (trad. Pierre-Marie Morel), Paris, Flammarion-GF, 2000. Cf. également Aristote, *De l'âme*, II, 7, 418b 2-3 et II, 8, 420a 27 sq. Sur la théorie aristotélicienne des couleurs et son caractère quantitatif, cf. aussi Paul Kucharski, « Sur la théorie des couleurs et des saveurs dans le "*De Sensu*" aristotélicien », in : *Revue des Études grecques*, tome 67, fascicule 316-318, juillet-décembre 1954, pp. 355-390. De façon intéressante, l'auteur de l'article examine en particulier le vocabulaire de la commensurabilité et de l'incommensurabilité dans le texte aristotélicien.

40. Cf. Aristote, *De l'âme*, II, 8, 419b 4 sq.

Ces choses sont ainsi ordonnées par la merveilleuse providence de la nature pour le bien-être des animaux. Car, puisqu'aucune chose, telle qu'elle est en soi, n'est multipliable[41] et qu'avoir une connaissance des choses conduit à ce bien-être, < il faut que > les choses qui ne peuvent pas par elles-mêmes entrer dans la connaissance d'une autre y entrent par leurs désignations. C'est pourquoi il faut qu'entre un objet sensible et les sens, il y ait un milieu par lequel l'objet puisse multiplier son espèce[42] ou le signe de lui-même[43]. Et puisque ceux-ci ne se font que si l'objet est présent, il ne reste aucune connaissance des choses si ces signes ne peuvent pas être relevés de telle sorte que, même si l'objet disparaît, les signes qui le désignent demeurent.

Dans ces désignations de signes, les choses désignées demeurent 9
donc en la force interne de la faculté de représentation imaginative, comme les mots demeurent écrits sur le papier, une fois leur énonciation terminée ; on peut appeler cette rémanence mémoire[44]. Les signes des choses sont donc dans la faculté de représentation imaginative les signes des signes dans les sens[45]. En effet, rien n'est dans la faculté de représentation imaginative qui ne fut d'abord dans les sens[46]. Pour cette raison, l'aveugle de naissance n'a aucune représentation de la couleur et il ne peut pas imaginer

41. Cf. *Comp.* 1, 11, 13, 31 ; *DI* III, 1, 188 ; *DG* 1, 149 : « Et puisque l'identique est non-multipliable (...) » ; *VS* 22, 65.

42. Il s'agit du terme technique de la théorie de la vision. Cf., ci-dessus, note 7.

43. Cf., ci-dessus, note 29. Cf. Aristote, *De l'âme*, II, 7, 419a 17-20 ainsi que Maître Eckhart, *Commentaire sur l'Evangile de Saint Jean*, n. 25 (*Expositio sancti Evangelii secundum Iohannem*, LW III 20, 8 et n. 3).

44. Cf. Aristote, *De l'âme* III, 2, 425b 24 *sq.*

45. Cf., Aristote, *De l'âme* III, 3, 428b 11-12. Thomas d'Aquin, *S. Th.* I, q.78 a. 4.

46. Cf. *M* 2, 62 et 65, où Nicolas discute le caractère reproductif de l'imagination. La notion de la cuillère n'est pas trouvée dans la nature, mais résulte de l'harmonisation et de la différenciation rationnelles d'objets sensibles. La pensée de l'artisan n'imite pas la forme visible d'un objet naturel mais imite et parfait ce qu'elle trouve dans la nature. Par ailleurs, Nicolas ne distingue pas entre une puissance de reproduction et une puissance de production de l'imagination, contrairement à Kant, même s'il entend une certaine créativité de l'imagination. La question est alors l'usage différentiel ou non qu'il fait de la *phantasia* et de l'*imaginatio*. Cf. Louis Dupré, « Nature and Grace in Nicholas of Cusa's Mystical Philosophy », in : *American Catholic Philosphical Quarterly*, 64 (Hiver 1990), p. 166. Jasper Hopkins s'oppose clairement à la conception de L. Dupré dans sa traduction de *La Chasse de la sagesse*, cf. n. 29, p. 1413-1414.

la couleur[47]. Donc, bien que les signes sensibles soient plus abstraits que les objets matériels sensibles, ils n'en sont pourtant pas totalement séparés. Pour cette raison, la vue aussi est un tant soit peu colorée[48], mais l'imagination de la couleur est totalement privée de couleur. C'est pourquoi les signes des choses dans l'imagination ou la faculté de représentation imaginative[49] sont plus éloignés de la matière et plus formels, ils sont ainsi moins parfaits relativement aux choses sensibles et plus parfaits relativement aux choses intelligibles.

10 Cependant, ils ne sont pas totalement abstraits ; car l'imagination de la couleur, bien qu'elle ne possède rien de la qualité de la couleur, n'est toutefois pas privée de toute connotation sensible. En effet, rien ne peut être imaginé qui ne soit ni mu, ni en repos, et qui ne soit pas quantifié, c'est-à-dire ou grand ou petit[50], bien que [cet objet imaginé] soit sans une limite telle que celle qu'on trouve dans les choses sensibles. En effet, rien ne peut être si petit que l'imagination ne puisse en atteindre la moitié, ou si grand qu'on ne puisse en imaginer le double. Or, dans tous les animaux parfaitement accomplis, on parvient jusqu'à ces signes imaginaires qui sont des signes de signes des sens, afin que la connaissance qui leur est utile ne leur fasse pas défaut. À vrai dire, seul l'homme cherche un signe détaché de toute connotation matérielle et totalement formel, qui rende présente la forme simple de la chose, [cette forme] qui donne l'être[51]. Ce signe, alors même qu'il est très éloigné des choses sensibles, est cependant très proche des choses intellectuelles.

47. Cf. *Conj.* II, 6, 100 : « La précision d'une couleur perçue par la vue ne peut être communiquée à un aveugle par aucun discours. » ; *Conj.* II, 16, 157 : « (...) un aveugle par exemple ne peut atteindre la couleur sensible. » Cf. Thomas d'Aquin, *S. Th.* I, q. 84 a.3 et q. 111 a. 3 ad. 1 et 2.

48. Cf. Aristote, *De l'âme* II, 7, 418a 31 et 418b 26sq, III, 2, 425b 22. Cf. Maître Eckhart, *Sermon* 8, n. 93 (LW IV 88,6). Cf. aussi *DDA* 14 ; *QD* 1, 20.

49. Cf. note 46. Nicolas de Cues identifie ici l'*imaginatio* et la *phantastica*. Cf. Albert le Grand, *De anima*, III.1.7.

50. Il s'agit clairement des sensibles communs. Cf. également *Comp.* 17.

51. Cf. *DPL* 2, 98.

Chapitre 5

Or, il faut que tu prêtes attention à la façon dont le signe sensible 11
est confus et générique avant d'être propre et spécifique[52]. Ainsi, le signe d'un mot est d'abord le signe d'un son, quand la voix est entendue par ceux qui sont loin. Ensuite, quand il est entendu de plus près, il devient le signe d'un son articulé, que l'on appelle voix[53] ; puis, quand il est entendu de plus près encore, il devient le signe d'une voix parlant telle ou telle langue ; enfin, il devient le signe d'un mot spécifique ; et il en est ainsi de tous [les signes sensibles][54]. Et bien que l'on ne ressente pas souvent les intervalles de temps en raison de leur étonnante célérité, un signe ne peut cependant pas être parfait, à moins qu'il ne passe de ce qui est confus à ce qui est spécifique. Pour une seule et même chose qui ne peut être démultipliée[55], il y a des caractéristiques et des signes divers par lesquels elle est connue, – à savoir [des signes] génériques et spécifiques, parmi lesquels il y a place pour des signes intermédiaires, les uns plus génériques, les autres plus spécifiques. Or, puisque la perfection des signes admet du plus et du moins, aucun signe ne sera jamais parfait et spécifique au point qu'il ne puisse être plus parfait[56]. De la singularité, qui n'est susceptible ni de plus ni de moins, on ne peut donc donner aucun signe[57]. Et pour cette raison, une telle [singularité] n'est pas connaissable par soi, mais seulement par accident[58] ; par exemple, Platon, qui n'est susceptible ni du plus, ni du moins, n'est vu que par accident, dans les signes visibles qui lui arrivent[59].

52. Un signe perceptible est confus, en comparaison d'un signe formel, dont il vient d'être discuté à la fin du chapitre 4 du *Compendium*. Cf. aussi Aristote, *Physique* I, 1, 184a 21 *sq.* : « Mais ce qui est d'abord évident et clair pour nous, ce sont plutôt les < ensembles > confus ; mais ensuite, à partir de ceux-ci, deviennent connus, pour qui les divise, leurs éléments et leurs principes. »

53. Un exemple similaire est utilisé dans *DG* 4, 165 et dans *Comp.* 9, 25.

54. Cf. Thomas d'Aquin, *S. Th.* I, q. 85 a. 3.

55. Cf., ci-dessus, note 41.

56. Cf. *VS* 8, 22.

57. Cf. ci-dessus, notes 7 et 9.

58. Cf., ci-dessus, note 9.

59. Les signes visibles sont des accidents. Mais ici ces signes sont caractéristiques d'un être. Cf. *Comp.* 8, 23, où un homme individuel apparaît en lui-même comme le signe du Créateur. Sur la possibilité de connaître l'individu singulier, et

12 Ainsi, tout ce qui est atteint par les sens ou l'imagination, étant connu seulement dans des signes qui admettent du plus et du moins, n'est pas atteint sans signe de quantité. Les signes de qualité, qui parviennent à un sens, ne peuvent donc être sans signe de quantité. Mais les signes de quantité ne sont pas par soi dans les choses sensibles, mais par accident, puisqu'il ne peut pas y avoir de qualité sans quantité. Les signes de quantité, en revanche, ne requièrent pas de signes de qualité[60] ; pour cette raison, ils peuvent être sans eux[61]. C'est pourquoi une chose quantitative arrive à la connaissance par un signe de quantité, et ainsi, ce qui est inconnaissable par soi est connu par accident. Donc, si la grandeur et la multiplicité sont supprimées, on ne connaît aucune chose[62].

13 Il semble également utile de répéter ceci, à savoir qu'il ne peut y avoir un signe naturel singulier[63] ou une espèce naturelle singulière[64] de cette quantité singulière – puisqu'aucun singulier ne peut être ni rendu pluriel, ni multiplié[65], qu'il soit substance, quantité ou qualité. Bien qu'il y ait donc un signe ou une espèce de quantité, il n'y en a pas de cette quantité-ci. Les quantités sont donc relevées et connues de manière singulière par un signe de quantité générale. Ainsi, ce rouge de manière singulière [est connu] par le signe du rouge universel. Par suite, puisqu'aucune chose n'est de la même quantité ni de la même qualité qu'une autre et que d'une quelconque chose singulière il y a une quantité singulière, la quantité n'est pas quelque chose de général dans la chose, mais dans la connaissance, ou dans l'espèce et le signe[66]. Le petit et le grand ont donc leur espèce, bien qu'il n'y en ait ni de ce petit-ci ni de ce grand-ci, qui

le sensible par accident, cf. Aristote, *De l'âme* II, 6, 418a 20 et III, 1,425a 25-b 4. Cf. également Thomas d'Aquin, *S. Th.* I, q. 17 a. 2.

60. Cf. *Comp.* 10, 33.

61. Thomas d'Aquin, *Expositio super librum Boethii De trinitate*, q. 5 a. 3.

62. Cf. *M* 10, 128.

63. Cf. cette notion associée de nom ou de mot naturel (« *vocabulum naturale* »), développée en *M* 2 (« Comment il existe un mot naturel et un autre, attribué en fonction du premier, mais sans l'exactitude(…) »).

64. On retrouve ici le terme polysémique d'« espèce ». La notion renvoie ici à celle de représentation. Cf., ci-dessus, note 7. Cf. les différentes occurrences ici en *Comp.* 2, 4 ; 5, 15 ; 6, 17 ; et plus loin *DI* II, 6, 126 et Sermon VIII, 30.

65. Cf. *Comp.* 4, note 43.

66. Cf. *DI* II, 6, 125-126.

sont des quantités singulières ; mais par l'espèce ou le signe du grand et du petit, on connaît tel grand et tel petit.

Les signes naturels sont les espèces des choses singulières signi- 14
fiées. Car ces espèces ne sont pas des formes qui forment mais des formes qui informent[67]. Mais ceux qui ont été informés, en tant que tels, admettent du plus et du moins. L'un est en effet plus informé qu'un autre, et le même l'est moins maintenant, et davantage plus tard. De telles formes peuvent donc être en plusieurs, puisqu'il n'est pas requis qu'elles y soient selon le même mode d'être – qui n'est pas un mode multipliable –, mais de manière diverse en diverses choses, comme un seul art d'écrire se trouve de manière diverse en divers écrivains. Par conséquent, il est aussi évident que des nombres déterminés[68], par exemple le trois, le dix, et d'autres semblables, du fait qu'ils n'admettent ni plus ni moins à cause de leurs déterminations singulières, ne possèdent que des espèces indéterminées. De même que par l'espèce d'une pluralité indéterminée, que l'on peut appeler énumération, on connaît une pluralité déterminée, et que par les espèces de la grandeur et de la pluralité on connaît un grand nombre déterminé. De la même manière, on connaît un petit nombre par les espèces de la pluralité et de la petitesse ; on connaît les couleurs semblables par les espèces de la similitude et de la couleur et les dissemblables par les espèces de la dissemblance et de la couleur, et les voix concordantes[69] par les espèces de la concordance et de la voix, et les voix discordantes par les espèces de la discordance et de la voix ; et c'est le cas pour tout.

Or, puisque la connaissance des choses est formée en nous à 15
partir des signes et des espèces notionnelles[70], la chose qui est ainsi connue ne peut être connue dans sa distinction d'avec une autre que si la connaissance est formée par des caractérisations et des espèces

67. Cf. *Comp.* 11, 35.

68. Texte latin grammaticalement inconsistant ici, puisque le verbe et le sujet ne sont pas accordés en nombre. On voit la hâte avec laquelle le Cusain écrit. Pour la consistance de la traduction, nous rétablissons la concordance en nombre.

69. Il s'agit à l'évidence de voix harmonieuses et de l'espèce de l'harmonie. Mais dans la mesure où le terme de *concordantia* renvoie à un concept clé de la philosophie cusaine, nous avons voulu maintenir la traduction au plus près du concept.

70. Les espèces notionnelles sont des représentations conceptuelles, et à ce titre elles sont différentes des espèces sensibles, dont il sera question ensuite, au chapitre 6.

distinctes. Par suite, comme chaque chose est singulière, la connaissance que l'on en a possède aussi quelque chose que l'on ne trouve pas dans la connaissance d'une autre. Ainsi, si un mot est composé de six lettres, et un autre également de six lettres, il faut, bien qu'ils s'accordent en nombre, mais non en forme *(figura)* ni en position, qu'ils soient différents, comme sont différentes les choses dont ils sont les noms. La diversité des espèces notionnelles nous conduit dès lors à la connaissance de la diversité des choses. Et bien que deux individus semblent s'accorder en plusieurs espèces, il n'est cependant pas possible qu'ils ne diffèrent pas aussi en quelques-unes[71].

Chapitre 6

16 Par conséquent, il faut que tu prêtes attention à la façon dont il n'est pas nécessaire à la taupe de posséder la vue[72] : elle n'a pas besoin de la connaissance des signes visibles, puisqu'elle trouve ce qu'elle cherche dans l'obscurité de la terre. On doit dire la même chose de tous [les êtres vivants] : à savoir que tous les êtres vivants extraient des choses sensibles autant d'espèces qui sont nécessaires à leur bien-être. C'est pourquoi tous les animaux accomplis, bien qu'ils s'accordent sur le nombre de leurs sens, ne s'accordent pas sur le nombre d'espèces et de signes. La fourmi extrait des espèces d'une façon, le lion d'une autre, l'araignée d'une autre, la vache d'une autre encore, comme les différents arbres puisent de la même terre différents aliments, chacun s'accordant à sa nature. Et la faculté de représentation de tel animal produit[73], à partir des espèces reçues par ses sens, une imagination[74] différente [de celle] qu'un autre [produirait] et une estimation[75] de l'amitié et

71. Cf. *DI* I, 3, 9 : « (...) il apparaît qu'on ne peut trouver deux ou plusieurs choses semblables ou égales à un point tel qu'elles ne puissent pas être encore plus semblables à l'infini. » Cf. également l'ensemble de *DI* II, 1 et *VS* 19, 23.

72. Cf. Aristote, *De l'âme*, III, 1, 425a 10 sq.

73. Littéralement : fait.

74. Littéralement : une imagination, c'est-à-dire une image formée dans l'imagination, pensée comme faculté de se représenter ou de produire des images représentatives des choses.

75. Sur la faculté d'estimation, comme quatrième puissance ou faculté du sens interne, cf. Avicenne, *De l'âme* IV, 1. Cf. également Thomas d'Aquin, *S. Th.* I, q.

de l'inimitié, de ce qui convient et de ce qui disconvient, différente de celle qu'un autre pourrait produire. Ainsi, l'homme extrait des signes sensibles les espèces convenant à sa nature. Puisqu'il est de nature rationnelle, il extrait les espèces convenant à sa nature afin que, grâce à elles, il puisse bien raisonner et trouver l'aliment convenable, tant corporel pour le corps que spirituel pour l'esprit ou l'intellect (ainsi y a-t-il différentes espèces : les dix catégories[76], les cinq universaux[77], les quatre vertus cardinales[78], et beaucoup d'autres semblables qui conviennent à l'homme en pleine possession de la raison).

L'homme extrait même par la vue beaucoup plus d'espèces que 17
l'animal sans raison – principalement, par exemple, parce que le sens de la vue extrait les espèces de couleurs par lesquelles il atteint les différences des choses colorées en tant que colorées ; et, conséquemment, parce que le sens [de la vue] extrait les espèces de la grandeur, de la longueur et de la largeur, de la figure, du mouvement, du repos, du nombre, du temps et du lieu[79] – seul

78 a. 4 et *Commentaire du Traité « De l'âme » d'Aristote* II, 1 .13, n. 397 (trad. Jean-Marie Vernier), Paris, Vrin, « Bibliothèque des textes philosophiques », 2007. Cf. enfin Albert le Grand, *Summa de homine*, q. 39, a. 3, sol.

76. Il s'agit évidemment des dix catégories d'Aristote : la substance, la quantité, la qualité, la relation, le lieu, le temps, la position, la possession, l'action, la passion. Cf. Aristote, *Catégories*, 4, 1 b 25-27 et *Métaphysique*, Δ, 7, 1017a 24-27. Cf. *LG* II, 93 et *M* 11, 135.

77. Il s'agit ici des cinq universaux : le genre, l'espèce, la différence spécifique, le propre et l'accident. Cf. Aristote, *Topiques*, I, 4, 101 b 25 et I, 5. Cf. Boèce, *In Porphyrium Commentaria*, Livre I (PL 64, 75 CD) et *In Porphyrium Dialogus Primus*, section introductive (PL 64, 15B). Cf. *LG* II, 93 et *M* 8, 108 ; 11, 133.

78. Les vertus cardinales sont la prudence, la justice, le courage, la tempérance. Cf. Platon, *République*, IV, 441c-442d. Pour un exposé général sur ces vertus, cf. Léon Robin, *Platon*. Paris, PUF, « Dito », 1988² (1935), en particulier p. 185 *sq.* et p. 192 *sq.*

79. Il s'agit là des sensibles communs. Cf. Aristote, *De l'âme* II, 6, 418 a 17-20, pour le mouvement, le repos, le nombre, la figure, la grandeur. Cf. également *De l'âme* III, 1, 425 a 14-30, où Aristote ajoute l'unité, et III, 3, 428 b 22-24. C'est une tout autre énumération dans le traité *Du sens et du sensible* 1, 437 a 3-9 et 5, 442 b 5-7. C'est dans le traité *De la mémoire et de la réminiscence* 1, 430 a 9-10 que le temps est désigné comme un sensible commun. Cf. plus loin Thomas d'Aquin, *Commentaire du Traité « De l'âme » d'Aristote* II, l. 13 n. 386 et III l. 1 n. 575 (trad.. Jean-Marie Vernier), Paris, Vrin, « Bibliothèque des textes philosophiques », 2007 ; *S. Th.* I, q. 78 a. 3 ad 2 ; Bonaventure, *Itinéraire de l'esprit vers Dieu*, 2 et 3 (trad. Henry Duméry), Paris, Vrin, « Bibliothèque des textes philosophiques »,

l'homme utilisant sa raison extrait autant d'espèces par la vue. De même, par l'ouïe, il extrait les espèces des différents sons, des graves, des aigus, des sons intermédiaires, des chants, des notes et des autres sons de ce genre, ainsi que les neuf autres espèces du sens commun[80] dont on a déjà parlé[81] ; et il en va de même des autres sens. Et de toutes ces espèces sensibles, la faculté *(vis)* de raisonner extrait les espèces des différents arts[82]. Par eux, elle pallie les défaillances des sens, des membres et les maladies, et elle aide à résister aux préjudices corporels, à repousser l'ignorance et la lenteur de la pensée[83], à conforter celle-ci afin que l'homme progresse et devienne un observateur des choses divines[84]. L'homme possède aussi les espèces innées[85] des vertus non sensibles de la justice et de l'équité, afin qu'il connaisse ce qui est juste, ce qui est droit, ce qui est louable, ce qui est beau, ce qui est agréable et

19782 (1960) ; Maître Eckhart, Sermon 10, n. 107 (LW IV 101, 9). On trouvera également de bons compléments sur cette question dans *Les parva naturalia d'Aristote : Fortune antique et médiévale* (dir. Christophe Grellard et Pierre-Marie Morel), Paris, Publications de la Sorbonne, « Philosophie », 2010.

80. Le sens commun coordonne et synthétise les données issues des cinq sens. Cf. Aristote, *De l'âme*, II, 6, 418a 17-20 et *Du sens et du sensible*, I, 437 a 5-10. Cette théorie est récusée par Thomas d'Aquin dans son *Commentaire du Traité « De l'âme » d'Aristote* II, l. 13 n. 389-391.

81. Il s'agit de la grandeur, de la longueur et de la largeur, de la figure, du mouvement, du repos, du nombre, du temps et du lieu.

82. Cf. *LG* I, 28 : « Ajoutons que l'âme est une force inventive d'arts nouveaux et de neuves sciences. » (trad. Maurice de Gandillac). Cf. ci-dessous, *Comp.* 6, 18 ; *DI* II, 6, 125 et 9, 150. Mais Nicolas est très loin d'une théorie de l'abstraction au sens aristotélicien. Cf. l'ensemble des *Conjectures*, ou plus précisément *M*, 4, 77.

83. Cf. Sermon CCXVIII, 13. Cf. Thomas d'Aquin, *De la vérité*, q. 14 a 10 ad 5 ; *SG* III, 22 ; *De regimine principum*, I, 1 ; *S. Th.* I q. 91 a. 3 ad 2 et I-II, q. 5 a. 5 ad 1.

84. Cf. *Comp.* 8, 23. La notion d'observateur des choses divines *(« Speculator divinorum »)* semble provenir de l'*Itinéraire de l'esprit vers Dieu* II, 7 de Bonaventure.

85. Cf. *M* 4 : seule la faculté de jugement *(vis judiciaria)* y était alors dite innée. Il n'y avait pas non plus de concepts ou de notions innés. Ici, dans *Le Compendium*, Nicolas utilise l'expression de *« connatae species »* qui semble indiquer un changement de doctrine. Cependant, Nicolas semble ici se rapporter à ce qu'Augustin appelle une *« notio impressa »*. Cette expression est utilisée par Augustin à propos du bon dans *La Trinité* 8, 3 : il entend par-là une puissance innée de jugement par laquelle le bon est reconnu comme tel. Il en va de même pour ce qui est juste, beau, égal et droit. Mais ce ne sont pas des concepts innés qui pourraient être articulés ou définis par un homme dès sa naissance.

bon, ainsi que leurs contraires, et qu'il choisisse ce qui est bon, et devienne bon, vertueux, prudent, chaste, valeureux et juste.

Toutes ces choses se révèlent évidentes à celui qui observe atten- 18
tivement qu'elles ont été découvertes grâce à l'homme dans les arts libéraux et mécaniques[86] ainsi que dans les sciences morales. Car seul l'homme a trouvé comment pallier la défaillance de la lumière par une chandelle allumée afin de voir, comment aider une vue déficiente par le béryl[87] et comment corriger les erreurs de vision par l'art de la perspective ; comment accommoder au goût la nourriture crue par le moyen de la cuisson, comment repousser les mauvaises odeurs avec des parfums ; le froid avec des vêtements, le feu et la maison ; la lenteur avec les transports et les bateaux ; comment se défendre avec des armes, comment assister la mémoire avec l'écriture et l'art de se remémorer[88]. Toutes ces choses et beaucoup d'autres que l'animal sans raison ignore. L'homme, en effet, en tant qu'homme, est à l'animal sans raison comme l'homme instruit à l'inculte. L'homme instruit voit les lettres de l'alphabet, et de même l'inculte ; mais à partir de leurs différentes combinaisons, l'homme instruit compose des syllabes et, à partir des syllabes, des expressions et, à partir de celles-ci, des discours[89] ; ce que l'inculte ne peut pas faire à cause de la défaillance en cet art que l'homme instruit a en lui, l'ayant acquis par l'exercice de son intellect. L'homme possède donc, grâce

86. Cf. *Comp.* 1, 2 et 2, 4.

87. Cf. *Ber.* 2 ; *LG* I, 28 et surtout II, 94 : « L'âme par son invention crée de nouveaux instruments pour discerner et savoir, comme Ptolémée l'astrolabe et Orphée la lyre, et pareillement beaucoup d'autres. » (trad. Maurice de Gandillac). La pierre de béryl, qui sert notamment alors à fabriquer des loupes et des lunettes (d'où le nom allemand de *Brille* pour désigner encore aujourd'hui les lunettes, ou plus loin le terme français *bésicles* dérivé de *béricle*, qui est le nom du béryl en ancien français), est l'objet de l'opuscule *De beryllo (Le Béryl)* écrit par Nicolas de Cues en 1458 à la demande des moines de Tegernsee pour servir d'introduction à la philosophie cusaine de la coïncidence des opposés. Kurt Flasch voit effectivement dans ce petit texte la meilleure introduction générale à la philosophie cusaine. Cf. Kurt Flasch, *Nicolaus Cusanus*, Munich, Beck, « Beck'sche Reihe : bsr – Denker », 2001. Maude Corrieras en a donné une traduction et un commentaire : Nicolas de Cues, *Le traité du béryl*, Tome 1 (trad. Maude Corrieras), Paris, Ipagine, 2010 et Maude Corrieras, *Le traité du béryl,* Tome 2. *Introduction au traité De Beryllo de Nicolas de Cues*, Paris, Ipagine, 2012.

88. Cf. *Comp.* 6, 17.

89. Cf. *Comp.* 9, 25.

à sa faculté *(vis)* intellectuelle, la capacité de composer et de séparer les espèces naturelles[90] et d'en faire des espèces intellectuelles et artificielles et des signes notionnels[91]. Par cette faculté *(vis)* intellectuelle, l'homme surpasse l'animal sans raison et l'homme instruit l'inculte, parce qu'il a un intellect exercé et réformé[92].

Chapitre 7

19 Il n'est pas étonnant qu'avec un long exercice de cette sorte, un homme ait tant progressé ou puisse tant progresser qu'à partir d'une combinaison variée il choisisse une certaine espèce[93] qui embrasse de nombreux arts, et par laquelle, à la fois, il comprenne et intellige beaucoup. Par exemple, [il comprend et intellige] la variété des choses naturelles par une espèce qu'il appelle mouvement, quand il voit que sans mouvement rien n'est fait[94] et que le mouvement naturel se différencie du mouvement violent, et que, pour cette raison, le mouvement de la nature ne vient pas d'un principe extrinsèque[95], comme le violent, mais d'un principe intrinsèque[96] de la chose ; et il en va du même du reste. Cependant, un autre homme pourrait découvrir une espèce encore plus précise et plus féconde, comme celui[97] qui s'est efforcé d'extraire des neuf espèces de principe[98] une espèce d'art général de tout ce qui est connaissable. Mais

90. Cf. Avicenne, *De anima* IV, 1 ; Thomas d'Aquin, *S. Th.* I, q. 78 a. 4 ; II, II q. 173 a. 2.

91. Cf. *Ber.* 6, où l'homme est présenté comme le créateur des formes artificielles.

92. Cf. *Princ.* 1 ; *Aeq.* III, 43 ; *LG*, I, 31.

93. L'allusion de Nicolas au mouvement et la référence ci-dessous aux neuf espèces sensibles communes suggèrent qu'il pense ici à la représentation issue du sens commun conjointement avec l'intellect.

94. Cf. *DI* II, 10, 153.

95. Sur le mouvement violent, cf. Aristote, *Éthique à Nicomaque*, III 1, 1110a 1-3.

96. Cf. Aristote, *Physique* II,1, 192 b 21-32 et *Métaphysique* Δ, 4, 1014b 16-1015a 19.

97. C'est ici une claire allusion à Raymond Lulle, dont Nicolas connaissait bien l'œuvre. Cf. Eusebio Colomer, *Nikolaus von Kues und Raymund Lull. Aus Handschriften der Kueser Bibliothek*. Berlin, Walter de Gruyter, « Quellen und Studien zur Geschichte der Philosophie, 2 », 1961.

98. Cf. *Comp.* 6, 17.

plus que tous, celui qui a embrassé par une unique espèce, qu'il appelle verbe, tout ce qui est intelligible, l'a saisi le plus précisément[99] ; c'est en effet l'espèce d'art qui forme toutes choses[100]. Car, que pourrait-on concevoir, dire ou écrire en dehors de cette espèce ? Le verbe est ce sans quoi « rien n'a été fait »[101] ou ne peut être fait, puisqu'il est l'expression de celui qui exprime et de ce qui est exprimé. De même, est verbe l'énonciation de celui qui énonce et ce qu'il énonce ; est également verbe la conception de celui qui conçoit et ce qui est conçu ; est verbe l'écriture de celui qui écrit et ce qu'il écrit ; est verbe la création de celui qui crée et ce qu'il crée ; est verbe la forme de celui qui forme et ce qu'il forme ; et de manière générale est encore verbe le pouvoir de faire de celui qui fait et ce qui est fait. Le verbe en effet se rend lui-même sensible, lui et toutes les choses sensibles. Pour cette raison, il est dit aussi lumière, laquelle se rend elle-même visible, elle et toutes les choses visibles. Il est dit aussi égalité[102] : il se rapporte en effet à toutes choses de manière égale, puisqu'il n'est pas plus l'une que l'autre, donnant à toutes choses également afin qu'elles soient ce qu'elles sont, ni plus ni moins. Comme la science du savant et ce qui est su sont donc le verbe, celui qui se tourne vers le verbe découvre aussitôt les choses qu'il désire savoir. Si tu veux extraire l'espèce de mode selon lequel toutes les choses sont faites, considère alors comment le verbe devient sonore. [Considère] d'abord comment sans air il ne peut nullement être rendu audible. Or, l'air n'est saisi en tant qu'air par aucun sens. La vue en effet ne voit pas l'air, mais l'air coloré ; nous faisons ainsi l'expérience, lorsqu'un rayon de soleil traverse un verre coloré, que l'air semble coloré[103]. L'ouïe ne saisit pas non plus l'air, à moins que [celui-ci] ne résonne. Ni l'odorat, à moins qu'il ne sente. Ni le goût, à moins qu'il n'ait une saveur ; comme l'air est senti par le goût, lorsqu'il est rendu fortement amer par le broyage de l'absinthe. Le toucher ne le saisit pas non plus, à moins que [l'air] ne soit chaud, ou froid, ou qu'il ne

99. Il s'agit de Jean l'Évangéliste avec son concept de *logos* ou de verbe associé au Christ. Cf. Jn 1,1 : « Au commencement était le Verbe, et le Verbe était tourné vers Dieu, et le Verbe était Dieu. »

100. Cf. *FD* 2, 58.

101. Jn 1,3. Cf. également *VD* 40 et *Poss.* 38.

102. Cf. *Aeq.* 34 ; *VS* 23, 68-70. Cf. également ci-dessous *Comp.* 10, 30.

103. L'air est un sensible par accident. Cf. aussi *QD* 1, 19.

modifie autrement un sens. L'air n'est donc saisi en tant qu'air par aucun sens, mais il parvient à la connaissance sensible seulement par accident[104]. Il est pourtant tellement nécessaire à l'audition que sans lui, rien ne peut être rendu[105] audible. Il faut donc que tu considères pareillement que tout ce qui doit être en acte – qu'il soit sensible ou intelligible – présuppose quelque chose sans quoi il n'est pas et qui par soi n'est ni sensible ni intelligible. Et parce que ce quelque chose est exempt d'une forme sensible ou intelligible, il ne peut être connu, à moins d'obtenir une forme, et il n'a pas de nom. On l'appelle cependant *hylè*[106], matière, chaos[107], possibilité ou encore *pouvoir-être-fait*[108], ou substrat, ou d'autres noms encore.

Il faut ensuite prêter attention au fait que, bien que sans air le son ne devient pas sensible, l'air n'est cependant pas de la nature du son ; et, de la même manière, la *hylè* n'est pas de la nature d'une quelconque forme, et elle n'en est pas non plus le principe ; mais son principe à elle est le Formateur. Bien que le son ne puisse donc être fait sans air, pour cette raison il n'est pas de la nature de l'air. En effet, les poissons et les hommes perçoivent le son dans l'eau[109], en dehors de l'air – ce qui ne serait pas si le son était de la nature de l'air[110]. Après, il faut remarquer[111] que l'homme, formateur de mot vocal, ne forme pas le mot comme un animal sans raison,

104. Sur la notion de sensible par accident, cf. ci-dessus, *Comp.* 5. Concernant l'air conçu comme un sensible par accident, cf. Aristote, *De l'âme* II, 7, 418 b 4-7.

105. Littéralement *fieri potest* : *peut-être-fait*. Il est essentiel de s'en souvenir car le *posse fieri*, le *pouvoir-être-fait*, vient du *possest*, le *pouvoir-est*. Cf. ci-dessous, la notion générale de *pouvoir-être-fait*.

106. Cf. *DI* II, 8, 134 : « C'est pourquoi Hermès disait que la *hylè* était la nourrice des corps et que le manque de forme était la nourrice des âmes. »

107. Cf. *DI* II, 8, 134 : « L'un des nôtres disait que le Chaos a précédé naturellement le monde et qu'il a été la possibilité des choses, qu'en lui fut l'esprit sans forme où toutes les âmes sont d'une façon possible. » Cf. Augustin, *Sur la Genèse contre les Manichéens* I, 5 (trad. Pierre Monat), Paris, Institut des études augustiniennes, 2004. Cf. plus loin Thierry de Chartres, *Tractatus,* n. 24 ; *Traité des œuvres des six jours* (trad. Michel Lemoine), *op.cit.*

108. Cf. *VS* 3, 9 ; 6, 14-7, 18 ; 13, 34-38. Cf. *LG* I, 44.

109. Cf. Aristote, *De l'âme,* II, 8, 419b 18 et 420a 11.

110. Cf. Aristote, *De l'âme*, II, 8 419b 19.

111. Cf. *DI* III, 5, 210 ; *M* 5, 81 ; *FD* 4, 73-75 ; *Aeq.* 33-34 ; *LG* I, 44 ; *AT* 21 ; Sermon XVI. Cf. aussi Augustin, *La Trinité* XV, 10, n. 17-20. Cf. enfin Maître Eckhart, *Commentaire de l'évangile de Jean*, n. 132 (LW III, 114,2) et Sermon 12, 1, 123 (LW IV 118, 1).

mais en tant qu'il a la pensée, ce dont les animaux sans raison sont dépourvus. Donc, puisque la pensée, formatrice du mot, ne forme le mot que pour se manifester, le mot n'est alors seulement que la manifestation de la pensée. Et la diversité des mots n'est rien d'autre que la manifestation diverse d'une unique pensée. Or la conception, par laquelle la pensée se conçoit elle-même, est un mot engendré par la pensée, c'est-à-dire par une connaissance de soi-même. Et le mot vocal est manifestation de ce mot. Et tout ce qui peut être dit est seulement en étant un mot.

Fais-toi ainsi un concept du Formateur de toutes choses comme **21**
[tu t'es fait un concept] de la pensée[112]. Et conçois qu'Il se connaît lui-même dans le verbe né de Lui, et dans la créature, qui est le signe du verbe incréé ; et il se montre de manière variée dans des signes variés, et il ne peut rien y avoir qui ne soit le signe de la manifestation du verbe engendré. De même que la pensée, ne voulant pas se manifester davantage, cesse de prononcer un mot vocal, et qu'il ne peut exister si elle ne le profère pas incessamment, de même la créature se rapporte-t-elle au Créateur. Or, toutes les autres choses sans lesquelles le mot vocal ne peut être bien fait, que l'on appelle Muses[113], et qui sont ordonnées en vue du mot vocal, servent à la manifestation de la pensée. Il en va pareillement des créatures qui sont des signes et des manifestations du Verbe intérieur, et ce sont des créatures qui le servent à cette fin[114].

112. Cf. *M* 3,72 et *Conj.* I, 1, 5.

113. Cette expression doit être rapportée à Isidore de Séville, *Étymologie* III, 15 : *The Etymologies of Isidore of Sevill*e (trad. Stephan A. Barney et al.), Cambridge, Cambridge University Press, 2006. Cf. *DG* 4, 167 : « Les moteurs des artères, de la langue, des lèvres, de la mâchoire – que les poètes appellent des Muses – participent de différentes manières du souffle *(spiritus)* de celui qui parle (..). »

114. Toutes les créatures sont donc des signes de la révélation ou de la manifestation du Verbe créé. Si l'on file la métaphore ici, cela signifie que certaines créatures sont la révélation du verbe intérieur ou de la parole intérieure, tandis que d'autres, correspondant aux moteurs des artères, servent à ce but qu'est la révélation de la parole intérieure. Cf. encore Maître Eckhart, *Sermon allemand* 22 (92, 39) (éd. Fr. Pfeiffer Leipzig 1857) : « Toutes les créatures sont un dire *(ein sprechen)* de Dieu. »

Chapitre 8

22 Il faut donc considérer l'animal parfaitement accompli, en lequel il y a sens et intellect, comme un homme cosmographe qui habite une cité avec cinq portes, pour les cinq sens[115], par lesquels entrent les messagers du monde entier, annonçant toute la disposition du monde selon cet ordre : ceux qui apportent des nouvelles de sa lumière et de sa couleur entrent par la porte de la vue ; ceux qui apportent des nouvelles du son et de la voix par la porte de l'ouïe ; ceux qui apportent des nouvelles des odeurs par la porte de l'odorat, et ceux qui apportent des nouvelles des saveurs par la porte du goût ; et ceux qui apportent des nouvelles de la chaleur, du froid et des autres choses tangibles, par la porte du toucher. Le cosmographe est assis et prend note de tout ce qui lui est rapporté afin d'avoir dans sa cité un dessin décrivant[116] l'ensemble du monde sensible. Mais si une porte quelconque de sa cité, par exemple celle de la vue, demeurait toujours close, alors, parce que les messagers du visible n'auraient pas d'entrée, il y aurait une lacune dans la description du monde. En effet, la description ne ferait pas mention du soleil, des étoiles, de la lumière, des couleurs, des figures des hommes, ni de celles des bêtes, des arbres, des cités, ni d'une grande part de la beauté du monde. De même, si la porte de l'ouïe restait close, la description ne contiendrait rien des paroles, des chants, des mélodies

115. La métaphore du cosmographe peut provenir d'Augustin, de Jean Scot Érigène ou encore de Bonaventure, trois auteurs que Nicolas connaissait bien et dont il possédait de nombreuses œuvres. La métaphore des cinq portes des sens est d'origine augustinienne. Cf. Augustin, *Confessions* X, 6, n. 9. Elle est devenue un *exemplum* médiéval. Jean Scot Erigène, dans *De la division de la nature,* II, 23 (PL 122, 569D-570A), compare les sens aux portes d'une ville. Pour Bonaventure, dans l'*Itinéraire de l'esprit vers Dieu,* 2, 2.3.4.6, le macrocosme parvient à l'âme humaine par les portes des cinq sens, c'est-à-dire au microcosme (l'homme est alors pensé comme un petit monde). Cf. *M* 8, 114, où Nicolas compare les sens à des fenêtres et des chemins ou des voies. Cette même métaphore courra jusqu'à la monade leibnizienne, sans porte ni fenêtre.

116. Cf. Avicenne, *Métaphysique* IX, 7, notamment cité par Maître Eckhart, dans le *Commentaire du livre de la Genèse* I, n. 115 (LW I, 270-271) [(éd. et trad. fr. Fernand Brunner et al.), Paris, Cerf, « *L'œuvre latine de Maître Eckhart,* 1 », 1984] et dans les *Sermons latins* 11, 1, 112 et 55, 4, 550 (LW IV 106 ; 460-461) ; Thomas d'Aquin, *De la vérité*, q. 2 a. 2.

et autres choses semblables. Il en va de même des autres sens. [Le cosmographe] aspire de toutes ses forces à tenir toutes les portes ouvertes et à écouter continuellement les rapports des messagers toujours nouveaux et à rendre sa description toujours plus vraie.

C'est seulement quand il a fait dans sa cité le dessin de tout le **23**
monde sensible, qu'afin de ne pas le perdre, il le reporte sur une carte bien ordonnée et, selon des mesures proportionnelles, et il la considère. En outre, il congédie les messagers, ferme les portes et dirige son regard intérieur vers le Créateur du monde, qui n'est rien de toutes ces choses qu'il a intelligées et apprises des messagers, mais qui est l'Artisan et la Cause de toutes. Et il se Le représente se tenant vis-à-vis du monde dans un rapport d'antériorité, comme lui-même, en tant que cosmographe, se tient vis-à-vis de la carte. À partir du rapport de la carte au véritable monde, il observe en lui-même, en tant que cosmographe, le Créateur du monde, contemplant en pensée la vérité dans l'image, le signifié dans le signe[117]. Par cette observation, il remarque qu'aucun animal sans raison – bien qu'il semble posséder une même cité, avec portes et messagers – ne pourrait faire une telle carte. Et par-là il découvre en lui-même le premier signe, et [le signe] le plus approchant du Créateur : en lui resplendit, plus qu'en tout autre animal connu, la force créatrice. En effet, le signe intellectuel est le premier signe et le plus parfait du Créateur de toutes choses, le signe sensible en revanche en est le dernier[118]. Il se détourne donc autant qu'il peut de tous les signes sensibles vers les signes intelligibles, simples et formels.

117. Cf. *DI* II, 3, 111 ; *M* 5, 65 ; *LG* II, 118 ; *Lettre au novice Albergati*, 5-7. Cf. Paul, Rom 1, 20 et évidemment l'ensemble du *De possest*, qui vise à rendre compte de cette affirmation paulinienne. Cf. également Bonaventure, *Itinéraire de l'esprit vers Dieu* 2, 11 et 2, 12.

118. Cf., ci-dessous, *Comp.* 10, 33. Cf. *FD* 6, 86 ; *Sag.* I, 18 ; *M* 4, 74 ; *PF* 4, 12 ; *AT* 24. Nicolas pense généralement la *mens* humaine comme l'image la plus simple et la plus haute de la *mens* divine. C'est pourquoi l'homme est *imago Dei*. Ici dans *Le Compendium*, la *mens* est d'abord pensée comme le « premier signe » du Créateur (*Comp.* 8, 23), et comme son « égalité » (*Comp* 10, 33). À ce sujet, voir en particulier Gerda von Bredow, « Der Geist als lebendiges Bild Gottes *(Mens viva dei imago)* », in : *MFCG* 13, 1978, pp. 58-67 [réimprimé dans Gerda von Bedrow, *Im Gespräch mit Nikolaus von Kues. Gesammelte Aufsätze* 1948-1993 (éd. Hermann Schnarr), Münster, Aschendorff, « Buchreihe der Cusanus-Gesellschaft », 1995, pp. 99-109], Bernd Irlenborn, « Der Mensch als zweiter Gott ? Anmerkungen zur *imago Dei*-Lehre des Nikolaus von Kues », in : *Freiburger Zeitschrift für*

24 Et comme en ceux-ci resplendit la lumière éternelle et inaccessible[119] à toute pénétration de la vision mentale, il applique son attention à voir que l'incompréhensible ne peut être vu autrement que sur un mode d'être incompréhensible et que celui-ci, qui est incompréhensible selon tout mode compréhensible[120], est la forme d'être de toutes les choses qui sont. Cette [forme], qui reste incompréhensible dans toutes les choses qui sont, resplendit dans les signes intellectuels, comme « la lumière resplendit dans les ténèbres »[121], à partir desquels on ne peut nullement la comprendre. Ainsi, une seule figure apparaissant diversement dans différents miroirs polis[122] n'est ni reflétée, ni incorporée ou matérialisée dans aucun miroir, aussi poli soit-il, au point de devenir un seul composé des deux, de cette figure elle-même et du miroir, dont la forme serait la figure et le miroir la matière. Mais cette [figure] se montre diversement en restant elle-même une seule, tout comme l'intellect d'un homme restant en soi un et invisible se manifeste visiblement de manière diverse dans ses divers arts et dans les divers produits de ses arts, bien qu'il reste dans tous ceux-ci totalement inconnu à tout sens. Par cette observation, le contemplatif se hâte très doucement[123] vers la Cause, le principe et la fin de lui-même et de toutes choses, de manière à conclure heureusement.

Philosophie und Theologie, 47, 2000, pp. 381-401, Harald Schwaetzer, « *Viva imago Dei.* Überlegungen zum Ursprung eines anthropologischen Grundprinzips bei Nicolaus Cusanus », *in : Spiegel und Porträt : Zur Bedeutung zweier zentraler Bilder im Denken des Nicolaus Cusanus* (éd. Inigo Bocken, Harald Schwaetzer), Maastricht, Shaker, « CSC, V », 2005, pp. 113-132.

119. 1 Tim 6, 16. Cf. également Bonaventure, *Itinéraire de l'esprit vers Dieu* 2, 7.

120. Cf. *DI* I, 4, 12 ; *DDA* 4 ; *DPL* 4, 109 ; *M* 5, 54 ; *VD* 13 ; *NA* 8 ; *VS* 12, 31.

121. Jn 1, 5 : « Et la lumière resplendit dans les ténèbres, et les ténèbres ne l'ont pas comprise. »

122. La notion de miroir est centrale chez Nicolas de Cues. Cf. les volumes collectifs *Spiegel und Porträt : Zur Bedeutung zweier zentraler Bilder im Denken des Nicolaus Cusanus*, *op. cit.*, et *Spiegel der Seele : Reflexionen in Mystik und Malerei* (éd. Elena Filippi, Harald Schwaetzer), Münster, Aschendorff, « Texte und Studien zur europäischen Geistesgeschichte, B, 3 », 2011, mais aussi Tilman Borsche, « Der 'freie Spiegel' des Cusanus oder Die Kreativität der Rezeption », in : *Kann das Denken malen ? Philosophie und Malerei in der Renaissance* (éd. Inigo Bocken, Tilman Borsche), Munich, Fink, 2010, pp. 111-124.

123. La traduction peut paraître précieuse : nous avons cependant choisi de rendre la phrase dans un oxymore qui manifeste à nouveau le principe de coïncidence des opposés dans la pratique spirituelle, quasi quotidienne, de celui qui cherche la vérité.

Chapitre 9

Telles sont donc ces quelques choses, faciles et suffisantes pour 25
tes observations, car tu es un homme simple[124]. Mais si tu te proposes de rechercher des choses plus subtiles, regarde des éléments vers les parties du son et vers les lettres désignant ces parties[125], parmi lesquelles les unes sont des voyelles, d'autres des muettes, d'autres des semi-voyelles, d'autres encore des liquides ; et considère comment à partir d'elles se fait une combinaison de syllabes et d'expressions, à partir desquelles se fait un discours et que ce discours est ce qui est visé[126]. Ainsi, tout ce qui vient de la nature progresse des éléments vers ce qui est la visée de la nature. En effet, un discours est la désignation ou la définition d'une chose. Par cette quadruple voie[127], on parvient de l'imparfait au parfait. Et ce qui, de cela, peut être traité philosophiquement, peut être assez bien traqué[128] dans la progression de cet art. Car, dans la nature, on trouve des combinaisons belles et élégantes, agréables aux hommes. Ainsi en est-il aussi dans l'art du discours et de la concordance des voix, bien que certaines [combinaisons] se comportent selon un mode contraire dans les deux [arts].

124. L'homme simple, c'est la figure de l'*Idiota* que Nicolas a déployée dans le *Tétralogue* du même nom. Il ne faut pas l'entendre comme celle d'un homme limité dans ses capacités mentales, bien au contraire : c'est simplement un profane, ou un laïc, c'est-à-dire un homme qui, n'étant pas allé à l'université et ne parlant pas latin, parle une langue vernaculaire et fait seulement usage de sa raison naturelle ; il n'est donc pas perverti par les us et coutumes de l'université. Sur la figure du laïc, cf. les ouvrages décisifs de Ruedi Imbach, et en particulier Ruedi Imbach et Catherine König-Pralong, *Le défi laïque. Existe-t-il une philosophie des laïcs au Moyen Âge ?* Paris, Vrin, « Conférences Pierre Abélard », 2013.

125. Cf. *Conj.* II, 4, 91 et II, 5, 95-96. Cf. Aristote, *Métaphysique*, Δ, 2, 1013b 17-21 et 3, 1014 a 26-30, Z, 17, 1041 b 11-33, H 3, 1043 b 4 sq., *Physique,* II, 3, 195 a 16-19 et *Poétique*, 20, 1456 b 22-35. Cf. enfin Thomas d'Aquin, *Commentaire du Peryermenias, « Traité de l'interprétation » d'Aristote* I 1.2, n. 7, *op. cit.*

126. Cf. note précédente ainsi que Platon, *Timée*, 48bc.

127. Il y a ici quatre moments dans la fabrication du discours : il faut successivement former des lettres, puis des syllabes, puis des mots, puis des phrases. Cf. *DG* 4, 165 ; *Comp.* 5, 11 et 6, 18.

128. Sur la métaphore de la chasse, cf. *La Chasse de la sagesse* dans ce volume, ainsi que notre introduction. Cf. également *LG* I, 7.

26 L'homme fait donc ses observations sur de telles choses, et bâtit une science des choses à partir des signes et des mots, tout comme Dieu le monde à partir des choses[129] ; et au-delà de l'élégance, de la concordance, de la beauté, ainsi que de la vigueur et de la force du discours, [l'homme] ajoute les arts aux mots en imitant la nature[130]. Il ajoute ainsi à la grammaire, la rhétorique, la poésie, la musique, la logique et d'autres arts ; et tous ces arts sont les signes de la nature. De même en effet que la pensée a découvert le son dans la nature et y a ajouté l'art pour mettre tous les signes des choses dans le son, elle ajoute à la concordance qu'elle a découverte dans la nature l'art de la musique, qui est l'art d'arranger toutes les concordances. Et il en va ainsi des autres arts.

27 En effet, les observations que les sages se consacrant à la science[131] ont faites dans la nature, les ont préparés à poursuivre par une égalité de raison dans un art commun[132]. Par exemple, quand ils ont fait l'expérience des concordances de certaines notes, ils parvinrent à partir de leur rapport[133] aux poids des marteaux produisant des notes concordantes sur l'enclume ; ils trouvèrent enfin la même chose dans des orgues et des cordes proportionnellement petites et grandes et ils transférèrent les concordances et les discordances découvertes dans la nature à l'art[134]. Et par-là, cet art, puisqu'il imite très ouvertement la nature, est plus agréable[135], il excite et soutient le penchant de la nature dans le mouvement vital, qui est un mouvement de concordance ou de plaisir, que l'on appelle joie. Tout art est donc fondé sur une observation obtenue par un sage dans la nature ; celui-ci la présuppose parce qu'il en ignore la

129. Cf. *Conj.* I, 1, 5.

130. Cf. Aristote, *Physique*, II, 2, 194a 21 *sq*. Cf. également le chapitre fondamental des *Conjectures* sur le rapport entre art et nature (*Conj.* II, 2, 131-133) et notre commentaire (*ACNC*, pp. 228-234). Sur la question plus générale de l'imitation de la nature par l'art et la reprise de ce *topos* aristotélicien à la Renaissance, le lecteur consultera avec profit l'ouvrage collectif *Ars imitatur naturam. Transformationen eines Paradigmas menschlicher Kreativität im Übergang vom Mittelalter zur Neuzeit* (éd. Arne Moritz, Franz-Bernhard Stammkötter), Münster, Aschendorff, 2010.

131. Cf. Aristote, *Métaphysique*, A, 1, 981b 20-982a 3.

132. Cf. Aristote, *Métaphysique*, A, 1, 981a 5-7.

133. Cf., ci-dessous, *Comp.* 10, 28.

134. Cf. *SE* 192 ; *M* 92 ; *LG* II, 90. Sur la question de la musique dans l'œuvre du Cusain, cf. *ACNC*, pp. 295-325.

135. Cf. *DI* II, 1, 94.

cause. Mais à sa découverte, il ajoute l'art, en l'amplifiant par une espèce de similitude qui est la raison de l'art imitant la nature[136].

CHAPITRE 10

Et maintenant déduis. Si tu avais découvert un art et que tu tentais de le transmettre dans des écrits, tu aurais pour tâche d'avancer des paroles adaptées à ton propos et de clarifier leur signification selon ta pensée. En vérité, ceci est le principal. Et puisque la parole signifiée dans ces mots est un art que tu proposes de développer, tu porteras tout ton effort afin d'enseigner par ces mots, aussi précisément que tu le peux, ce que tu as conçu par la pensée. En effet, la définition[137] qui fait savoir est le développement de ce qui est enveloppé dans le mot[138]. Et pour cette raison, dans toute ton étude des livres, tu dois t'employer à une tâche principale : atteindre une interprétation des mots conforme à la pensée de celui qui écrit ; alors tu appréhenderas toutes choses facilement et tu feras concorder les écrits que tu pensais se contredire entre eux. Les distinctions des termes contribuent beaucoup par-là à l'accord des différents textes, si tant est que celui qui a fait la distinction ne s'est pas trompé. Et on s'égare moins lorsqu'on s'efforce de les ramener à l'égalité[139]. 28

J'ajouterai pour toi une observation que j'ai faite à propos de l'espèce de la connaissance du principe[140]. En effet, le principe doit être ce en comparaison de quoi il n'y a rien d'antérieur ni de plus puissant[141]. Seule une puissance qui engendre une égalité précise 29

136. Cf. *FD* 2, 57. Cf. Aristote, *Métaphysique*, A, 1, 981a 28-30. Cf. également, ci-dessus, note 130.

137. Cf. *VS* 33, 98.

138. Cf. *DI* II, 9 en son ensemble.

139. Cf. *Ap DI* 17.

140. On aurait tendance à penser ici que Nicolas fait référence au *De principio*, mais, comme l'affirment les éditeurs de l'édition mineure, Bruno Decker et Karl Bormann, la comparaison des deux œuvres ne permet pas de retenir cette hypothèse. Nicolas pourrait en revanche faire référence à *La Cime de la contemplation* que Nicolas écrit, plus ou moins parallèlement, au printemps ou au début de l'été 1464. Nicolas a également traité assez systématiquement du principe dans *Le Pouvoir-est*, 44, sans que l'on puisse toutefois y rapporter pour expliquer le présent passage.

141. Cf. *AT* 5.

avec soi-même ne peut être plus grande[142]. Celle-ci en effet unit toutes choses en elle-même[143]. Je prends donc quatre termes, à savoir : le pouvoir, l'égal, l'un et le semblable[144]. J'appelle pouvoir ce à quoi il n'y a rien de plus puissant ; égal ce qui est de même nature ; un ce qui procède de ces derniers ; et semblable ce qui est représentatif de son principe. Rien ne peut être antérieur au pouvoir lui-même. Qu'est-ce qui en effet serait antérieur au pouvoir, s'il ne pouvait être antérieur[145] ? Le pouvoir en effet auquel il ne peut rien y avoir de plus puissant ou d'antérieur est assurément le principe omnipotent. Il est en effet avant l'être et le non-être. En effet, rien n'est à moins qu'il ne puisse être[146], et il n'est pas s'il ne peut pas ne pas être. Et il précède le faire et l'être-fait. Rien en effet ne fait ce qui ne peut faire, ou n'est fait ce qui ne peut pas être fait[147]. Ainsi, tu vois le pouvoir avant l'être et le non-être, avant le faire et l'être-fait[148] ; et il en va de même pour toutes les choses[149]. Or, aucune de toutes les choses qui ne sont pas ce pouvoir lui-même ne peut être ni être connue sans lui. Quelles qu'elles soient, les choses qui peuvent être ou être connues sont enveloppées dans le pouvoir lui-même et lui appartiennent.

142. Cf., ci-dessous, *Comp.* 10, 30.

143. Cf. *LG* II, 82.

144. « le pouvoir, l'un, l'égal » remplace ici le précédent ternaire « l'unité, l'égalité, le lien » assez fréquemment utilisé par Nicolas de Cues jusqu'à présent, qui le reprenait de l'école de Chartres, et plus loin d'Augustin (*La Doctrine chrétienne*, I,12, CSEL LXXX, 11, 6 *sq*).

145. Cf. *DI* II, 7, 128 ; et surtout *AT* 4, 13 et 19.

146. Cf. *AT* 19.

147. Cf. *LG* I, 45 ; *AT* 6.

148. Malgré la lourdeur, nous préférons traduire littéralement *fieri* par être fait, contrairement aux traducteurs allemands de l'édition mineure et à Jean Devriendt qui traduisent par devenir. En effet, ils gomment le rapport morphologique entre *facere* (faire) et *fieri* (être fait), qui renvoient eux-mêmes aux considérations sur l'expression de la puissance divine, et plus loin de la Toute-puissance. Cf. notre ouvrage à paraître, *Nicolas de Cues, puissance et expression,* Paris, Demopolis, « Philosophie en cours », 2017.

149. Cf. *DI* II, 4, 113. C'est un des points d'évolution de la pensée du Cusain : si dans la *Docte ignorance*, Dieu est coïncidence des opposés, dès les *Conjectures*, il est au-delà de cette coïncidence, au-delà du mur du paradis dira également *La Paix de la foi*. C'est en ce sens qu'il convient d'entendre ici que Dieu est avant l'être et le non-être. Cf. également, ci-dessus, note 146.

Or, comme l'égal ne peut pas être à moins d'être le pouvoir 30
de lui-même, il sera antérieur à toutes choses, comme le pouvoir auquel il est égal. Dans son égalité, le pouvoir se montre le plus puissant ; car pouvoir engendrer de soi l'égalité avec soi-même est le sommet de la puissance. Ainsi, le pouvoir qui se rapporte de façon égale aux contradictoires, de sorte qu'il ne peut pas plus l'un que l'autre, s'y rapporte également par son égalité[150]. Or, du pouvoir et de son égalité procède une union très puissante. En effet, « la puissance » ou la force, « unie, est plus forte »[151]. En conséquence, l'union de celui à quoi il n'y a rien de plus puissant et de son égalité n'est pas plus petite que ceux dont elle procède. Et ainsi la pensée voit que le pouvoir, son égalité et l'union entre les deux sont un unique principe, le plus puissant, le plus égal et le plus uni. Il paraît assez évident que le pouvoir unit de manière égale toutes choses, les enveloppe et les développe[152].

Quoi qu'il fasse donc, il le fait par l'égalité, et s'il crée, il 31
crée par elle, et s'il se manifeste, il se manifeste par elle. Or, le *pouvoir-même* ne se fait pas lui-même par l'égalité, puisqu'il n'est pas antérieur à lui-même[153], et il ne fait pas non plus par l'égalité ce qui est dissemblable. L'égalité n'est pas en effet la forme de là dissemblance et de l'inégal. Ce qu'elle fait est donc semblable. En conséquence, tout ce qu'est et n'est pas le principe même, il est nécessaire que ce soit une similitude de celui-ci[154], puisque l'égalité, qui n'admet ni du plus ni du moins, n'est ni multipliable, ni variable, ni altérable, pas plus que le singulier ne l'est. En effet, la singularité n'est autre que l'égalité[155].

150. Cf. *Aeq.* 38.

151. Les guillemets ont été ajoutés : il s'agit en effet d'une citation du *Liber de Causis* 16, 179, 2, extrêmement fréquente à la fin du Moyen Âge. Cf. *DI*, I, 21, 63 ; *Princ.* 8 ; *LG* II, 86.

152. Cette assertion est constante depuis le début de l'œuvre cusaine. Cf. par ex. *DI* II, 3, 105-107.

153. *DI* II, 9, 141 ; *VS* 7, 17. Cf. Aristote, *Métaphysique*, Θ, 8, 1049b 24 sq., Albert le Grand, *Métaphysique* IX, tr. 4, c. 1, Thomas d'Aquin *S. Th.* I, q. 2 a. 3 et Jean Duns Scot, *Du premier principe* c.2, cl.1. Nicolas refuse, comme les grands scolastiques, la possibilité d'une *causa sui*.

154. Cf. *DI* II, 4, 112 ; *DPL* 2, 99 ; *DG* 1, 149 ; *Ber.* 14 et 26.

155. Dans le fini, il n'existe pas d'égalité parfaite entre les choses. Cf. *DI* I, 3, 9 et 17, 49 ; *DI* II, 11, 156 ; *Aeq.* 35.

32 L'objet donc de toute puissance cognitive ne peut donc être que l'égalité elle-même, qui peut se montrer dans sa propre similitude. Dès lors, il n'y a pas d'objet de la connaissance sensitive si ce n'est l'égalité[156], et il en va de même de la connaissance imaginative et de la connaissance intellective. Une puissance connaît son objet naturellement. Mais une connaissance advient par similitude[157]. Par conséquent, l'objet de toutes les puissances cognitives est l'égalité, dont la similitude met toutes les puissances cognitives en acte. En effet, ceux qui sont en pleine possession de leur intellect voient naturellement qu'il y a une égalité dont la similitude est dans l'intellect, de même que la vue voit qu'il y a du coloré, dont la similitude ou l'espèce est dans la vue. Or, toute similitude est l'espèce ou le signe de l'égalité. L'égalité se présente à la vue, où elle est vue sous l'espèce de la couleur ; dans l'ouïe, elle est entendue sous l'espèce du son, et il en va de même du reste.

33 Cependant, c'est dans l'imagination qu'elle est la plus approchée, parce que l'égalité n'est pas imaginable sous l'espèce de la qualité, mais sous celle de la quantité[158]. Cette espèce a la similitude la plus proche de l'égalité. Dans l'intellect, en revanche, l'égalité est atteinte non par une similitude enveloppée dans les espèces de la qualité ou de la quantité, mais par une espèce intelligible simple et pure, ou encore une similitude toute nue[159]. On voit que l'égalité elle-même une est la forme d'être et de connaître de toutes les choses[160], apparaissant de manière diverse dans une similitude diverse. Et la pensée humaine – pour ainsi dire comme une apparition vivante et intelligente[161] [de l'égalité] – considère naturellement en elle-même l'apparition singulière de l'égalité (que nous appelons une « chose singulière ») dans le reflet éclatant de celle-ci. En effet, il n'y a pas de pensée humaine si ce n'est le signe de cette co-égalité – en quelque sorte la première apparition de la

156. L'image sensible est égale à l'objet de la sensibilité, ou l'objet senti, en tant qu'elle est une représentation vraie de l'objet. Mais toute représentation est plus ou moins vraie et est susceptible d'être plus vraie. Elle n'est jamais la vérité.

157. *FD* 4, 86 ; DM 5, 57 ; *Princ.* 21 ; *Poss.* 21 ; *VS* 7,17-10, 29. Thomas d'Aquin, *S. Th.* I q. 75 a. 1 arg. 2.

158. Cf. *Comp.* 5, 12.

159. Cf. *Comp.* 4, 10.

160. Cf. *Aeq.* 34.

161. Cf. *AT* 24.

connaissance[162] – que le prophète appelle la « lumière du visage » de Dieu, « signalée au-dessus de nous »[163].

Il s'ensuit que l'homme connaît naturellement[164] le bien, l'égal, le juste et le droit, parce que ce sont des reflets éclatants de l'égalité[165] ; il reconnaît cette loi « ce que tu veux qu'on te fasse, fais-le à autrui[166] », parce qu'elle est un reflet éclatant de l'égalité. En effet, la nourriture de la vie intellectuelle provient de telles vertus. C'est pourquoi celle-ci n'ignore pas le réconfort de son aliment[167]. Comme la vision sensible se rapporte à la lumière sensible, la vision mentale se rapporte à cette lumière intelligible[168]. Car la lumière sensible, image de cette lumière intelligible[169], possède une similitude avec l'égalité, puisqu'on ne voit rien d'inégal dans la lumière même. Ceci est certain : la vue sensible ne sent rien si ce n'est la lumière et l'apparition de la lumière dans ses signes, et elle juge qu'il n'existe rien d'autre. Bien plus : elle affirme au contraire constamment que, la lumière étant retirée, il ne reste absolument rien – en effet, l'acte de voir se nourrit de ceux-ci[170] – ; de même, la vue de la pensée ne sent rien que la lumière intelligible ou encore l'égalité et son apparition dans ses signes et elle reconnaît avec la plus grande vérité que cette lumière étant retirée, rien ne peut être ni être intelligé[171]. Comment en effet, l'égalité étant retirée, l'intellect resterait-il, lui dont l'acte d'intelliger consiste dans une adéquation, qui assurément cesserait si l'égalité était retirée ? La vérité, qui est adéquation de la chose à l'intellect ou égalité de la 34

162. Cf. *Comp.* 8, 23.

163. Ps 4, 7 : « Fais lever sur nous la lumière de ta face, Seigneur ! » (TOB). La TOB précise que cette traduction est incertaine car le grec donne : « La lumière de ta face a été un signe sur nous ».

164. Cf. *Comp.* 6, 17.

165. Cf. *Aeq.* 35.

166. Cf. Mt 7,12 et Lc 6, 31. Cf. Sermon XVIII, 39 et *Aeq.* 36.

167. La sagesse est l'aliment ou la nourriture de l'intellect. Cf. *VS* 1, 2-5. Les vertus impérissables sont le repas spirituel de l'âme impérissable ou immortelle. Cf. *LG* I, 58.

168. Cf. *Comp.* 1, 2.

169. Cf. Platon, *République*, VI, 508a sq. et Pseudo-Denys, *Des Noms divins,* IV, 4. Cette analogie et la métaphore de la lumière sont particulièrement répandues au Moyen Âge. Elle est constante chez le Cusain.

170. Cf. *AT* 8.

171. Cf. *Comp.* 1, 2. Cf. *Aeq.* 36-37.

chose et de l'intellect[172], ne serait-elle pas retirée ? Donc, l'égalité étant retirée, rien ne demeurerait dans la vérité, puisque dans la vérité elle-même ne se trouve rien que l'égalité[173].

Chapitre 11

35 Afin que tu voies aussi que l'âme sensitive n'est pas l'intellect, mais sa similitude ou son image[174], sois attentif à la façon dont, en celui qui voit, la forme est double : l'une informe et est une similitude de l'objet, l'autre forme et est une similitude de l'intelligence[175]. Former et informer sont un certain agir. Mais puisque rien ne se fait sans raison, l'intellect est le principe des actions qui sont en vue d'une fin. Or, il fait toutes choses ou par lui-même, ou par nature ; pour cette raison, l'œuvre de la nature est l'œuvre de l'intelligence[176]. Ainsi, quand un objet informe par sa similitude, il le fait naturellement, c'est-à-dire par l'intelligence, au moyen de la nature. Quand, en revanche, l'intelligence forme, elle le fait par sa propre similitude. En celui qui voit, il y a donc deux similitudes, l'une de l'objet, l'autre de l'intelligence, sans lesquelles la vision ne se fait pas. La similitude de l'objet est superficielle et extrinsèque, la similitude de l'intelligence est centrale et intrinsèque. La similitude de l'objet est l'instrument de la similitude de l'intelligence. La similitude de l'intelligence sent ou connaît donc par le moyen de la similitude de l'objet.

172. Cf. *Aeq.* 37, 40 ; *VS* 36, 106. Cf. Thomas d'Aquin, *De la vérité*, q. 1 a. 1 et *S. Th.* I, q. 16 a. 2 arg. 2.

173. Cf. *Aeq.* 36.

174. Cf. *Ber.* 18 et 24 ; *VS* 36, 106 et 37, 109. La connaissance sensible est similitude de l'intellect.

175. Cf. *Comp.* 5, 14.

176. Cf. *DI* II, 9, 147 ; *LG* I, 35 ; *VS* 13, 38. Cf. Aristote, *Métaphysique*, A, 3, 984b 15-18 : « Lorsque quelqu'un affirma que l'intelligence se trouve, aussi bien dans la nature que chez les animaux, comme la cause de l'ordre et de tout arrangement, il se montra avisé en comparaison de ses prédécesseurs qui parlaient à la légère (...) » ; Physique VIII, 5, 256b 24-27. Cf. également *Liber de causis* VIII (IX) 82. Et Maître Eckhart, *Commentaire de la Genèse* I, n. 6 (LW I 189, 9-13) : « En effet, l'intellect est le principe de toute la nature », ou encore *Q. Paris.* I, n. 5 (LW V 42, 3) : « Nous disons en effet que tout ce qui est l'œuvre de la nature est l'oeuvre de l'intelligence. »

Sentir nécessite donc une âme sensitive qui est une similitude de l'intelligence et une espèce de l'objet qui est une similitude de l'objet. C'est pourquoi l'âme sensitive n'est pas l'intellect, car elle ne sent pas sans similitude de l'objet. En effet, pour intelliger les intelligibles, l'intellect ne dépend pas de quelque chose d'autre et n'a besoin d'aucun autre instrument à part lui-même, puisqu'il est le principe de ses actions. Il intellige en effet ce jugement « toute chose est ou n'est pas », sans aucun instrument ou moyen ; il en va de même de tous les intelligibles. [L'intellect] n'intellige pas les sensibles parce que ce sont des sensibles et non des intelligibles. C'est la raison pour laquelle il faut qu'ils deviennent d'abord des intelligibles avant qu'ils ne soient intelligés, de même que rien n'est senti, à moins d'être rendu sensible. **36**

Chapitre 12

Davantage encore : si tu veux considérer l'égalité dans les choses sensibles, une surface n'est-elle pas plane, une autre ronde, une autre encore intermédiaire ? Et si tu regardes en pensée celle qui est plane ou celle qui est ronde, elles n'ont assurément rien d'inégal. Une surface plane, qu'est-elle d'autre qu'une égalité ? Ainsi, une surface ronde est aussi une égalité[177]. En effet, la surface de ce qui est rond se tient vis-à-vis du centre de manière égale[178], et elle est nécessairement égale de toutes parts, ne se tenant nulle part ailleurs autrement[179]. Une surface plane se tient de la même façon de toutes parts. Si tu considères cette surface plane, à laquelle aucune ne peut être donnée plus égale, assurément, puisque toute surface plane resplendit, celle-ci resplendira au plus haut point. Ainsi, la surface ronde resplendira aussi et sera mue, comme cela paraît évident dans l'opuscule *De la boule*[180]. Les surfaces intermédiaires ne peuvent pas non plus être totalement étrangères à toute égalité, puisqu'elles se situent entre la surface plane et la surface courbe. Ainsi, entre **37**

177. Cf. *Aeq.* 38. *LG* II, 82.
178. Cf. *DI* II, 11, 157.
179. Cf. *Comp.* 7, 19 et 10, 30.
180. Cf. *LG* I, 21, où est décrit le comportement de la boule dans ce jeu inventé par le Cusain.

une ligne droite et une ligne circulaire, dont chacune est égale à l'autre, il ne peut se situer aucune ligne sans égalité.

38 Il en va de même du nombre, dont aucun n'est sans égalité, puisqu'en eux on ne trouve qu'une progression de l'unité[181], et il n'y en a aucun qui serait variable ou susceptible de plus ou de moins. Il faut certainement que cela ne provienne de rien d'autre que de l'égalité. Ensuite, n'est-il pas vrai que, dans la santé, dans la vie, ou dans n'importe quelles choses semblables, rien d'autre que l'égalité ne se trouve véritablement ? Celle-ci étant retirée, il ne resterait ni sens, ni imagination, ni comparaison, ni proportion, ni intellect ; il n'y aurait pas non plus d'amour, ni de concorde, ni de justice, ni de paix, et aucune chose ne pourrait perdurer[182].

Chapitre 13

39 Après la considération du premier principe[183], à partir de ce qui a été dit, j'avancerai encore quelque chose à propos de l'âme. De ce qui précède, tire la conclusion que l'air ne peut pas être atteint par nos sens[184], à moins d'être qualifié. C'est donc un fait établi que si l'air vivait d'une vie sensitive, il sentirait en lui les espèces des qualités[185]. Or, l'air est soit subtil, soit lourd, soit il se comporte d'une manière intermédiaire. L'air subtil est l'éther. Il faut donc que l'âme sensitive vivifie l'air qui lui est conjoint pour qu'elle puisse sentir dans l'air vivifié les espèces des objets, par exemple l'espèce du visible dans l'air vif, diaphane et subtil, l'espèce du son dans l'air commun, les espèces des autres sens dans l'air épaissi et changeant. Ainsi, l'âme sensitive n'est ni terre, ni eau, ni air, ni éther ou feu, mais elle est un esprit vivifiant l'air, de la manière dite précédemment, et elle sent la conjonction de l'esprit et de l'air mise en acte par l'espèce sensible. L'air existe donc comme le corps pour la vie de notre esprit sensitif[186],

181. Cf. *Comp.* Epilogue, 46.
182. Cf. *Comp.* 10, 34 ; *Aeq.* 35, 3§, 38 et 40. Cf. également *Conj.* II, 17, 173.
183. Cf. *Comp.* 10, 29.
184. Cf. *Comp.* 7, 19.
185. Cf. *M* 5, 85.
186. Sur l'esprit sensitif, *resp.* l'esprit visuel *(spiritus visivus),* cf. *Conj.* II, 16, 164 et *M* 8, 112 *sq.* Ce terme technique renvoie à la physiologie et à la médecine du temps, et donc aussi à la compréhension de la sensation et de la perception sensible.

par le moyen duquel celui-ci vivifie tout le corps et sent les objets ; [l'air] n'est pas de la nature d'un quelconque objet sensible, mais de celle d'une force plus simple et plus élevée. Sentir est un certain pâtir[187]. L'espèce agit donc dans le corps instrumental dont on a déjà parlé.

Ainsi, l'espèce n'est pas corporelle, puisqu'elle agit sur le corps[188], mais elle est, par rapport à ce corps instrumental, l'esprit qui le forme. Et parce qu'elle est sentie, ce corps vivant et pur sera dépourvu de toute espèce. Or l'âme qui le vivifie et à laquelle il appartient de sentir, de beaucoup plus simple et plus détachée que tout corps et toute espèce, ne connaît pas à moins d'être attentive[189]. Elle possède ainsi une force vivificatrice et cognitive, dont elle se sert quand elle est poussée[190] à être attentive. Il y a donc dans l'âme sensitive même, au-delà de la force vivificatrice, une certaine puissance cognitive, pour ainsi dire une image de l'intelligence, qui en nous est jointe[191] à l'intelligence même. Tu vois un rayon du soleil traverser un verre coloré, et l'espèce d'une couleur apparaître dans l'air. Par ce reflet éclatant, qui est le reflet éclatant du verre coloré, tu vois l'air coloré dans une similitude du verre[192]. La couleur du verre cependant est au reflet comme le corps, et la couleur de l'air comme l'image réfléchie et l'esprit. Or, l'espèce de cette image réfléchie (encore plus subtile et plus spirituelle parce qu'elle en est le reflet éclatant) est sentie dans la vue, c'est-à-dire dans l'air vivant et diaphane de l'œil. 40

L'âme sensitive qui vivifie l'air diaphane est donc spirituelle au point qu'elle ressent[193] le reflet du reflet dans sa propre transparence 41

187. Aristote, *De l'âme*, I, 5, 410a 25 : « On pose que percevoir est une certaine façon de pâtir et d'être mû, de même aussi penser et connaître. »

188. Cf. Aristote, *De l'âme*, II, 8 420a 3-11 et III, 5, 430 a 18 et Thomas d'Aquin, *Commentaire du Traité « De l'âme » d'Aristote* II, 1 .13.

189. Cf. *Conj.* II, 16, 157 ; *QD* 2, 33 ; *VD* 22, 98 ; *LG* II, 103 ; *Comp.* 13, 41. Cf. Augustin, *La Trinité*, XI, 8, n. 15.

190. *Mot-à-mot :* mise en mouvement. Il s'agit des motions de l'âme, conception propre à l'anthropologie médiévale.

191. Cf. *Comp.* 11, 35.

192. Cf. *Conj.* II, 16, 170. Cf. Aristote, *Du sens et des sensibles*, 3, 439a 18-b8 et *De l'âme*, II, 7, 418a 26 *sq.*

193. Cf. Aristote, *De l'âme*, II, 12, 424a 17-19 et III, 2, 425b 23 ; III, 8, 431 b 28-30 et 432a 9 *sq.*

très pure. En effet, elle sent que la surface totalement incolore[194] de sa transparence est colorée dans une similitude[195], et en se tournant vers l'objet, d'où vient l'éclatant reflet, elle reconnaît l'objet au moyen de ce reflet éclatant qu'elle ressent à la surface de son corps diaphane. Ainsi, puisque la vision ne se fait que si celui qui voit est attentif au reflet ou à l'image réfléchie – en effet, nous ne voyons pas les passants, si nous n'y prêtons pas attention –, il est évident que la vision naît des images réfléchies de la couleur et de l'attention de celui qui voit[196].

42 Et si tu observes bien, tu trouveras dans cet air coloré une similitude de l'homme. Car il est corps, âme et esprit[197]. Il est corps, en tant qu'il est l'air ; âme en tant qu'espèce de la couleur pénétrant partout l'air, le formant et le colorant ; mais esprit en tant que rayon de lumière illuminant la couleur. Car, si notre âme rationnelle ne possédait pas en elle un esprit de discernement qui rayonne en elle, nous ne serions pas des hommes et ne sentirions pas plus clairement que les autres animaux[198]. Or, cette lumière qui rayonne en nous est donnée d'en haut et ne se mêle pas au corps. Nous faisons l'expérience que cette lumière a une force de discernement[199].

43 Pour cette raison, nous savons de façon très certaine que nous tenons de cette lumière insensible tout le discernement, tout l'éclairement et toute la perfection de notre animalité ; toutes choses dont nous aurions cruellement manqué[200] si cette lumière ne brillait pas en nous ; de même que rien de l'air coloré ne reste visible lorsque le rayon de soleil cesse de traverser le verre coloré. Or, le ciel, qui contient en lui le zodiaque ou le cercle de la vie est comme le

194. Cf. *QD* 1, 20 et *VS* 6, 15. Cf. Aristote, *De l'âme*, II, 7, 418b 26-28 et Maître Eckhart, *Sermon latin* 8, n. 93 (LW IV 88, 6).

195. Cf. *QD* 2 et *M* 7 et 8 pour ce qui est de la théorie de la perception chez le Cusain.

196. Cf., ci-dessus, note 191.

197. Cf. Augustin, *Exposés généraux de la foi et du symbole* 10, 23 (éd. J. Rivière, mise à jour G. Madec et J.-P. Bouhot), *Œuvres de Saint Augustin*, 9, Paris, Institut d'études augustiniennes, « Bibliothèque augustinienne », 1988^2 (1949). Cf. *CC* I, 4, 23 et I, 16, 34.

198. Cf. *QD* 2, 33 et 35 ; *M* 5, 82 sq. ; *LG* II, 90 ; *Conj.* I, 8, 32 et 33, II, 14, 140 et 16, 157.

199. Cf. *QD* 2, 35-38.

200. Cf. *DI* II, 13, 177 ; *VS* 6, 14.

verre[201] ; la force de celui qui crée toutes choses est en revanche comme le rayon. De ces quelques éléments, tire matière à réfléchir – une matière que tu pourras étendre comme tu voudras. Reste une considération très douce à propos de notre foi qui surpasse tout par sa certitude et qui seule rend heureux. Puisses-tu souvent et complètement t'y vouer.

Conclusion

Tu possèdes maintenant ce que nous avons exprimé ailleurs, de **44**
manière plus étendue, dans des opuscules nombreux et variés[202], que tu pourras lire après ce *Compendium*, et tu trouveras que le Premier principe, partout identique, nous est apparu de diverses manières et que nous avons dépeint de diverses manières sa manifestation diverse[203].

Épilogue

Toute cette direction spirituelle[204] tend vers l'unité de l'objet, à **45**
propos de laquelle l'apôtre Philippe conduit par le Christ, qui est le Verbe de Dieu, disait : « Seigneur, montre-nous le Père, et cela nous

201. Le cercle de vie désigne le zodiaque. Cf. *SE* 186.

202. Il s'agit avant tout des *Conjectures*, de *La Recherche de Dieu*, de *La Pensée*, du *Béryl,* de *l'Égalité*, du *Pouvoir-est*, du *Jeu de la boule*, de *La Chasse de la sagesse* et de *La Cime de la contemplation*.

203. Nicolas donne un aperçu rétrospectif de sa recherche philosophique dans *La Chasse de la sagesse*, habituellement considérée comme son testament philosophique. Cf, dans ce volume, p. 109 *sq*. Il a constamment essayé de nouveaux noms pour désigner le premier principe. Le dernier nom sera le *Posse ipsum*, le *Pouvoir-même*, qui sera exposé et développé dans *La Cime de la contemplation*, 4.

204. La notion de *directio* doit être entendue ici au sens de *direction spirituelle*. En effet, Nicolas désigne *Le Compendium* par cette notion dans le tout dernier paragraphe de l'opuscule : *Le Compendium* est « une très brève et très sommaire direction » (*Comp.*, Épilogue, 47), sous-entendue « spirituelle ». Il s'agit donc ici comme très souvent chez Nicolas de livrer un texte qui est non seulement théorique, mais dont la dimension pratique est soulignée. Il invite à des exercices spirituels : la connaissance est action, et action d'élévation vers Dieu, action déificatrice. Nicolas a également utilisé cette notion pour désigner *Le Non-autre* (1461) : *Directio speculantis seu de non aliud*.

suffit[205]. » Plus haut[206], nous appelons le Père du Verbe et de l'Égalité pouvoir parce qu'il est tout-puissant. Un est l'objet de la vision mentale et de la vision sensible ; de la vision mentale en tant qu'il est en soi, de la vision sensible en tant qu'il est dans les signes[207]. C'est le *pouvoir-même*, en comparaison duquel il n'est rien de plus puissant[208]. Puisque celui-ci est tout ce qui peut être[209], il est aussi toutes les choses qui peuvent être, et lui-même est sans variation, sans augmentation ni diminution de lui-même[210]. Comme toutes les choses ne sont donc que ce qu'elles peuvent être et puisque le pouvoir, en comparaison duquel il n'est rien de plus puissant, est tout le *pouvoir-être*[211], il n'est d'autre cause de toutes les choses qui sont que le *pouvoir-être* même[212]. Une chose est parce que le *Pouvoir-être* même est. Et elle est cette chose-ci et non une autre, parce qu'est l'égalité la plus grande ; et elle est une parce qu'est la plus grande unité. En conséquence, en toutes choses et par toutes choses, rien ne se présente à la vision mentale que ce en comparaison de quoi il n'est rien de plus puissant[213]. En effet, cette vision ne cherche pas à atteindre des choses nombreuses et variées, car elle n'y est pas encline, mais elle se porte naturellement vers ce en comparaison de quoi il n'est rien de plus puissant, et dans la vision de quoi elle vit et repose.

46 Et puisque la puissance, en comparaison de laquelle il n'est rien de plus puissant, est la force unifiée au plus haut point[214], [la

205. Jn 14, 8. C'est une occurrence biblique particulièrement citée par Maître Eckhart.

206. Cf. *Comp.* 7, 19-21 et 10, 29-31. Cf. *Poss.* 48 ; *AT* 15 et 28.

207. Cf. *Comp.* 10, 32 et *AT* 14.

208. Cf. *Comp.* 10, 29.

209. On retrouve ici l'importante formule cusaine *« Deus est omne quod esse potest »,* dont on a déjà discuté à propos du *Pouvoir-est* et qui peut conduire à deux traductions (Dieu est tout ce qu'il peut être, Dieu est tout ce qui peut être). Dans le contexte présent, c'est la deuxième traduction, plus large et manifestant la Toute-puissance de Dieu, qui est requise : le *Pouvoir-même* est tout ce qui peut être sur le mode de l'enveloppement, mais rien de tout ce qui existe sur le mode du développement.

210. Cf., ci-dessous, *Comp.* 46. Cf. également *DI* III, 3, 201.

211. Cf. *Poss.* 16 ; *AT* 10 et 20.

212. Le *pouvoir-être* est l'unique cause et fondement de la réalité. Cf. *Comp.* 10, 29 et *Poss.* 16.

213. Cf. *AT* 10.

214. Cf. *Comp.* 10, 30.

vision mentale] l'appelle l'unité même, en comparaison de laquelle il n'est rien de plus puissant. Mais les choses qui peuvent être, elle les appelle des nombres[215]. L'objet de la vision mentale est en revanche l'unité toute puissante, invariable et non multipliable ; il n'est pas un nombre[216] puisqu'il n'est rien dans le nombre qu'elle désire voir si ce n'est l'unité elle-même qui est tout ce que tout nombre est, peut être ou développer[217]. En effet, [la vision mentale] considère ce qui est nombré en tout nombre, et non pas ce nombre. Or, dans quelque nombre que ce soit, de quelque qualité qu'il soit, grand ou petit, pair ou impair, rien ne peut être que cette force, en comparaison de laquelle il n'est rien de plus puissant, et qu'on appelle unité[218]. L'objet de la vision mentale n'est donc autre que le pouvoir, en comparaison duquel il n'est rien de plus puissant, puisque celui-ci sans changement de soi peut seul être toutes choses, et qu'il est aussi ce sans quoi rien ne peut être[219]. Comment, en effet, une quelconque chose serait-elle sans le *pouvoir-même*, si cette chose ne pouvait être ? Et si sans lui quelque chose pouvait être, alors assurément elle pourrait pouvoir sans celui-ci[220].

Or, l'objet de la vision sensible est une certaine chose sensible **47**
qui, puisqu'elle n'est que ce qui peut être, n'est que le même objet de la vision mentale, non pas en tant qu'il est en soi comme il se présente à la pensée, mais en tant qu'il est dans le signe sensible comme il se présente à la vue sensible[221]. Ainsi, parce que le *pouvoir-même*, en comparaison duquel il n'est rien de plus puissant, veut pouvoir être vu, à cause de lui, toutes les choses sont[222]. Et

215. Il s'agit d'une doctrine pythagoricienne notamment mentionnée par Aristote, en *Métaphysique,* A, 5, 985b 23 et 986a 6, et reprise par Thierry de Chartres, par exemple en *Tractatus*, 36 (196) : « La création des nombres est création des choses. » *Traité des œuvres des six jours* (trad. Michel Lemoine), *op. cit.*, p. 12-147.

216. Cf. *DI* I, 5, 14 ; *Poss.* 46 et *AT* 14. Cf. Boèce, *La Trinité*, 2 et 3. Maître Eckhart, Sermon latin 10, n.104 et 105 (LW IV 99, 9). « Ainsi Dieu est un sans aucun nombre et au-delà du nombre » et « En effet en Dieu il n'y a pas de nombre ».

217. Cf. *Comp.* 12, 38 ; *DI* II, 3, 105 et 108 ; *Ap DI* 17-18 et 27 ; Sermon XVIII, 7.

218. Cf. *Ap DI* 16-17.

219. Cf., ci-dessus, *Comp.* 45, note 211.

220. Cf. *Comp.* 10, 29.

221. Cf. *Comp.* 45 : « Un est l'objet de la vision mentale et de la vision sensible (..). »

222. Cf. *AT* 11 et 20 ; *Ber.* 4 ; Sermon XVI ; *Lettre au novice Albergati*, 8 ; *Crib. A* II, 133.

cela est la cause des causes, la cause finale[223] en vue de laquelle toutes choses sont, vers laquelle toutes les causes des choses sont ordonnées dans leur être et dans leur être connu[224].

Et ainsi, je clos cette très brève et très sommaire direction spirituelle que ceux-là qui, dotés d'une vue plus pure et plus perçante, réfléchissent plus finement, développeront plus clairement à la louange du Tout-puissant, béni à jamais.

223. Sur la notion de *cause des causes*, cf. Sénèque, *Questions naturelles* 2, 45, 2 ; *Liber de causis*, XVII (XVIII), 148 ; Thomas d'Aquin *S. Th.* I, q. 5, a. 2 ad 1. Cf. en particulier *Conj.* I, 5, 19 et *VS* 8, 19.

224. Cf. *Ber.* 15. Cf. Aristote, *Physique* II, 3, 194b 32 et 195a 23-25 et *Métaphysique* α, 2, 994b 9 et Δ, 2, 1013 a 32, b 25-27.

LA CIME
DE LA CONTEMPLATION[1]

Interlocuteurs : 1
Le très révérend seigneur
Cardinal de Saint-Pierre
et Pierre d'Erkelenz,
Chanoine d'Aix.

1. C'est la dernière œuvre connue de Nicolas de Cues, mort le 11 août 1464 à Todi sur le chemin de la croisade. Composée en 1464, aux alentours de Pâques, à Rome, elle est constituée d'un dialogue qui met en scène Nicolas de Cues lui-même (le cardinal) et son secrétaire Pierre d'Erkelenz. Cf. Erich Meuthen « Peter von Erkelenz (ca. 1430-1494) », in : *Zeitschrift für Aachener Geschichtsvereins*, 84-85, 1977-78, p. 701-744. En 1488, Pierre d'Erkelenz deviendra recteur du Sankt-Nikolas-Hospital, construit par Nicolas sur son lieu de naissance et toujours en service aujourd'hui.

PIERRE : Je te vois depuis quelques jours emporté[2] dans une si profonde méditation[3] que j'ai craint de t'être très importun si je te bousculais avec les questions qui se présentent à toi. Maintenant que je trouve que tu es moins tendu et que tu es joyeux comme si tu avais découvert quelque chose de grand[4], tu me pardonneras, j'espère, si je t'interroge plus que d'ordinaire.

2. *A priori*, il ne s'agit nullement d'un ravissement mystique, comme celui qu'a pu connaître l'apôtre Paul (2 Cor 12, 2-4), même si Nicolas utilise le même mot (cf. *AT* 2). Cf. Ap *DI* 16 ; *Poss.* 39. Une des sources possibles pourrait être encore une fois Bonaventure. Dans *Les six jours de la Création* [(trad. Marc Ozilou), Paris, Desclée de Brouwer/Cerf, 1991 [Coll. III 30, V 347b-348a]], Bonaventure décrit la vision intellectuelle ou la vision de l'intelligence absorbée par emportement en Dieu *(visio intelligentiae per raptum in Deum absorptae)* comme le sixième mode, le plus élevé, de la vision de l'intelligence, qu'il distingue très nettement de l'extase. Dans « Nicolaus Cusanus und Bonaventura. Zum Hintergrund von Cusanus' Gottesname "*possest*" » in : *Recherches de théologie et philosophie médiévales*, 72-1, 2005, p. 113-132, Thomas Leinkauf a justement remarqué que le lien entre la pensée bonaventurienne et la philosophie cusaine a été encore étrangement peu étudié. Or, Nicolas possédait aussi bien un exemplaire des *Six jours de la Création* que de *l'Itinéraire de l'intelligence vers Dieu.* Indépendamment de la référence bonaventurienne, Nicolas a porté une grande attention à cette notion d'emportement ou de ravissement selon les cas. Les *marginalia* portées sur ses exemplaires des *Commentaires* par Albert le Grand de *La Hiérarchie céleste* et de *La Théologie mystique* du Pseudo-Denys en attestent. La vision intellectuelle emporte la pensée à la fois dans et hors du corps, dans une compréhension sans compréhension, ce qu'est la docte ignorance (cf. *DI* III, 11, 245 : « (...) [le Très-Haut] n'étant pas connaissable en ce monde – où la raison, l'opinion ou la science nous conduisent, en des symboles, vers l'inconnu en passant par ce qui est connu –, ne peut être saisi que là où cessent les arguments persuasifs et où commence la foi, par laquelle nous sommes ravis en la Simplicité, au point qu'au-dessus de toute raison et intelligence, dans le troisième ciel de l'intellectualité la plus simple, nous le contemplions lui-même incorporellement, parce que c'est dans le monde, d'une façon non mondaine mais céleste que nous le contemplons incompréhensiblement (...). »).

3. Sur le concept de méditation, cf. Thomas d'Aquin, *S. Th.* II-II, q. 180, a. 3, ad 1, mais aussi et surtout Hugues de Saint-Victor, *Commentaire de l'Ecclésiaste de Salomon* (hom. 1, PL 175, col. 116 D-117A). Dans ce dernier texte, Hugues de Saint-Victor différencie la *meditatio* de deux autres formes de visions rationnelles de l'âme, la *contemplatio (contemplation)* et la *cogitatio (réflexion)*. Elle permet, notamment par son assiduité, de rechercher ce qui est caché dans les Ténèbres.

4. Le dialogue entre Pierre et le Cardinal est motivé par une découverte. Il s'agit de la réponse, longtemps cherchée, à la question de savoir ce qu'est un objet ou une chose. C'est une très vieille question. Cf. *AT* 3 ; *VS* 12, 31. Cf. aussi Aristote, *Métaphysique*, Z, 1, 1028 b2-4 : « (...) en particulier, la question qu'on pose chaque fois, autrefois comme maintenant, et qui est chaque fois source de difficulté (...) »

LE CARDINAL : Je m'en réjouirais. Car j'ai souvent admiré ton si long silence[5], surtout que, depuis quatorze ans déjà[6], tu m'as entendu beaucoup parler en public et en privé des découvertes liées à mes recherches[7] et que tu as rassemblé de nombreux opuscules que j'ai écrits[8]. Assurément, maintenant que, par un don de Dieu et par mon ministère, tu as acquis la dignité du très saint sacrement du sacerdoce[9], le temps est venu de commencer à parler et à interroger.

PIERRE : J'ai honte de mon inexpérience. Réconforté cependant 2
par ton affection, je te demande ce qui est arrivé de neuf pendant cette période pascale dans ta méditation. J'avais cru que tu avais achevé d'exposer l'ensemble de ta spéculation[10] dans tes livres si divers et si nombreux.

Nicolas pense avoir trouvé une réponse enfin satisfaisante à la question de la quiddité qui lui faisait jusqu'à présent problème. C'est cette question qui détermine son étude d'Aristote, ainsi que sa distance vis-à-vis du Philosophe. Il ne s'agit pas de savoir ce qu'est telle ou telle chose, mais ce que cela veut dire que d'être quelque chose, en d'autres termes ce qu'est la quiddité. Cette question est déjà posée dans *Les Conjectures* I, 6, 24. Cf. *ACNC*, pp. 131-149.

5. Ce silence de Pierre sur lequel le Cardinal porte l'accent pose question : est-il le silence mystique ou non ? C'est peu probable : Pierre est défini comme un béotien (cf., ci-dessous, *AT* 2), non comme quelqu'un qui a l'habitude de l'exercice spirituel. Pour ce silence intérieur, résultant d'une pratique spirituelle, cf. *VS* 33, 100 ; *VD* 6, 21 ; *DPL* 107. Cf. Pseudo-Denys, *La Théologie mystique*, 1, 1 et *Les Noms divins*, 11,1.

6. Nicolas a fait de Pierre d'Erkelenz son secrétaire en 1449. Il le restera jusqu'à la mort du Cardinal.

7. Il est assez difficile de rendre exactement le terme d'*inventio* que nous traduisons ici par *découverte*. La découverte consiste à trouver « des choses nécessaires pour la vie » (Cf. *DI* I, 25, 83). Cf. également *VS* 17, 50 ; *LG* II, 92-93. Mais cette découverte consiste aussi à créer des dispositifs ou des objets techniques (la cuiller dans *La Pensée*, le béryl ou le jeu de la boule dans les œuvres du même nom, pour donner à voir et à comprendre) qui sont en eux-mêmes des dispositifs spirituels pour penser, des auxiliaires que Nicolas appelle encore des *énigmes*. Cf. *LG* I, 30 ; *LG* II, 94 ; *Comp.* 10, 28 ; *AT* 2 ; *VS* 4, 10.

8. Si Pierre a réuni les œuvres du Cusain, certaines d'entre elles ne faisaient pas parties des œuvres collationnées dans les *cod. cus.* 218 et 219 qu'un autre scribe a recopiées. C'est le cas de la *Directio speculantis seu de li non aliud*, longtemps perdue et cherchée, et enfin retrouvée à la fin du XIXe s. C'est encore le cas d'un certain *De figura mundi*, que mentionne *La Chasse de la sagesse*, 22, 67. Cette œuvre n'a pas été retrouvée à ce jour.

9. Pierre a été ordonné prêtre par Nicolas à Pâques 1464.

10. Cf. Aristote, *Métaphysique*, E, 1, 1026a 18-23 et K, 7, 1064b 1-5 : il y a trois sortes de sciences spéculatives ou théorétiques : les mathématiques, la phy-

LE CARDINAL : Si même l'Apôtre Paul, ravi au troisième ciel[11], n'a pu alors comprendre l'incompréhensible[12], jamais personne ne sera satisfait s'il ne s'applique pas toujours et sans relâche à mieux comprendre Celui qui est plus grand que toute compréhension[13].

PIERRE : Tu cherches quelque chose[14] ?

LE CARDINAL : Tu parles bien.

PIERRE : Je te pose une question, et toi, tu te ris de moi ! Quand je te demande ce que tu cherches, tu me dis « tu parles bien », alors que je n'ai rien dit mais que je t'interroge.

LE CARDINAL : Quand tu as dit « tu cherches quelque chose *(quid)* », tu as bien dit, parce que je cherche « quelque chose » *(quid)*. Quiconque cherche, cherche quelque chose. En effet, s'il ne

sique (ou les sciences de la nature), la théologie. Dans *Les Conjectures* II, 17, 168, Nicolas a défini la *speculatio* comme la science de l'intellect. Cf. aussi *Poss.* 62. Nicolas a rédigé, peu avant *La Cime de la contemplation*, *La Chasse de la sagesse* qu'il présente lui-même comme son testament philosophique. On aurait pu donc croire que cette œuvre venait clore les recherches cusaines. Dès lors, les ouvrages postérieurs n'auraient été que des éclaircissements de ce qu'il avait exposé auparavant. D'où l'étonnement de Pierre devant la prétention ici de Nicolas de dire encore quelque chose de nouveau, jusque dans sa dernière œuvre. Cette remarque anodine doit cependant aussi alerter le lecteur : jusqu'au bout, Nicolas prétend réellement apporter de nouvelles idées. Il ne faut donc pas se contenter de récapituler l'ensemble de l'œuvre à partir de *La Docte ignorance*, ou d'une autre de ses œuvres. Chacune apparaît comme un nouvel essai de pensée. Le concept nouveau de *La Cime de la contemplation* est celui de *pouvoir-même*. Cf. *AT* 9 et 14. C'est ce concept, parce qu'il prétend être plus précis que les concepts antérieurs, qui justifie le titre de cette dernière œuvre.

11. Cf. 2 Cor 12, 2.

12. « Comprendre l'incompréhensible » de manière incompréhensible est une forme de la docte ignorance : celle-ci consiste alors à comprendre que la nature de Dieu est en quelque manière incompréhensible pour toute pensée finie. Cf. entre autres *DI* I, 12, 33 ; *Sap.* I, 12 ; *VD* 13, 53 ; *NA* 8, 30 et *VS* 12, 31. Dieu n'est à vrai dire compréhensible qu'à lui-même. Cf. *DI* I, 26, 88.

13. Cf. Anselme de Cantorbéry, *Proslogion*, c. 2. Cf. également DDA 8 ; *Sap.* II, 28 ; *QD* 5, 49 ; *VD* 16, 71-72 ; *Poss.* 41 ; *VS* 12, 33. Nicolas connaît bien l'argument d'Anselme qu'il cite exactement en *Ap. DI*, 8 et en *VS* 26, 77. K. Flasch a cependant fait remarquer à juste titre que sa conception du maximum est différente : là où Anselme définit le maximum comme « quelque chose dont on ne peut penser rien de plus grand », Nicolas le pense comme « ce qui est tel que rien ne peut être plus grand » (*DI* I, 2, 5). Cf. Kurt Flasch, *Die Metaphysik des Einen bei Nikolaus von Kues*, Leiden, Brill, 1973, p. 162 *sq*.

14. Traduction très familière de la question *« quid quaeris ? »*, *« que cherches-tu ? »*, mais qui permet de mieux entendre la réponse suivante du Cardinal.

cherchait pas une chose quelconque ou une certaine chose, assurément il ne chercherait pas. Moi donc – comme tous les chercheurs – je cherche quelque chose parce que je désire grandement savoir ce qu'est ce quelque chose, ou la quiddité, qui est autant recherchée[15].

Pierre : Ne penses-tu pas qu'elle puisse être trouvée ?

Le Cardinal : Assurément. Car le mobile, qui est présent chez tous les chercheurs, n'y est pas en vain[16].

Pierre : Si jusqu'à présent personne n'a trouvé ce quelque 3
chose[17], t'y efforces-tu plus que tous les autres ?

Le Cardinal : Je pense que beaucoup, d'une façon ou d'une autre, l'ont vu mais qu'ils ont mis de côté leur vision dans leurs écrits. Car la quiddité qui a toujours été recherchée, qui est recherchée et qui sera encore recherchée[18], si elle était totalement ignorée, comment serait-elle recherchée si[19], même une fois découverte, elle demeurait inconnue ? Pour cette raison, un certain sage[20] disait qu'elle était vue de tous, bien que de loin.

Lorsque donc, il y a déjà plusieurs années, j'ai vu qu'on devait la 4
chercher par-delà toute puissance cognitive et avant toute diversité et opposition, je n'ai pas prêté attention au fait que la quiddité, subsistant en soi, constitue la subsistance invariable[21] de toutes les substances ; que, pour cette raison, elle n'est ni multipliable ni

15. La notion de *quiddité (quidditas)* n'est pas présente dans la Métaphysique aristotélicienne. C'est une découverte tardive, probablement due à Dominique Gundissalvi, traducteur d'Avicenne, et devenue ensuite un terme technique (cf. par ex. Thomas d'Aquin qui en donne une définition très précise dans *L'être et l'essence*, 1 [dans *L'être et l'essence : le vocabulaire médiéval de l'ontologie : deux traités « De ente et essentia » de Thomas d'Aquin et Dietrich de Freiberg* (trad. Alain de Libera, Cyrille Michon), Paris, Seuil, « Points-Essais », 1996)]). Nicolas possédait une copie de la traduction de Gundissalvi de la *Métaphysique* d'Avicenne (*cod. cus.* 205, largement annoté de la main du Cusain) et plusieurs traductions de la *Métaphysique* d'Aristote (*cod. cus.* 182, 183, 184) Sur l'inaccessibilité de la quiddité tant de Dieu que de toutes les choses qui existent, cf. *DI* I, 3, 10 ; *Ap DI* 42 ; *VS* 12, 31.

16. Cf. *DI* I, 1, 2 ; *VS*, Prologue 1 ; *Comp.* 2, 4. Cf. aussi *VS* 20, 57.

17. Cf. *DI* I, 3, 10 ; *Ap. DI* 28 ; *QD* 5, 49 ; *DG* 4, 174 et *VS* 29, 87.

18. Cf. Aristote, *Métaphysique* Z, 1028b 2-4. Cf. également *VS* 12, 31.

19. Cf. Platon, *Ménon*, 80d.

20. Job 36, 25 : « Tous les humains la contemplent ; de loin le mortel la distingue. »

21. *Subsistantia*, traduit ici par subsistance, est le strict équivalent du grec *hypostase*.

divisible[22], et qu'il n'y a par suite pas différentes quiddités pour différents êtres[23], mais pour tous une seule et même hypostase[24]. J'ai vu ensuite qu'il était nécessaire d'admettre que cette hypostase ou encore cette subsistance des choses peut être[25]. Et parce qu'elle peut être, assurément elle ne peut être sans le *pouvoir-même*[26]. Comment en effet le pourrait-elle sans le pouvoir[27] ? Pour cette raison, le *pouvoir-même* sans lequel rien ne peut être quoi que ce soit est ce en comparaison de quoi il ne peut rien être de plus subsistant. C'est pourquoi il est ce quelque chose recherché, ou encore la quiddité même, sans laquelle aucune chose ne peut être.

22. Dans ce passage, Nicolas pointe les différentes méthodes qu'il a pu essayer pour rechercher la quiddité. Il est clair que Nicolas entend ici souligner des moments de bifurcation ou de correction dans son œuvre. Cf. en particulier *VS* Prol. et 35, 105 ; *Conj.* I, 6, 24 ; *Aeq.* 49 ; *AT* 4 et 5.

23. Cf. *Ber.* 56 ; *Ap. DI* 26 et 33 ; PDL 2, 98 ; *VS* 29, 87 ; Sermon CCXVI, 17 « Où est le nouveau-né ? » du 6 janvier 1456. Les êtres naturels ont une essence en propre, mais Dieu est l'essence de chacun au sens où il est l'essence de toutes les essences, la quiddité de toutes les quiddités, l'essence de chaque essence, ou la quiddité de chaque quiddité : aucun être ne serait-ce qu'il est si Dieu n'était pas ce qu'il est.

24. Cette hypostase est Dieu. Dieu en effet est la quiddité des quiddités (*DI* II, 7, 130 ; *Ap. DI* 33) et la possibilité de toute possibilité (*AT* 17) ou encore le pouvoir de tout pouvoir (*AT* 28).

25. C'est ici le point logique décisif : ce qui est doit pouvoir être. Comme la subsistance ou l'hypostase est aussi la subsistance de tout, Nicolas lui donne ce nouveau nom de *posse ipsum, le pouvoir-même*, qui comporte la possibilité de toute chose et qui est la puissance de toute chose.

26. Le latin *posse ipsum* est traduit ici par *pouvoir-même*. On aurait pu aussi bien traduire par pouvoir lui-même ou pouvoir en lui-même. La traduction choisie, avec le tiret, souligne d'une part qu'il s'agit pour Nicolas d'un nom de Dieu, et même du dernier nom de Dieu, qu'il essaie dans ce dernier opuscule. Jusqu'à la fin de son œuvre, Nicolas a cherché et essayé de nouveaux noms, toujours plus adéquats, mais encore approximatifs, de Dieu. Cette nomination est toujours conjecture. Cf. *ACNC*, p. 74 sq. D'autre part, la traduction insiste sur le fait que le *pouvoir-même* est le pouvoir en tant qu'il est purement lui, pas encore se déterminant ou déterminé, comme les autres noms *possest* (*pouvoir-est*, qui manifeste déjà l'affirmation de soi du pouvoir), *posse facere (pouvoir-faire)*, *posse fieri (pouvoir-être-fait)*, *posse factum (pouvoir-avoir-été-fait)*, qui sont successivement mis en œuvre depuis l'œuvre-charnière du *De possest* (1460). Cf. *M* 11, 130 ; *VD* 15, 61 ; *LG* I, 19 ; *VS* 39, 115. Sur les noms de Dieu, et la théorie de la nomination, nous nous permettons de renvoyer à notre *Nicolas de Cues, puissance et expression*. Paris, Demopolis, « Philosophie en cours », 2017, à paraître.

27. Cf. *DI* II, 7, 128 ; *AT* 17.

Et c'est à cette contemplation que je me suis appliqué pendant ces jours de fête, avec un immense plaisir.

PIERRE : Puisque, comme tu dis – et je vois que tu dis vrai –, sans pouvoir rien ne peut quoi que ce soit et que sans quiddité assurément aucune chose n'est, et que sans quiddité il n'y a assurément rien, je vois bien que le *pouvoir-même* peut être appelé quiddité. Mais, puisque tu as déjà beaucoup dit et expliqué sur le *pouvoir-est* dans le dialogue à trois[28], je me demande avec étonnement pourquoi cela ne suffit pas.

LE CARDINAL : Tu verras ci-après[29] que le *pouvoir-même*, en 5
comparaison duquel il ne peut rien être de plus puissant, ni d'antérieur ni de meilleur, est beaucoup plus apte que le *pouvoir-est* ou un quelconque autre nom à nommer ce sans quoi absolument rien ne peut être, ni vivre, ni intelliger[30]. Si en effet il peut être nommé[31], assurément le *pouvoir-même*, en comparaison duquel il ne peut être rien de plus parfait, le nommera au mieux. Je crois qu'aucun autre nom plus clair, plus vrai ou plus facile[32], ne peut lui être donné[33].

PIERRE : Pourquoi dis-tu « plus facile » quand je juge qu'il n'y a rien de plus difficile qu'une chose toujours cherchée et jamais pleinement trouvée ?

LE CARDINAL : Plus la vérité est claire, plus elle est facile [à trouver]. Je pensais pour ma part jadis qu'on la trouvait mieux dans l'obscurité[34]. La vérité, en laquelle le *pouvoir-même* brille forte-

28. Cf. la traduction du *De possest* (1460), p. 37. Cf. *VS* 13, 34-38.

29. Cf. *AT* 14-15.

30. Cf. *VS* 16, 48 ; 21, 60 ; 31, 93 ; *Ber.* 20 ; Princ. 18. Cf. également Pseudo-Denys, *Les Noms divins,* IV, 23 (*Dionysiaca* I, 278 et 282. PG 3: 726B ; 726C) et Thomas d'Aquin, *Commentaire des Noms divins du Pseudo-Denys,* IV, Leçon 1.

31. Même ce nom, qui paraît bien être le plus approprié, est objet de doute. Cf. *AT* 15 ; *DI* I, 24, 74 ; *Poss.* 19 et 26. Ce n'est donc qu'un nom meilleur que d'autres, et sûrement pas le meilleur.

32. Tous les noms de Dieu sont métaphoriques. Certains sont plus appropriés que d'autres, parce qu'ils sont reconnus par l'Écriture, ou parce qu'ils nous permettent de nous représenter quelque chose de Dieu, et notamment en tant que rien de plus grand ne peut être pensé, c'est-à-dire en tant que maximum. Cf. *DA* 13.

33. Nicolas considère ici que le *pouvoir-même (posse ipsum)* est un nom de Dieu plus adéquat que *pouvoir-est (possest)* ou *non-autre (non-aliud)*.

34. Cf. *DI*, I, 26, 89 ; *Conj.* II, 11, 128 et 16, 156 ; *Ap. DI*, 20 ; *DPL* 111 ; *M* 5, 82 ; *Poss.* 74 ; *Sap.* II, 29-30 ; *VD*, Prol. ; *VS* 16, 48.

ment, est d'une grande puissance. Elle crie sur les places publiques, comme tu l'as lu dans le livre *Le Profane*[35]. Elle se montre très certainement facile à découvrir partout.

6 Quel enfant ou adolescent ignore le *pouvoir-même* quand chacun dit qu'il peut manger, qu'il peut courir ou parler ? Il n'y a personne qui, ayant la raison, soit si inexpérimenté qu'il ne sache sans maître que rien n'est qui ne puisse être et que, sans pouvoir, rien ne peut ni être, ni posséder, ni faire, ni subir quelque chose[36]. Quel adolescent, à qui on demanderait s'il pourrait porter une pierre et qui répondrait qu'il le pourrait, et à qui on demanderait encore s'il le pourrait sans pouvoir, ne dirait-il pas assurément « en aucune façon » ? Car il jugerait absurde et superflue l'interrogation, parce que personne, sain d'esprit, ne douterait de cela : que quelque chose puisse se faire ou être fait sans le *pouvoir-même*.

Tout ce qui est puissant présuppose en effet le *pouvoir-même* comme nécessaire au point qu'absolument rien ne peut être sans qu'il soit présupposé. En effet, si quelque chose peut être connu, assurément rien n'est plus connu que le *pouvoir-même*. Si quelque chose peut être facile, assurément rien n'est plus facile que le *pouvoir-même*. Si quelque chose peut être certain, assurément rien n'est plus certain[37] que le *pouvoir-même*. Et ainsi, il n'y a rien de plus antérieur, rien de plus fort, rien de plus solide, rien de plus substantiel, rien de plus glorieux, que le *pouvoir-même*, et il en va ainsi du reste[38]. Or, ce qui

35. Cf. *Sap.* I, 3 : « (..) "la sagesse" crie ouvertement "sur les places publiques" et son cri est qu'elle-même habite "au sommet des hauteurs" » .

36. Cf. *VS* 3, 7 et 38, 110. Dans sa *Physique* (VI, 10, 241b 5-9) et son *Traité du ciel* (I, 7, 274b 13-15) Aristote affirmait déjà que ce qui est impossible ne peut advenir. En *AT* 18, Nicolas affirme que n'existe que ce qui peut être. Au seuil de son œuvre, en *DI* II, 7 128-140, Nicolas posait la question de la possibilité d'être de l'univers, comme une possibilité restreinte ou contractée *(possibilitas contracta)*, en opposition avec la possibilité absolue *(possibilitas absoluta)* de Dieu. Dans son testament philosophique, *La Chasse de la sagesse*, 38, 114-39, 115, Nicolas effectue d'autres distinctions : il différencie le *pouvoir-être-fait* en général *(posse fieri simpliciter)*, *le pouvoir-être-fait* de telle chose individuelle *(posse fieri contractum)*, *le pouvoir-avoir-été-fait* actuel de telle chose individuelle donnée *(posse factum)*, et le *pouvoir-faire-tout (posse facere omnia)* qui est identifié avec le *pouvoir-faire* absolu qu'est Dieu.

37. Cf. *AT* 13.

38. Cf. *AT* 19. Cf. *VS* 15, 42 ; 16, 46 ; 34, 101. Sur la légitimité de la théologie positive, qui consiste à attribuer des qualités à Dieu, cf. *DI* I, 24, 79. Nicolas est ici tributaire de la doctrine lullienne des dignités divines et de leur convertibilité. Cf.

manque de *pouvoir-même* ne peut ni être, ni être bon, ni être quoi que ce soit d'autre.

PIERRE : Je vois que rien n'est plus certain que cela et je pense que la vérité de ces choses ne peut rester cachée à personne.

LE CARDINAL : Entre toi et moi, il n'y a qu'une différence d'atten- 7
tion. Car si je te demandais ce que tu vois dans tous les descendants d'Adam, qui furent, sont et seront, même s'ils étaient infiniment nombreux, ne répondrais-tu pas aussitôt, si tu étais attentif, que tu ne verrais en tous que le pouvoir paternel du premier parent[39] ?

PIERRE : Il en est absolument ainsi.

LE CARDINAL : Et si je te demandais encore ce que tu vois dans les lions, les aigles et les autres espèces animales, ne me répondrais-tu pas de la même manière ?

PIERRE : Certainement, pas autrement.

LE CARDINAL : Et que dirais-tu à propos de toutes les choses causées et principiées ?

PIERRE : Je dirais que je ne vois que le pouvoir de la cause première et du Premier principe.

LE CARDINAL : Et si, plus loin, je te questionnais : puisque le pouvoir de toutes ces choses premières est totalement inexplicable, d'où un tel pouvoir possède-t-il cette force ? Ne me répondrais-tu pas immédiatement qu'il la tient du *pouvoir-même*, absolu et incontracté[40], totalement omnipotent, en comparaison duquel rien de plus puissant ne peut être senti, ni imaginé, ni intelligé, puisqu'il est

Robert Pring-Mill, *Le Microcosme lullien. Introduction à la pensée de Raymond Lulle*. Paris-Fribourg, Cerf-Academic Press, « Vestigia », 2008 (1961) et Eusebio Colomer, *Nikolaus von Kues und Raymund Lull. Aus Handschriften der Kueser Bibliothek*. Berlin, Walter de Gruyter, « Quellen und Studien zur Geschichte der Philosophie, 2 », 1961. Cf. *ACNC*, pp. 179-189.

39. La différence d'attention entre Nicolas et Pierre ne tient pas au fait que l'un serait plus instruit académiquement et l'autre un simple laïc. Ce serait probablement un contre-sens de penser cela. Nicolas a cependant une discipline mentale plus importante que Pierre. Cela lui permet précisément de voir au-delà du *pouvoir-être-fait* actuel de telle chose individuelle donnée, et de pouvoir remonter au-delà du *pouvoir-être-fait* de telle chose individuelle vers le *pouvoir-être-fait* en général, c'est-à-dire un pouvoir universel de la pluralité, et plus loin encore vers *le pouvoir-faire* ou *le pouvoir-même*, pouvoir absolu et toute-puissance.

40. Pour Nicolas, Dieu seul est absolu, tous les autres êtres sont contractés et finis. Cf. *DI* II, 9, 150 : « (..) il ne peut y avoir aucune créature qui ne soit pas diminuée

le pouvoir de tout pouvoir[41] en comparaison duquel il ne peut y avoir rien d'antérieur ni de plus parfait, et sans l'existence duquel absolument rien ne peut perdurer ?

PIERRE : Je répondrais certainement ainsi.

8 LE CARDINAL : Par conséquent, le *pouvoir-même* est la quiddité et l'hypostase de toutes choses[42] : dans sa puissance sont contenues aussi bien les choses qui sont, que celles qui ne sont pas. Ne dirais-tu pas [alors] que, ces choses doivent simplement être affirmées de cette manière ?

PIERRE : Je dirais tout à fait.

9 LE CARDINAL : Le *pouvoir-même*[43] est donc appelé par certains saints lumière[44], non pas [lumière] sensible[45], rationnelle ou intelligible[46], mais lumière de toutes les choses qui peuvent briller, puisque en comparaison du pouvoir lui-même, il ne peut rien y avoir de plus brillant, ni de plus clair, ni de plus beau. Tourne donc ton regard vers la lumière sensible sans laquelle il ne peut y avoir de vision sensible, et prête attention à la façon dont, dans toute couleur et dans toute chose visible, il n'y a aucune autre hypostase que la lumière qui apparaît diversement dans les divers modes d'être des couleurs[47], et au fait que, la lumière étant retirée, ne peuvent demeurer ni la couleur, ni le visible, ni la vue. Mais la clarté de la lumière, en tant

de par la contraction : [la créature] tombant infiniment loin de cette œuvre divine. Dieu seul est absolu, toutes les autres choses sont contractées. »

41. Cf. *AT* 12, 17, 24.

42. Nicolas a déjà affirmé la même chose dans *Le Non-autre* 8, 27 : « Donc la quiddité, qui est *non-autre*, est la quiddité des autres quiddités. » Il s'agit maintenant d'étudier le rapport entre Dieu et les choses, le principe et les principiés. Nicolas se sert à nouveau pour ce faire de l'exemple sensible de la lumière et de la couleur. Il l'a déjà utilisé, notamment dans *La Vision de Dieu* et dans *Le Compendium*.

43. Je suis, comme Jaspers Hopkins, l'édition parisienne de Lefèvre d'Étaples et non le *cod. cus.* 219 avec l'édition scientifique des *Opera omnia* de Heidelberg.

44. Cf. *VS* 39, 124 et *Ber.* 27. Sur la métaphore de la lumière, cf. en particulier Werner Beierwaltes, *Lux intelligibilis. Untersuchung zur Lichtmetaphysik der Griechen* (Thèse de doctorat, Université de Munich, 1957). Pour une approche très rapide, cf. *ACNC*, p. 153 sq.

45. Cf. *VS* 39, 123.

46. Cf. Augustin, *Soliloque* I, 1, 3 (PL 32, col. 870). Cf. *VS* 39, 123 ; *Ber.* 5 et 7. La lumière intelligible n'est visiblement pas ici comme pour Augustin une métaphore pour Dieu, mais la lumière d'une intelligence, humaine par exemple.

47. Cf. *DPL* 2, 100 ; *QD.* 2, 34 ; *Comp.* 1, 2 et 4, 8.

que celle-ci est en soi, surpasse la puissance visuelle. [La lumière] n'est donc pas vue telle qu'elle est, mais elle se manifeste dans les choses visibles, dans l'une plus clairement, dans l'autre de façon plus obscure[48]. Et plus une chose visible rend clairement présente la lumière, plus elle est noble et belle. En revanche, la lumière enveloppe et surpasse la clarté et la beauté de toutes les choses visibles. La lumière ne se manifeste pas non plus pour se montrer comme visible, mais bien plutôt pour se montrer comme invisible, parce que sa clarté ne peut être saisie dans les choses visibles. En effet, celui qui voit que la lumière dans les choses visibles est invisible, la voit de manière plus véridique. Saisis-tu cela ?

PIERRE : Je le saisis d'autant plus facilement que je t'ai entendu plusieurs autres fois sur ces choses[49].

LE CARDINAL : Transfère[50] donc ces choses sensibles aux choses 10
intelligibles, par exemple le pouvoir de la lumière au pouvoir simplement, ou encore au *pouvoir-même* absolu, et l'être de la couleur à l'être simple. Car l'être simple, visible seulement à la pensée, se rapporte à la pensée comme l'être de la couleur au sens de la vue. Et regarde en toi ce que la pensée voit dans les différents êtres, qui ne sont rien que ce qu'ils peuvent être, et qui ne peuvent avoir que précisément ce qu'ils reçoivent du *pouvoir-même*. Et tu ne verras les différents êtres que comme différents modes d'apparition[51] du *pouvoir-même* ; mais [tu verras aussi] que la quiddité ne peut pas être de diverses manières[52], parce qu'elle est le *pouvoir-même* apparaissant de diverses manières.

Dans ces choses qui sont, vivent ou intelligent, on ne peut pas non plus voir autre chose que le *pouvoir-même*, dont le pouvoir être, le

48. Cf. DDA 14 ; *QD* 2, 35 et 2, 37. Cf. *VS* 6, 14 et 29, 87.

49. Cf. aussi *DI* I, 11, 30 ; *Ap. DI* 16 ; *PF* 5 et 11 ; *Ber.* 65 ; *Poss.* 15 ; *LG* II, 104 ; *VS* 6, 15 et *NA* 3,10 ; 8, 31 ; 14, 54.

50. Le passage d'un niveau de réalité à un autre, que Nicolas appelle ailleurs une transmutation, est une méthode qu'il emploie largement, tant dans ses écrits théologico-philosophiques que dans ses écrits mathématiques. Cf. *DI* I, 12, 33 ; *Conj.* II, 16, 161.

51. *DPL* 108-111 ; *Conj.* I, 12, 61. La question des modes d'apparition est directement liée à la théophanie. Sur cette question, cf. Johannes Wolter, *Apparitio Dei. Der theophanische Charakter der Schöpfung nach Nikolaus von Kues,* Münster, Aschendorff, « Beiträge zur Geschichte der Philosophie und Theologie des Mittelalters, 67 », 2004.

52. Cf., ci-dessus, note 23.

pouvoir vivre et le pouvoir intelliger sont des manifestations[53]. Que peut-on voir d'autre en effet dans toute puissance que le pouvoir de toute puissance ? Cependant, dans toutes les puissances d'être ou de connaître, le *pouvoir-même*, tel qu'il est, ne peut être saisi de manière absolument parfaite, mais il apparaît en elles, dans l'une plus puissant que dans l'autre ; plus puissant il est vrai dans le pouvoir intellectuel[54] que dans le [pouvoir] sensible, dans la mesure où l'intellect est plus puissant que les sens. Mais le *pouvoir-même* en soi est vu plus véritablement au-delà de toute puissance cognitive, au moyen pourtant du pouvoir intelligible[55], quand on le voit surpasser toute la force de compréhension du pouvoir intelligible. Ce que l'intellect saisit, il l'intellige. Quand donc la pensée voit dans son propre pouvoir que le *pouvoir-même* en raison de son excellence ne peut être saisi, alors il voit dans une vision au-delà de sa capacité[56] comment l'enfant voit que la quantité de pierre est plus grande que celle que la vigueur de sa puissance peut supporter. Le pouvoir voir de la pensée surpasse donc [son] pouvoir comprendre.

11 Par suite, la vision simple de la pensée[57] n'est pas une vision compréhensive, mais la pensée s'élève de la vision compréhensive à la vue de l'incompréhensible. Ainsi, par exemple, quand elle voit de manière compréhensive une chose plus grande qu'une autre, elle s'élève pour voir ce en comparaison de quoi il ne peut y avoir de plus grand. Et cela, il est vrai, est l'infini, plus grand que tout ce qui est mesurable ou compréhensible.

Ce pouvoir voir de la pensée au-delà de toute force et de toute puissance de compréhension est le pouvoir suprême de la pensée[58], en lequel le *pouvoir-même* se manifeste le plus ; et il est illimité[59] en

53. Cf. note 52 ci-dessus. Cf. *AT* 8, 21 ; *Comp.* 7, 21 ; *DPL* 108 ; *Ber* 66 ; *NA* 9, 2 et 123, 106. Cf. outre Platon, *Lettre* VI, 323d, le Pseudo-Denys, *Les Noms divins*, I, 2 et I, 6.

54. Cf., ci-dessous, note 58.

55. Nicolas semble utiliser indifféremment l'expression *intellectualis posse (pouvoir intellectuel)* et *intelligibilis posse (pouvoir intelligible)*.

56. Cf. *VD* 12, 48 ; *Conj.* I, 6, 24.

57. La vision simple de la pensée, ou vision mentale simple, est une opération de l'intellect *(intellectus)*, non de la raison *(ratio)*. Sur la distinction *ratio/intellectus*, cf. *ACNC*, p. 84 sq. Cf. également Ap *DI* 14, 15 et 28 ; *Comp.* 45.

58. Cf. Bonaventure, *Itinéraire de l'intelligence vers Dieu*, I, 6. Cf. *VS* 12, 31.

59. Cf. *DI* I, 1, 2 ; *DI* III, 3, 201 ; *Conj.* I, 4, 12 ; *VS* 38, 112.

dehors du *pouvoir-même*. Car le pouvoir voir est seulement ordonné au *pouvoir-même* pour que la pensée puisse prévoir de quel côté il tend, de même qu'un pèlerin prévoit la fin de son voyage, afin de pouvoir diriger ses pas vers la fin désirée. Si donc la pensée ne pouvait voir de loin la fin de son repos, de son désir et de sa félicité, comment se précipiterait-elle pour comprendre ? L'apôtre nous a bien avertis que nous devions nous précipiter pour comprendre[60]. Rassemble donc ces choses pour voir que toutes sont ordonnées afin que la pensée puisse courir vers le *pouvoir-même* qu'elle voit de loin, et qu'elle comprenne l'incompréhensible de la meilleure manière qu'elle peut[61] ; parce que seul le *pouvoir-même*, lorsqu'il sera apparu dans la gloire de sa majesté, a la puissance d'assouvir le désir de la pensée[62]. Il est en effet ce « quelque chose » qui est cherché. Ne vois-tu pas ce que j'ai dit ?

PIERRE : Je vois que ces choses que tu as dites sont vraies, bien **12**
qu'elles dépassent ma capacité [de comprendre]. Car quoi d'autre pourrait satisfaire le désir de la pensée, si ce n'est le *pouvoir-même*, pouvoir de tout pouvoir[63], sans lequel rien ne peut quoi que ce soit ? En effet, si un autre que le *pouvoir-même* pouvait être, comment le pourrait-il sans le pouvoir ? Et si sans le pouvoir il ne pouvait pas, assurément il tiendrait ce qu'il pourrait du *pouvoir-même*.

La pensée n'est satisfaite que si elle comprend ce en comparaison de quoi rien ne peut être meilleur. Et cela ne peut être que le *pouvoir-même*, à savoir le pouvoir de tout pouvoir. Tu vois donc bien que seul le *pouvoir-même*, ce « quelque chose » qui est cherché par toute pensée, est le principe du désir mental, parce qu'il est ce à quoi il ne peut rien y avoir d'antérieur, et qu'il est la fin de ce même désir mental, puisque rien ne peut être désiré au-delà du *pouvoir-même*.

LE CARDINAL : Très bien. Tu vois maintenant, Pierre, combien **13**
l'habitude de t'entretenir avec moi et la lecture de mes opuscules

60. 1 Cor 9, 24 : « Ne savez-vous pas que les coureurs, dans le stade, courent tous mais qu'un seul gagne le prix ? Courez donc de manière à le remporter. »

61. Il s'agit de la vision en face à face que nous découvre 1 Cor 13, 12. Cf. *FD* 53 et surtout l'ensemble du chapitre 6 de la *Vision de Dieu*. Sur l'expression « meliori modo quo », cf. Gerda von Bredow, « Der Sinn der Formel "meliori modo quo" », in : *MFCG* 6, 1967, p. 21-26.

62. Cf. *DI* I, 1, 2 ; *Sap.* I, 10, 26 et 48, 63-65 ; *VS* 12, 32 et 15, 45. Cf. Aristote, *Métaphysique* A, 1, 980a 22.

63. Cf. *AT* 7 et *Comp.* 2, 4.

t'apportent pour me comprendre facilement. Tout ce que je vois du *pouvoir-même*, sans aucun doute toi aussi, tu le verras, aussitôt que ta pensée s'y sera appliquée. Car, puisque toute question à propos d'un « il peut » présuppose le *pouvoir-même*, aucun doute ne peut se poser sur ce « il peut » ; en effet, aucun doute ne peut atteindre le *pouvoir-même*[64].

Car celui qui demanderait si le *pouvoir-même* est, remarquerait aussitôt qu'il voit la question comme aberrante, parce que sans le pouvoir on ne peut pas poser la question du pouvoir. On peut encore moins demander si le *pouvoir-même* est ceci ou cela puisque pouvoir être et pouvoir être ceci ou cela présupposent le *pouvoir-même*. Et il est ainsi évident que le *pouvoir-même* est antérieur à tout doute qui peut être fait[65]. Il n'est donc rien de plus certain que lui, puisque le doute ne peut que le présupposer et qu'on ne peut découvrir par la pensée rien de plus suffisant et de plus parfait que lui. De même, rien ne peut lui être ajouté, rien ne peut être séparé de lui, ni lui être enlevé.

14 PIERRE : Maintenant je te demande seulement de me dire si tu veux dévoiler quelque chose de plus clair sur le Premier[66] que ce qui a été dit auparavant. Car tu en as souvent dit beaucoup de choses, mais pas autant que ce que l'on peut en dire.

LE CARDINAL : Je propose de te découvrir maintenant cette voie facile[67] qui jusqu'à présent n'a pas été ouvertement communiquée et que je juge être très secrète : à savoir que toute précision spéculative doit se fonder seulement dans le *pouvoir-même* et dans son apparition, et que tous ceux qui ont vu correctement, se sont efforcés d'exprimer cela.

En effet, ceux qui affirmaient l'Un seulement considéraient le *pouvoir-même*. Ceux qui disaient et l'Un et le multiple[68] consi-

64. Cf. *Conj.* I,5, 19 et I, 6, 24 ; *Sap.* II, 30 ; *VS* 2, 6.

65. Malgré la lourdeur de l'expression, nous gardons l'expression littérale pour mettre en évidence que le processus de la pensée humaine, y compris dans l'épreuve du doute et de l'interrogation présuppose ce qu'elle cherche, et s'y fonde (il ne peut y avoir de *pouvoir-être-fait* sans *pouvoir-même*). La question est la réponse. Le *posse ipsum*, le *pouvoir-même*, s'avère ici indubitable, même dans le doute. C'est un tour de pensée qui est, dans sa manière, assez proche du doute cartésien futur, y compris dans son approche systématique. Cf. aussi *Sap.* I, 9.

66. Le Premier est le premier principe, Dieu. Cf. *DI*, II, 2 et NA5, 18.

67. Mot-à-mot cette facilité. Il s'agit de donner une aptitude à quelqu'un en lui donnant une direction spirituelle.

68. Cf. Aristote *Métaphysique* A, 5, 986b 10-30 ainsi que les *Vies et doctrine des philosophes illustres* de Diogène Laërce. Nicolas peut s'appuyer sur ce double

dérèrent le *pouvoir-même* et les multiples modes d'être de son apparition[69].

Ceux qui dirent que rien de neuf ne peut être fait[70] considérèrent le *pouvoir-même* de tout *pouvoir-être* ou *pouvoir-être-fait*. Ceux qui, cependant, affirment la nouveauté du monde et des choses[71] tournèrent leur pensée vers l'apparition du *pouvoir-même*. Comme si quelqu'un tournait sa vision mentale vers le pouvoir de l'unité, celui-ci ne verrait assurément dans tout nombre et toute pluralité que le *pouvoir-même* de l'unité, en comparaison duquel il n'y a rien de plus puissant, et il ne verrait en tout nombre que l'apparition du *pouvoir-même* de l'unité sans nombre et sans limite[72]. En effet, les nombres ne sont rien que des modes spéciaux de l'apparition du *pouvoir-même* de l'unité[73]. Et ce pouvoir apparaît mieux dans le nombre trois, impair, que dans le quatre[74], et mieux dans certains nombres parfaits[75] qu'en d'autres. De même, les genres et les espèces et les autres choses semblables doivent être ramenés à des modes d'être de l'apparition du *pouvoir-même*.

Ceux qui disent qu'il n'y aurait pas plusieurs formes qui donnent l'être considérèrent le *pouvoir-même* en comparaison duquel il n'y

panorama historique de la philosophie. Il ne s'agit pas tant d'opposer les philosophes entre eux ou de se distinguer seulement d'eux (même si Nicolas entend innover par rapport à ceux qui l'ont précédé), mais d'adopter une approche résolutive, ou conciliatrice, inclusive, et si on osait œcuménique, à l'opposé de l'approche scolastique qui fonctionne par distinction. On peut en effet considérer la pensée cusaine comme une philosophie de la concordance et de la différence. À ce sujet, cf. *Conj.* II, 3, 89 ; *VS* 21, 59-61 et 22, 65-67.

69. Sur les différents modes d'être, cf. note 22, ainsi que, notamment, Hermann Schnarr, *Modi essendi. Interpretationen zu den Schriften De docta ignorantia, De coniecturis und De venatione sapientiae*. Münster, Aschendorff, « Buchreihe der Cusanus-Gesellschaft », 1973.

70. Cf. Aristote, *Traité du ciel*, I, 10-12 et *Physique* I, 9, 192a. Cf. Platon, *Timée*, 27d sq., qui, certes pense un démiurge mais faisant à partir une matière et des Idées éternelles. Contre l'éternité et l'incorruptibilité du monde, les penseurs chrétiens s'appuient sur Gn 1, 1 pour penser la création du monde. Nicolas cherche (cf. note 69 ci-dessus) à réconcilier les positions antinomiques.

71. Cf. Augustin, *Confessions* XI, 31 (CSEL XXXII, 309) et Moïse Maïmonide, *Le guide des perplexes,* II, 14-19, 23.

72. Cf. *DI* I, 5, 14 et II, 3, 105 ; *Conj.* I, 5, 17.

73. *DI* I, 5, 14 et *Ap. DI* 17-18 ; *VS* 13, 37.

74. Augustin, *De la musique*, I, 12 (PL 32 : 1095).

75. Cf. Boèce, *De l'arithmétique*, I, 19 (PL 63, col. 1097f.). Cf. Augustin, *La Trinité* IV 4,7 (CCSL L, p. 169)

a rien de plus suffisant. Et ceux qui disent qu'il y aurait plusieurs formes spécifiques prêtèrent attention aux modes d'être spécifiques de l'apparition du *pouvoir-même*.

Ceux qui dirent que Dieu serait la source des Idées et qu'il y aurait plusieurs Idées[76], voulurent dire ceci que nous disons, à savoir que Dieu est le *pouvoir-même* qui apparaît selon des modes d'être divers et spécifiquement différents. Ceux qui nient les Idées[77] et de telles formes considérèrent le *pouvoir-même* qui est ce « quelque chose » de tout pouvoir.

Ceux qui disent que rien ne peut périr considèrent le *pouvoir-même* éternel et incorruptible. Ceux qui disent que la mort est quelque chose et qui pensent que les choses périssent tournent leur vue vers les modes d'être de l'apparition du *pouvoir-même*. Ceux qui disent que Dieu – le Père Tout-puissant – est créateur du ciel et de la terre disent ce que, nous, nous disons, à savoir que le *pouvoir-même*, en comparaison duquel il n'y a rien de plus puissant, crée le ciel et la terre et toutes choses pour son apparition[78]. Car dans toutes les choses qui sont ou qui peuvent être, il ne peut être vu aucune autre chose que le *pouvoir-même*, de même que dans toutes les choses faites et encore à faire, il ne peut être vu que le pouvoir du premier Facteur[79], et dans toutes les choses mues et à mouvoir, il ne peut être vu que le pouvoir du premier moteur[80]. Avec de telles analyses tu vois donc que tout est facile et que toute différence se transforme en concordance[81].

76. Maître Eckhart, *Commentaire de la sagesse*, 99 (trad. Jean-Claude Lagarrigue et Jean Devriendt), Paris, Les Belles Lettres, « Sagesses médiévales », 2015, p. 139 (LW II, 434, 4) : « (…) les docteurs disent qu'en Dieu les Idées des choses inégales sont égales (…) »

77. Aristote, *Métaphysique*, A, 9, 990b 1 et B, 6, 1002b 12 sq.

78. Ici, Dieu le père apparaît dans et par Christ, son fils. La création est cependant pensée comme apparition, en vue de le montrer comme en Rom 1, 20. Cf. le début du *De possest*.

79. Il s'agit bien de Dieu le créateur, mais Nicolas utilise ici un nom dérivé du verbe « faire », en écho au faire et les choses qui sont faites. Nous nous efforçons donc de garder le ternaire augustinien ou lullien. Sur les ternaires lulliens, cf. *ACNC*, p. 183 *sq*.Cf. n. 229 de la traduction de *La Chasse de la sagesse*.

80. Cf. Aristote, *Métaphysique*, K, 11, 1067b 5 et Λ, 7, 1072a 23-25 ; *Physique* VIII, 6, 259a 15.

81. Cf. note 69. Cf. également *FD* 83 ; *DG* 143 et 160 ; *M* 2, 67-68 et 3, 69 ; *Poss.* 21 ; *VS* 26, 74 et 76.

Veuilles-tu, mon très cher Pierre, tourner avec une attention aigüe[82] l'œil de ta pensée[83] vers ce secret et, avec cette analyse, pénétrer nos écrits et [tous] les autres que tu lis, quels qu'ils soient ; exerce-toi au mieux dans nos petits livres et nos sermons[84], et singulièrement dans le *Don du Père des lumières*[85] qui, bien compris en fonction de ce qui a été dit, contient la même chose que ce petit livre-ci. De même, remets-toi en mémoire les petits livres *Du tableau ou de la vision de Dieu*[86] et *De la recherche de Dieu*[87] afin de mieux te familiariser avec ces questions théologiques et joins-y avec une grande affection cet aide-mémoire de *La Cime de la contemplation* que je te soumets brièvement. J'espère que tu seras un contemplateur bien reçu de Dieu et que tu prieras sans cesse pour moi durant les offices sacrés. **16**

< Aide-mémoire de *La Cime de la contemplation*[88] > **17**

La cime de la contemplation est le *pouvoir-même*, le pouvoir de tout pouvoir, sans lequel absolument rien ne peut être contemplé. Comment, en effet, [le] pourrait-il sans pouvoir ?

82. Cf. *LG* II, 101 et *DG* 144.

83. Cette expression est assez fréquente chez le Cusain, qui pourrait la reprendre de Platon, *République* VII, 533d 2 et *Sophiste* 254a 10 (Platon parle plutôt de l'œil de l'âme) et des néoplatoniciens (sur son exemplaire de la *Théologie platonicienne* de Proclus, *cod. cus.* 185, fol. 39^{r}, Nicolas note *« œil de l'âme »* et dans son exemplaire du commentaire d'Albert le Grand à la *Théologie mystique* du Pseudo-Denys, *cod. cus.* 96, fol. 231va, il note *« la pensée est l'œil de l'âme »*. Cf. *VS* 36, 106.

84. Cette recommandation est pour le moins surprenante si l'on se rappelle que Pierre est au service de Nicolas depuis près de quatorze années et qu'il a participé à la collation des œuvres du Cusain dans les *cod. cus.* 218 et 219.

85. Nicolas écrit ici *De dato lumine (Du don de la lumière)* et non *De dato Patris luminum (Du don du Père des lumières)* qui est le titre de l'opuscule écrit en 1445-46. Il s'agit ici de toute évidence d'une abréviation du titre de cette œuvre.

86. Le *De icona (Du tableau)*, écrit en 1453, est connu alternativement sous ce titre et celui de *De visione Dei (De la vision de Dieu)*. Cf. l'élégante traduction d'Agnès Minazzoli : Nicolas de Cues, *Le Tableau ou la vision de Dieu*, Paris, Les Belles Lettres, « l'Ymagier », 2012^{2}, ainsi que son introduction.

87. Il s'agit du *De quaerendo Deum*, écrit en 1445.

88. Ce titre n'est pas dans le *cod. cus.* 219 et a été ajouté dans le texte latin de l'édition scientifique et critique de Heidelberg. Il repose sur les dernières lignes d'*AT* 16.

I. Rien ne peut être ajouté au *pouvoir-même*, puisqu'il est le pouvoir de tout pouvoir. Le *pouvoir-même* n'est donc pas pouvoir être, ou pouvoir vivre, ou encore pouvoir intelliger[89] ; et il en va de même de tout pouvoir, quoi qu'on lui ajoute[90], bien que le *pouvoir-même* soit le pouvoir de ce pouvoir être, de ce pouvoir vivre et de ce pouvoir intelliger.

18 **II.** N'est que ce qui peut être. L'être n'ajoute donc rien au pouvoir être. Ainsi, un homme [parce qu'il existe] n'ajoute pas quelque chose au pouvoir être homme, et un homme jeune n'ajoute pas quelque chose au pouvoir être homme jeune ou au pouvoir être homme grand. Et parce que le pouvoir auquel on a ajouté quelque chose [un pouvoir qualifié ou déterminé] n'ajoute rien au *pouvoir-même*, celui qui contemple avec acuité ne voit rien que le *pouvoir-même*.

19 **III.** Rien ne peut être antérieur au *pouvoir-même*. Comment, en effet, [le] pourrait-il sans pouvoir ? Ainsi, rien ne peut être meilleur que ce pouvoir, ni plus puissant, ni plus parfait, ni plus simple, ni plus clair, ni plus connu, ni plus vrai, ni plus suffisant, ni plus fort, ni plus stable, ni plus facile, etc. Et parce que le *pouvoir-même* est antérieur à tout pouvoir auquel on a ajouté quelque chose, il ne peut ni être[91], ni être nommé, ni être senti, ni être imaginé, ni être intelligé. En effet, ce qui est signifié par « *pouvoir-même* » précède de telles choses, bien qu'il soit l'hypostase de toutes, comme la lumière l'est des couleurs.

20 **IV.** Un pouvoir auquel on a ajouté quelque chose est image de ce pouvoir, en comparaison duquel il n'y a rien de plus simple. Ainsi le pouvoir être est image de ce pouvoir, et le pouvoir vivre est image de ce pouvoir, et le pouvoir intelliger est image de ce pouvoir[92]. Cependant, le pouvoir vivre est une image plus vraie [que le pouvoir être], et le pouvoir intelliger est une image encore plus vraie. Le contemplateur voit donc en toutes choses le *pouvoir-même*,

89. Cf. *VS* 16, 48 et 21, 60. Cf., ci-dessus, note 31.

90. Les ajouts sont des conditions restrictives et déterminantes ; ce sont des qualifications.

91. Cf. *DI* I, 6, 16-17 ; *Poss.* 26 ; *VD* 13, 58 ; *PF* 7, 21. Le *pouvoir-même* est au-delà de toute existence finie, au-delà de toute existence au sens où nous pouvons comprendre celle-ci. Il est également au-delà de tout pouvoir au sens où nous pouvons comprendre celui-ci.

92. Cf. *VS* 16, 48 et 21, 60. Cf., ci-dessus, note 31.

de même que dans l'image on voit la vérité. De même aussi que l'image est l'apparition de la vérité[93], de même toutes les choses ne sont que les apparitions de ce pouvoir.

V. Le pouvoir de la pensée d'Aristote se manifeste dans ses livres, 21
qui ne montrent pourtant pas parfaitement le pouvoir de la pensée, bien qu'un livre le fait plus parfaitement qu'un autre et que les livres ne soient publiés qu'afin que la pensée se montre elle-même. Il n'était pas non plus nécessaire à la pensée de publier des livres, parce que la pensée voulait se manifester libre et noble[94]. De même, le *pouvoir-même* se manifeste en toutes choses[95]. Cependant, la pensée est comme un livre intellectuel qui voit en lui-même et en toutes choses[96] l'intention de l'écrivain.

VI. Bien que dans les livres d'Aristote ne soit contenu que le 22
pouvoir de sa pensée, les ignorants cependant ne le voient pas. De même, bien que dans l'univers ne soit contenu que le *pouvoir-même*, ceux qui sont dénués de pensée ne peuvent pas le voir. Mais la vive lumière intellectuelle, que l'on appelle la pensée, contemple en soi le *pouvoir-même*. Ainsi, toutes les choses sont par la pensée, et la pensée est par l'acte de voir le *pouvoir-même*.

VII. Le pouvoir de choisir enveloppe en soi le pouvoir être, 23
le pouvoir vivre et le pouvoir intelliger. Il est aussi pouvoir de la volonté libre[97] ne dépendant aucunement d'un corps, comme

93. Cf. *DI* II, 3, 111 ; *VS* 38, 112.

94. Cf. *VD* 7, 27 ; *VS* 19, 54 et 27, 82. Pour Nicolas comme pour tous les penseurs chrétiens médiévaux, la volonté humaine est libre – même si par ailleurs, l'homme est esclave du péché. Sur la conception de la liberté chez Nicolas, cf. le travail d'Isabelle Mandrella, en particulier « La liberté de la volonté d'après Eckhart et Nicolas de Cues », in : *La naissance de Dieu dans l'âme chez Eckhart et Nicolas de Cues* (éd. Marie-Anne Vannier), Paris Cerf, 2006, pp. 121-136 et sa thèse, *Viva imago : die praktische Philosophie des Nikolaus Cusanus*. Münster, Aschendorff, « Buchreihe der Cusanus-Gesellschaft, 19 », 2012. Le lecteur pourra également se reporter au numéro 26 des *MFCG*, consacré à l'éthique cusaine : *Sein und Sollen : die Ethik des Nikolaus von Kues*, *op. cit.*

95. Cf. *VS* 16, 48 et *DPL* 4, 108.

96. Les choses par conséquent sont aussi des livres dans lesquels la pensée (humaine) peut lire le projet divin. La pensée humaine est aussi comprise comme un livre intellectuel (cf. Jean de Salisbury, *Policratus*, III, 1 que Nicolas connaissait) Cf. *Comp.* 7, 21 ; *DG* 4, 171-173 ; *Ber.* 37 ; *FD* 2, 57 ; *AT* 24. Cf. également l'image du peintre dans *M* 13, 148-149 et du cosmographe dans *Comp.* 8, 22.

97. Cf. ci-dessus note 93.

[, au contraire, en] dépend le pouvoir de concupiscence du désir animal. Par-là, [ce pouvoir de la volonté libre] ne résulte pas d'une faiblesse du corps. En effet, il ne vieillit ou ne décline jamais comme la concupiscence et la sensibilité chez les personnes âgées, mais il demeure toujours et domine les sens. En effet, il ne permet pas toujours à l'œil de regarder ce qu'il est enclin de regarder, mais il le détourne afin de ne pas voir la vanité et le scandale. De même [il détourne] celui qui a faim de manger, et ainsi d'autres exemples. La pensée voit donc les choses louables et celles qui sont scandaleuses, les vertus et les vices, que ne voient pas les sens, et elle peut contraindre les sens à s'en tenir à son jugement et non à leur propre désir.

En cela, nous faisons aussi l'expérience que le *pouvoir-même* apparaît de manière puissante et incorruptible dans le pouvoir de la pensée et qu'il a un être séparé du corps[98]. De cela s'étonne peu celui qui fait l'expérience que, dans l'eau de vie, des vertus de certaines herbes sont séparées des corps des herbes, quand il voit dans l'eau de vie le même effet que celui qu'avait l'herbe avant d'y être plongée.

24 **VIII.** Les choses que la pensée voit sont des intelligibles et elles sont antérieures aux sensibles. La pensée se voit donc. Et puisqu'elle voit que son pouvoir n'est pas le pouvoir de tout pouvoir, parce que beaucoup de choses lui sont impossibles, elle voit par-là qu'elle n'est pas le *pouvoir-même*, mais l'image de ce pouvoir. Et ainsi, comme elle voit dans son pouvoir le *pouvoir-même* et qu'elle n'est que son propre pouvoir être, alors elle se voit être un mode d'apparition de ce pouvoir ; et elle voit cela également dans toutes les choses qui sont. Toutes les choses que la pensée voit sont donc des modes d'apparition de ce pouvoir incorruptible.

25 **IX.** L'être du corps, bien qu'il soit très vil et très bas, est vu seulement par la pensée. En effet, ce que le sens voit est accident : celui-ci n'est pas, mais est présent [dans un sujet][99]. Certes, cet être du corps, qui n'est que le pouvoir être du corps, n'est atteint par aucun sens, puisqu'il n'est ni qualité ni quantité ; aussi n'est-il

98. Cf. *M* 15 et *VS* 32, 95.

99. Cf. *DI* II, 3, 110 : citation. Cf. *NA* 11, 42-43 ; *Crib. A* I, 20, 85. Cf. Aristote, *Métaphysique*, V, 30, 1025a 14 *sqq*.

ni divisible ni corruptible. Quand en effet je divise un fruit, je ne divise pas le corps. Une partie de fruit est autant corps que le fruit entier. Or, le corps est long, large et profond, sans quoi ce n'est ni un corps, ni une dimension parfaite. L'être d'un corps est un être de dimension parfaite. La longueur d'un corps n'est pas séparée de la largeur et de la profondeur, de même que la largeur ne l'est pas de la longueur et de la profondeur, ni la profondeur de la longueur et de la largeur. Ce ne sont pas des parties d'un corps, car la partie n'est pas le tout. En effet, la longueur d'un corps est corps ; et il en va de même pour la largeur et la profondeur. Et la longueur de cet être corporel qui est corps, n'est pas un autre corps que la longueur de cet être corporel ou que sa profondeur ; mais chacune de celles-ci est un seul et même corps[100], indivisible et non multipliable. Bien que la longueur ne soit pas largeur ou profondeur, elle est cependant le principe de la largeur, et la longueur jointe à la largeur est le principe de la profondeur. Ainsi, la pensée voit que le *pouvoir-même* apparaît de manière incorruptible[101] dans l'être unitrine du corps.

Et puisqu'elle le voit ainsi dans l'être le plus bas – celui d'un corps –, elle le voit aussi apparaître de manière plus noble et plus puissante dans tout être plus noble, et en elle-même plus clairement que dans un être vivant ou corporel. Or la façon dont le *pouvoir-même* unitrine apparaît clairement dans la pensée qui se souvient, qui intellige et qui veut, la pensée de Saint Augustin l'a vue et révélée[102].

X. Dans son ouvrage ou dans sa conduite[103], la pensée voit de manière très certaine le *pouvoir-même* apparaître dans le *pouvoir-faire* de celui qui fait et dans le *pouvoir-être-fait* de ce qui est faisable, et dans le pouvoir de liaison entre les deux. Ce ne sont pas trois pouvoirs, mais un seul et même pouvoir qui est celui de **26**

100. Ici, et dans tout le passage, la notion de corps n'est pas à distinguer de celle d'un objet matériel (sans quoi le fruit divisé cesserait d'être le « corps » du fruit).

101. La réalité de la Trinité divine est attestée dans la nature trinitaire des choses créées qui en sont donc le reflet. Cf., entre autres, *DI* I, 7 ; *VD* 17 ; *CA* II, 9 ; *Bér.* 33 ; *VS* 23, 70 et 31, 92.

102. Cf. Augustin, *La Trinité*, 10.11.17 (PL 42 : 982). Cf. également *Aeq.* 26.

103. La *factio*, conduite, est de même racine que *facere*, faire. Il faut le garder à l'esprit pour entendre le trinitaire augustinien et lullien à l'œuvre ici.

faire, d'être de ce qui faisable et de lier les deux. Ainsi, dans la sensation, la vision, la gustation, l'imagination, l'intellection, la volition, le choix, la contemplation et dans toutes les œuvres bonnes et vertueuses, la pensée voit que le pouvoir unitrine est le reflet resplendissant de ce pouvoir, en comparaison duquel il n'y a rien de plus actif et de plus parfait. Mais la pensée fait l'expérience que les œuvres vicieuses, parce qu'elles ne reflètent pas en elles-mêmes le *pouvoir-même*, sont vaines, mauvaises et mortes, obscurcissant et souillant la lumière de la pensée.

27 **XI**. Il ne peut y avoir d'autre principe substantiel ou quidditatif, qu'il soit formel ou matériel, que le *pouvoir-même*. Ceux qui ont parlé de diverses formes et divers principes formels, de diverses Idées et espèces, ne considèrent pas le *pouvoir-même*, comme il se montre, tel qu'il veut[104], dans les divers modes d'être génériques et spécifiques. Et les choses dans lesquelles il ne resplendit pas manquent d'hypostase, comme par exemple le vide, le défaut, l'erreur, le vice, la faiblesse, la mort, la corruption. Et les choses semblables manquent d'entité[105] parce qu'elles manquent de l'apparition de ce *pouvoir-même* [en elles].

28 **XII.** Par le *pouvoir-même* est signifié le Dieu trine et un[106], dont le nom est le Tout-puissant ou le pouvoir de toute puissance[107], avec lequel toutes choses sont possibles[108] et rien n'est impossible, lui qui est la force des forts et la vertu des vertus. Sa plus parfaite apparition, en comparaison de laquelle aucune

104. Nicolas marque ici explicitement que l'acte divin de création est libre. Il n'y a, conformément à la conception chrétienne et contrairement à la conception aristotélicienne, aucune nécessité de la nature. Cf. *DI* III, 3, 199 ; *NA* 21, 97 ; *VS* 18, 52 ; *DG* 5, 178 et *VS* 39, 116. Le vocabulaire de l'émanation, de plus en plus rare au fur et à mesure de l'œuvre, n'est jamais utilisé en contradiction avec la thèse de la création ex nihilo à laquelle se tient Nicolas. Cf. *VS* 27, 82.

105. Cf. Maître Eckhart. *Prol. in Ioh.* I, 9, 91 (LW III, 78, 13-79, 1).

106. Cf. *DI* I, 20, 59 et *Sap.* I, 22.

107. L'expression *« posse omnis potentiae »* semble signifier la même chose que l'expression *« posse omnis posse »* utilisée plus tôt (*AT* 17). Il y a, de toute évidence, un certain flottement dans la terminologie cusaine autour des termes de *puissance (potentia), pouvoir (posse), possibilité (possibilitas), force (fortutido, vis), faculté (virtu)* qui ne rend pas toujours possible, ou même nécessaire, une traduction systématique.

108. Mt 19, 26 : « Fixant sur eux son regard, Jésus leur dit "Aux hommes c'est impossible, mais à Dieu tout est possible. »

ne peut être plus parfaite, est le Christ[109] qui nous conduit par son verbe et par son exemple à la claire contemplation de ce *pouvoir-même*. Et celle-ci est la félicité qui seule satisfait le désir suprême de la pensée.

Ces quelques points peuvent, à eux seuls, suffire.

109. Hb 1, 3 : « Ce fils est resplendissement de sa gloire et expression de son être et il porte l'univers par la puissance de sa parole. » Le Christ est l'image de Dieu le Père. Dans la *Filiation de Dieu*, Nicolas compare le Fils de Dieu à un miroir : cf. *FD* III, 65-67. Ce miroir reflète la gloire de Dieu le Père et manifeste la splendeur de la création.

BIBLIOGRAPHIE

Littérature primaire

Œuvres de Nicolas de Cues

L'édition de référence des œuvres de Nicolas de Cues est l'édition scientifique et critique de l'Académie des sciences de Heidelberg, publiée depuis 1932 par Meiner (Leipzig, Hambourg) :

Nicolai de Cusa. Opera omnia, iussu et auctoritate Academiae Litterarum Heidelbergensis ad codicum fidem edita.

Cette édition comporte l'ensemble de l'œuvre philosophique, théologique, ecclésiologique et mathématique du Cusain, ainsi que les 293 sermons conservés. Cette édition est dite majeure.
Meiner Verlag édite parallèlement, dans l'édition dite mineure, la traduction en langue allemande de l'édition critique. Très souvent, le texte latin, tel qu'il est établi dans l'édition majeure, est publié en regard.
L'ensemble du texte latin de l'œuvre du Cusain se trouve en outre sur le Cusanus-portal :

cusanus-portal.de

Le lecteur y trouvera également les excellentes et fort utiles traductions anglaise et allemande, respectivement de Jasper Hopkins [Minneapolis/Minnesota, The Arthur J. Banning Press, 2001] et de Dietlind et Wilhelm Dupré [Vienne, Herder, 1989[2] (1964)].

Traductions des œuvres de philosophie tardives présentées

Le Dialogue à trois sur le pouvoir-est

— en français :

- *Dialogue à trois sur le pouvoir-est. Trialogus de possest* (trad. Pierre Caye, David Larre, Pierre Magnard et Frédéric Vengeon, Présentation Pierre Magnard). Paris, Vrin, « Philologie et Mercure », 2006.
- *Le « Pouvoir-est »* (trad. et introd. Hervé Pasqua). Paris, PUF, « Épiméthée », 2014.
- *Ext*raits dans : Nicolas de Cues, *Œuvres choisies* (trad. Maurice de Gandillac), Aubier-Montaigne, 1942.

— en anglais : *On Actualized-possibility (De Possest)* (trad. Jasper Hopkins). Minneapolis, The Arthur J. Banning Press, 1986[3] (1978).

— en italien *:*

- *De possest*, dans : *Scritti filosofici,* I (éd. Giovanni Santinello). Bologne, Zanichelli, « Collana di Filosofi moderni, 6 », 1965, p. 238-313.
- *Opere filosofiche di Nicolo Cusano* (éd. Graziella Federici-Vescovini). Turin, UTET, « Classici della filosofia, 11 », 1972, p. 745-788.

— en allemand :

- *Gespräch über das Seinkönnen* (trad. Hans Rupprich), dans : *Frühzeit des Humanismus und der Renaissance in Deutschand*, Leipzig 1938, p. 138-177 [nouvelle édition remaniée : *Gespräch über das Seinkönnen.* Stuttgart, Reclams Universal-Bibliothek, 1963].
- *Vom Können-Sein* (trad. Elisabeth Bohnenstädt). Leipzig, Meiner, « Philosophische Bibliothek », 1947.
- *Trialogus de possest – Das Können-Ist* (trad. Dietlind et Wilhelm Dupré), dans : *Nikolaus von Kues, Philosophisch-theologische Schriften* (éd. Dietlind et Wilhelm Dupré). Vienne, Herder, 1966, tome II, p. 267-359.
- *Trialogus de possest. Dreiergespräch über das Können-Ist* (trad. Renate Steiger). Hambourg, Meiner, « Philosophische Bibliothek », 1991[2] (1973).

— en espagnol : *El possest* (trad. Ángel Luis González) dans : Nicolás de Cusa : *Diálogos del idiota ; El possest ; La cumbre de la teoría.* Barañáin, EUNSA, « Colección de pensamiento medieval y renacentista, 19 », 2008[3] (1991).

— en japonais : *Kanou-Genjitsu-Sonzai* (trad. Kazuhiko Yamaki, Satoshi Oïde). Tokyo, 1987.

— en russe :

- *О бытии возможности*, dans : *Избранные философские сочинения: Об ученом незнании, Об уме, О неином, О бытии возможности.* Moscou, Соцэкгиз, 1937.
- Сочи*н*ения (éd. В. В. Бибихин, З. А. Тажуризина). Moscou, Mysl', 1979.

— en tchèque : *Trialogus de possest* (trad. Jakub Hlaváček) dans : *O čem je věda ? (De possest – o duchovním bytí božím). Mikuláš Kusánsky : Trialogus de possest (éd.* Zdeněk Neubauer), Prague, Malvern, 2009, p. 240-327.

La Chasse de la sagesse

— en français :

- *La Chasse de la sagesse* (trad. Hervé Pasqua), Paris, PUF, Epiméthée, 2015.
- Extraits dans Nicolas de Cues, *Œuvres choisies* (trad.. Maurice de Gandillac), Paris, Aubier, 1942.

— en anglais : *On the Pursuit of Wisdom* (trad. Jasper Hopkins), dans *Complete Philosophical and Theological Treatises of Nicholas of Cusa*, 2 Vols. Minneapolis/Minnesota, The Arthur J. Banning Press, 2001. xiv, 1442 p.

— en italien : *La caccia della sapienza* (trad. Graziella Federici-Vescovini). Torino, 1972.

— en allemand :

- *Die Jagd nach der Weisheit* (trad. Karl Bormann), Hamburg, Meiner, Philosophische Bibliothek, H. 24, Bd. 549, 2002.
- *Die Jagd nach der Weisheit*, (trad. Paul Wilpert), Hamburg, Meiner, Philosophische Bibliothek, H. 14, Bd. 263, 1964.
- *Die Jagd der Weisheit* (trad. Dietlind et Wilhelm Dupré), dans *Philosophisch-theologische Schriften* (hrsg. Leo Gabriel) 3 Bde, Wien, Verlag Herder, 1989[2] (1964).

— en russe : Бибихин, В. В. (Bibihin, V. V.), ажуризина, З. А. (Tazhurizina, Z. A.), *Сочинения* : В 2 т. (Sochineniya : V 2 t.)

Le Compendium

— en français :

- *Compendium* (trad. Hervé Pasqua). Paris, Manucius, « Le Philosophe », 2014.
- *Compendium* (trad. Jean Devriendt). In : Nicolas de Cues, *Anthologie*. Paris, Cerf, 2012.
- Extraits dans Nicolas de Cues, *Œuvres choisies* (trad.. Maurice de Gandillac), *op. cit.*

— en anglais : *Compendium* (trad. Jasper Hopkins). Minneapolis, The Arthur J. Banning Press, 1986[3] (1978).

— en italien :

- *Compendium*, dans : *Scritti filosofici,* I (éd. Giovanni Santinello). Bologne, Zanichelli, « Collana di Filosofi moderni, 6 », 1965, p. 238-313.
- *Opere filosofiche di Nicolo Cusano* (éd. Graziella Federici-Vescovini). Turin, UTET, « Classici della filosofia, 11 », 1972.

— en allemand :

- *Compendium* (trad. Dietlind et Wilhelm Dupré), dans : *Nikolaus von Kues, Philosophisch-theologische Schriften* (éd. Dietlind et Wilhelm Dupré). Vienne, Herder, 1966, tome II.
- *Kompendium* (Kurze Darstellung der philosophisch-theologischen Lehren), (trad. Bruno Decker et Karl Bormann). Hambourg, Meiner, « Philosophische Bibliothek », 1982[2] (1970).

— en espagnol : *Compendium* (trad. Juan Garcia González) [édition en ligne]

— en japonais : *Nozawa-Takehiko* (trad. Satoshi Oïde). Tokyo, Shingaku, 1987.
— en russe : Сочинения (éd. В. В. Бибихин, З. А. Тажуризина). Moscou, Mysl', 1979.

La Cime de la contemplation

— en français :
- *La Cime de la contemplation* (trad. Hervé Pasqua). Paris, Manucius, « Le Philosophe », 2014.
- Extraits dans Nicolas de Cues, *Œuvres choisies* (trad. Maurice de Gandillac), *op. cit.*

— en anglais : (trad. Jasper Hopkins). Minneapolis, The Arthur J. Banning Press, 1986[3] (1978).
- dans Nicholas of Cusa, *Selected Spiritual Writings* (trad. H. Lawrence Bond) Classics of Western Spirituality ; Vol. 89, p. 292-302.

— en italien :
- *De apice theoriae*, dans : *Scritti filosofici,* I (éd. Giovanni Santinello). Bologne, Zanichelli, « Collana di Filosofi moderni, 6 », 1965, p. 238-313.
- *Opere filosofiche di Nicolo Cusano* (éd. Graziella Federici-Vescovini). Turin, UTET, « Classici della filosofia, 11 », 1972.

— en hollandais : M.J.M. de Haan, *Nicolaas van Kues Het laatse weten De Apice Theoriae*. Roelofarensveen, 2014.
— en allemand :
- *De apice theoriae* (trad. Dietlind et Wilhelm Dupré), dans : *Nikolaus von Kues, Philosophisch-theologische Schriften* (éd. Dietlind et Wilhelm Dupré). Vienne, Herder, 1966, tome II.
- *Die höchste Stufe der Betrachtung* (trad. Hans Gerhard Senger) Hambourg, Meiner, « Philosophische Bibliothek », 1982[2] (1970).
- *Vom Gipfel der Betrachtung* (trad. Elisabeth Bohnenstädt). Leipzig, Meiner, « Philosophische Bibliothek », 1947.

— en russe : Сочинения (éd. В. В. Бибихин, З. А. Тажуризина). Moscou, Mysl', 1979.
— en tchèque : *O vrcholu zření, z latinského originálu* (trad. Karel Floss); studiemi opatřili Karel a Pavel Flossovi. Prague, Vyšehrad, 2003.

Traductions des autres textes de Nicolas de Cues en langue française

La Concordance catholique (trad. Roland Galibois, intr. Jacques Doyon et Joseph Tchao), Sherbrooke, Centre d'études de la Renaissance de l'université de Sherbrooke 1977.

La Docte Ignorance (trad. et intr. de Pierre Caye, David Larre, Pierre Magnard et Frédéric Vengeon), Paris, GF Flammarion, 2013. Autres traductions : (trad. Jean-Claude Lagarrigue), Paris, Cerf, 2010 et (trad. Hervé Pasqua). Paris, Rivages, 2008.

Les Conjectures (trad. Jocelyne Sfez), Paris, Beauchesne, « le grenier à sel », 2012. Traduction alternative : (trad. Jean-Michel Counet), Paris, Les Belles Lettres, 2011.

De la pensée (trad. Maurice de Gandillac), in : Cassirer Ernst, *Individu et cosmos dans la philosophie de la Renaissance* (trad. Pierre Quillet), Paris, Minuit, 1983. Autres traductions : (trad. Hervé Pasqua), Paris, PUF, 2011 et (trad. Françoise Coursaget), Paris, Hermann, 2012. La traduction de Gandillac reste la meilleure.

Dialogues de l'idiot (trad. Hervé Pasqua) Paris, PUF, 2011 et (trad. Françoise Coursaget), Paris, Hermann, 2012.

La Paix de la foi (trad. Jacques Doyon et Roland Galibois), Sherbrooke, Centre d'études de la Renaissance de l'université de Sherbrooke 1977. Autre traduction : (trad. Hervé Pasqua), Paris, Téqui, 2008.

Le Tableau ou la vision de Dieu (trad. Agnès Minazzoli), Paris, Les Belles Lettres, 2012² (Cerf, 1986). Autre traduction : (trad. Hervé Pasqua), Paris, PUF, 2016.

Trois traités sur la docte ignorance et la coïncidence des opposés (trad. Francis Bertin), Paris, Cerf, 1991. [Comporte : *L'Apologie de la docte ignorance, Le Principe,* et *Le Complément théologique*].

Traité du Béryl (trad. Maude Corrieras), Paris, Ipagine, 2010.

Du non-autre (trad. Hervé Pasqua), Paris, Cerf, 2002.

Lettres aux moines de Tegernsee sur la docte ignorance, suivies de *Du jeu de la boule* (trad. Maurice de Gandillac), Paris, ŒIL, 1985.

Unité et réforme. 10 Opuscules ecclésiologiques (éd. Hubert Vallet), Paris, Beauchesne, « le grenier à sel », 2015.

Sermons eckhartiens et dionysiens (trad. Francis Bertin), Paris, Cerf, « Sagesses chrétiennes », 1998.

Écrits mathématiques (trad. Jean-Marie Nicolle), Paris, Champion, 2007.

Opuscules (trad. Hervé Pasqua), Rennes, Publications du Centre de Recherche de l'Institut Catholique de Rennes, 2011. [Comporte : *Le Dieu caché, La Recherche de Dieu, La Filiation de Dieu, Le Don du Père des Lumières, La Conjecture sur les derniers jours, Le Dialogue sur la Genèse, L'Égalité, Le Principe*].

Anthologie (éd. Klaus Reinhardt et Harald Schwaetzer, éd. fr. Marie-Anne Vannier), Paris, Cerf, « L'Apogée de la théologie mystique de l'Église d'Occident », 2012. [Comporte : des extraits de la *Docte ignorance*, des *Conjectures*, des *Dialogues avec le Profane*, de la *Vision de Dieu*, de la *Paix de la foi*, du *Béryl*, du *Jeu de la boule, La Recherche de Dieu, La Filiation de Dieu, Le Compendium*, la *Lettre au novice Albergati*, les sermons XVII, XXVII, CLX, CXLI, CCXVI, ainsi que deux des lettres aux moines de Tegernsee et le testament du Cusain].

Actes de la vie de Nicolas de Cues

Acta Cusana : Quellen zur Lebensgeschichte des Nikolaus von Kues (éd. Erich Meuthen, Hermann Hallauer), Hambourg, Meiner, im Auftrag der Heidelberger Akademie der Wissenschaften, 1976-2016. 5 vol. à ce jour.

Sources

Alain de Lille, *Règles de théologie, suivi de Sermon sur la sphère intelligible* (éd. et trad. Françoise Hudry), « Sagesses chrétiennes », Le Cerf, Paris, 1995 (PL 210).

Albert le Grand, *De Anima* (éd. Clemens Stroick, Bernhard Geyer), dans *Sancti doctoris ecclesiae Alberti Magni Opera omnia / ad fidem codicum manuscriptorum edenda, apparatu critico notis prolegomenis indicibus instruenda curavit Institutum Alberti Magni Coloniense*, VII, 1, Aschendorff, Münster, 1968.

— , *De causis et processu universitatis a prima causa* (éd. Winfried Fauser), dans *Sancti doctoris ecclesiae Alberti Magni Opera omnia / ad fidem codicum manuscriptorum edenda, apparatu critico notis prolegomenis indicibus instruenda curavit Institutum Alberti Magni Coloniense*, XVII, 2, Aschendorff, Münster, 1993.

— , *De generatione et corruptione* (éd. Paul Hossfeld), dans *Sancti doctoris ecclesiae Alberti Magni Opera omnia / ad fidem codicum manuscriptorum edenda, apparatu critico notis prolegomenis indicibus instruenda curavit Institutum Alberti Magni Coloniense*, V, 2, Aschendorff, Münster, 1980.

— , *Metaphysica* (éd. Bernhard Geyer), *Sancti doctoris ecclesiae Alberti Magni Opera omnia / ad fidem codicum manuscriptorum edenda, apparatu critico notis prolegomenis indicibus instruenda curavit Institutum Alberti Magni Coloniense*, XVI, 1-2, Aschendorff, Münster, 1960-1964.

— , *Physica (éd. Paul Hossfeld)*, dans *Sancti doctoris ecclesiae Alberti Magni Opera omnia / ad fidem codicum manuscriptorum edenda, apparatu critico notis prolegomenis indicibus instruenda curavit Institutum Alberti Magni Coloniense*, IV, 1-2, Aschendorff, Münster, 1987-1993.

— , *Summa de homine* (éd. Henryk Anzulewicz et Joachim Roland Söder), dans *Sancti doctoris ecclesiae Alberti Magni Opera omnia / ad fidem codicum manuscriptorum edenda, apparatu critico notis prolegomenis indicibus instruenda curavit Institutum Alberti Magni Coloniense*, XXVII, Aschendorff, Münster, 2008.

— , *Super Dionysium De divinis nominibus* (éd. Paul Simon, Bernhard Geyer), dans dans *Sancti doctoris ecclesiae Alberti Magni Opera omnia / ad fidem codicum manuscriptorum edenda, apparatu critico notis prolegomenis indi-*

cibus instruenda curavit Institutum Alberti Magni Coloniense, Alberti Magni Opera Omnia, XXXVII, 1, Aschendorff, Münster, 1972.

AMBROISE, *De Iacob et uita beata, dans Sancti Ambrosii episcopi Mediolanensis opera,* 3. Isacco o l'anima, Il bene della morte, Giacobbe e la vita beata, Giuseppe (ed. Karl Schenkl, trad. ital. Claudio Moreschini), « Biblioteca Ambrosiana », Città Nuova, Milan/Rome, 1982.

ANSELME DE CANTORBÉRY, *Lettre sur l'incarnation du verbe* (trad.. Michel Corbin et Alain Galonnier), « L'œuvre d'Anselme de Cantorbéry, 3 », Le Cerf, Paris, 1988.

— , *Monologion. Proslogion* (trad. Michel Corbin), « L'œuvre d'Anselme de Cantorbéry, 1 », Le Cerf, Paris, 1986.

— , Pourquoi Dieu s'est fait homme (trad. René Rocques), « Sources chrétiennes, 91 », Le Cerf, Paris, 2005.

ARISTOTE, *Catégories* (trad. Frédérique Ildefonse et Jean Lallot), « Points. Essais, 484 », Seuil, Paris, 2002.

— , *De l'âme* (trad. Pierre Thillet), « folio. Essais », Gallimard, Paris, 2005.

— , *De la génération et de la corruption* (trad. Marwan Rashed), « CUF », Les Belles Lettres, Paris, 2005.

— , *Du sens et des sensibles*, dans *Petits traités d'histoire naturelle* (trad. Pierre-Marie Morel), Paris, Flammarion-GF, 2000.

— , *Éthique à Nicomaque* (trad. Jean Voilquin), Flammarion-GF, Paris, 1992.

— , *Les Politiques* (trad. Pierre Pellegrin), Flammarion-GF, 2015.

— , *Métaphysique* (trad. Marie-Paule Duminil), Flammarion-GF, Paris, 2008.

— , *Physique* (trad. Pierre Pellegrin), Flammarion-GF, Paris, 2000.

— , *Premiers analytiques* (trad. Michel Crubellier), Flammarion-GF, Paris, 2014.

— , *Seconds analytiques* (trad. Pierre Pellegrin), Flammarion-GF, Paris, 2015.

— , *Topiques,* I et II (trad. Jacques Brunschwig), « CUF », Les Belles Lettres, Paris, 1967-2007.

— , *Traité du ciel* (trad. Catherine Dalimier et Pierre Pellegrin), Flammarion-GF, Paris, 2004.

AUGUSTIN, *Contre la seconde réponse de Julien* VI, 31 [*Contra Iulianum : Opus imperfectum.* (éd. Michaela, Zelzer). Tomus posterior, Libri IV-VI, Verl. der Österreichischen Akademie der Wissenschaften, Vienne, 2004 (CSEL 85, 2)].

— , *De Diversis quaestionibus octoginta tribus. De Octo Dulcitii quaestionibus* (éd. Almut Mutzenbecher), Brepols, Turnhout, 1975 (CCSL XLIV A).

— , *Enarrationes in psalmos,* 51-100. (éd. Hildegund Müller), Verlag der Österreichischen Akademie der Wissenschaften, Vienne, 2004 (CSEL 94, 1 ; CCSL XXXIX).

— , *Epistulae ad Romanos inchoata expositio. Début du commentaire de l'épître aux Romains* (éd. et trad. Daniel Hadas), thèse soutenue sous la direction de Vincent Zarini à l'Université Paris-Sorbonne (Laboratoire d'études sur les monothéismes), 2015.

— , *Exposés généraux de la foi et du symbole* (éd. J. Rivière, mise à jour G. Madec et J.-P. Bouhot), dans *Œuvres complètes de Saint Augustin*, 9, « Bibliothèque augustinienne », Institut d'études augustiniennes, Paris, 1988[2] (1949).
— , *L'Ordre*, dans *Œuvres complètes de Saint Augustin*, Dialogues philosophiques, L'ordre, vol. 4.2 (trad. Jean Doignon), « Bibliothèque augustinienne », Institut des études augustiniennes, Paris, 1997 (PL 32).
— , *La Cité de Dieu* (traduction de Gustave Combès), dans *Œuvres complètes de Saint Augustin*, 33, 34 et 36, « Bibliothèque augustinienne », Institut d'études augustiniennes, Paris, 2014,1996, 1996 (CCSL XLVIII).
— , *La Doctrine chrétienne*, dans *Œuvres complètes, La Doctrine chrétienne*, vol. 11.2 (trad. Madeleine Moreau, notes compl. Isabelle Bochet et Goulven Madec), « Bibliothèque augustinienne », Institut des études augustiniennes, Paris, 1997 (CSEL 80, CCSL XXXII).
— , *La Genèse au sens littéral en douze livres* (trad.. Paul Agaësse, notes Aimé Solignac) dans *Œuvres complètes de Saint Augustin*, 49, « Bibliothèque augustinienne », Institut d'études augustiniennes, Paris, 2001 (1970) (CSEL 28, 1).
— , *La Trinité*, dans *Œuvres complètes, La Trinité*, vol. 16 (trad. Paul Agaësse, notes Joseph Moingt), « Bibliothèque augustinienne », Institut des études augustiniennes, Paris, 1991 (CCSL XVI).
— , *Les Confessions* (traduction d'Eugène Tréhorel et André Bouissou, notes Aimé Solignac), dans *Œuvres complètes de Saint Augustin*, 13 et 14, « Bibliothèque augustinienne », Institut d'études augustiniennes, Paris, 1998 (CSEL 33).
— , Lettres 1-30 (trad. Serge Lancel, notes Emmanuel Bermon) dans *Œuvres complètes de Saint Augustin*, 40-A, « Bibliothèque augustinienne », Institut d'études augustiniennes, Paris, 2011 (PL 33).
— , *Soliloques* dans *Œuvres complètes de Saint Augustin*, Dialogues philosophiques, vol. 5 (trad. Régis Jolivet, Pierre de Labriolle, François-Joseph Thonnard, préf. d'Étienne Gilson), « Bibliothèque augustinienne », Institut des études augustiniennes, Paris, 1955 (PL 32).
— , *Traité la musique* (trad. Jean-François Thénard, Marc Citoleux) Éditions du Sandre, Paris, 2006 (PL 32).
Avicenne, *Liber de anima seu Sextus de naturalibus* (éd. critique de la trad. latine médiévale par Simone Van Riet, intro. Gérard Verbeke), 2 vol., « Avicenna latinus », Peeters/Brill, Louvain/Leiden, 1968-1972.
— , *Liber de philosophia prima sive Scientia divina* (éd. critique de la trad. latine médiévale par Simone Van Riet ; intro. Gérard Verbeke), 2 vol, « Avicenna latinus », Peeters/Brill, Louvain/Leiden, 1977-1980.
Boèce, *Ars. Geometriae (éd. Gottfried Friedlein, 1867)*, Minerva, Francfort s. M. 1966 (Reprints)
— , *De arithmetica* (éd. Henri Oosthout, Johannes Schilling), « Anicii Manlii Severini Boethii opera ; 2 », Brepols, Turnhout, 1999. *Institution arithmé-*

tique (trad. Jean-Yves Guillaumin), « CUF », Les Belles Lettres, Paris, 1995 (CCSL XCIV, 1 ; PL 63).

— , *De consolatione philosophiae*, dans *Opuscula theologica* (éd. Claudio Moreschini), « Bibliotheca scriptorvm Graecorvm et Romanorvm Tevbneriana », K. G. Saur, Munich, 2000. *La Consolation de la philosophie* (trad. Jean-Yves Guillaumin), « La Roue à livres », Les Belles Lettres, Paris, 2002 (CCSL XCIV).

— , *In Isagogen Porphyrii commentarium Copiis a Georgio Schepss comparatis suisque usus recensuit Samuel Brandt*, Tempsky, Vienne, 1906 (CSEL XLVIII).

— , *In Porphyrium Commentaria*, dans *Manlii Severini Boetii opera omnia...* Brepols, Turnhout, 1997 (Paris, 1847) (PL 64).

— , *In Porphyrium Dialogus Primus*, dans *Manlii Severini Boetii opera omnia...* , Brepols, Turnhout, 1997 (Paris, 1847) (PL 64).

— , *La Trinité*, dans *Opuscula Sacra*, vol. 2 (trad. Alain Galonnier, éd. Claudio Moreschini), Peeters, « Philosophes médiévaux, LIII », Louvain, 2013.

— , *Les Catégories d'Aristote*, dans Aristote, Categoriae, vel Praedicamenta (transl. Boethii, editio composita ; translatio Guillelmi de Moerbeka ; lemmata e Simplicii commentario decerpta ; Pseudo-Augustini paraphrasis Themistiana) (éd. Laurenzio Minio-Paluello), « Aristoteles latinus », Desclée de Brouwer, Paris/Bruges, 1961 (aussi dans PL 64).

BONAVENTURE, *Commentaire des Sentences*, dans *Opera theologica selecta*, Edítio minor. Tomus I[-IV]. Liber I[-IV]. *Sententiarum* (éd. Léonard-Marie Bello), Quaracchi, 1934.

— , *In Hexameron. Les six jours de la Création* (trad. Marc Ozilou), « L'œuvre de saint Bonaventure », Desclée de Brouwer/Cerf, Paris, 1991.

— , *Itinéraire de l'esprit vers Dieu* (trad. Henry Duméry), Vrin, « Bibliothèque des textes philosophiques », Paris, 1978[2] (1960).

CHALCIDIUS, *Commentaire au « Timée » de Platon (éd.* Béatrice Bakhouche, avec la coll. de Luc Brisson), « Histoire des doctrines de l'Antiquité classique, 42 », Vrin, Paris, 2011 (Plat. Lat. IV).

CICÉRON, *De la nature des dieux* (trad. Clara Auvray-Assayas), « La Roue à livres, 42 », Les Belles Lettres, Paris, 2002.

CLAREMBAUD D'ARRAS, *Tractatulus super librum Genesis. Court traité* (trad. Michel Lemoine), dans *Théologie & cosmologie au XIIe siècle*, Les Belles Lettres, « Sagesses médiévales », Paris, 2004, p. 152-179.

DIOGÈNE LAËRCE, *Vies et doctrines des philosophes illustres* (trad. sous la dir. Marie-Odile Goulet-Cazé), « La Pochothèque », Le Livre de Poche, 1999.

DOMINIQUE GUNDISSALINUS, *De unitate et uno* (estudio, edición crítica y traducción castellana, Maria Jesús Soto-Bruna, Concepción Alonso del Rea), « Colección de pensamiento medieval y renacentista, 154 », Ed. Universidad de Navarra, Pamplune, 2015 (PL 63).

EUSÈBE DE PAMPHILE (OU DE CÉSARÉE), *De preparatione evangelica. La préparation évangélique* (éd. sous la dir. d'Édouard des Places), 6 vol., Le Cerf, Paris, 1974-1991 (PG 21).

GRÉGOIRE DE NYSSE, *Oratio,* dans *Opera sancti Gregorii Nysseni* (éd. J. P. Migne),Brepols, Turnhout, 1959 (PG 46).

— , *Contre les Eunomiens,* dans *Opera sancti Gregorii Nysseni* (éd. J. P. Migne), Brepols, Turnhout, 1959 (PG 45).

HEYMERIC DE CAMPO, *Ars demonstrativa* (éd. Jean-Daniel Cavigioli), dans HEYMERICUS DE CAMPO, *Opera selecta* I. (éd. Ruedi Imbach, Pascal Ladner), « Spicilegium Friburgense ; 39 », Universitätsverlag, Freiburg i. U./Saint-Paul, 2001, p. 129-167.

— , *Tratactus de sigilli aeternitatis,* dans HEYMERICUS DE CAMPO, *Opera selecta* I. (éd. Ruedi Imbach, Pascal Ladner), « Spicilegium Friburgense, 39 », Universitätsverlag, Freiburg i. U./Saint-Paul, 2001.

HONORÉ D'AUTUN, *De imagine mundi,* I 68 (PL172) (édition V. I. Flint), *in* : *Archives d'histoire doctrinale et littéraire du Moyen Âge,* n° 57, 1982, pp. 1-153.

HUGO RIPELIN DE STRASBOURG, *Compendium Theologicae Veritatis*

HUGUES DE SAINT-VICTOR, *Commentaire de l'Ecclésiaste de Salomon,* dans *Hugonis de S. Victore... opera omnia...* (éd. Jean-Paul Migne), Brepols, Turnhout, 1992-1994 (PL 175).

— , *L'Art de lire. Didascalicon* (trad. Michel Lemoine), « Sagesses chrétiennes », Cerf, Paris, 1991.

— , *Super ierarchiam Dionisii (Commentaire de la Hiérarchie céleste du Pseudo-Denys)* (éd. Dominique Poirel), dans Hugonis de Sancto Victore Opera, « Corpus christianorum. Continuatio mediaevalis ; 178 », Brepols, Turnhout, 2015 (PL 175).

ISIDORE DE SÉVILLE, *The Etymologies of Isidore of Sevill*e (trad. Stephan A. Barney et al.), Cambridge University Press, Cambridge, 2006.

JEAN DE SALISBURY, *Metalogicon* (éd. John Barrie Hall), « Corpus christianorum. Continuatio Mediaevalis ; 98 », Brepols, Turnhout, 1991(PL 199). *Le Metalogicon* (trad. François Lejeune), « Zêtêsis. Série textes et essais », Presses de l'université de Laval/Vrin, Laval/Paris, 2009.

— , *Policratus,* I-IV (éd. Katharine S. B. Keats-Rohan), « Corpus christianorum. Continuatio mediaevalis, 118 », Brepols, Turnhout, 1993.

JEAN DUNS SCOT, *Traité du premier principe* (éd. Wolfgang Kluxen, trad. Jean-Daniel Cavigioli, Jean-Marie Meilland, François-Xavier Putallaz, dir. Ruedi Imbach), « Bibliothèques des textes philosophiques », Vrin, Paris, 2001.

JEAN GERSON, *Sur la Théologie mystique* (trad. Marc Vial), « Translatio », Vrin, Paris, 2005.

JEAN SCOT ERIGÈNE, *De la division de la nature,* I, La nature créatrice incréée (trad. F. Bertin). PUF, « Épiméthée », Paris, 1995 (PL 122 ; CCCM 161-165).

— , *De la division de la nature,* II, La nature créatrice créée (trad. Francis Bertin), PUF, « Epiméthée », Paris, 1995 (PL 122 ; CCCM 161-165).

— , *De la division de la nature*, III, La nature créée incréative (trad. Francis Bertin), PUF, « Épiméthée », Paris, 1995 (PL 122 ; CCCM 161-165).

— , *De la division de la nature*, IV, La nature créée incréative (trad. Francis Bertin), PUF, « Épiméthée », Paris, 1995 (PL 122 ; CCCM 161-165).

— , *De la division de la nature*, V, La nature incréative et incréée (trad. Francis Bertin), PUF, « Épiméthée », Paris, 2009 (PL 122 ; CCCM 161-165).

Jean Wenck de Herrenberg, *De Ignota Litteratura*, dans *Le «De Ignota litteratura» de Jean Wenck de Herrenberg contre Nicolas de Cuse* (éd. Edmond Vansteenberghe), « Beiträge zur Geschichte der Philosophie und Theologie des Mittelalters, 8/6 », Aschendorff, Münster, 1910. L'édition américaine est meilleure, dans *Nicholas of Cusa's debate with John Wenck, a translation and an appraisal of De ignota litteratura and Apologia doctae ignorantiae* (éd. Jasper Hopkins), A.J. Banning press, Minneapolis, 1981.

Léon le Grand, *Sermons* IX et XXIX, dans *Sermons* (trad. René Dollé), Tomes 1 et 2, « Sources chrétiennes », Le Cerf, Paris, 2008 (^{2}1964) et ^{2}1969 (PL 54).

Liber de causis (éd. Adriaan Pattin), *Tijdschrift voor filosofie* 28, Leuven, 1966. Une traduction française se trouve dans Magnard Pierre, Boulnois Olivier, Pinchard Bruno et Solère Jean-Luc, *La demeure de l'être : autour d'un anonyme : étude et traduction du « Liber de causis »*, « Philologie et Mercure », Vrin, Paris, 1990.

Macrobe, *Commentaire au Songe de Scipion* (éd. James Willis), « Bibliotheca scriptorum Graecorum et Romanorum Teubneriana, 1526 », B. G. Teubner, 1994 (21970), trad. fr. Macrobe, *Commentaire au songe de Scipion* (texte établi e trad. Mireille Armisen-Marchetti), Tome I, Livre I et Tome II, Livre II, « CUF », Les Belles Lettres, Paris, 2001 et 2003.

Maïmonide, *Le guide des perplexes* (trad. Salomon Munk), Verdier, Lagrasse, « Les dix paroles », 2012.

Maître Eckhart, *Die deutsche und lateinischen Werke*, herausgegeben im Auftrage der DFG, Kolhammer, Stuttgart, 1934 sq. (Œuvres latines : LW ; œuvres allemandes : DW).

— , *Commentaire du livre de l'Exode* (LW II). (éd. et trad. fr. Pierre Gire), « Cahiers de l'Institut catholique de Lyon, 2 », Association des Facultés catholiques de Lyon, Lyon, 1980.

— , *Commentaire du livre de la Genèse* (LW I) (éd. et trad. fr. Fernand Brunner *et al.*), « *L'œuvre latine de Maître Eckhart,* 1 », Cerf, Paris, 1984.

— , *Commentaire du Livre de la Sagesse* (LW II) (trad. Jean-Claude Lagarrigue, Jean Devriendt), « Sagesses médiévales », Les Belles Lettres, Paris, 2015.

— , *Commentaire sur l'Evangile selon Jean* (LW III) (trad. Alain de Libera et al.), « *L'œuvre latine de Maître Eckhart,* 6 », Cerf, Paris, 1989.

— , *Quaestiones Parisienses* (LW V) (éd. Bernhard Geyer) Une traduction française des deux premières est comprise *dans Maître Eckhart à Paris : une critique médiévale de l'ontothéologie : Les Questions parisiennes n° 1 et n° 2 d'Eckhart* (études, textes et traductions par Émilie Zum Brunn et al.), « Bibliothèque de l'École des hautes études, 86 », PUF, Paris, 1984.

— , *Sermons latins* (LW IV) Une traduction française est comprise dans Maître Eckhart, *L'oeuvre des sermons : Erfurt, Paris, Strasbourg, Cologne* (trad. Jean Devriendt), « Sagesses chrétiennes », Cerf, Paris, 2010.

— , *Sermons allemands* (DW I et II). (trad. Gwendoline Jarczyk et Pierre-Jean Labarrière), « Spiritualités vivantes », Albin Michel, Paris, 2009 [1998-2000]

Pierre Lombard, *Sententiae in IV libris distinctae* (ed. Ignatius Brady), 2 vol., « Spicilegium Bonaventurianum, 4 et 5 », Editiones Collegii S. Bonaventurae ad Claras Aquas, Grottaferrata/Rome, 1971. Traduction française : *Les quatre livres des Sentences* (trad. Marc Ozilou), 4 vol., « Sagesses chrétiennes », Cerf, Paris, 2012-2015.

Platon, *Hippias Majeur* (trad. Jean-François Pradeau, Francesco Fronterotta), Flammarion-GF, Paris, 2005.

— , *Le Banquet* (trad. Luc Brisson), Flammarion-GF, Paris, ^{6}2016.

— , *Le Sophiste* (trad. Nestor-Luis Cordero), Flammarion-GF, Paris, 1993.

— , *Les Lois* (trad. Luc Brisson, Jean-François Pradeau), 2 vol. Flammarion-GF, Paris, 2006.

— , *Lettres* (trad. Luc Brisson), Flammarion-GF, Paris, ^{4}2004.

— , *Ménon* (trad. Monique Canto-Sperber), Flammarion-GF, Paris, ^{2}1993.

— , *Phédon* (trad. Monique Dixsaut), Flammarion-GF, Paris, 1991.

— , *Philèbe* (trad. Jean-François Pradeau), Flammarion-GF, Paris, 2002.

— , *République* (trad. Pierre Pachet), « folio-essais », Gallimard, Paris,1993.

— , *Timée* (trad. Luc Brisson et Michel Patillon), Flammarion-GF, Paris, ^{5}2001.

Proclus, *Commentaire sur le « Parménide » de Platon* (trad. Concetta Luna et Alain-Philippe Segonds), 5 vol., Les Belles Lettres, « CUF », Paris, 2007-2014.

— , *Éléments de théologie* (trad. Jean Trouillard), Paris, Montaigne, « Bibliothèque philosophique », 1965.

— , *La Théologie platonicienne* (éd. H.D. Saffrey, L. G Westerink), Les Belles Lettres, Paris, 1968.

Pseudo-Denys l'Aréopagite, *La Hiérarchie céleste* (trad. Maurice de Gandillac), Le Cerf, Paris, 1970^{2} (PG 3).

— , *La Théologie mystique* (éd. A.M. Ritter, trad. Ysabel de Andia), Le Cerf, « Sources chrétiennes », Paris, 2016 (PG 3).

— , *Les Noms divins* (éd. Beate Regina Suchla, trad. Ysabel de Andia), « Sources chrétiennes », Le Cerf, Paris, 2016. (PG 3).

— , *Lettres à Dorothée* dans *Oeuvres complètes du pseudo-Denys l'Aréopagite* (trad. Maurice de Gandillac), Aubier, « Bibliothèque philosophique », Paris, 1989 (PG 3, 1073A).

— *Dionysiaca* (éd. Philippe Chevallier), Vol. I et II, Desclée de Brouwer, Paris, 1937.

Richard de St Victor, *La Trinité* (trad. Gaston Salet), Cerf, « Sources chrétiennes », Paris, ^{2}1999 (PL 196).

Saint-Jérôme, *Lettres* (éd. Jérôme Labourt), 8 vol., Les Belles Lettres, Paris, « CUF », 1949-1963 (PL 22).

Sénèque, *Questions naturelles* (éd. Paul Oltramare), Les Belles Lettres, Paris, « CUF », 1973.

Thierry de Chartres, *Commentaries on Boethius by Thierry of Chartres and His School* (ed. Nikolaus M. Häring), Toronto, Pontifical institute of Medieval studies, « Studies and texts / Pontifical institute of Mediaeval studies, 20 », 1971. Comprend le *Commentum super Boethii Librum de Trinitate*, les *Glossa super librum Boethii librum De trinitate,* les *Lectiones* et le *Tractatus (De sex dierum operibus)*, préalablement édités dans les *AHDLMA* XXX (1955), p. 184-200 ; XXXI (1956) p. 266-325, XXXIII (1958) p.124-226 et XXVII (1960), p. 80-134. Seul le *Tractatus* est traduit en français à ce jour : *Traité des œuvres des six jours* (trad. Michel Lemoine), dans *Théologie & cosmologie au* XII*e* *siècle*, « Sagesses médiévales », Les Belles Lettres, Paris, 2004, p.122-147.

Thomas d'Aquin, *De regimine principium*, dans Thomas d'Aquin, *Opuscula omnia* (éd. Pierre Mandonnet), Lethielleux, Paris, 1927.

— , *Commentaire de l'épitre aux Romains* suivi de *Lettre à Bernard Ayglier, abbé de Mont-Cassin* (trad. Jean-Eric Stroobant de Saint Eloy), Cerf, Paris, 1999 (PL 191, PL 192).

— , *Commentaire de la Deuxième Épître aux Corinthiens* (trad. Jean-Eric Stroobant de Saint Eloy, intr. Gilbert Dahan), Cerf, Paris, 2005.

— , *Commentaire des Noms divins du Pseudo-Denys. In librum beati Dionysii de Divinis nominibus expositio* (éd. Ceslai Pera, Petri Caramello), Marietti, Turin/Rome, 1950.

— , *Commentaire du Peryermenias, « Traité de l'interprétation » d'Aristote* (trad. Bruno et Maylis Couillaud). « Sagesses médiévales, 1 », Les Belles Lettres, Paris, 2004.

— , *Commentaire du Traité « De l'âme » d'Aristote* (trad. Jean-Marie Vernier), « Bibliothèque des textes philosophiques », Vrin, Paris, 2007.

— , *De l'Éternité du monde*, dans *Thomas d'Aquin et la controverse sur l'éternité du monde : traités sur l'éternité du monde de Bonaventure, Thomas d'Aquin, Peckham, Boèce de Dacie, Henri de Gand et Guillaume d'Ockham* (trad. Cyrille Michon, avec la collab. d'Olivier Boulnois et de Nathanaël Dupré La Tour), Flammarion-GF, Paris, 2004.

— , *De la puissance*, dans *Le questioni disputate.* Vol. 8 et 9, *La potenza divina. Questioni 1-5 et 6-10* (trad. it.

— , *L'Être et l'essence,* dans *L'être et l'essence : le vocabulaire médiéval de l'ontologie : deux traités "De ente et essentia" de Thomas d'Aquin et Dietrich de Freiberg* (trad. Alain de Libera, Cyrille Michon), « Points-Essais », Seuil, Paris, 1996).

— , *Opera omnia.* Tomus L, *Super Boetium de Trinitate ; Expositio libri Boetii «De hebdomadibus»* (ed. Pierre M.J. Gils, Louis J. Bataillon et Carlo A. Grassi) Commission Léonine, Le Cerf, Paris, 1992

— , *Questions disputées sur la vérité. Quaestiones disputatae de veritate* (éd. Antoine Dondaine), Commission Léonine, Ed. di san Tommaso, Rome, 1970-1976. Une édition intégrale avec traduction allemande est en cours de parution en 6 volumes chez Meiner Verlag (2014-2018).

— , *Somme contre les Gentils* (trad. Vincent Aubin, Cyrille Michon et Denis Moreau), 4 vol., Flammarion-GF, Paris, 1999.

— , *Somme Théologique* (trad. Aimon-Marie Roguet, éd. Albert Raulin), 4 vol., Cerf, Paris, 1984-1986.

Witelo, édition critique de la *Perspectiva* dans *Witelonis Perspectiva* (éd. Sabetai Unguru), 3 vol. (Livres I, II et III, V), Wroclaw, Ossolineum, « Studia Copernicana » 1977-1991 ; des extraits importants dans Bauemker (Clemens), *Witelo : ein Philosoph und Naturforscher des XIII. Jahrhunderts*, Münster, Aschendorff, « Beiträge zur Geschichte der Philosophie und Theologie des Mittelalters, 3, 2 », 1991, p.127-179.

Xénophon, *L'Art de la chasse*, XII, 9 (trad. E. Delebecque) « CUF », Les Belles Lettres, Paris, 2003(1970).

— , *Les Mémorables* (trad. Louis-André Dorion), « Le goût des idées », Les Belles Lettres, Paris, 2015.

Texte biblique et textes chrétiens

Traduction en français de la *Septante* : *La Bible d'Alexandrie* (dir. Marguerite Harl), Paris, Cerf, 1986-1994.

Sauf exception dûment mentionnée, nous citons le texte de la Bible dans sa version chrétienne et œcuménique : *La Bible, Traduction œcuménique*, Bibli'O/ Société biblique française/Les éditions du Cerf, 2010.

Symboles et définitions de la foi catholique, publiés par Heinrich Denzinger (éd. Peter Hünermann, Joseph Hoffmann), Paris, Cerf, [38]2001 (1854).

Réception

Bussi (Giovanni Andrea), *Prefazioni alle edizioni di Sweynheym e Pannartz prototipografi romani*, (éd. Massimo Miglio), Milan, Il Polifilo, « Documenti sulle arti de libro, 12 », 1978.

Reisch (Gregor), *Margarita Philosophica* (éd. Lutz Geldsetzer), Düsseldorf, Stern/Janssen, « Instrumenta philosophica », 1973.

Ronsseus (Balduinus), *Venatio medica seu Medicina ex lepore, cervo, lupo & apro* (Venise, 1581 ; Leyde, 1589, chez Frans van Ravelingen).

Bruno (Giordano), *Les Fureurs héroïques*, dans *Œuvres complètes* VII, Paris, Les Belles Lettres, 2008.

— , *De la cause, du principe et de l'un* (trad. Luc Hersant ; introd. et notes compl. de Thomas Leinkauf), dans *Œuvres complètes* III, Paris, Les Belles Lettres, [2]2016.

Van Helmont (François), *Ortus medicinae*, id est initia physicae inaudita, progressus medicinae novus in morborum ultionem ad vitam longam, … (edente authoris filio, Francisco Mercurio Van Helmont, cum ejus praefatione ex Belgico translata), Amsterdam, Elzevier, 1648.

Descartes (René), *Lettre à Chanut* (6 juin 1647) (AT V).

Littérature secondaire

Biographie de Nicolas de Cues

Meuthen (Erich), *Nikolaus von Kues 1401-1464. Skizze einer Biographie*, Aschendorff, Münster, 1992[7] (1964).

— , *Die letzten Jahre des Nikolaus von Kues. Biographische Untersuchungen nach neuen Quellen.* Westdeutscher Verlag, Cologne/Opladen, 1958.

Müller (Tom), *Der junge Cusanus. Ein Aufbruch in das 15. Jahrhundert*, Aschendorff, Münster, 2013.

Vansteenberghe (Edmond), *Le Cardinal Nicolas de Cues. L'action – la pensée,* Slatkine Reprints, Genève, 1974 (Paris, 1920).

Ouvrages généraux et introductifs à l'œuvre de Nicolas de Cues

Blumenberg (Hans), *La Légitimité des temps modernes* (trad. Marc Sagnol, Jean-Louis Schlegel et Denis Trierweiler), « Bibliothèque de philosophie », Gallimard, Paris,1999 (1966).

Cassirer (Ernst), *Le problème de la connaissance dans la philosophie et la science des temps modernes*, I (trad. René Fréreux), Cerf, Paris, 2004.

— , *Individu et cosmos dans la philosophie de la Renaissance* (trad. Pierre Quillet), Minuit, Paris, 1983.

Federici-Vescovini (Graziella), *Nicolas de Cues*, « Bibliothèque des philosophies », Vrin, Paris, 2016.

Flasch (Kurt), *Introduction à la philosophie médiévale* (trad. Jeanine de Bourgknecht, Ruedi Imbach et François-Xavier Putallaz, préface Ruedi Imbach et François-Xavier Putallaz), Fribourg-Paris, Academic Press Fribourg/Cerf, 2010[2] (1992) : 239-257.

— , *Nicolaus Cusanus*, « Beck'sche Reihe : bsr – Denker », Beck, Munich, 2001.

— , *Die Metaphysik des Einen bei Nikolaus von Kues,* Brill, Leiden, 1973.

— , *Nikolaus von Kues. Geschichte einer Entwicklung. Vorlesungen zur Einführung in seine Philosophie,* Klostermann, Francfort s. M., 1998. [indispensable si l'on est germaniste]

— , *Initiation à Nicolas de Cues* (éd. Jacob Schmutz et Maude Corrieras), Academic Press Fribourg/Cerf, Fribourg/Paris, 2008. [Une toute première approche]

GANDILLAC (Maurice de), *La Philosophie de Nicolas de Cues*, Aubier-Montaigne, Paris, 1941.
— , *Nicolas de Cues*, Ellipses, « Philo », Paris, 2001.
HAUBST (Rudolf), *Das Bild des Einen und Dreieinen Gottes in der Welt nach Nikolaus von Kues.*Trèves, Paulinus, « Trierer Theologische Studien, 4 », 1952.
JACOBI (Klaus), *Die Methode der Cusanische Philosophie*, Fribourg/Munich, 1969.
SCHNARR (Hermann), *Modi essendi. Interpretationen zu den Schriften* De docta ignorantia, De coniecturis *und* De venatione sapientiae *von Nikolaus von Kues,* « Buchreihe der Cusanus-Gesellschaft, 5 », Aschendorff, Münster, 1973.
SFEZ (Jocelyne), *L'Art des conjectures de Nicolas de Cues*, Beauchesne, « Le grenier à sel », Paris, 2012, p. 190-198.
VANSTEENBERGHE (Edmond), *Autour de la Docte Ignorance, une controverse sur la théologie mystique*, « Beiträge zur Geschichte der Philosophie und Theologie des Mittelalters », Aschendorff, Münster, 1915.
VENGEON (Frédéric), *Nicolas de Cues : le monde humain. Métaphysique de l'infini et anthropologie.* Jérôme Millon, Grenoble, 2011.

Sur la philosophie tardive de Nicolas de Cues (1460-1464)

BOMBASSARO (Luiz Carlos), « Imagem e conceito : a metafora da caça na filosofia da renascença », in : *Rev. Filos.*, v. 19, n. 24, jan/juin 2007, p. 11-33.
BREDOW (Gerda Freiin von), « Der Sinn der Formel "meliori modo quo" », dans *MFCG* 6, 1967, p. 21-26.
— , « Der spielende Philosoph. Betrachtungen zu Nikoluas von Kues' "De possest", in : *Vierteljahrsschrift für wissenschaftliche Pädagogik*, 32, Bochum, 1956 : 108-115.
BRÜNTRUP (Alfons), *Können und Sein. Der Zusammenhang der Spätschriften des Nikolaus von Kues*, « Epimeleia, 23 », A. Pustet, Munich, 1973.
CASARELLA Peter J. « Nicholas of Cusa and the power of the possible », dans *American Catholic Philosophical Quarterly*, LXIV/1, 1990 : 7-34.
DANGELMAYR (Siegfried), *Gotteserkenntnis und Gottesbegriff in den philosophischen Schriften des Nikolaus von Kues*, « Monographien zur philosophischen Forschung, 54 », Verlag Anton Hain, Meisenheim/Glan, 1969.
EISENKOPF (Anke), « Thinking between quies and motus. (Neo-)platonic implication and their usage as epistemological concepts in the Trialogus de Possest », dans Machetta (Jorge M.), d'Amico (Claudia), éd., *El problema del conocimiento en Nicolás de Cusa : genealogía y proyección*, Editorial Biblos, « Presencias Medievales », Buenos Aires, 2005 : 141-155.
FALQUE (Emmanuel), « Le Pouvoir-Est (De possest) ou le "Dieu im-possible" selon Nicolas de Cues », dans *Actes du Colloque "Enrico Castelli sur le Possible", Archivio di Filosofia,* vol. LXXVIII, 1, 2010 : 131-142.

FAUST (August), *Der Möglichkeitsgedanke. Systemgeschichtliche Untersuchungen, 1. und 2. Teile*, Carl Winters Universitätsbuchhandlungen, Heidelberg, 1931-1932.

GANDILLAC (Maurice de), « "N et IN comme figures énigmatiques" traduction et commentaire de deux textes cusains », in : *Le Nouveau Commerce*, cahier 81, automne 1991.

GIACON (Carlo) « Il "possest" del Cusano e la dottrine aristotélico tomistiche dell'atto e potenza e dell'essenza et esistenza », in : *Nicolo Cusano agli inizi del mondo moderno, Atti del Congresso internazionale in occasione del V centenario della morte di Nicolò Cusano* (Bressanone 6 settembre 1964), Sansoni, Florence, 1970 : 375-384.

HOPKINS (Jasper), « Cusanus und die sieben Paradoxa von *posse* », dans *Nikolaus von Kues. De venatione sapientiae.* Akten des Symposions in Trier vom 23. bis 25. Oktober 2008, *MFCG*, Paulinus, 32, 2010, p. 67-82.

IMBACH (Ruedi), « Einige vorläufige Bemerkungen zur Jagd als Bild der Philosophie », dans *Der Wald. Beiträge zu einem interdisziplinären Gespräch.* SEGES, Nouvelle série, 13, Fribourg/Suisse, 1993, p. 87-100.

LEINKAUF (Thomas), « Nicolaus Cusanus und Bonaventura. Zum Hintergrund von Cusanus' Gottesname "*possest*" », dans *Recherches de théologie et philosophie médiévales*, 72-1, 2005, p. 113-132.

— , « Renovatio und unitas. Nicolaus Cusanus zwischen Tradition und Innovation – Die 'Reformation' des Möglichkeitsbegriffs », dans FRANK (Thomas), WINCKLER (Norbert), *'Renovatio et unitas' Nikolaus von Kues als Reformer. Theorie und Praxis der 'reformatio' im 15. Jahrhundert*, « Berliner Mittelalter und Früneuzeitforschung, 13 », V&R Unipress, Göttingen, 2012, p. 87-104.

MAGNARD (Pierre), « Une métaphysique de l'expression », dans Nicolas de Cues, *Dialogue à trois sur le pouvoir-est, Trialogus de possest* (trad. Pierre Caye, David Larre, Pierre Magnard et Frédéric Vengeon), « Philologie et Mercure », Vrin, Paris, 2007, p. 7-19.

MAAßEN (Jens), *Metaphysik und Möglichkeitsbegriff bei Aristoteles und Nikolaus von Kues, eine historisch-systematische Untersuchung,* « Quellen und Studien zur Philosophie », W . de Gruyter, Berlin, 2015.

MEIER-OESER (Stephan), « *Potentia* vs *Possibilitas ? Posse !* Zur cusanischen Konzeption der Möglichkeit », dans BUCHHEIM (Thomas) *et al.*, éd., *Potentitalität und Possibilität. Modalaussagen in der Geschichte der Metaphysik*, fromman-holzboog, Stuttgart-Bad Cannstatt, 2001.

MEUTHEN (Erich), « De venatione sapientiae (Rezension) », dans *Historisches Jahrbuch*, 103, 1983, p. 446-448.

PASQUA (Hervé), « Introduction », dans Nicolas de Cues, *Le « pouvoir-est »* (trad. Hervé Pasqua), « Epiméthée », PUF, Paris, 2014, p. 7-42.

SCHNEIDER (Gerhard), *Gott – das Nichtandere. Untersuchungen zum metaphysischen Grunde bei Nikolaus von Kues*, « Buchreihe des Cusanus-Gesellschaft, 4 », Aschendorff, Münster, 1970.

SFEZ (Jocelyne), *Nicolas de Cues, puissance et expression*, « Philosophie en cours », Démopolis, Paris, à paraître 2017.

STALLMACH (Johannes), « Sein und Können-Selbst bei Nikolaus von Kues », dans FLASCH (Kurt), éd., *Parusia. Festgabe für Johannes Hirschberger*, Minerva, Francfort s. M., 1965, p. 407-421.

THIEL (Dietlef), « Intellekt und Imagination in Cusanus'Trialogus des possest », in : André (Joao Maria), Krieger (Georg) et Schwaetzer (Harald), éd., *Intellectus und imaginatio. Aspekte geistige und sinnlicher Erkenntnis bei Nicolaus Cusanus*, « Bochumer Studien zur Philosophie », B. Grüner, Amsterdam/Philadelphia, 2006, p. 43-80.

TROTTMANN (Christian), « La louange, acte intellectuel et acte éthique dans le *De venatione sapientiae* de Nicolas de Cues », dans MALHOMME (Florence) et WERSING (Anne Gabrièle), *Mousikè et aretè. La musique et l'éthique de l'Antiquité à l'âge moderne*, « De Pétrarque à Descartes, LXXIV », Vrin, Paris, 2007, p. 151-166.

Sur d'autres aspects de la pensée de Nicolas de Cues

« Kritisches Verzeichnis der Londoner Handschriften aus dem Besitz des Nikolaus von Kues », dans *MFCG* 3, 1963, p. 16-100, en particulier 25-32 pour ce qui concerne le *cod. Harl.* 1347 comportant *Les Vies et doctrines des philosophes illustres* de Diogène Laërce.

ANDRÉ (João Maria), « Conocer es dialogar. Las metáforas del conocimiento y su dimensión dialógica en el pensamiento de Nicolás de Cusa », dans *El problema del conocimiento en Nicolás de Cusa : genealogía y proyección* (éd. Jorge M. Machetta, Claudia d'Amico), Buenos Aires, 2005, p. 15-38.

ANDRÉ (João Maria), KRIEGER (Gerhard), SCHWAETZER (Harald), éd., *Intellectus und imaginatio : Aspekte geistiger und sinnlicher Erkenntnis bei Nikolaus von Kues*, « Bochumer Studien zur Philosophie, 44 », B.R. Grüner, Amsterdam, 2006.

BOCKEN (Inigo), BORSCHE (Tilman), éd., *Kann das Denken mahlen ? Philosophie und Malerei in der Renaissance* Fink, Munich, 2010.

BOCKEN (Inigo), SCHWAETZER (Harald), éd., *Spiegel und Porträt : Zur Bedeutung zweier zentraler Bilder im Denken des Nicolaus Cusanus*. « CSC, V », Shaker, Maastricht, 2005.

BORSCHE (Tilman), « Der 'freie Spiegel' des Cusanus oder Die Kreativität der Rezeption », dans BOCKEN (Inigo), BORSCHE (Tilman), éd., *Kann das Denken malen ? Philosophie und Malerei in der Renaissance*, Fink, Munich, 2010, p. 111-124.

— , « Der Dialog – im Gegensatz zu anderen literarischen Formen der Philosophie – bei Nikolaus von Kues », dans JACOBI (Klaus), éd., *Gespräche lesen. Philosophische Dialoge im Mittelalter*, Tübingen, 1999, p. 407-433.

BREDOW (Gerda Freiin von) , « Der Geist als lebendiges Bild Gottes *(Mens viva dei imago)* », dans *MFCG* 13, 1978, pp. 58-67 [réimprimé dans BEDROW (Gerda von), *Im Gespräch mit Nikolaus von Kues. Gesammelte Aufsätze*

1948-1993 (éd. Hermann Schnarr), « Buchreihe der Cusanus-Gesellschaft », Aschendorff, Münster, 1995, pp. 99-109].

COLOMER (Eusebio), *Nikolaus von Kues und Raymund Lull. Aus Handschriften der Kueser Bibliothek*, « Quellen und Studien zur Geschichte der Philosophie, 2 », Walter de Gruyter, Berlin, 1961.

CORRIERAS (Maude), *Le traité du béryl,* Tome 2. *Introduction au traité De Beryllo de Nicolas de Cues*, Ipagine, Paris, 2012.

DUPRÉ (Louis), « Nature and Grace in Nicholas of Cusa's Mystical Philosophy », dans *American Catholic Philosophical Quarterly*, 64 (Hiver 1990), p. 166.

EISENKOPF (Anke), MANDRELLA (Isabelle), « Die Ethik des Nikolaus von Kues », dans *Litterae Cusanae*, Roderer Verlag, Regensburg, 4.1, 2004, p. 1-16.

FAYE (Emmanuel), « Nicolas de Cues et Charles de Bovelles dans le manuscrit *Exigua pluuia* de Beatus Rhenanus », dans *Archives d'Histoire Doctrinale et Littéraire du Moyen Âge*, t. 65, 1998, p. 415-450.

FILIPPI (Elena), *Denken durch Bilder. Albrecht Dürer als « philosophus »,* « Texte und Studien zur europäischen Geistesgeschichte », Aschendorff, Münster, 2013.

FILIPPI (Elena), SCHWAETZER (Harald), éd., *Spiegel der Seele : Reflexionen in Mystik und Malerei*, « Texte und Studien zur europäischen Geistesgeschichte, B, 3 », Aschendorff, Münster, 2011.

HAUBST (Rudolf), « Thomas von Aquin in der Sicht des Nikolaus von Kues », dans *Trierer Theol. Zeitschrift* 74, 1965.

IRLENBORN (Bernd), « Der Mensch als zweiter Gott ? Anmerkungen zur *imago Dei*-Lehre des Nikolaus von Kues », dans *Freiburger Zeitschrift für Philosophie und Theologie*, 47, 2000, p. 381-401.

KOCH (Josef), *Die* Ars conjecturalis *des Nikolaus von Kues*, « Geisteswissenschaften, 16 », Arbeitsgemeinschaft für Forschung des Landes Nordrhein – Westfalen, Cologne-Opladen, 1956.

KRIEGER (Georg), « Metaphysik und Verborgenheit Gottes. Zur historischen Bedeutung mittelalterlicher Philosophie im Blick auf Nicolaus Cusanus », dans *Prudentia und Contemplatio. Ethik und Metaphysik im Mittelalter*, Festschrift für G. Wieland zum 65. Geburtstag. Padeborn/Munich, 2002 : 255-275.

LAGARRIGUE (Jean-Claude), « Introduction », dans Nicolas de Cues, *La Docte ignorance (trad. Jean-Claude Lagarrigue)*, « Sagesses chrétiennes », Le Cerf, Paris, 2010.

MANDRELLA (Isabelle), « La liberté de la volonté d'après Eckhart et Nicolas de Cues », dans VANNIER (Marie-Anne) éd., *La naissance de Dieu dans l'âme chez Eckhart et Nicolas de Cues*, Cerf, Paris, 2006, pp. 121-136.

— , *Viva imago : die praktische Philosophie des Nikolaus Cusanus*, « Buchreihe der Cusanus-Gesellschaft, 19 », Aschendorff, Münster, 2012.

MEIER-OESER (Stephan), *Die Präsenz des Vergessenen. Zur Rezeption der Philosophie des Nicolaus Cusanus vom 15. bis zum 18. Jahrhundert*, « Buchreihe der Cusanus-Gesellschaft, 10 », Aschendorff, Münster, 1989.

MORITZ (Arne), STAMMKÖTTER (Franz-Bernhard), éd., *Ars imitatur naturam. Transformationen eines Paradigmas menschlicher Kreativität im Übergang vom Mittelalter zur Neuzeit,* Aschendorff, Münster, 2010.

MOULIN (Isabelle), éd., *Participation et vision de Dieu chez Nicolas de Cues*, Vrin, « Publications de l'Institut d'études médiévales de l'Institut catholique de Paris, Paris, 2017.

REINHARDT (Klaus), SCHWAETZER (Harald), éd., *Nicolaus Cusanus und der deutsche Idealismus*, « Philosophie interdisziplinär », Roderer, Regensburg, 2007.

REY (Anne-Lise), VENGEON (Frédéric), éd., *Nicolas de Cues et G.W. Leibniz. Infini, expression et singularité*, *Revue de métaphysique et de morale*, mai-juin 2011.

SANTINELLO (Giovanni), *Il pensiero di Nicolò Cusano nella sua prospettiva estetica*, Liviana, Padoue, 1958.

SCHWAETZER (Harald), « *Viva imago Dei.* Überlegungen zum Ursprung eines anthropologischen Grundprinzips bei Nicolaus Cusanus », dans BOCKEN (Inigo), SCHWAETZER (Harald), *Spiegel und Porträt : Zur Bedeutung zweier zentraler Bilder im Denken des Nicolaus Cusanus*, « CSC, V », Shaker, Maastricht, 2005, pp. 113-132.

— , *Aequalitas. Erkenntnistheoretische und soziale Implokationen eines christologischen Bregriffs bei Nikolaus von Kues. Eine Studie zu seiner Schrift* De aequalitate, « Studien und Materialen zur Geschichte der Philosophie », Olms, Hildesheim, 2000.

SENGER (Hans Gerhard), « Gerechtigkeit und Gleichheit, und ihre Bedeutung für die Tugenlehre des Nikolaus von Kues », dans *Sein und Sollen. Die Ethik des Nikolaus von Kues.* Trèves, *MFCG*, 26, 2000, p. 39-65.

SFEZ (Jocelyne), « Actualité de Nicolas de Cues. Publications francophones récentes », dans *Les Études philosophiques*, 2013/4, n° 107, p. 575-599.

— , « Charles de Bovelles, lecteur de Nicolas de Cues », dans KLINGER-DOLLÉ (Anne-Hélène) *et al.*, éd., *Charles de Bovelles, philosophe et pédagogue*, « Le grenier à sel », Beauchesne, Paris, 2017.

VALLET (Hubert), « Introduction », dans *Nicolas de Cues, Unité et réforme. Dix opuscules ecclésiologiques* (trad. Hubert Vallet), « Le grenier à sel », Beauchesne, Paris, 2015, p. 13-29.

WILPERT (Paul), « Das Problem der *coincidentia oppositorum* in der Philosophie des Nikolaus von Kues », dans KOCH (Josef), éd., *Humanismus, Mystik und Kunst in der Welt des Mittelalters*, Leiden/Cologne, 1953, p.39-55.

WOLTER (Johannes), *Apparitio Dei. Der theophanische Charakter der Schöpfung nach Nikolaus von Kues,* « Beiträge zur Geschichte der Philosophie und Theologie des Mittelalters, 67 », Aschendorff, Münster, 2004.

Autres

BALIBAR (Françoise), « Force », dans CASSIN (Barbara), éd., *Le Vocabulaire européen des philosophies*, Seuil/Robert, Paris, 2004, p. 457-464.

BÁRBERI SQAUROTTI (Giovanni), *Selvaggia dilettanza. La caccia nelle letteratura italiana dalle origini a Marino*, Marsilio, Venise, 2000.

BAXANDALL (Michael), *L'œil du Quattrocento. L'usage de la peinture dans l'Italie à la Renaissance* (trad. Yvette Delsaut), « Bibliothèque des Histoires », Gallimard, Paris, 1985.

BEAUCHAMP (Paul), *Introduction à cinq textes sapientiaux*, « Études bibliques, 53 », Mediasèvres, Paris, ²2008.

BEIERWALTES (Werner), *Lux intelligibilis. Untersuchung zur Lichtmetaphysik der Griechen* (Thèse de doctorat, Université de Munich, 1957).

BIARD (Joël), éd., *Le langage mental du Moyen Âge à l'âge classique*, Louvain, Peeters, « Philosophes médiévaux », 2009.

— , *Logique et théorie du signe au XIVe siècle*, « Études de philosophie médiévale, LXIV », Peeters, Louvain, 1989.

BOMBASSARO (Luiz Carlos), *Im Schatten der Diana : Die Jagsmetapher im Werk von Giordano Bruno*, Peter Lang, Francfort s. M., 2002.

BOYER (Charles), « La théorie augustinienne des raisons séminales », dans *Miscellanea agostiniana*, Rome, Ordine ermitano di s. Agostino, 1931, t. II, p. 795-819.

BRENET (Jean-Baptiste), *Les possibilités de jonction : Averroès-Thomas Wylton*, De Gruyter, Berlin, 2013.

CASSIN (Barbara), « *"Dunamis"*, *"energeia"*, *"entelekheia"* et la définition aristotélicienne du mouvement » dans CASSIN (Barbara), éd., *Le Vocabulaire européen des philosophies*, Seuil/Robert, Paris, 2004, p. 458-459.

CHATILLON (Jean), « La Bible dans les écoles du XIIe siècle », dans RICHÉ (Pierre), LOBRICHON (Guy), éd., *Le Moyen Âge et la Bible*, Beauchesne, Paris, 1984, p. 163-197.

COLISH (Marcia L.), « Peter Lombard as an Exeget of St Paul », dans JORDAN (Mark D.), EMERY (Kent Jr.), éd., *Ad litteram. Authoritative Texts and Their Medieval Readers*, « Notre Dame Conferences in Medieval Studies, 3 », University of Notre Dame Press, Notre Dame (Indiana), p. 71-92.

— , *The Stoic tradition from Antiquity to the early Middle Ages*, Brill, Leiden, 1985, t. II, p. 203-206.

CURTIUS (Ernst Robert), *Europäische Literatur und lateinisches Mittelalter*, Francke, Bern, 1948.

DARMON (Albert), *Les corps immatériels. Esprits et images dans l'œuvre de Marin Cureau de la Chambre* (1594-1669), « De Pétrarque à Descartes, 49 », Vrin, Paris, 1985.

DARRELL-JACKSON (Belford), « The Theory of Signs in St Augustinc's De doctrina christiana », dans *Revue des études augustiniennes*, XV, 1969, p. 9-49.

DORANDI (Tiziano), « Diogène Laërce du Moyen Âge à la Renaissance », dans RICKLIN (Thomas) *et al.*, éd., *Exempla docent : les exemples des philosophes de l'Antiquité au Moyen Âge*, « Études de philosophie médiévale, 92 », Vrin, Paris, 2006, p. 35-46.

DOUCET (Dominique), *Augustin : l'expérience du verbe*, « Bibliothèque des philosophes », Vrin, Paris, 2004.

EAMON (William), *Science and the Secrets of Nature*, Princeton University Press, Princeton, 1994.

ENGELS (Joseph), « La doctrine du signe chez Saint Augustin », dans *Studia Patristica* VI (1962), p. 366-373.

FAYE (Emmanuel), « Intellect, intelliger », dans CASSIN (Barbara), éd., *Vocabulaire européen des philosophies* Seuil/Robert, Paris, 2004, p. 598-600.

FEDERICI-VESCOVINI (Graziella), *La teoria della luce e della visione ottica dal IX al XV secolo. Studi sulla prospettiva medievale e altri saggi.* Morlacchi, Milan, 2003² (1965).

GILSON (Étienne), *Introduction à l'étude de Saint Augustin*, Vrin, Paris, 1929.

— , *L'être et l'essence*, Vrin, Paris, ³1994 (1948).

— , *Le thomisme : introduction à la philosophie de Saint Thomas d'Aquin,* Vrin, Paris, ⁶1964 (1914).

GRELLARD (Christophe), MOREL (Pierre-Marie), éd., *Les parva naturalia d'Aristote : Fortune antique et médiévale*, « Philosophie », Publications de la Sorbonne, Paris, 2010.

IMBACH (Ruedi), « Arts mécaniques », dans GAUVARD (Claude), LIBERA (Alain de), ZINK (Michel), *Dictionnaire du Moyen Âge,* PUF, Paris, 2002.

IMBACH (Ruedi), KÖNIG-PRALONG (Catherine), *Le défi laïque. Existe-t-il une philosophie des laïcs au Moyen Âge ?* « Conférences Pierre Abélard, HS », Vrin, Paris, 2013.

CAVIGIOLI (Jean-Daniel), « Les écrits d'Heymericus de Campo (1395-1460) sur les œuvres d'Aristote », dans *Freiburger Zeitschrift für Philosophie und Theologie* 28, 1981, pp. 293-371.

JOACHIMSOHN (Paul), *Bernhard von Krayburg*, Bieling-Dietz, Nuremberg, 1901.

JOLIVET (Jean), « Quand Boèce aborde Porphyre », dans GALONNIER (Alain), éd., *Boèce, ou la chaîne des savoirs.* Actes du colloque international de la Fondation Singer-Polignac du 8-12 juin 1999, « Philosophes médiévaux, XLIV », Peeters, Louvain, 2003.

KUCHARSKI (Paul), « Sur la théorie des couleurs et des saveurs dans le « *De Sensu* » aristotélicien », dans *Revue des Études grecques*, tome 67, fascicule 316-318, juillet-décembre 1954, pp. 355-390.

LIBERA (Alain de), *La philosophie médiévale*, Paris, PUF, 2009³.

LINDBERG (David C.), *Theories of Vision From Al-Kindi to Kepler*, The University of Chicago Press, Chicago, 1976.

LOHR (Charles), « Das Breviculum des Thomas le Myésier im Rahmen des Lebens und der Lehre Ramon Lulls », dans *Breviculum seu Electorium parvum Thomas Migerii* (éd. Charles Lohr, Theodor Pindl-Büchel, Walburga Bürgel), « Raimundi Lulli Opera Latina. Supplementi Lulliani, 1 », Brepols, Turnhout, 1990, p. 89-104.

MEUTHEN (Erich), « Peter von Erkelenz (ca 1430-1494) », dans *Zeitschrift des Aachener Geschichtsvereins*, 84/85, 1977-78, pp. 701-744.

PONS (Alain) « Ingenium », dans CASSIN (Barbara), éd., *Le Vocabulaire européen des philosophies*, Seuil/Robert, Paris, 2004, p. 592-597.

PRING-MILL (Robert), *Le Microcosme lullien. Introduction à la pensée de Raymond Lulle*, « Vestigia », Cerf-Academic Press, Paris-Fribourg, 2008 (1961).

ROBIN (Léon), *Platon*, « Dito », PUF, Paris, 1988^{2} (1935),

SCHNAPP (Alain), *Le Chasseur et la cité. Chasse et érotique dans la Grèce ancienne*, Albin Michel, Paris, 1997.

SIEGEL (Rudolph E.), *Galien's System of Physiology and Medicine*, S. Karger AG, Bâle, 1968.

INDEX NOMINUM

Conformément à l'usage, les personnes nées avant 1500 figurent sous leur prénom

Avant 1500

Après 1500

INDEX RERUM

RÉFÉRENCES BIBLIQUES

Les abréviations des livres bibliques sont celles de la TOB (Ancien Testament, *op. cit.*, p. 2259)

Ancien Testament

Nouveau Testament

TABLE DES MATIÈRES

Ce volume,
le dix-septième
de la collection « Sagesses médiévales »
publié aux éditions Les Belles Lettres,
a été achevé d'imprimer
en février 2017
sur les presses de l'imprimerie SEPEC
01960 Péronnas, France

N° d'éditeur : 8525
N° d'imprimeur : N05425170215
Dépôt légal : mars 2017